후진기어 넣고 앞으로 가자고?

대한민국 후진화의 기록

이 도서의 국립중앙도서관 출판시도서목록(CIP)은 e-CIP홈페이지(http://www.nl.go.kr/ecip)에서 이용하실 수 있습니다(CIP제어번호: CIP2009001850).

후진기어 넣고 앞으로 가자고?

대한민국 후진화의 기록

홍성태 지음

한울

머리말

1

이 책은 2007년 8월 초부터 대체로 매주 한 번꼴로 인터넷신문 《프레시안》에 "홍성태의 세상읽기"라는 제목으로 연재하고 있는 필자의 시사평론 중에서 60편을 추린 것이다. 그러나 이왕에 쓴 것을 그냥 추리는 데 그치지 않고 출판사의 요청에 따라 글마다 '후기'를 달아서 보완했다. 이런 식으로 글을 발표한 뒤에 이루어진 변화를 담고자 했고, 또한 다루고 있는 주제에 대한 설명을 좀 더 다듬고자 했다.

시사평론은 단순히 현실을 설명하는 것을 넘어 현실의 문제를 해결하고자 하는 의지를 담고 있게 마련이다. 이 책에 실린 글들도 그렇다. 그러나 필자는 무엇보다도 사회학자로서 우리의 현실을 대상으로 이 글들을 썼다. 이런 점에서 이 책은 한국사회에 대한 좀 더 참여적인 관찰과 분석과 비판의 결과라고 할 수 있다.

2

시사평론을 모은 것인 만큼 이 책에서 다루고 있는 주제는 대단히 다양하다. 그러나 이 책에서 다루고 있는 주제들 중에서 가장 큰 비중을 차지하는 것은 역시 이명박 정부에 대한 비판이라고 할 수 있을 것이다. 사회학자로서 필자는 한국사회의 발전에 큰 관심을 가지고 있으며, 당연히 정치와 정권에 많은 관심을 기울이지 않을 수 없다. 오래전에 독일의 사회학자 막스 베버는 권력을 '합법적 강제력'이라고 정의했다. 이 정의는 큰 의미를 함축하고 있다. 권력은 사람들로 하여금 이렇게 저렇게 살라고 합법적으로 강제할 수 있다는 것이다. 장 자크 루소의 설명대로 우리는 모두 자유롭게 태어나서 자유롭게 사회계약을 맺을 수 있지만, 그 결과 우리는 권력의 사슬에 얽매여 특정한 방식대로 살아가게 된다. 그러므로 주권자인 우리 자신이 권력의 형성과 작동을 철저히 감시하고 비판하지 않는다면, 우리는 언제라도 권력의 노예가 되어 비참한 삶을 살지 않을 수 없게 된다. 이런 점에서 사회의 발전을 추구하기 위해서는 당연히 정치와 정권에 관심을 기울여야 한다.

이명박 정부는 '잃어버린 10년'을 외치며 들어섰다. 이명박 정부는 공공연히 김대중 정부와 노무현 정부가 '좌파 정부'라고 주장한다. 그런데 우리의 현실을 옥죄고 있는 위헌적 법률인 「국가보안법」에 따르면 '좌파'는 반국가적 사상을 지닌 자로서 최고형의 처벌을 받을 수도 있다. 실제로 이승만, 박정희, 전두환, 노태우 등의 40년이 넘는 독재를 거치면서 '좌파'에 대한 이런 식의 처벌이 행해진 결과, 이 나라의 많은 사람들은 '좌파'를 정말로 머리에 뿔이 난 빨간 도깨비로 여기고 있기도 하다. 이런 상황에서 누구를 '좌파'라고 부르는 것은 그 자체로 일종의 사회적 처벌을 추구하는 것이다. 이 나라에서 '좌파'는 처벌적 개념의 성격을 갖고 있는 것이다. 이 점에서 이명박 정부는 단순히 정권교체를 넘어서, 명백히 민주적이고 합법적으로 성립한 김대중 정부와 노무현 정부에 대한 사회적 처벌마저 감행하고 있다고 하지 않을 수 없다.

그러나 이명박 정부가 보이고 있는 이러한 행태는 자유주의와 민주주의의 원리는 물론이고 헌법마저 상당한 정도로 부인하는 잘못된 것이다. 그것은 요컨대 '색깔론'이라고 불리는 독재 시대의 통치 방식을 전면적으로 부활시키는 것이라고 할 수 있기 때문이다. 독재 세력은 저항하는 사람들을 무조건 '좌파'로 몰아붙이면서 구속하고, 고문하고, 심지어 살해했다. '색깔론'이라는 통치 방식은 사실 극히 무서운 내력과 의미를 담고 있는 것이다. 이명박 정부는 이렇듯 무서운 '색깔론'을 전면에 내세우고 정치, 경제, 복지, 문화, 토건, 투기, 교육, 언론, 환경, 외교, 국방, 지역 등 실로 모든 영역에서 '총체적 후진화'를 추진하고 있다. 어쩌면 '총체적 후진화'를 추진하기 위해 독재의 통치 방식인 '색깔론'을 부활시키지 않을 수 없었던 것인지도 모른다. 이명박 정부가 대표하는 이른바 '보수 세력'이 독재에 뿌리를 두고 있다는 사실이 이명박 정부의 '총체적 후진화'를 통해 다시금 확인되는 것 같다.

3

오랜 독재에도 불구하고 수많은 시민들이 민주화 운동을 끊임없이 펼치고 열심히 노력한 결과로 한국은 민주화와 고성장에 성공할 수 있었다. 한국은 정말 선진화의 문턱에 서 있다. 그러나 오늘날 한국은 '사이비 선진화'와 '진정한 선진화' 사이에서 큰 진통을 겪고 있다. 한국은 영토의 크기가 세계 109위밖에 안 되는 작은 나라지만 그 경제력은 세계 10위에 육박하는 엄청나게 큰 나라다. '진정한 선진화'는 이렇듯 놀라운 경제력을 잘 이용해서 세계 40위권의 삶의 질, 세계 130위권의 환경의 질을 개선하는 것으로만 이루어질 수 있다. 이를 위해 토건국가형 정부조직과 재정구조, 산업구조, 고용구조, 지역구조, 학벌사회 등을 전면적으로 개혁해야 한다. 그러나 이른바 '강부자'를 중심으로 한 이 나라의 '부자 세력'은 이런 시대적 요구를 거부하고 '사이비 선진화'를 강행해 '강부자 공화국'을 확립하려 하고 있다. 이것이 바로 '총체적 후진화'의 사회적 실체다.

'총체적 후진화'의 문제를 극명하게 보여주는 것은 '한반도 대운하'이다. 도대체 경운기보다 느린 운하가 어떻게 '대박' 사업일 수 있는가? '대운하'야말로 정권 차원의 '대사기(大詐欺)'가 아닌가? 이명박 대통령은 80%에 이르는 절대다수 국민의 반대에 부딪혀 운하를 중단하겠다고 했다. 폐기나 포기가 아니라 '중단'이었다. 그리고 얼마 지나지 않아 '4대강 살리기' 사업이라는 것을 제시하고 강행하기 시작했다. 그러나 '생명의 강 연구단'이 이미 잘 밝혔듯이 그 실체는 '4대강 죽이기'이자 '대운하 살리기'일 뿐이다. 이런 식으로 교묘히 말을 바꿔가며 강행되는 이명박 정부와 한나라당의 '총체적 후진화'를 막기 위해 종교인들은 참으로 고통스러운 오체투지의 순례를 감행하고 있다. 많은 사람들의 저지 노력에도 불구하고 '총체적 후진화'가 계속 강행된다면, 실로 이 나라의 미래는 사회 양극화와 생태파국으로 귀결되고 말 것이다. 이렇듯 엄중한 현실을 우리는 직시해야 한다.

어려운 때일수록 희망을 잃지 말아야 한다고 한다. '판도라의 상자'에서 가장 늦게 나온 것은 희망이었다. 그러나 맹목적인 희망은 절망을 더욱 깊게 할 수도 있다. '진정한 선진화'를 이루기 위한 희망은 무엇보다 현실에 대한 올바른 이해에서 빚어낼 수 있을 것이다. 우리는 사회적으로, 생태적으로 공생을 실현해야 한다. 그리고 우리는 그렇게 할 수 있는 경제력을 이미 지니고 있다. 중요한 것은 더 많은 사람들이 공생의 중요성을 인식하고 추구할 수 있도록 하는 것이다. 이 과제는 어떤 집단이 선험적으로 자임하는 식으로 실현될 수 있는 것이 아니다. 그것은 오직 주권자인 시민들의 자각과 실천을 통해서만 실현될 수 있다. '총체적 후진화'의 시대를 '진정한 선진화'의 시대로 바꾸기 위한

시민의 노력이 그 어느 때보다 절실하다. 세계적으로 모범이 되고 있는 우리의
민주화 운동이 웅변적으로 입증하듯이 시민들은 분명히 이 나라를 '진정한 선
진화'의 시대로 이끌 것이다.

신록이 아름다운 5월 중순
싱그러운 풀잎의 노래를 들으며
홍성태

차례

제1부 **이상한 나라의 이명박**

어디, 이런 대통령 없습니까?

대통령의 다섯 가지 조건

도무지 비가 그치지 않는다. 지구온난화 때문에 이상강우가 계속되고 있다고 한다. 입추가 벌써 지났고 어느덧 오늘이 말복이건만 비만 계속 내리고 있다. 지구온난화가 어떤 것인지 하늘이 가르쳐주려는 것 같기도 하다. '같기도' 식으로 계속 환경정책을 펴다가는 정말로 파국을 면하지 못하겠구나 하는 생각이 스친다. 이런 식으로 우리 사회가, 우리 문명이 과연 얼마나 더 지속될 수 있을까?

이상강우로 심란한 가운데 대통령 선거를 향한 경쟁은 갈수록 치열해지고 있다. 이명박과 박근혜는 사생결단을 낼 것처럼 서로 을러대고 있고, 이른바 범여권은 헤아리기도 어려울 만치 많은 사람들이 출마를 선언하고 있다. 이번 대선은 역대 대선 중에서 가장 이상한 혹은 우스운 대선이 될지도 모르겠다. 한편에서는 치열한 싸움이 벌어지고, 다른 한편에서는 될 것 같지 않은 사람들이 쏟아져 나온다. 그러나 이 와중에 정작 중요한 정책에 관한 관심은 사실상 증발해버리고 있다. 정말 큰 문제가 아닐 수 없다.

대통령제는 미국에서 처음으로 만들어진 정치제도이다. 잘 알다시피 대통령이라는 말은 영어 'president'의 번역어이다. 그런데 사실 'president'는 어떤 회의의 의장을 뜻한다. 이를테면 국무회의를 주재하는 사람이 'president'이다. 그러나 일본에서 'president'를 대통령으로 번역하면서 그 뜻이 상당히 변질되고 말았다. 대통령은 통령 중에서도 큰 통령이라는 뜻이다. 통령이라는 말이 명령을 통괄하는 사람이라는 뜻을 담고 있는 데, 대통령은 그중에서도 큰 통령이니 그야말로 막강한 권력자가 아닐 수 없다.

우리가 대통령이라는 말에서 회의를 주재하는 민주적 지도자보다는 무소불위의 막강한 권력자를 떠올리는 것은 그 말에 이승만에서 박정희, 전두환으로 이어진 강력한 독재자의 이미지가 강하게 투영되어 있기 때문이다. 그러나 사실 그 말 자체가 상당한 문제를 안고 있는 것이기도 하다. 이런 점에서 우리는 대통령이라는 말부터 진지한 성찰의 대상으로 삼을 필요가 있다. 그러나 이에 앞서서 진정 우리를 위한 대통령을 선출하기 위해 우리는 올바른 대통령의 조건이 무엇인지에 대해 깊이 생각해보아야 한다. 나는 궁리 끝에 이를 다음과 같은 다섯 가지로 정리해보았다.

첫째, 진실성이다. 대통령은 무엇보다 진실해야 한다. 대통령은 나라를 좌우하는 막강한 권력을 행사한다. 그런 사람이 진실하지 않다면 나라는 위태로워지고 말 것이다. 진실한 사람만이 대통령이 될 자격을 갖는다. 따라서 대통령이 되고자 하는 사람은 무엇보다 먼저 자신이 진실하게 살았는지에 대해 철저히 검증받아야 한다. 대통령이 되고자 출마를 선언하는 그 순간부터 그의 삶 전체는 공적 검증의 대상이 되어야 한다. 자기가 먼저 적극적으로 자료를 공개하고 토론에 임해야 한다.

둘째, 청렴성이다. '돈 정치(money politics)'는 '돈 정치(mad politics)'가 되기 십상이다. 하물며 부당하게 재산을 모은 사람이 대통령이 되어서는 안 될 것이다. 부패와 투기의 연루자가 대통령이 된다면 부패와 투기를 과연 처단할 수

16

있겠는가? 대통령이 되고자 하는 사람은 재산의 보유 상태와 형성 과정에 대해 철저히 검증받아야 한다. 특히 우리의 정경 유착 문제는 세계적으로 악명이 높다. 민주화에 따라 이 문제가 상당히 약화된 것은 사실이지만, 그 어두운 역사는 제대로 밝혀지지 않았고, 여전히 현재진행형이다.

셋째, 민주성이다. 우리는 오랫동안 독재에 시달렸다. 1948년의 정부 수립 이후 독재 시대는 무려 44년이나 지속되었다. '대한민국은 민주공화국'이라는 헌법 제1조를 실현하기 위해 44년 동안 수많은 사람들이 말 그대로 피와 땀을 흘려야 했다. 4·19혁명, 부마항쟁, 광주항쟁, 6월 항쟁의 역사는 진정한 민주공화국 확립의 역사이다. 민주주의는 그 자체로 가장 소중한 정치적 가치이거니와 그것을 위한 우리의 역사를 부정하거나 위태롭게 하는 사람은 결코 대통령의 자격을 갖추었다고 할 수 없을 것이다.

넷째, 공생성이다. 오늘날 우리는 세계 10위권의 경제대국을 이루었지만 갈수록 양극화가 심화되면서 새로운 사회적 위험에 시달리게 되었다. 부자와 빈자, 강자와 약자, 노년과 청년, 남자와 여자가 서로의 가치를 존중하며 공생하는 사회를 만드는 것은 이미 이 사회의 발전을 위한 핵심 과제가 되었다. 우리는 이미 공생을 실현할 수 있는 경제적 능력을 갖추고 있다. 재벌로 대표되는 특권층과 부유층의 전횡을 규제하고 중산층과 서민층과 빈곤층이 안정적으로 미래를 설계할 수 있는 복지사회를 만들어야 한다.

다섯째, 생태성이다. 최근의 이상강우로 누구나 절절히 실감했듯이 생태위기는 오늘날 인류가 처한 가장 중대한 위험이다. 만일 이 위기를 방치해서 생태파국이 도래한다면, 수천만 명은 물론 수십억 명의 인류가 삽시간에 목숨을 잃을 수도 있다. 지금 우리는 박정희의 개발독재가 구조화한 강력한 개발주의와 성장주의로 커다란 고통을 겪고 있다. 진정한 선진국이 되고자 한다면 후진적 개발독재의 유산을 철저히 청산해야 한다. 하루빨리 파괴적 개발에 종지

부를 찍고 생태적 개발로 나아가야 한다.

대통령은 이 나라의 발전을 이끌 가장 중요한 정치가이다. 그러므로 대통령의 책임은 아무리 강조해도 지나치지 않다. 그러나 대통령의 책임을 따지기에 앞서서 우리는 대통령의 조건에 대해 깊이 따져야 한다. 그리고 올바른 선택을 해야 한다. 이런 생각에서 나는 대통령의 5대 조건을 정리해보았다. 이것은 이를테면 기본 요건이라고 할 수 있을 것이다. 지금 우리는 후보 선출을 위한 이전투구의 관람자로, 대통령 선거의 단순한 투표자로 전락할 위기에 처해 있다. 이 위기에서 벗어나 주권자의 권리를 제대로 지키기 위해 저마다 대통령의 조건에 대해 생각해보고, 그것을 기준으로 (예비) 후보들에 대한 평가와 토론을 활발히 펼칠 필요가 있지 않을까?

後記 2007년 대통령 선거는 이명박 후보의 당선으로 끝났다. 이에 대해 보수 언론은 '압도적 지지'로 당선되었다며 열광했다. 2위인 정동영 후보와 압도적 표차를 보인 것은 사실이었다. 그러나 이명박 대통령은 결코 '압도적 지지'로 당선되지 않았다. 17대 이명박 대통령은 13대 노태우 이래 최저의 지지율로 당선되었다. 한 시민이 '언론의 기만적 행위'라는 제목으로 인터넷에 올린 다음의 글을 보자.

중앙일보 2002년 12월 20일
"과반수에도 못 미치는 반쪽짜리 대통령, 노무현!"
(총유권자 수 3,499만 1,529명, 노무현 득표 1,201만 4,277명(48.9%), 총유권자 대비 34.3%)

중앙일보 2007년 12월 20일
"과반수에 육박한 진정 국민 모두의 대통령, 이명박!"
(총유권자 수 3,765만 3,518명, 이명박 득표 1,149만 2,389명(48.7%) 총유권자 대비 30.5%)

13대 노태우: 총유권자 대비 33.0%

14대 김영삼: 총유권자 대비 34.8%

15대 김대중: 총유권자 대비 32.0%

16대 노무현: 총유권자 대비 34.3%

17대 이명박: 총유권자 대비 30.5%

이명박, 피 묻은 손까지 잡을 만큼 허약한가

이명박의 방문 ⋯ 전두환의 '화려한 대선'

영화 <화려한 휴가>가 많은 관객을 모으며 '광주항쟁'에 관한 기억을 일깨우고 있다. 물론 한편에서 이 영화의 질적 성취에 대한 논란이 일어나기도 했다. 영화 자체의 완성도는 물론이고, 이 영화가 과연 광주항쟁을 올바로 기억하고 있는지에 대한 논란도 있다. 광주항쟁의 기억을 지워버리고 싶은 자들은 이 영화에 대해 비난을 퍼부으며, 이 영화의 정치적 효과를 막기 위해 기를 쓰고 있기도 하다.

역사의 교훈을 잊는 자는 반드시 역사의 복수를 받게 마련이다. 이런 점에서 영화 <화려한 휴가>는 역사의 복수를 막고 사회의 발전을 위해 중대한 구실을 하고 있는 셈이다. 이런 와중에 한나라당의 대통령 후보로 확정된 이명박 후보가 이번 주에 전두환을 비롯한 역대 대통령을 방문하겠다는 계획을 밝혔다. 나는 이 계획이 크게 잘못되었으며 반드시 수정되어야 한다고 생각한다.

김영삼과 김대중 전 대통령을 방문하는 것은 충분히 이해할 수 있는 일이다. 두 사람의 공과에 대해서도 복잡한 논란이 전개되어왔지만, 두 사람이 민주화의 시대를 연 현대 한국의 대표적 정치인이라는 사실은 부정할 수 없다.

물론 두 사람을 방문하는 것에는 상당한 정략적 계산이 개입되어 있기도 하고, 두 사람을 방문하는 것은 어쩐지 전근대적 원로정치를 떠올리게도 한다. 그렇기는 해도 우리의 정치적 현실에서 두 사람을 방문하는 것은 민주화의 역사를 이어나가겠다는 다짐의 의미가 있는 것으로 볼 수 있다.

그러나 전두환과 노태우를 방문하는 것은 국민을 모욕하고 역사를 능멸하는 일일 뿐이다. 굳이 경중을 따지자면 전두환을 방문하는 것은 더욱더 그렇다. 국민을 정면으로 모욕하면서, 역사를 정면으로 능멸하면서 대통령이 되고자 해서는 안 될 것이다. 대통령은 국민을 보호하고 역사를 수호하는 최고 책임자여야 한다. 얄팍한 정치적 산술로 마땅한 정치인의 책무를 올바로 이행하지 않는 시대는 이제 끝나야 한다.

지난 5월에 이명박 후보는 5·18국립묘지를 찾았다. 이때 그는 비석을 쓰다듬으면서 상석을 밟아서 논란을 빚었다. 다시 8월에는 광주지역 기자간담회에서 광주항쟁을 '광주사태'라고 말해 큰 비판을 받았다. 그러나 사실 이런 '실수'는 있을 수 있는 일이다. 정말로 용납될 수 없는 것은 전두환을 방문해서 정치적 지원을 받고자 하는 행태이다. 진정 광주항쟁의 역사를 소중히 여기는 정치인이라면, 광주학살의 주범을 방문해 인사를 나눌 수는 없을 것이다. 이것보다 더 광주항쟁을 모욕하는 일은 있을 수 없다.

이명박 후보는 2005년 9월에 '청계천 개발사업' 완공을 앞두고 전두환을 초청해서 극진히 대접한 것으로 큰 비판을 받았다. 그런데 이런 비판에 전혀 개의치 않는 양, 그는 지난 1월 초에 전두환을 방문했다. 전두환은 그야말로 호사를 극한 한복을 차려입고 그를 맞이했다. 전두환의 너무나도 호사스러운 모습은 시민들을 크게 분노하게 했다. 대통령 선거에 나서면서 전두환을 방문하는 것은 자신의 정치적 정통성을 전두환에게서 찾는 것과 크게 다르지 않을 것이다. 이명박 후보의 정치적 정통성은 광주항쟁인가, 광주학살인가? 전두환을 방문해서 그의 '은총'을 받지 않으면 안 될 정도로 이명박 후보는 정치적 기반이 허약한가?

한번 생각해보자. 전두환이 누구인가? 그는 1979년 '12·12 군사쿠데타'의 수괴이자 1980년 '5월 광주시민학살'의 괴수로서, 1996년 1심에서 사형 판결을 받고, 1997년 4월 대법원에서 무기징역을 선고받았다. 전두환이 권력을 장악한 1979년 12월부터 1987년 12월까지 만 8년은 박정희의 긴급조치 시대만큼이나 어둡고 무서운 시대였다. 전두환은 광주에서 수백의 시민을 학살한 것에 더해 '삼청교육대'를 만들어 수천의 시민을 강제 연행해 괴롭히고 죽였다.

전두환의 잘못은 무도한 폭치에 그치지 않았다. 그가 저지른 비리를 보노라면 그는 단군 이래 최대의 도둑이 되기 위해 권력을 잡았던 것으로 보인다. 그에게 쿠데타는 '비즈니스'였던 것 같다. 노태우는 4,000억 원이 넘는 '비자금'을 조성한 것으로 밝혀졌지만, 전두환은 그보다 훨씬 많은 1조 원 정도를 조성한 것으로 추정되었다. 더욱이 전두환의 비리는 그에게서 그치지 않았다. 그의 자식들과 손자들, 그리고 이순자의 친척들까지 모두 비리에 연루되었거나 커다란 의혹을 받고 있다. 한마디로 '비리 집안'인 것이다.

폭력으로 보나 비리로 보나 전두환은 단군 이래 최악의 인물이라고 할 수 있다. 그가 있어야 할 곳은 연희동 집이 아니다. 잘못된 정략적 계산으로 그는 사형을 면했고, 감옥에서도 풀려났다. 지금이라도 이런 잘못을 바로잡도록 최선을 다해야 한다. 대통령 후보자의 전두환 방문은 전두환의 '화려한 휴가'를 전두환의 '화려한 대선'으로 만들어주는 것이다. 따라서 가장 유력한 대통령 후보인 이명박 후보가 전두환을 방문한다는 것은 국민을 위해서는 말할 것도 없고 이명박 후보 자신을 위해서도 대단히 유감스러운 일이다.

전두환은 그가 저지른 거대한 역사적 잘못으로 말미암아 전 대통령으로서의 모든 권한을 박탈당했다. 그런 자를 전 대통령이라며 방문해서 인사를 나누고 정치적 지원을 받고자 하는 것은 국민을 모욕하고 역사를 능멸하며 법을 우롱하는 것이다. 모름지기 올바른 정치인이라면 국민에게 전두환의 잘못을 잊지 않겠다는 맹세를 하고, 그의 '비자금'을 되찾기 위해 특별법을 제정하는 등의 조치를 취하겠노라는 공약을 제시해야 할 것이다.

後記 2008년 2월 방우영 조선일보 명예회장의 여든 살 생일잔치에 이명박 대통령과 전두환이 모두 참석했다. 그 자리에서 이명박 대통령은 방우영에게 깍듯이 고개를 숙여 인사했고, 방우영은 전두환에게 깍듯이 고개를 숙여 인사했다("방우영 《조선일보》 명예회장 팔순잔치 겸 출판기념회", 《오마이뉴스》, 2008년 1월 22일자 참조). 이 때문에 이명박 위에 방우영, 방우영 위에 전두환이라는 말이 돌았다. 학살과 횡령의 중범죄자가 여전히 이 나라를 지배하고 있는 것인가?

'유전무죄 무전유죄'의 이중질서사회

현대자동차 '경사' = 대한민국 '흉사'

최근 현대자동차가 겹경사를 맞았다. 하나는 9월 6일에 정몽구 회장이 서울고등법원에서 집행유예를 선고받은 것이고, 다른 하나는 9월 7일에 현대자동차의 노사 협상이 10여 년 만에 처음으로 무분규로 타결된 것이다. 그런데 앞의 경사에 대해 커다란 비판이 제기되었다. 사실 이 판결은 한국의 현실은 물론이거니와 미래까지 심각하게 우려하지 않을 수 없게 만들었다.

이른바 '현대차 비자금 사건'에서 정몽구 회장의 혐의는 대단히 크다. 비자금 1,034억 원을 조성해서 696억 원을 빼돌렸으며, 전체적으로 900억 원대의 회사돈을 횡령했고, 계열사에 무려 2,100억 원대의 손실을 입혔다. 이것만이 아니다. 정몽구 회장은 아들 정의선과 함께 2001년에 글로비스라는 물류회사를 설립했다. 50억 원의 자본금으로 출발한 이 회사는 현대자동차 재벌 차원의 지원에 힘입어 불과 6년 만에 연매출 2조 원 규모의 거대 기업으로 초고속 성장했다. 이로써 두 부자는 4년 만에 1조 원이 넘는 부당이득을 취했다는 비판을 받고 있다.

여기서 잠시 1조 원이 어느 정도의 돈인지 생각해보자. 1이라는 숫자 뒤에

0이 무려 12개가 붙어야 1조가 된다. 한번 써보자. "1조=1,000,000,000,000"
이 돈으로 5,000원짜리 설렁탕을 사 먹는다면 무려 2억 그릇을 사 먹을 수 있
다. 연봉 3,000만 원을 다 모아서 1조 원을 만들려면 3만 3,333.333년이 걸린다.
설령 연봉 1억 원이라고 해도 꼬박 1만 년이 걸린다. 1조 원은 상상을 초월하
는 어마어마한 돈이다. 이런 막대한 돈을 불과 4년 만에 벌다니, 정말 두 부자
는 '돈 신'의 제단에 그 이름을 올릴 만하다.

'돈 신'이 지배하는 세상에서 어떻게 벌었는지는 중요하지 않다. 얼마나
많은 돈을 소유하고 있는가 하는 것만이 중요하다. 따라서 '돈 신'이 지배하는
세상에서는 더 많은 돈을 손에 넣기 위해 사람들은 밤낮없이 수단과 방법을 가
리지 않고 무한 경쟁을 벌이기 십상이다. '돈 신'은 돈을 많이 소유한 사람을
존중할 뿐만 아니라 돈이 없는 사람은 무조건 멸시한다. 그러니 '돈 신'이 지배
하는 세상은 도덕과 윤리가 존재할 수 없는 세상이다. 사람이 사는 세상이 아
니라 돈이 사는 세상인 것이다.

그러나 우리는 사람이다. 사람인 우리가 사람답게 살기 위해서는 '돈 신'
이 날뛰지 못하게 해야 한다. 민주주의 사회에서는 법을 통해 '돈 신'의 전횡을
막는다. '돈 신'의 전횡을 막기 위한 입법과 사법의 책임은 너무나 크다. 그런
데 잘 알다시피 입법부는 재벌만큼이나 문제가 많다. 사실 '정경 유착'은 입법
부와 재벌의 결탁을 가리키는 말이라고 할 수 있다. 이 때문에 망국적 '정경 유
착'의 문제를 비롯한 '돈 신'의 전횡을 막기 위해서는 무엇보다 사법부의 책임
이 크다.

사법부의 임무는 제정된 법을 충실히 집행하는 것이다. 그런데 사법부는
죽음조차 명령할 수 있다. 사법부의 판단은 신의 판단을 대신하는 것과 같은
의미를 지닌다. 이처럼 엄청난 권한을 행사하는 사법부의 생명은 고도의 전문
성과 양심이다. 그리고 사람의 목숨을 합법적으로 빼앗을 수도 있는 사법부에

게 형식적 전문성보다는 내면의 양심이 더욱더 중요하다는 것은 다시 말할 필요가 없을 것이다. 그러나 한국의 사법부는 무엇보다 양심에 대해 거의 신뢰받지 못하고 있다.

1988년 10월, 탈옥수 지강헌은 서울에서 인질극을 벌이다가 결국 사살되었다. 그는 인질극을 벌이면서 '유전무죄 무전유죄'라는 말을 했는데 이 말은 지금까지도 종종 인용되고 있을 정도로 널리 유행했다. 갈수록 '돈 신'의 위세가 등등해지는 한국사회의 실상을 너무나 잘 보여준 말로 널리 받아들여졌기 때문이다. 이번의 정몽구 회장 판결을 접하고 많은 사람들이 다시금 이 말을 떠올렸다. 한국의 사법부는 탈옥수 지강헌의 비난조차 아직 벗어버리지 못하고 있는 것이다.

우리는 이 문제를 '이중질서사회'라는 관점에서 살펴볼 필요가 있다. '이중질서사회'란 쉽게 말해서 사람들이 법을 믿지 않는 사회를 뜻한다. 법이 없는 것이 아니라 법은 엄연히 있다. 그러나 사람들은 법을 믿지 않고 사법부를 믿지 않는다. 이런 사회에서 사람들이 '연줄'을 통해 문제를 해결하려고 하는 것은 너무나 당연하다. 이런 문제를 해결해야 할 일차적 책임을 지고 있는 사법부가 이런 문제를 악화시키는 중요한 주체라는 점에서 문제는 참으로 심각하다. '이중질서사회'라는 후진적 사회의 개혁을 사법부가 가로막고 있는 것이다.

2006년 7월, 강신욱 전 대법관은 퇴임사에서 "유전무죄, 무전유죄, 전관예우 등의 말로 상징되는 국민들의 사법에 대한 불신이 안타깝다", "중요한 것은 사실이든 아니든 국민들이 아직도 이런 말들을 믿고 있다는 점"이라고 말했다. 한국의 사법부는 재벌을 비롯한 부자들에게 관대할 뿐만 아니라 이른바 '전관예우'의 방식으로 자기들끼리 법을 사유화해서 막대한 부를 챙기고 있기도 하다. 강신욱 전 대법관은 이런 현실을 크게 우려하며 사법부를 떠났다. 그러나 아무래도 문제는 좀처럼 해결되지 않을 것 같다.

이번 정몽구 회장에 대한 판결은 우습다고 해야 할 문제마저 안고 있다. 거대한 불법 경영을 저지른 자에게 준법경영에 대한 강연과 기고를 '사회봉사'로 명령한 것이다. 전경련에서 강연을 하라니, 전경련은 '전국경제범연합회'인가? 신문에 기고를 하라니, 반성문을 쓰고 면죄부를 받으라는 것인가? 이 판결은 현대자동차뿐만 아니라 비슷한 문제를 안고 있는 모든 기업에게 정말로 커다란 '경사'로 받아들여졌다. 그러나 한국의 사법부에게는, 아니 국민에게는 참으로 유감스런 '흉사'가 아닐 수 없다.

後記 정몽구 회장에 대한 '처벌'은 결국 집행유예와 사회봉사로 끝났다. 한국의 사법부는 온전한 사법부로 보기 어렵다. 아무래도 한국의 사법부는 정의를 세우는 것보다 쓰러뜨리는 것에 더 능한 것 같다. 다음은 《연합뉴스》의 관련 기사이다. '무전유죄 유전무죄'의 명언을 다시 떠올리게 하는 판결이었다는 사실을 이 기사에서 확인할 수 있다. 정몽구 회장이 '만면에 웃음을 띠고' 법원을 떠나지 않을 수 없었을 것이다.

서울고법 형사20부(길기봉 수석부장판사)는 3일 특정경제범죄가중처벌법상 배임 및 횡령 등 혐의로 기소된 정 회장의 파기환송심 선고 공판에서 정 회장에게 징역 3년에 집행유예 5년을 선고하고 300시간의 사회봉사를 명령했다.

재판부는 "횡령 금액이 약 700억 원, 배임액이 1,500억여 원으로 거액이고 범행이 장기간, 조직적으로 이뤄졌으며 피고인이 (회계장부에 기재하지 않은) 부외자금을 임의로 사용하는 등 회사제도의 근간을 무너뜨릴 우려가 있다는 점에서 비난가능성이 크다"고 판시했다. 재판부는 그러나 "과거 실형이 선고됐던 기업 총수들이 재산을 국외로 빼돌리거나 분식회계를 통한 기만행위로 자금을 끌어들여 국가경제에 악영향을 끼친 것과는 달리 피고인은 횡령액 대부분을 회사업무와 관련해 사용하는 등 개인적 이익 추구가 아닌 사회적 여건과 관행에서 기업 생존을 위해 사용한 것으로 보인다"고 판단했다. 또 "피해회복이 즉시 이뤄졌고, 피고인이 수사기관에서 문제가 되기 전인 2004년부터 부외자금을 현격히 줄이는 등 잘못된 관행을 줄이려고 노력했으며 8,400억 원을 사회에 기부하겠다고 다짐하는 것은 피고인에게 유리한 정상이다"고 덧붙였다. 재판부는 "피고인을 사회에서 격리해 더 이상의 경영활동을 금지시키는 것보다는 기업의 투명성과 합리성을 제고하고 스스로 약속한 사회공헌 방안을 성실히 이행함으로써 건전한 기업활동을 통해 현대차그룹과 우리 사회, 경제 발전에 기여할 수 있는 기회를 부여하는 것이 형벌제도의 이상에 보다 부합된다"고 말했다. 재판부는 이와 함께 300시간의 사회봉사명령에 대해서는 자연환경보호 활동을 하거나 복지시설에서의 활동 및 단체봉사 활동을 할 것을 주문했다.

정 회장은 선고 직후 만면에 웃음을 띠고 법원을 빠져나가면서 "앞으로 (사회공헌 약속을) 잘 지키겠다"고 말했다.

정 회장은 1심에서 징역 3년을 선고받고 항소심에서 징역 3년에 집행유예 5년, 8,400억 원 사회공헌 이행 및 강연, 기고의 사회봉사명령을 선고받았지만 대법원은 지난 4월 사회봉사명령이 위법하다며 서울고법으로 사건을 돌려보냈었다(《연합뉴스》, 2008년 6월 3일자).

2009년 3월 13일 현대차는 정몽구 회장에게 288억 원의 현금 주식배당을 실시했다. 그러나 그는 재산을 사회에 환원하겠다는 약속을 지키지 않고 있으며, 이런 와중에 무려 900억 원짜리 전용 비행기를 구입했다. 그는 결코 좋은 경영인이 아닌 것 같다.

진짜 괴물은 바로 당신들이다

남북정상회담, 평화체제를 향하여

2007년 10월 2일부터 4일까지 2박 3일 동안 역사적인 제2차 남북정삼회담이 평양에서 열린다. 2000년 6월의 제1차 남북정삼회담으로부터 7년 만이다. 제1차 회담 이후 정기적으로 열리기를 바랐으나, 여러 이유들로 제2차 회담이 지금까지 미뤄지고 말았다. 아무쪼록 남북한 모두 정략에 휘말려 갈팡질팡하지 말고 앞으로는 남북정상회담이 정기적으로 열릴 수 있기를 바란다.

불행하게도 아직까지 남한에는 북한이라고 하면 '뿔 달린 붉은 괴물'들이 사는 곳으로 생각하는 사람들이 적지 않은 것 같다. 참 불쌍한 사람들이다. 아니, 그 사람들이야말로 진짜 괴물인지 모른다. 사람을 사람이 아니라 한사코 괴물로 생각한다면, 그 사람이야말로 괴물이 아니고 무엇이겠는가? 남한과 북한에는 같은 역사와 문화를 가진 사람들이 살고 있다. 서로 다른 사회를 이루고 산 지 어느덧 60년이 다 되어가지만 남한과 북한은 결코 남이 될 수 없는 사이이다.

여기서 잠시 남북한의 국토와 인구 현황에 대해 살펴보자. 남한의 국토 면적은 992만 6,000ha로 세계 109위이고, 북한은 남한보다 넓은 1,205만 4,000ha

이며, 남북한을 합치면 그 면적은 세계 84위가 된다. 남한의 인구는 4,870만 명(0.7%)으로 세계 25위이고, 북한의 인구는 2,300만 명(0.4%)이며, 남북한을 합치면 세계 18위(1.1%)가 된다. 100년 전에 삼천리 강산에는 약 1,100만 명 정도의 한민족이 살고 있었는데, 지금은 7,200만 명 정도가 살고 있다. 이 정도면 민족적으로 큰 성공을 거두었다고 할 수 있을 것이다.

그러나 분단과 전쟁의 문제가 개선되지 않은 것은 참으로 유감스러운 일이다. 분단과 전쟁에서 더 중요한 것은 전쟁이다. 한국전쟁은 분단의 성격을 규정하는 역사적 사건이 되고 말았다. 분단이 되었다고 해서 공존하지 못할 이유는 없다. 그러나 전쟁은 다르다. 전쟁은 인간이 만들어낸 지옥이다. 사람을 많이 죽일수록 상을 받는 것이 전쟁이다. 한국전쟁은 유독 참혹했던 전쟁으로 역사에 기록되었다. 일제 말기에 불렸던 한 독립군가는 '삼천리 삼천만의 우리 동포들'이라고 노래했다. 그중 무려 500만 명이 한국전쟁에서 죽거나 다쳤다.

이 땅은 줄곧 외침에 시달렸고, 조선 말에는 특히 커다란 전쟁이 잇달아 일어났다. 동학전쟁, 청일전쟁, 러일전쟁이 모두 이 땅에서 일어나 많은 조상들이 큰 고초를 겪어야 했다. 그러나 이 전쟁들은 한국전쟁에 비하면 작은 에피소드라고 해도 좋을지 모른다. 수많은 사람들이 학살당하고 약탈당하고 실종되었다. 한국전쟁은 많은 이들에게 너무나 커다란 고통을 안겨주었다. 산하도, 사람도, 모두 큰 고통을 겪고 다른 산하, 다른 사람이 되고 말았다.

더욱 큰 문제는 전쟁이 끝나지 않았다는 사실이다. 전쟁은 그저 중단되었을 뿐이다. 우리는 아직도 전쟁 상태 속에서 살아가고 있는 것이다. 2000년 6월에 제1차 남북정상회담이 열리고, 같은 해 10월에 성공회대에서 제3회 비판사회학대회가 열렸다. 나는 여기서 「50년 전쟁체제의 사회적 결과: 비정상성의 정상화」라는 제목의 논문을 발표했다. 무려 50년 동안이나 전쟁 상태로 지내면서 비정상적인 것이 오히려 정상적인 것으로 여겨지게 된 한국사회의 기형적 현실을 성찰하는 내용이었다.

물론 '비정상성의 정상화'가 그냥 이루어진 것은 아니었다. 여기에는 독재 세력의 책략이 큰 영향을 미쳤다. 요컨대 이승만의 깡패독재와 박정희의 군사독재는 끔찍한 전쟁의 경험을 체계적으로 이용한 전쟁독재이기도 했다. 정권을 비판하는 것은 이적 행위로 내몰려 가혹하게 처단되었다. 사실 이승만은 전쟁이 일어나기 전인 1948년 12월에 「국가보안법」을 불법적으로 제정해 독재체제의 기틀을 세웠다. 한국전쟁은 그렇지 않아도 형성되고 있던 독재체제에 초강력 알리바이를 제공했던 것이다.

휴전선 155마일 주변은 100만 명이 넘는 병력이 배치되어 있는 세계 최고의 병력밀집지역이다. '비무장지대' 주변은 세계에서 가장 강력한 '중무장지대'이다. 대포, 전차, 탱크, 미사일 등 온갖 무서운 무기들이 총집결되어 있다. 한때는 이곳에 핵무기도 배치되어 있었다. 모든 청년 남성들이 군대에 가야 하고, 이 때문에 군대를 가지 않기 위해 온갖 부패가 창궐하며, '군 가산점'이라는 잘못된 제도를 둘러싸고 심각한 갈등마저 야기되고, 매년 수십조 원의 혈세가 군비에 충당되며, 이로부터 어마어마한 비리와 부패가 끊이지 않고, 사회 전체적으로 군사주의와 남성주의가 만연해 있다.

우리는 분단이 아니라 전쟁 때문에 큰 고통을 겪고 있다. 전쟁이 아니었더라면 분단이 되었더라도 진작 교류와 공존이 전면화되었을 것이다. 전쟁체제의 종식과 평화체제의 구축은 그야말로 '민족의 요청'이다. 그것은 경제적으로 막대한 자원의 낭비를 막을 수 있는 길이며, 정치적으로 민주주의를 심화하기 위한 핵심적 과제이다. 한국의 독재 세력은 사실상 전쟁 세력이었다. 그들은 언제까지나 전쟁체제를 유지하려고 한다. 그러나 남북한은 물론이고 동북아의 발전을 위해서도 전쟁체제의 종식과 평화체제의 구축은 시급하다.

전쟁 세력이라고 해서 평화를 말하지 않는 것은 아니다. 아니, 그들은 사실

평화라는 말을 입에 달고 산다. 그들은 초록색 월계수 잎을 입에 문 하얀색 비둘기가 자신들의 상징이라고 선전한다. 그들이 말하는 평화는 대체 어떤 것일까? 그들은 M16이나 탱크는 물론 핵무기를 써서라도 그들을 위협하는 세력을 완전히 제압하는 것이 평화라고 주장한다. 그들은 평화와 평정을 구별하지 못하는 것이다. 평정은 평화와 완전히 다른 것이다. 그것은 폭력을 통한 제압의 귀결이다. 평정은 반평화이다. 우리는 평정이 아닌 평화를 추구해야 한다.

제2차 남북정상회담의 최대 의제로 노무현 대통령은 평화체제의 구축을 향한 논의를 제시했다. 이것은 참으로 올바른 결정이라고 생각된다. 그러나 어떻게든 남북한을 통제하고자 하는 미국의 의지, 독재 세력에 뿌리를 둔 보수 세력의 반발, 체제의 불안전성에 시달리는 북한의 동요라는 커다란 장애물들이 있다. 평화체제의 구축은 이미 우리의 현안이 되었지만, 그 실현은 여전히 매우 어려운 과제이다. 거목의 풍모와 햇빛의 슬기가 모두 필요할 것이다.

'의원 나리'들과 '신의 직장'의 엽기적 공생

'비정규 공화국'의 향응 국감

노동은 신성하다. 그러나 노동자는 그렇지 않다. 이 역설 또는 모순은 이미 오래전부터 심각한 사회적 갈등의 원천이 되었다. 노동자를 신성한 존재로 존중하지는 않더라도 애쓴 것에 합당한 대접은 해줘야 '좋은 사회'라고 할 수 있을 것이다. 그러나 이러한 상식적 요청마저도 좀처럼 실현되지 않는 것이 우리의 비정한 현실이다.

소모품 취급을 받는 노동자들이 갈수록 늘어나고 있다. 비정규직 노동자들이 바로 그들이다. 「비정규직보호법」이 2006년 말에 제정되어 지난 7월부터 시행되고 있다. 그러나 비정규직 노동자는 여전히 보호받지 못하고 있으며, 그 수는 계속 크게 늘어나고 있다. 최근 발표된 관련 통계에 관한 보도를 보자.

26일 통계청이 발표한 '경제활동인구 부가조사'(2007년 8월) 결과를 보면, 비정규직 노동자는 570만 3,000명으로 지난해 같은 기간에 견줘 24만 6,000명(4.5%)이 늘었다. 반면 정규직은 2.9% 증가에 그쳐, 전체 임금 노동자 가운데 비정규직의 비중도 35.5%에서 35.9%로 0.4% 포인트 늘었다.

비정규직 가운데 기간제 노동자는 1년 새 19만 명이 줄었지만, 파견 노동자는 13만 1,000명에서 17만 4,000명으로, 용역 노동자는 49만 9,000명에서 59만 3,000명으로 뚜렷한 증가세를 보였다. 여기에 보험모집인, 골프장 경기보조원 등 '특수형태 근로'가 2.9% 증가했고, 계약기간조차 없는 장기 임시직과 일일근로 노동자의 규모도 각각 12.2%와 15.2%나 늘어나, '더 열악한' 비정규직 노동자가 많아진 것으로 나타났다(《한겨레》, 2007년 10월 26일자).

정부의 공식 통계를 보더라도 비정규직 노동자는 1,588만 6,000명에 이르는 전체 노동자의 35.9%인 570만 3,000명을 차지한다. 4,800만 명에 이르는 전체 국민의 12% 정도가 비정규직 노동자로서 가파른 삶을 살고 있다. 그런데 노동운동 쪽의 주장에 따르면 비정규직 노동자는 사실 800만 명을 넘는다고 한다. 비정규직 노동자가 전체 노동자의 절반을 넘는 것이다.

확실히 우리는 '비정규 공화국'에서 살고 있다. 여기도 비정규직, 저기도 비정규직, 도처에 비정규직 노동자들이 있다. 문제는 이들의 대부분이 사실상 소모품 취급을 받는다는 데 있다. 비정규직 노동자는 정규직 노동자보다 더 어려운 일을 더 오랫동안 해야 한다. 한국의 정규직 노동자라고 해서 호사를 누리고 사는 것은 아니다. 그러나 비정규직 노동자는 정규직에 비해 훨씬 열악한 비정규 인생을 살아야 한다. 임금만 보더라도 비정규직 노동자는 정규직 노동자의 50~60% 정도인 월 110~120만 원 정도를 받고 있는 실정이다.

언제라도 극한상황으로 내몰릴 수 있는 사람들이 많은 사회에서 안정과 발전을 바란다는 것은 그야말로 어불성설이다. 사회는 사람들의 집합체이기 때문이다. 비정규직 노동자의 수를 줄이는 것은 물론이고 전체 노동자의 처우를 개선하는 것은 사회의 안정과 발전을 위한 필수적 과제이다. 사회는 재벌이나 부자들의 것이 아니다. 사회가 무너지면 재벌이나 부자들도 존재할 수 없

다. 남자와 여자 모두에게서 비정규직 노동자가 늘어나고 있다는 사실은 사회
의 해체라는 관점에서 극히 심각한 문제로 파악되어야 한다.

무서운 '비정규 공화국'의 실체가 정부의 공식 통계를 통해 다시금 밝혀지
던 바로 그날, 한 신문은 일부 국회의원의 만행을 고발하는 기사를 실었다.

> 국회 과학기술정보통신위원회(위원장 임인배) 소속 국회의원 6, 7명은 22일
> 대전에 있는 대덕특구지원본부, 기초기술연구회, 한국천문연구원, 한국한의학
> 연구원, 국가핵융합연구소, 한국과학기술연구원, 한국생명공학연구원 등 7개
> 기관에 대한 국감을 마친 뒤 대전 유성구의 A단란주점에서 피감기관 관계자들
> 에게서 수백만 원어치의 향응을 제공받은 것으로 본보 취재 결과 확인됐다.
> 특히 룸살롱 방식으로 운영되는 A단란주점에 갔던 국회의원 중 2명은 술자
> 리가 끝난 뒤 여종업원과 함께 '2차'를 나갔다는 주장이 제기됐다(《동아일보》,
> 2007년 10월 26일자).

이 기사는 이른바 '향응 국감' 파동을 불러일으켰다. 특히 '2차'를 나갔다
는 내용이 큰 논란을 빚었다. 만일 이 보도가 사실이었다면 해당 국회의원 2
명은 「성매매금지법」을 정면으로 위반한 범죄자가 되었을 것이다. 물론 그에
앞서 해당 국회의원 2명은 그 자질과 품위를 완전히 내팽개친 타락자라는 비
판을 받았을 것이다. 그러나 '2차'는 사실이 아니었던 것으로 판명된 것 같다.
그렇다고 해도 문제는 여전히 크다.

민주주의 체제에서 국회의원은 대단히 중요한 존재이다. 사회를 유지하고
운영하는 강제적 규범인 법을 제정하는 직접적 주체가 바로 국회의원이기 때
문이다. 그런데 이 나라의 국회의원은 사실 오래전부터 온갖 비난과 의혹의 대
상이었다. 시커먼 색의 커다란 차를 타고, 있는 대로 거드름을 피우면서 부패,

향락, 폭력, 사기, 횡령 등 숱한 저질 범죄를 저지르는 개기름 범벅이가 바로 한국 국회의원의 이미지이다.

　여론을 무마하기 위해 한나라당은 즉각 대응에 나섰다. 해당 국회의원 2명 중에서 임인배 의원(경북 김천)은 내년 총선에서 공천을 받을 수 없는 징계를 받았고, 김태환 의원(구미 을)은 그보다 훨씬 낮은 '경고'의 징계를 받았다. 과연 이것으로 충분한 것일까? 한나라당이 정말 문제를 심각하게 여기고 있다면, 결코 이 정도로 그쳐서는 안 될 것이다. 2005년 9월의 어느 날 밤, 대구에서 일어났던 비슷한 사건을 국민들은 새삼 떠올리고 있다. 문제의 깊이에 비해 한나라당의 조치는 분명히 미온적이다.

　한나라당은 윤리강령을 만들었다고 자랑스럽게 선전하고 있지만, 그 배경은 참으로 비윤리적인 사건들이며, 여전히 한나라당에 가장 필요한 것은 윤리인 것 같다. 이번에 문제가 된 두 명만 보더라도 그렇다. 임인배 의원은 2005년 12월 19일 국회의장실 여성 비서들에게 "뭐 하는 년들이야. 싸가지 없는 년들"이라고 욕을 퍼부었고, 김태환 의원은 2004년 9월 12일 골프장에서 술을 마시고 60대 경비원을 폭행했으며, 2007년 6월 1일 술을 마시고 KTX를 타서는 자리를 바꿔달라며 열차 문을 발로 차는 등의 행패를 부렸다.

　국정감사는 '의정활동의 꽃'이라고 한다. 사실 국정감사는 반독재 민주화의 중대한 성과이다. 박정희가 유신쿠데타와 함께 국정감사를 없앴으며, 6월 민주항쟁으로 전두환 독재가 무너지고서야 국정감사는 부활할 수 있었다. 국정감사는 입법부가 행정부를 감독해서 법을 올바로 집행하도록 하기 위한 핵심적 장치이다. 그런데 오늘날 국정감사는 국회의원이 정략적으로 자기를 과시하거나, 정당이 당리당략을 관철하기 위해 패악질을 해대는 곳으로 악용되고 있다.

　문제는 국회의원에게만 있지 않다. 피감기관의 국회의원 접대는 '관행'이라지만 이것은 사실 명백한 '위법'이다. 이번 사건처럼 수백만 원어치의 향응을 제공한 것은 피감기관이 국회의원에게 '뇌물'을 공여한 것으로 보아야 한다. 향응 국감은 공공기관이 어떻게 '신의 직장'이 되었는지를 새삼 밝혀준 사건인지도 모른다. 향응 국감과 '신의 직장', 슬픈 비정규 공화국의 엽기적 초상화가 아닐 수 없다.

後記 2009년 4월 2일 금속노조는 자못 놀라운 조사 결과를 발표했다. 10대 그룹 계열사 중 상장기업의 공시된 감사보고서를 기초로 분석한 결과, 10대 재벌의 78개 계열사가 2008년까지 145조 5,000억 원의 누적 이익잉여금을 적립해놓고 있으며, 이 중 현금성 자산(현금+만기 1년 내 단기 금융상품)이 47조 6,000억 원에 달한다는 것이다. 재벌은 이렇듯 막대한 부를 축적해놓고 있으면서 비정규직 문제의 해결에는 인색하기 짝이 없다. 이명박 정부가 추진하는 고용정책이라는 것도 대체로 '비정규 삽질직'을 늘리는 것이다. 비정규직의 확대는 실업의 증대만큼이나 사회의 불안을 가중시키는 중대한 문제이다. 이 엄청난 문제에 대해 제대로 관심을 기울이는 국회의원도 극소수일 뿐이다. 다수의 국민들이 비정규직을 여전히 남의 일로 생각하거나, 자기 일일지라도 일시적인 것으로 여기고 있기 때문일까? 암담할 뿐이다.

'李씨 부자'가 손을 떼야 '삼성'이 산다

'삼성공화국' 폐지되어야 한다

삼성재벌을 어떻게 해야 하는가? 또다시 삼성재벌의 문제를 둘러싸고 온 나라가 들썩이고 있다. 그동안 삼성재벌은 온갖 불법과 의혹으로 숱한 논란을 불러일으켰다. 그런데 이번에는 상황이 훨씬 심각하다. 삼성재벌에서 법무팀장으로 일했던 김용철 변호사가 자신이 챙겨놓은 각종 자료와 겪은 일들을 발표했기 때문이다.

1970년대에 '사람 나고 돈 낳았지, 돈 나고 사람 낳았나'라는 노랫말의 노래가 유행했었다. 급속한 산업화로 배금주의가 만연한 세태를 비판적으로 풍자하는 노래였다. 그러나 그 뒤로 이 문제는 계속 악화되었다. 그 결과 마침내 온갖 죄를 짓고도 돈만 있으면 해결되는 현실 앞에서 사람들은 '유전무죄 무전유죄'라는 말을 매일같이 되뇌었다. 온갖 죄를 지은 '죄벌'이 가장 돈이 많은 '재벌'이 되는 상황이야말로 이러한 반사회적 문제의 원천이다. '삼성공화국'은 이러한 상황에 대한 강력한 비판의 뜻을 담고 있다.

많은 사람들이 '삼성공화국'이 아니라 '삼성왕국' 또는 '이건희왕국'이라고 말한다. 정말로 그렇다고 하지 않을 수 없다. 이건희 회장을 신처럼 또는 교주처럼 떠받드는 것은 삼성재벌의 가장 중요한 경영 방식인 것 같다. 그런데 바로 이 때문에 '삼성공화국'이라는 말은 심각한 비판적 의미를 지닐 수 있다. 공화국은 주권자의 범위에 따라 귀족공화국과 민주공화국으로 나뉘기는 하지만, 아무튼 주권자의 토론과 합의를 통해 운영된다. '삼성공화국'이라는 말은 삼성재벌이 전혀 공화적이지 않다는 사실을 떠올리게 한다.

사실 '삼성공화국'의 실상과 문제는 이미 오래전부터 적나라하게 드러났다. 우선 1994년에 이건희 회장의 독단적 결정으로 삼성자동차가 설립되었고, 이 때문에 삼성재벌은 물론이고 한국 경제가 휘청거린 일을 떠올려야 한다. 그리고 불과 16억 원의 세금만을 내고 삼성재벌을 아들 이재용 상무에게 상속한 것은 삼성재벌이 법을 얼마나 우습게 여기고 있는지를 보여준 대표적 사건이었다. 가장 거대한 기업이 법을 우스갯거리로 만들었어도 사법부는 이에 대해 무기력하기만 하니 사람들이 법을 믿을 리 없다.

삼성재벌은 이미 창업자인 이병철 회장 때부터 정경 유착과 편법 탈세로 이름이 높았다. 그 기술이야말로 세계적인 특허를 낼 만한 것인지 모른다. 2003년에 SK 비자금에 관한 수사가 이루어졌는데, 이 수사는 2002년 대선의 불법 자금 수사로 확대되었다. 삼성재벌은 한나라당에 152억 원을, 민주당에 30억 원을 제공한 것으로 밝혀졌다. 한나라당에 제공한 152억 원 중에서 112억 원은 책 속에 채권을 감춰서 마치 책을 주는 것처럼 건네는 '책떼기' 수법이 사용되었다. 현대와 LG의 '차떼기'와 달리 삼성은 '책떼기'를 사용했던 것이다.

오늘날 삼성재벌은 매년 15조 원 정도의 세전 이익을 올리는 세계적 대기업이다. 문제는 이 과정에서 엄청난 부정과 불법이 저질러지고 있으며, 그 결과 이 나라 자체가 항상적 위기 속에 놓이게 되었다는 것이다. 문제의 근원은 삼성 그룹을 삼성재벌로 만드는 전근대적 총수체제에 있다. 원천적으로 성립할 수 없는 총수체제를 유지하기 위해 이건희 회장은 이 나라 자체를 '삼성공화국'으로 만들고자 최선을 다하고 있다. 정경 유착과 편법 탈세는 그 핵심적 방식이다.

2005년 6월, '삼성공화국'의 문제를 적나라하게 밝혀주는 자료가 세상에 모습을 드러냈다. 문화방송의 이상호 기자가 태평양을 몇 차례나 오가며 미국에서 어렵게 구한 그 자료는 '삼성X파일'로 알려졌다. 그것은 1997년 9월에 안기부에서 삼성재벌의 이학수 부회장과 중앙일보의 홍석현 회장이 나눈 사적 대화를 녹음한 자료였다. 이 자료에서 우리는 이건희 회장의 지시를 받아 두 사람이 당시 이회창 후보와 김대중 후보에게 어떻게 불법자금을 제공했는지, 나아가 삼성재벌이 이 나라를 어떻게 요리하고 있는지를 엿볼 수 있다.

'삼성X파일'은 참으로 희귀한 보물급 사료가 아닐 수 없다. 이 자료는 시급히 문화재로 지정해야 한다. 우리는 이 자료에서 국가의 정보기관이 얼마나 무서운 존재인지를, 그리고 민주화와 함께 재벌이 어떻게 국가권력을 능가하게 되었는지를 알 수 있다. 그런데 '삼성X파일'이 가장 잘 보여준 것은 바로 이건희 회장의 힘이다. 그는 오늘날 한국사회에서 가장 강력한 '언터처블'이다. 정몽구 회장, 최태원 회장 등 다른 재벌의 총수들이 줄줄이 감옥에서 썩을 동안 그는 일본이나 미국에서 유유히 새로운 정경 유착을 모색하며 쉬었다.

또다시 '삼성공화국'의 문제가 크게 불거졌다. 지난 10월 29일 김용철 변호사는 천주교 정의구현사제단을 통해 서울의 제기동 성당에서 양심선언을 했다. 김 변호사는 삼성재벌이 자기도 모르게 자기의 이름으로 차명계좌를 개설해서 50억 원가량의 현금을 입출금했다고 발표했다. 여기서 나아가 김 변호사는 삼성재벌이 전·현직 임원의 차명계좌를 이용해 천문학적 금액의 비자금을 조성하고, 그것을 정계는 물론이고 사법부, 행정부, 언론계, 학계에 뿌려서 나라 전체를 매수하고 있다는 의혹을 제기했다.

11월 5일, 김 변호사는 사제단과 함께 기자회견을 열어 자신의 심경을 밝히고 삼성재벌의 개혁을 촉구했다. 그에 대한 여러 부정적 견해들이 떠돌고 있기도 하지만, 사제단이 밝히고 있듯이 그의 진정성은 분명한 것 같다. 그렇지 않다고 하더라도 삼성재벌의 문제는 너무나 크다. 김 변호사와 그 가족에게 준 고통만 하더라도 그렇다. 삼성재벌은 모든 걸 부정하고 있지만, 바로 그렇기 때문에 더욱 의심스럽다. 꼬리 아홉 달린 여우가 온갖 재주를 부리다가 문득 본 모습을 드러내고는 스스로 놀라 날뛰는 것 같다.

꼬리가 길면 밟히고, 원숭이도 나무에서 떨어지는 법이다. 2005년 8월에 참여연대는 '삼성보고서'를 발표했다. 그 핵심은 삼성재벌이 정계, 관계, 법계, 학계, 언론계 등에 엄청난 인맥을 형성해서 사실상 스스로 국가가 되고자 한다는 것이었다. 다시 말해서 삼성재벌은 민주주의에 대한 심각한 도전이자 위협이라는 것이었다. 그러나 아마도 삼성재벌은 '삼성보고서'를 우습게 여겼을 것 같다. 이미 오래전부터 검찰은 '삼성의 검찰'이라는 비판을 듣고 있기 때문이다. 정말 삼성재벌 앞에서 검찰은 너무 작아져서 아예 보이질 않는다.

지난 주말에 공개된 '회장 지시사항'을 보니, 이건희 회장은 참여연대를 비롯한 시민단체들도 얼마든지 돈으로 매수할 수 있다고 생각했던 모양이다. 나는 쓴웃음을 짓고 말았다. 이렇게 현실을 모르는 사람이 '천재경영론'을 외치고 다닌다는 말인가? 하긴 그와 그의 아들이 삼성재벌의 총수가 된 것은 천재이기 때문은 아닐 것이다. 아무튼 이제 모든 책임은 검찰에게 넘어갔다. '삼성의 검찰'이라는 의혹을 재확인해줄 것인가, 아니면 '국민의 검찰'로서 '삼성공화국'이라는 희한한 조직의 폐지에 적극 나설 것인가?

사족 한마디. '삼성공화국'의 폐지는 삼성그룹의 해체를 뜻하지 않는다. 그것은 만악의 근원인 전근대적 총수체제를 폐지해서 전근대적 삼성재벌이 세계적인 삼성그룹으로 진정 거듭나는 것을 뜻한다. 온갖 죄를 짓고 경제를 농락하며 부를 누리는 재벌의 총수는 사회적 대타협이 아니라 그저 전면적 개혁의 대상일 뿐이다.

이건희 회장의 아들 이재용 삼성전자 전무의 부인은 대상그룹 임창욱 회장의 맏딸인 임세령이다. 두 사람은 1998년에 결혼했다. 그런데 2009년 2월 11일 임세령이 이재용을 상대로 이혼소송을 제기했다. 임세령은 위자료 10억 원과 5,000억 원대 재산 분할, 그리고 자녀 양육권을 요구한 것으로 알려졌다. 이 이혼소송은 7일 뒤인 2월 18일 두 사람이 이혼에 합의하는 것으로 끝났다. 그러나 이혼 조건에 대해서는 알려지지 않았다. '재벌닷컴'의 평가에 따르면 2008년 9월 11일 현재 이재용의 재산은 1조 187억 원이다. 한편 2009년 3월에는 이재용이 동생 이부진과 경영권 승계를 놓고 '전쟁'을 벌이기 시작했다는 관측도 제기되었다. 이부진은 이건희 회장의 맏딸로서 2008년 10월에 삼성석유화학의 1대 주주가 되었고, 2008년 3월부터는 삼성재벌의 사실상 지주회사인 에버랜드의 경영에 본격적으로 참여했다. 삼성재벌은 그야말로 이 나라를 장악하고 지배하고 있다고 해도 좋을 것이다. 삼성재벌의 경영권 승계가 이 나라에 어떤 영향을 미칠 것인가?

삼성재벌과 검찰의 검은 공생?

현대자동차 때와 다른 검찰, '떡검' 비판 인정하나

머리를 들어 하늘을 보면 파란 가을 하늘이지만, 시선이 가는 대로 저 앞을 보면 희뿌연 스모그 하늘이다. 자동차 매연에 잠겨 매일 허덕이는 '스모그 도시' 서울의 문제는 가을이라고 해서 달라지지 않는다. 여전히 비가 오고 바람이 세게 불어야 잠깐 개선되는 것이다. 자동차 운행을 줄여야 비로소 맑은 가을 하늘을 볼 수 있다. 결국 우리 모두가 노력해야 하는 것이다.

요즘의 정국을 봐도 비슷한 생각을 하게 된다. 이명박 후보는 숱한 의혹에 이어 자녀의 '유령취업'이라는 황당한 문제마저 드러났고, 여기에 김경준의 소환에 따른 본격적 의혹 공방이 이어질 예정이다. 그러나 이미 드러난 많은 문제들에도 불구하고 이명박 후보가 누리는 엄청난 인기는 '이명박 신드롬'이라는 말을 저절로 떠올리게 한다. 이 와중에 한나라당의 원로인 이회창 씨가 한나라당을 박차고 나와서는 '냉전전사'의 모습으로 다시금 대선에 도전하고 나섰다. 한나라당은 이회창 후보의 '배신'에 부들부들 떨며 온갖 욕설을 퍼붓고 있지만, 그럼에도 이회창 후보는 나오자마자 인기도 2위를 기록하며 기염을 떨쳤다.

대선 정국은 머리 위를 보나, 시선이 가는 대로 보나, 발아래를 보나, 한결같이 희뿌옇다. 보수 세력은 물론이고 수구 세력의 힘도 엄청나다는 걸 새삼 확인하게 될 뿐이다. 그리고 제도정치 개혁 세력의 무능과 배신의 대가가 이렇게 크다는 사실에 새삼 놀랄 뿐이다. 수구보수 세력은 강력한 양극화 세력이다. 따라서 이 상태대로 진행된다면 지금 청년인 '88만원세대'는 대부분 '쪽박세대'로 장년이 되고 노년이 될 것이 틀림없다. 그러나 그들은 현재의 심각한 정치 상태에 거의 무관심하다. 그러므로 이미 이 나라를 크게 잠식하고 불안하게 만들고 있는 양극화는 더욱 격렬하게 진행될 것이다. 우리는 양극화 악순환의 덫에 갇히기 직전이다.

양극화 덫을 만든 주범으로 단연 재벌을 꼽지 않을 수 없다. 재벌의 총수들은 온갖 불법과 편법으로 부를 축적하고 상속하고 있으면서 국민들에게는 무조건 천재가 되어 반인간적 무한 경쟁에서 이길 것을 강요하고 있다. 이 때문에 국민들은 재벌에 대해 이중적 감정을 가지게 되었다. 한편에서는 문제가 많기는 해도 거대 기업으로서 재벌의 역할을 긍정하면서, 다른 한편에서는 총수에 대해 커다란 반감을 가지게 된 것이다. 이에 대해 재벌과 그 하수인들은 '반기업정서'를 운운하며 국민들을 모욕하고 나섰다. '방귀 뀐 놈이 성낸다'고, 큰 문제를 일으킨 자들이 오히려 화를 내며 문제를 지적하는 것이 잘못이라고 우기는 것이다.

재벌 중에서도 단연 큰 문제를 안고 있는 것으로 꼽히는 것은 삼성재벌이다. 오죽하면 '삼성공화국'이라는 말이 만들어졌겠는가? 이 말에는 우리나라가 헌법상으로는 '민주공화국'으로서 국민이 주권자로서 통치하는 나라이지만 사실은 삼성재벌이 온갖 국가기구와 민간기관을 매수해서 통치하고 있다는 무서운 인식이 담겨 있다. 삼성재벌은 자신의 문제가 드러나지 않도록 '관리'를 철저히 했다. 삼성재벌의 임원이 되면 그야말로 이 사회의 최상층이 된다. 수억에서 수십억에 이르는 연봉은 기본이고, 고급 승용차, 컴퓨터, 휴대전화, 골프회원권 사용권, 한남동 삼성서울병원 분원의 의료 혜택 등을 받고, 퇴사 후에도 1~2년 동안 각종 지원을 받으며, 퇴직 임원들의 모임인 성우회에서도 철저히 '사후관리'를 한다.

그러나 '꼬리가 길면 밟히는 법'이다. 숱한 죄를 지으며 쌓은 돈의 성이 언제까지나 아무렇지도 않게 유지될 수는 없다. 안기부가 1997년 9월에 녹취한 '삼성X파일'이 2005년 공개되어 삼성재벌의 무서운 실상을 만천하에 보여주더니, 2007년 10월에는 삼성재벌의 임원이었던 사람이 삼성재벌의 불법 승계, 비자금 조성, 뇌물 공여 등에 대해 '자백'하고 나섰다. 그리고 11월 12일의 세 번째 기자회견에서 천주교 정의구현사제단은 임채진 검찰청장 내정자, 이귀남 대검 중수부장, 이종백 국가청렴위원장이 모두 삼성재벌의 뇌물을 받았다고 주장했다. 실로 무시무시한 주장이 아닐 수 없다. 당연히 이 주장을 둘러싸고 치열한 공방이 벌어지기 시작했다. 정녕 검찰은 '삼성의 시녀'인가?

삼성재벌과 검찰의 검은 공생에 대한 의혹을 해소하기 위해서는 대검찰청에서 직접 특수수사팀을 꾸려서 즉각 적극적으로 수사를 펼쳐야 한다. 검찰은 현대자동차 비자금 사건에서는 하급 직원의 제보만으로 사무실을 긴급 수색해서 수백억 원대의 비자금을 찾아내고 결국 정몽구 회장을 구속했다. 그런데 삼성재벌의 경우는 최고위급 임원이었던 사람의 증언과 증거에도 불구하고 2주가 넘게 손을 놓고 있어 삼성재벌이 증거를 인멸하고 증인을 조작할 시간을 벌 수 있게 해준다는 의혹마저 제기되고 있다. 이 의혹이야말로 국민들로 하여금 '삼성공화국'의 무서운 실체를 실감하게 하는 것이라는 사실을 검찰은 직시해야 한다.

이런 검은 의혹을 해소하고 신뢰를 찾기 위해서는 검찰은 이건희 회장의 구속수사와 '떡검'에 대한 수사는 물론이고 금융감독원, 금융정보분석원, 황영기 전 우리금융 회장에 대한 수사를 서둘러야 한다. 바야흐로 검찰의 잘못에 대한 의혹이 그 존재 이유 자체에 대한 의혹으로까지 커지고 있다. 이 자체가 삼성재벌의 엄청난 힘을 보여주는 것이지만, 검찰의 의혹은 결국 검찰이 자초한 것이기도 하다. 삼성재벌로부터 뇌물을 받지 않았다는 주장만으로는 충분하지 않다. 그렇다면 아무것도 받지 않았으면서도 삼성재벌에 대한 수사를 제대로 하지 않는 이유는 무엇인가? 부실한 해명은 또 다른 검은 의혹을 낳을 뿐이다.

10여 년 전에 대만의 드라마 <포청천>이 수입되어 큰 인기를 끌었다. 그 까닭은 무엇보다 포청천이 이른바 '권력형 비리'를 사회의 암으로 파악하고 엄단하는 데에 있었다. 국민들은 <포청천>이라는 드라마에 우리의 더러운 현실을 투사했던 것이다. 민주화와 함께 포청천은 그저 추억이 되기를 바랐다. 그러나 불행히도 우리의 현실은 그렇지 않았다. 정경 유착, 관경 유착은 '공화국' 수준으로 확대되었고, 이제 특검의 제도화는 무엇보다 시급한 과제가 되었다. 이런 상황에서 밀려났던 부패 세력이 쓰나미처럼 몰려오고 있다. 온통 희뿌연 세상이다. 안타깝고, 두렵다.

後記 김용철 변호사의 폭로에 대해 삼성재벌은 어떻게 대응했는가? 전종훈 신부와 한겨레신문이 어떤 '고난'을 겪었는지를 보자.

전종훈(52) 천주교정의구현 전국사제단 대표 신부에게 2008년은 '인생의 전환점'이었다. 이건희 전 삼성 회장 일가의 비리 사건에 이어 온 나라를 뜨겁게 달군 촛불집회 시국미사에 이르기까지 그는 올해 내내 '역사의 한복판'에 서 있었다. …… 전 신부는 지난 9월 천주교 서울대교구로부터 '유례없는' 안식년 발령을 받아 서울 수락산 본당을 떠났다. 그동안 인사 문제에 말을 아끼던 그는 이렇게 속내를 토로했다.

“ ‘우리 사회에선 삼성이 교회 인사권까지도 영향을 끼칠 수 있구나’ 하는 생각이 듭니다”(《한겨레》, 2008년 12월 29일자).

지난해 10월29일 삼성 비자금 의혹을 폭로한 천주교 정의구현사제단의 기자회견 이후 1년이 넘도록 삼성 광고를 받지 못했던 한겨레신문이 삼성과의 관계 단절을 선언했다.

고광헌 한겨레 사장은 최근 한겨레 전 임직원에게 ‘사우 여러분께 드립니다’라는 글을 보내 “삼성은 돈으로 우리 한겨레를 길들이겠다는 생각을 하고 있는지 모르겠지만 우리는 결코 굴복하지 않을 것”이라며 “고통이 따르더라도 삼성 광고 없이 가기로 결정했다”고 말했다.

고 사장은 “삼성이 우리 신문에 광고를 중단한 지 벌써 1년이 넘었다”면서 “그동안 인내심을 갖고 이 문제를 풀어보려고 애썼으나 더 이상 삼성의 태도 변화를 기대하기에는 한계에 이르렀다는 판단을 내렸다”고 말했다.

그러면서 “이것은 ‘돈이면 무엇이든 할 수 있다’는 우리 사회의 삐뚤어진 가치관과의 싸움이기도 하다”고 말했다. 삼성 광고는 한겨레 전체 광고 매출의 10% 안팎을 차지하는 것으로 전해졌다(《기자협회보》, 2008년 11월 19일자).

삼성재벌, 청와대, 한나라당

홍준표, 추미애도 나서라

늦게 회의를 마치고 참여연대 사무실을 나서는데 진눈깨비가 펄펄 내리고 있었다. 다행히 차를 얻어 타고 전철역까지 갈 수 있었다. 전철을 타고 종로를 지나니 사람들이 눈이 온다고 수런거린다. 결국 전철에서 내려 펑펑 쏟아지는 눈을 맞으며 집으로 돌아왔다. 어제까지 노란 잎, 빨간 잎들이 일렁이던 은행나무, 단풍나무 가지에 갑자기 하얀 눈꽃이 피었다. 그러더니 어느새 다 녹아 버리고 초겨울 비가 한밤을 추적추적 적시고 있다.

지구온난화 때문에 갈수록 눈을 보기가 어려워지고 있다. 강원도는 동계올림픽 3수 도전을 선언했지만, 2018년에는 강원도가 난대지방이 되어 있을 수도 있다. 지구온난화 때문에 전국에서 홍수, 사태, 해일, 가뭄, 해충, 질병 등이 만연할 가능성이 크다. 지구온난화가 너무 급속히 진행되고 있어서 기상예보가 매우 어려워지고 있다고 한다. 사실 날씨와 기후에 관한 수천 년의 지혜가 삽시간에 무용지물이 되고 있다.

그러나 예측하기 어려운 것은 지구온난화만이 아니다. 사실 한국 정치야말로 지구온난화에 따른 날씨와 기후의 변화보다 더 예측하기 어려운 것인지도 모른다. 치열한 경선을 통해 후보가 선출되었다고 좋아하더니 갑자기 이회창 씨가 한나라당을 탈당해서 대선 출마를 선언해버렸다. 엊그제 통합 논의를 마쳤다며 좋아하더니 통합신당과 민주당의 통합이 다시 무산되었다. 이명박 후보에 대해서는 여전히 의혹이 꼬리를 물고 제기되고 있으며, 정동영, 문국현, 권영길 후보 등은 여전히 국민의 마음을 크게 얻지 못하고 있다.

이 와중에 한국사회의 발전을 위한 최대의 과제에 속하는 삼성재벌의 개혁이 또다시 무산될 기미도 엿보인다. 10월 29일의 1차 기자회견, 11월 5일의 2차 기자회견, 11월 12일의 3차 기자회견에 이어서, 11월 13일에는 삼성재벌의 개혁을 위한 국민운동이 조직되었다. 그리고 11월 14일 통합신당, 민주당, 민노당은 국민의 높은 관심을 반영해 특검법을 국회에 공동 발의했다. 3당은 정기국회 회기인 11월 23일까지 특검법안을 통과시키기로 합의했다. 김용철 변호사의 실천이 거둔 커다란 성과가 아닐 수 없다.

한나라당도 가만히 있지 않았다. 지난 대선에서 삼성재벌은 한나라당에 '책떼기' 등의 수법으로 무려 152억 원의 불법정치자금을 건넸다. 그런데 한나라당이 삼성재벌을 상대로 특검을 하자는 법안을 의회에 발의한 것이다. 삼성재벌로서는 대단히 분한 마음이 들었을 법도 하다. 그러나 내용을 보면 꼭 그럴 것도 아니다. 한나라당은 '삼성 비자금'의 본질이 노무현 대통령이 받은 '당선 축하금'이라고 주장하고 나섰기 때문이다. 홍준표 의원은 아예 양도성예금증서의 일련번호를 확보했다고 주장하고 있다.

청와대에서도 도무지 납득할 수 없는 이유를 대며 특검법의 철회를 요구하고 나섰다. 청와대는 특검법이 이 나라의 기반을 뒤흔드는 것이라면서 「고위공직자부패수사처법」(이하 공수처법)을 함께 통과시켜야 한다고 주장했다. 삼성특검은 삼성특검이고 공수처는 공수처이지, 왜 서로 다른 것을 억지로 섞으려고 하는가? 이렇게 해서 청와대는 다시금 커다란 불신을 자초하고 말았다.

청와대의 눈치를 보며 슬쩍 말을 바꾼 통합신당도 마찬가지이다. 사실 청와대는 「공수처법」을 제정하라는 시민사회의 요구에 제대로 응하지 않았던 장본인이기도 하다.

그러나 '당선 축하금' 의혹을 제기하거나 「공수처법」 제정을 요구하는 것은 어렵게 드러난 삼성재벌의 어두운 정체를 감추기 위한 정치적 책략이라는 비판을 받을 소지가 대단히 크다. 삼성재벌의 문제는 불법 경영을 통해 엄청난 비자금을 조성해서 검찰, 재경부, 국세청, 사법부, 입법부, 변호사, 언론, 학계를 두루 매수해 불법 승계를 추진했다는 것으로 요약될 수 있다. 불법 경영, 불법 승계, 뇌물 공여, 정경 유착, 노조 탄압 등의 후진적 면모가 '세계 최고'를 자랑하는 삼성재벌의 감춰진 얼굴인 것이다.

국회와 정부는 삼성재벌의 정체를 완전히 밝히고, 올바른 개혁을 이룰 역사적 책임을 지고 있다. 국회와 정부가 이 마땅한 책임을 다하지 않고 있어서 참여연대를 비롯한 '국민운동'에 참여한 단체들과 시민들은 주말에 다시 거리로 나섰다. 이런 노력의 결과로 또 다른 제보자가 나타났다. 11월 19일 참여연대 느티나무 강당에서 삼성재벌이 전 청와대 민정비서관 이용철 변호사에게 뇌물을 줬던 사실을 밝히는 기자회견이 열렸다. 뇌물을 받고 분노한 그는 사진을 찍어서 자료로 남기고 뇌물을 다음 날 바로 돌려줬다.

이 때문에 삼성재벌은 아마도 발칵 뒤집어진 모양이다. '꼬리가 길면 밟히는 법'이라는 진리를 삼성재벌은 정말 모르고 있었거나 우습게 여기고 있었던 듯하다. '삼성X파일'에서 잘 알 수 있었듯이, 그들은 정말 돈으로 세상을 완전히 주무를 수 있다고 확신하고 있었던 듯하다. 삼성재벌은 또다시 '회사에서 지시한 적 없다'고 '해명'했다. 아마도 그럴 것이다. 회사가 아니라 회장이 지시했을 것이다. 김용철 변호사가 공개한 자료에서 보았듯이, 이건희 회장은 뇌물을 전하는 다양한 방식을 친히 '교시'하지 않았는가?

삼성재벌과의 유착에 관한 온갖 의혹을 강력히 부정했던 청와대로서도 이용철 변호사의 제보는 난감한 사안이 아닐 수 없을 것 같다. 에버랜드 전환사채 재판과 대선자금 수사가 벌어지고 있던 상황에서 삼성재벌은 반부패정책을 책임지는 청와대 민정비서관에게 뇌물을 건네려고 했다. 그렇다면 다른 비서관들이나 측근 정치인들에게도 뇌물을 건네지 않았을까? 이 대목에서 검찰은 작은 부분이고 직접 이해관계가 걸린 재경부나 국세청이 훨씬 규모가 컸다는 김용철 변호사의 증언을 깊이 음미할 필요가 있다.

청와대는 이른바 '삼성 장학생'의 의혹을 낱낱이 밝혀야 한다. 여기서 한나라당 홍준표 의원의 '활약'에 거는 기대가 사뭇 커지지 않을 수 없다. 그는 지난주부터 계속 특검법의 핵심은 '당선 축하금'이라면서 양도성예금증서의 일련번호를 확보했다고 주장하고 있다. 물론 2004년에도 같은 주장을 했다가 결국 '뻥'으로 밝혀졌다는 보도도 있었다. 그러니 이번에는 자신을 위해서, 한나라당을 위해서, 그리고 나라를 위해서, 홍준표 의원은 확보한 일련번호를 즉각 공개해야 한다.

삼성재벌의 문제는 불법 승계에서 비롯된다. 세계적인 거대 기업을 막대한 탈세의 방식으로 불법 승계한다는 것은 참으로 미개하고 야만적인 짓이다. 이 작업을 총기획하고 총연출한 장본인으로 꼽히는 이학수 부회장과 김인주 사장에 대한 철저한 수사가 속히 이루어져야 한다. 이건희 회장과 이재용 전무에 대해서도 마찬가지이다. 잘못이 드러날 때마다 해외로 도망가기 때문에, 우선 이들에 대한 출국금지조치부터 당장 취해져야 할 것이다.

삼성재벌이 불법 경영을 통해 조성한 막대한 비자금으로 전 방위 불법 로비를 펼쳤다는 사실은 '삼성X파일'로 이미 드러났다. 그로부터 2년여의 시간이 흐르고 김용철 변호사와 이용철 변호사에 의해 이 사실은 많은 자료와 증언으로 적나라하게 입증되었다. 이제 추미애 전 의원도 거액의 선거자금을 제안한 사람이 누구인지를 밝혀야 할 때가 되었다. 삼성재벌을 바로 세워야 나라가 바로 서지 않겠는가?

 결국 홍준표도, 추미애도 삼성재벌의 개혁에는 나서지 않았다. 2007년 11월 23일 「삼성비자금의혹관련특별검사의임명등에관한법률」이 제정되었다. 이에 따라 '삼성 특별검사팀(삼성특검)'이 구성되어 수사를 시작했다. 삼성특검은 2008년 4월 17일 에 수사 결과를 발표했다. 2008년 4월 22일 이건희는 삼성특검의 수사 결과에 승복 하는 형식을 취해 경영에서 물러난다고 선언했다. 그러나 삼성특검은 '삼성 봐주기 특검'으로 끝났다는 비판을 받았고, 이건희는 2008년 10월 10일의 항소심에서 대부 분의 혐의에 대해 무죄 판결을 받았다. 대법원은 상고심의 시한을 넘기며 판결을 내 리지 않더니 2009년 3월 9일 전원합의체로 넘겼다. 이건희는 대체 얼마나 부자인 가? 삼성특검의 발표를 참고해보자.

조준웅 삼성특별검사팀은 17일 이건희 삼성 회장의 차명재산이 4조 5,000억 원 으로 확인됐다고 밝혔다. 조준웅 특검은 17일 오후 2시 서울 한남동 특검 건물 6층 에서 기자회견을 열고 '삼성 비자금 의혹 관련 수사 결과'를 발표하던 중 이같이 밝 혔다. 특검은 차명계좌로 관리된 이건희 회장의 차명재산이 삼성전자 2조 3,000억 원 등 도합 4조 5,000억 원에 달한다며, 이 차명재산은 1,199개의 차명계좌를 이용 해 계열사 주식을 매매해 5,643억 원의 차익을 남겼다고 밝혔다. 특검은 이에 대한 양도소득세 포탈 액수는 1,128억 원으로 계산됐다고 밝혔다(≪뷰스앤뉴스≫, 2008년 4월 17일자).

대한민국, '부패공화국'으로 되돌아가려나

2007년 대선과 한국의 미래

2007년 대통령 선거에 나서는 후보자들의 등록이 끝났다. 모두 12명의 후보자들이 나섰다. 역대 최고의 경쟁률이라고 한다. 그러나 사실 이보다 더 특이한 것은 이명박 후보가 '독주'하고 있다는 것, 그리고 그 뒤를 이회창 후보가 잇고 있다는 것이다. 이명박 후보의 '독주'는 가장 특이한 현상으로서 대선 결과와 무관하게 진지한 연구 대상이 될 만하다. 도대체 왜 이토록 많은 국민들이 이렇듯 열렬히 이명박 후보를 지지하는 것일까?

아무튼 대통령은 중요하다. 대통령은 여전히 막강한 권한을 가지고 있다. 그렇기 때문에 유력한 후보일수록 그 곁에는 많은 사람들이 모인다. 한 자리를 차지할 가능성이 높기 때문이다. 비서관, 장차관, 기관장 등 수천 개의 자리에 대해 대통령은 직접적 인사권을 갖고 있다. 그렇지 않다고 해도 대통령은 가장 강력한 영향력을 행사할 수 있다. 그러니 유력한 대통령 후보에게 투자하는 것은 강남 아파트에 투자하는 것보다 더 나을 수 있다.

그러나 바로 이 때문에 같은 당 안에서도 파벌 간의 대립이 심각하게 나타날 수 있다. 일찍이 성호 선생은 당파 싸움의 원인에 대해 '자리는 적은데 사람들은 한정되어 있기 때문'이라고 지적했다. 나눠 가질 자리가 한정되어 있으니 같은 당 안에서도 파벌들의 대립이 나타날 수밖에 없다. 대통령 선거가 이런 이권 다툼의 성격을 갖게 되는 것은, 한편으로 어쩔 수 없는 것이지만, 다른 한편으로 분명히 불행한 것이다.

우리는 이 '불가피한 불행'을 줄이기 위해 최선을 다해야 한다. 그것은 무엇보다 부패 세력의 발호를 막는 것으로 시작되어야 한다. 부패 세력은 사익을 위해 부패를 저지르는 세력이며, 나아가 부패를 널리 만연시켜 나라의 발전을 저해하는 세력이다. 부패는 백화점을 무너뜨리고 안보도 위협하며 경제도 취약하게 만든다. 한국은 여전히 부패 문제가 심각한 나라에 속한다. 경제력은 세계 10위권이지만 부패지수는 세계 40위권에 머물고 있다. 이 나라는 부패의 덫에 걸린 비정상적 국가이다.

이제 앞으로 22일 동안 후보들은 열심히 선거운동을 하게 된다. 후보들은 전국을 누비고 다닐 것이다. 그리고 텔레비전에도 나와서 자기의 생각을 밝힐 것이다. 그러나 사실 앞으로 22일은 일방적 '선거운동 기간'이 아니라 심층적 '후보평가 기간'이어야 한다. 후보평가가 제대로 이루어지지 않고 선거운동만 이루어진다면, 우리는 올바른 선택을 할 수 없을 것이다. 나는 무엇보다 다음의 두 가지 점에 유의해 후보들을 열심히 평가하고 선택해야 한다고 생각한다.

첫째, 후보의 자질과 능력이다. 비도덕적이거나 무능한 사람을 대통령으로 선출해서는 안 될 것이다. 물론 대통령에게 더욱 중요한 것은 도덕적 자질이다. 도덕적 자질이 훌륭한 지도자는 능력이 뛰어난 인재들을 두루 등용해서 좋은 정치를 펼칠 수 있다. 미국의 초대 대통령 워싱턴에 관해 널리 알려진 이야기가 떠오른다. 그가 어릴 적에 마당의 벚나무를 베어버렸다. 화가 나서 누구의 소행인지를 묻는 아버지에게 그는 사실대로 이야기했고, 이 때문에 그는 야단을 맞지 않고 오히려 칭찬을 들었다. 사실 이런 일은 없었다고 한다. 그러나 이 이야기는 미국인이 대통령의 자질로서 도덕성을 가장 중요시하고 있다는 사실을 알려준다.

둘째, 후보의 정책공약이다. 공약은 국민에 대한 약속으로서 대단히 중요하다. 후보는 공약을 잘 만들어서 시민들에게 발표하고 평가받아야 한다. 사실 후보의 자질과 능력에 관한 평가는 상당히 쉽게 이루어질 수 있다. 그것은 표면적으로 잘 드러나기 때문이다. 그러나 공약은 그렇지 않다. 그 내용이 과연 발전적인 것인지, 실제로 구현할 수 있는 것인지, 표를 얻기 위한 그럴듯한 주장은 아닌지 등을 세세히 살펴야 한다. 이를 위해서는 우선 후보들에게 최선을 다해 제대로 공약을 입안해서 제시할 것을 요구해야 한다. 그렇지 못한 후보는 무능한 후보로 단정해야 할 것이다.

대통령 선거에서는 언제나 두 가지 점이 모두 대단히 중요하다. 그러나 전자가 전제적 논점이라면, 후자는 정책적 논점이다. 따라서 전자보다 후자가 더 중요하게 여겨질 때, 정치가 한 단계 발전했다고 할 수 있을 것이다. 시민에 대한 정책적 약속으로 평가받고 선택되는 '공약정치'가 이루어져야 하는 것이다. 그러나 이 점에서 우리는 아직 갈 길이 멀기만 하다고 하지 않을 수 없다.

지난 11월 23일 대선시민연대에서는 민주사회정책연구원과 공동으로 정책공약 평가토론회를 열었다. 경제, 노동, 교육, 여성, 복지, 환경, 지역, 외교, 평화, 국방 등의 주제에 관해 권영길, 문국현, 이명박, 이회창, 정동영 등 다섯 후보의 공약을 살펴보았다. 그런데 그 결과는 상당히 우려스러운 것이었다. 우선 유력한 후보일수록 공약의 미비와 부실이라는 문제가 드러났다. 다음으로 역시 유력한 후보일수록 '경제화'라는 문제가 명백하게 나타나고 있다는 것을 확인할 수 있었다. 끝으로 이렇게 중요한 자리에 언론은 물론이고 시민사회 전반이 큰 관심을 보이지 않았다.

네 시간에 걸친 토론회를 마치고 토론장을 떠나는 마음은 꽤나 어두웠다.

비가 내리고 있어서 더 그랬는지도 모른다. 그러나 마음이 답답했던 것은 분명 비 때문은 아니었다. 중요한 것이 중요하게 여겨지지 않는 비정상적 현실, 그리고 공약이 중요하다고 말하는 사람들조차 공약에 제대로 관심을 기울이지 않고 있는 현실, 이것이야말로 검은 비가 주룩주룩 내리던 그 밤보다 더 어두운 미래를 품고 있는 우리의 현실이 아닐까?

정책공약에 관해 토론하고 평가하는 다양한 자리가 만들어져야 한다. 후보의 자질과 능력에 대한 이야기뿐만 아니라 정책공약에 관한 이야기도 학교에서, 직장에서, 식당에서, 술집에서, 버스에서, 전철에서 활발히 이루어져야 한다. '고성장 속의 양극화, 생태위기'라는 '한국병'이 앞으로 5년 동안 치명적 상황에 이르지 않도록 하기 위해서는 무엇보다 올바른 정책공약이 제시되고 실천되어야 하므로.

後記 민주사회에서 정치의 수준은 결국 주권자인 국민의 수준이라고 한다. 국민들이 후보자의 자질과 능력, 그리고 정책공약을 엄중히 따지지 않고 그저 지역주의에 매달리거나 '대박'에 대한 막연한 기대에 사로잡혀 있다면, 결국 정치의 발전은 이루어지지 않고 부패의 문제는 더욱더 악화되고 말 것이다. 잘못된 정치는 국민들을 괴롭힌다. 그러나 잘못된 정치를 만드는 것은 바로 주권자인 국민들이다. 그러니 잘못된 정치를 바로잡기 위해서는 무엇보다 먼저 국민들이 각성해야 한다. 지역주의나 '대박'에 대한 막연한 기대에서 벗어난 이성적 국민만이 잘못된 정치를 바로잡을 수 있다. 우리는 흔히 정치의 문제를 정치인에게서만 찾는다. 물론 정치인은 국민의 각성을 이끌어낼 책임이 있다. 그러나 국민들이 지역주의나 '대박'에 대한 막연한 기대에 사로잡혀 있다면, 자신의 책임을 올바로 다하려는 정치인일수록 정치를 하기 어려워진다. 나는 주권자로서 정치에 대해 올바른 관심을 기울이고 있는가? 나는 주권자로서 나의 정치적 권리와 의무를 충실히 수행하고 있는가? 정치를 비난하기에 앞서서 우리 모두 자신에게 이런 질문을 던지고 답할 필요가 있을 것이다.

'묻지마 성장론'이 판치는 저질 정치

2007 대선의 다섯 가지 특징

시끄러운 노랫소리가 조용한 아침을 찢어발긴다. 도대체 이게 무슨 난리인가? 확성기를 통해 쏟아지는 유치하고 시끄러운 노랫소리가 가까워질수록 짜증을 넘어서 슬며시 화가 나는 것을 어쩔 수 없다. 나가서 제지하려다가 문득 깨달았다. 아, '선거운동'하는구나 하고. 이렇게 유치하고 시끄러운 '선거운동'은 언제쯤 사라질까? 이건 '선거운동'이 아니라 '소음난동'이라고 해야 한다.

12명의 후보가 난립한 데서 잘 드러났듯이 2007년 대선은 대단히 혼란스럽다. 심지어 대선이 가까워질수록 혼란은 더 심해지는 것 같다. 복잡한 정략적 셈법에 따라 후보들의 '짝짓기'가 추진되고, 상품광고보다 더 믿을 수 없는 정치광고가 횡행한다. 여전히 정책에 관한 진지한 토론은 제대로 이루어지지 않고 있다. 과연 이런 상태에서 시민들이 올바른 지도자를 선택할 수 있을까?

벌써부터 2007년 대선에 관해 여러 비판적 의견들이 제시되고 있다. 그 핵심은 대체로 정책에 관한 관심이 이보다 낮은 때는 없었다는 것이다. 왜 그럴까? 왜 정책이 사라졌을까? 어떻게 해야 정책에 관한 관심을 키울 수 있을까? 이제 정치는 정책으로 하는 것이 아니라 돈이나 인기도나 재벌과의 연줄로 하는 시대가 된 것일까? 이런저런 뒤숭숭한 생각을 하다가 이제까지 드러난 2007년 대선의 특징을 다섯 가지로 정리해보았다.

첫째, 연예화이다. 정치의 연예화는 이미 오래전부터 지적되었던 현상이다. 연예인의 영향력이 커지면서 정치인이 연예인을 흉내 내거나 아예 유명 연예인이 유력 정치인으로 변신하기도 한다. 이런 식의 변화는 문제가 아닐 수도 있다. 그러나 선거를 비롯한 정치 과정이 연예 행사처럼 치러지는 것은 대단히 심각한 문제이다. 진지한 정책 토론은 이루어지지 않고 미심쩍은 인기 조사 결과가 여론을 호도하는 것이 그 대표적 예이다. 정책은 물론이거니와 정당조차 사라지고 오직 후보만 남아서 인기 경쟁을 벌이고 있는 꼴이다.

둘째, 저질화이다. 연예인의 인기 순위를 매기는 것과 같은 방식으로, 아니 사실 그보다도 더 후진적인 방식으로 정치인을 선택하는 것은 큰 문제이다. 그런데 문제는 더 심각하다. 어떤 연예인이 큰 인기를 누리면 그에 대한 다각적 분석이 바쁘게 이뤄진다. 한국의 연예 산업은 정치(精緻)한 연예 비평에 바탕을 두고 있는 것이다. 그러나 한국의 정치는 이제 정치 비평을 필요로 하지 않는 것 같다. 정책도, 비평도 없고, 그저 인기도의 현란한 깃발만 펄럭이고 있다. 정치의 저질화는 필연적이다.

셋째, 보수화이다. 인기 순위는 보수화의 정도를 너무나 잘 보여주고 있다. 보수 세력의 두 파벌을 대표하는 후보가 인기 순위를 꽉 잡고 있다. 수구와 보수의 급등이요, 개혁과 진보의 급락이다. '기대가 크면 실망도 크다'는 심리에 새삼 유념할 필요가 있을 것 같다. 어렵게 권력을 잡은 개혁과 진보의 세력이 개혁과 진보를 하기 위해 노력했다고는 하나 크게 미흡했고 심지어 수구와 보수에 가까운 일도 많이 했다. 개혁과 진보에 대한 실망감은 배신감의 지경에 이르렀고, 그것이 수구와 보수를 떠받치는 커다란 동력이 된 것이다.

넷째, 경제화이다. 정책이 가출한 것인지, 아니면 정책을 쫓아낸 것인지,

도무지 정책에 관한 논의가 제대로 이루어지지 않는 가운데 오로지 경제에 관한 관심만 유별나게 팽배해졌다. 좋은 경제, 나쁜 경제에 관한 약간의 논란은 있지만, 후보나 시민이나 모두 그저 경제 이야기 일색이다. 갑자기 '잘살아보세'라는 구호가 난무하던 가난한 1960년대로 돌아간 느낌이다. 그러나 한국의 문제는 결코 경제에 있지 않다. 무조건적 경제성장론의 횡행은 저질화의 중요한 양상이다.

다섯째, 통제화이다. 앞에서 말한 여러 부정적 양상들은 자연적인 것일까? 아무래도 그렇다고 하기는 어려울 것 같다. 지난번 대선과 이번 대선의 중요한 차이로 우리는 매체에 대한 통제의 강화에 주목해야 한다. 기성 매체는 물론이고 인터넷에 대한 통제가 크게 강화되었다. 그 결과, 후보들의 토론이 제대로 이루어지지 않았을 뿐만 아니라, 후보들에 대한 시민들의 토론도 크게 제약되었다. 따라서 보수 언론의 영향력이 크게 강화되었다. 인터넷은 막강한 보수 언론에 대항하기 위한 시민들의 유력한 매체였기 때문이다.

이러한 다섯 가지 특징으로 미루어보는 한국의 미래는 결코 밝은 것이 아니다. 오히려 거대한 먹구름이 드리웠다고 해야 할 것 같다. 여기서 통제화와 관련해 한 가지만 더 얘기하고자 한다. 한나라당은 인터넷과 관련해서 많은 공을 들인 모양이고, 그 결과는 '네이버'라는 막강한 포털권력의 우호적 행태로 나타났다. 그 예로 '네이버'에서 '대선연대'를 찾으면 황당하게도 사이트 정보가 다음과 같이 나온다.

'네이버'에서는 'MB연대'만 나오고 '대선연대'는 나오지 않는다. '다음'이나 '엠파스'에서는 당연히 '대선연대'만 나오고 'MB연대'는 나오지 않는다. '대선연대'를 'MB연대'로 연결해놓은 '네이버'를 정상적이라고 하기는 어렵다. 심지어 '네이버'는 '대선연대'에 대한 심각한 왜곡과 모독의 문제마저 일으켰다고 할 수 있다. 이 황당한 검색 결과는 '대선연대'라는 시민단체가 이명박 후보를 지지하는 단체라는 오해를 유발할 수 있기 때문이다. '검색률 1위'를 자랑하는 '네이버'가 어떻게 해서 이런 허접한 문제를 일으킨 불량포털이 되었을까? 《한겨레》 칼럼란을 통해 '네이버'의 정책을 친절히 설명하고 있는 '네이버'의 홍은택 이사가 '네이버'의 이런 허접한 문제에 대해서도 친절히 설명해주기를 바란다.

끝으로 한마디. 오늘날 한국은 세계적인 경제대국이다. 문제는 경제의 정체가 아니라 지속적 복지의 정체에 있으며, 또한 경제의 쇠퇴가 아니라 여전한 부패의 만연에 있다. 최근에 발표된 「2007 사회통계조사」에 따르면, 넷 중 셋의 시민이 분배의 불공평을 지적했고, 겨우 열 명 중 한 명만이 소득에 만족한다고 답했다. '고성장 속의 양극화'가 한국의 진정한 문제이다. 경제성장만을 외치는 것은 시민을 속이는 것이다. 우리는 진정한 문제의 해결을 요구해야 한다. 그래야 '진정한 선진화'를 이룰 수 있다.

2009년 6월 현재 네이버에서 '대선연대'는 제대로 검색되고 있다. 그러나 대선은 이미 오래전에 끝났다.

'묻지마 성장론'은 '묻지마 파국론'이며 '묻지마 부패론'이다. 무조건 성장만을 추구하는 사회는 '진정한 선진화'의 희망을 파괴하는 사회이다. 성장을 하기 위한 것이라며 경운기보다 느린 운하를 만드는 것은 막대한 혈세를 개발꾼과 투기꾼에게 퍼주고 우리의 생명줄인 강을 죽이는 것일 뿐이다. 우리는 사람과 자연을 돌보는 올바른 성장을 추구해야 한다. 복지, 문화, 생태는 우리가 추구해야 하는 올바른 성장의 3대 핵심이다.

오늘날 '포털'은 막대한 영향력을 행사하는 유사 언론이다. 그중에서도 삼성 SDS의 사내 기업으로 출발한 네이버의 영향력은 막대하다. 옆의 그림에서 알 수 있듯이 네이버는 사실상 강고한 '독점포털'이라고 해도 지나치지 않을 것이다. 이런 사실은 매출액에서도 잘 드러난다. 2008년에 네이버의 모회사인 NHN은 매출액 1조 2,081억 원을 기록해서 창사 이래 처음으로 1조 원을 돌파했다. 인터넷업계에서 매출액 1조 원을 넘어선 것

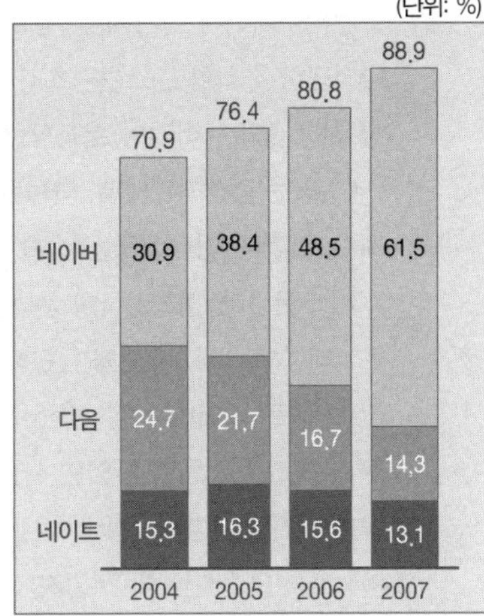

* 점유율은 전체 포털사이트 연간 매출액 대비 비율.
자료: 공정거래위원회.

도 NHN이 처음이다. 2008년에 NHN이 거둔 영업이익은 4,911억 원, 당기순이익은 3,657억 원이었다.

2007년의 대선을 앞두고 네이버는 심각한 정치적 논란에 휘말렸다. 당시 이명박 후보 캠프에서 뉴미디어 팀장을 맡았던 한나라당의 진성호 의원이 "네이버는 평정됐고 다음은 폭탄이다"는 발언을 했기 때문이다. 이에 대해 2008년 7월에 네이버의 모회사인 NHN은 진성호 의원을 상대로 10억 원의 손해배상소송을 제기했다. 관련된 기사를 소개한다.

인터넷상에서 큰 논란을 일으킨 '네이버 평정' 발언의 진위가 법정에서 가려지게 됐다. 네이버의 모회사 NHN은 문제의 발언 당사자로 지목된 한나라당 진성호 의원에게 10억 원의 손해배상 청구소송을 제기하기로 했다고 24일 발표했다. …… 진 의원의 발언을 둘러싼 논란의 기원은 작년 9월 12일로 거슬러 올라간다. 당시 《오마이뉴스》는 후보 시절의 이명박 대통령이 같은 해 8월 28일 중앙일간지 편집국장들과의 저녁식사 자리에서 남성들이 '마사지걸'을 택하는 방법에 대해 언급한 사실을 인지하고 이를 보도했다. 그러나 언론사들의 뉴스를 제공받는 포털사이트 중 다음과 야후 등이 해당 기사를 주요 뉴스로 소개한 반면, 최대의 포털사이트 네이버는 기사

를 메인 화면에 노출하지 않았다. 다음과 야후에 제공된 기사에 수백 개의 댓글이 달린 반면, 네이버 기사에는 거의 댓글이 달리지 않았다. 그런데 같은 해 9월 21일 한나라당이 주최한 뉴스콘텐츠저작권자협의회 관계자들과의 비공개 간담회에서 이명박 선대위의 뉴미디어 분과 간사를 맡았던 진 의원이 '마사지걸' 기사를 언급하며 "네이버는 평정되었는데, 다음은 폭탄이라 예의주시하고 있다"고 말한 사실이 뒤늦게 보도되며(《미디어오늘》, 2008년 10월 2일) 이 사건은 새로운 국면에 접어들었다.

NHN은 10월 22일 국회 문화관광위 국정감사에서 홍은택 이사를 내세워 "진성호로부터 뉴스 기사 배치와 관련해 어떠한 청탁을 받은 사실이 없다"는 입장을 밝혔고 진 의원도 '네이버 평정' 발언을 부인했지만, 이튿날 변희재 《빅뉴스》 대표가 칼럼을 통해 "진 의원의 발언은 사실이었다"고 밝혀 포털의 정치편향성 논란에 다시금 불을 지폈다(손병관, "NHN, '네이버 평정 발언' 진성호 의원에 10억 손배소", 《오마이뉴스》, 2008년 7월 24일자)

反통일, 反여성, 親재벌, 親토건 … 또 뭐?

이명박 정부는 어디로 가는가

2008년 1월 16일 이명박 당선자의 대통령직 인수위는 정부조직 개편안을 발표했다. 이명박 당선자 쪽은 현재의 18부 4처를 13부 2처로 축소하고, 이와 함께 각종 위원회들을 통폐합해서 '작은 정부'를 만들겠다고 한다. 그 주요 내용은 다음과 같다.

부(部) 개편 : 18개 부를 13개 부로 축소

폐지: 정보통신부, 과학기술부, 해양수산부, 여성가족부, 통일부

변경: 기획재정부(재정경제부＋기획예산처), 지식경제부(산업자원부＋정보통신
　　　부 일부＋과학기술부 일부), 인재과학부(교육부＋과학기술부 일부) → 교
　　　육과학부로 수정, 농수산식품부(농림부＋해양수산부 일부), 문화관광홍
　　　보부(문화관광부＋정통부 일부＋국정홍보처), 보건복지여성부(보건복지
　　　부＋여성가족부), 외교통일부(외교통상부＋통일부), 국토관리부(건설교통
　　　부＋해양수산부 일부), 행정안전부

유지: 국방부, 법무부, 환경부, 노동부

처(處) 개편: 4개 처를 2개 처로 축소

폐지: 기획예산처, 국정홍보처(기획예산처는 기획재정부로, 국정홍보처는 문
화관광부로 흡수 통합)

유지: 보훈처, 법제처

위원회 개편

폐지: 국정과제 관련 위원회 12개, 과거사 관련 위원회 14개에 대해 우선적으로
폐지를 검토하며, 이 중에서 법률상 존치 기한 명시된 5개 과거사 관련 위
원회는 기한 도래와 함께 폐지

변경: 국무총리 소속 국민권익위원회(대통령소속 국가청렴위원회＋국민고충처
리위원회＋법제처 행정심판위원회), 국가인권위원회의 대통령 직속기구
화, 금융위원회로 금융 관련 권한 집중

이로써 이명박 당선자 쪽의 '정체'가 더욱 명확히 드러났다. 단순한 축소
가 아니라 전면적 개편이면서 어떤 '방향'이 여기서 분명히 드러났기 때문이
다. 정부는 정권의 정책을 실행하기 위한 도구의 성격을 갖는다. 따라서 국민
의 위임을 받아 권력을 장악한 정권이 정부를 개편하는 것은 잘못일 수 없다.
그러나 정부는 국민의 삶에 가장 큰 영향을 미치는 공공조직이므로 그 개편은
항상 신중히 이루어져야 하며, 그 내용은 시대의 변화에 부합해서 국민의 삶을
더욱 나은 쪽으로 이끌어갈 수 있는 것이어야 한다.

2008년 1월 22일 오전에 참여연대 강당에서 이명박 당선자의 정부조직 개
편안에 대해 시민단체들의 긴급토론회가 개최되었다. 이 자리에서는 일단 일
곱 가지 주제를 다루었다. 여기서 그 내용을 간략히 소개하고, 정부조직 개편
안의 쟁점을 정리해보고자 한다.

먼저 통일부 폐지에 대해 박정은 참여연대 평화군축센터 팀장이 발표했다. 박 팀장은 이명박 당선자가 한반도 평화에 대해 올바른 인식을 하지 못하고 있으며 '한미동맹 강화'만을 대외정책 기조로 밝혔을 뿐이라고 지적했다. 박 팀장은 그동안 외교부가 한미공조를 강조하며 통일부와 대립해왔는데 이명박 당선자가 외교부의 편에 서서 통일부의 폐지를 추진했다고 비판했다. 남북 관계의 중요성과 독자성에 비추어 보자면, 통일부의 폐지는 정말로 큰 문제가 아닐 수 없다. 또한 박 팀장은 대규모 개발사업 위주로 남북 관계의 기본을 바꾸려는 것으로 파악하면서, 이것이 남북교류에서 시민사회의 역할을 전반적으로 위축시킬 것으로 우려했다.

여성가족부의 폐지에 대해 남윤인순 한국여성단체연합 상임대표가 발표했다. 남윤 대표는 무엇보다 먼저 '2주일 만에 졸속으로 만들어 1주일 안에 국회에서 처리해달라고 요청하는 무소불위의 태도'를 비판했다. 그리고 개편안의 전체적인 내용에 대해서 '경제조직만 거대 공룡화'하고 '20년 전으로 회귀'하는 안이라고 비판했다. 남윤 대표가 간단히 자료를 제시했지만, 한국사회는 여전히 성 평등 사회와는 거리가 멀다. 2007년 UNDP 여성 권한 척도는 93개국 중 64위로, 2007년 세계경제포럼 성 격차 보고서에서는 128개국 중 97위로 나타났다. 여성가족부의 폐지는 이런 척박한 현실을 무시한 것이라고 하지 않을 수 없다.

경제 분야에서 가장 주목할 것은 기획재정부와 금융위원회다. 이에 대해 전성인 홍익대 경제학과 교수가 발표했다. 그는 경제 분야의 정부조직 개편이 '1997년 외환위기 체제 이전으로의 회귀'를 기본으로 하고 있다고 지적했다. 먼저 기획재정부는 경제기획원과 재무부를 통합해서 만들었던 재정경제원이라는 '공룡 경제부서의 부활'이라고 비판되었다. 그러나 전 교수의 설명에 따르면, 더 큰 문제는 금융 관련 모든 권한을 집중하는 금융위원회다. 모든 견제기능이 실종되었기 때문이다. 전 교수는 이번 개편에서 견제와 균형의 원리가 완전히 실종되었으며, 부패의 현실화와 공적 자금의 낭비라는 큰 문제가 나타나게 되었다고 우려했다.

인수위는 교육부를 폐지하기로 했다가 강력한 반발에 부딪혀 인재과학부를 교육과학부로 바꿨다. 이에 대해 윤숙자 참교육학부모회 회장이 발표했다. 그녀는 문민정부의 1995년 교육개혁위원회에서 추진한 이른바 '5·31개혁'의 완결편을 인수위가 제시한 것으로 평가했다. 교육인적자원부와 마찬가지로 '사람과 교육을 인적자원으로 바라보는 철학과 관점'이 유지되고 있기 때문이다. 그리고 '5·31개혁'에서 제시된 다양화, 자율화, 민영화, 분권화 등의 가치가 자립형 사립고와 대학 입시 자율화 등으로 확립되면서 학생과 학부모의 부담이 커지는 반면에 교육의 불평등이 심화되고 재단의 권력이 강화될 것이라고 지적했다.

나는 국토관리부의 설치에 관한 내용을 중심으로 발표했다. 토건국가는 혈세를 탕진하고 국토를 파괴하는 기형국가로서, 한국은 토건국가의 덫에 갇혀 사회의 발전을 이루지 못하고 있다. 건설교통부의 폐지와 주공, 토공, 수공, 도공 등의 통폐합은 그 핵심적 과제이다. 그러나 이명박 당선자 쪽은 '운하 건설'이라는 전대미문의 토건사업을 추진하는 주체답게 건설교통부를 오히려 확대해버렸다. 토건국가는 무엇보다 재정의 왜곡을 낳는 문제이며, 이 점에서 시민사회가 공동으로 대응해야 하는 전략적 문제이다. 복지의 증진을 바란다면, 우리는 무엇보다 토건국가를 시급히 혁파하지 않으면 안 된다.

고위공직자의 부패 문제를 다루는 국가청렴위원회의 폐지에 대해 김민영 참여연대 사무처장은 큰 우려의 뜻을 밝혔다. 한국은 여전히 세계 40위권의 심각한 부패국가다. 이런 국가에서 반부패기구를 없애는 것은 대단히 잘못된 것이다. 한편 과거사 관련 위원회의 폐지와 국가인권위원회의 소속 변경에 대해 이유정 인하대 법대 교수가 발표했다. 그녀는 아직 과거사 문제가 제대로 해결되지 않았는데도 기한을 이유로 폐지하는 것은 잘못이며, 국가인권위원회를 대통령 직속으로 변경하는 것은 그 활동을 제약하려는 정치적 의도가 작동하고 있는 것으로 볼 수 있으며, 이에 대해 유엔인권고등판무관실과 앰네스티에서도 우려하고 있다고 지적했다.

발표가 끝나고 사회를 맡은 이남주 성공회대 교수는 절차와 내용에서 모두 많은 문제가 지적되었다고 정리했다. 먼저 절차의 면에서 이렇게 대대적인 정부조직 개편안을 마련하면서 사실상 연구와 토론은 거의 이루어지지 않았으며, 또한 내용에서는 반통일, 반여성, 친재벌, 친토건의 성향을 명확하게 드러낸 것으로 보인다. 많은 사람들이 이 안대로 추진되어서는 안 된다는 뜻을 밝히고 있다. 충분한 시간을 두고 올바른 개편이 이루어질 수 있도록 더 많은 사람들의 더 큰 노력이 시급하다.

後記 이명박 정부와 한나라당은 아무래도 '6대 극단화' 정책을 강행하고 있는 것 같다. 그것은 감시국가의 극단화, 토건국가의 극단화, 투기사회의 극단화, 학벌사회의 극단화, 수도권 집중의 극단화, 불평등의 극단화이다. 이명박 대통령은 '오해'라는 말을 아예 입에 달고 사는 것 같다. 그러나 그가 강행하는 정책들은 '오해'라는 그의 주장이 잘못이라는 것을 여실히 보여준다. '오해'라는 주장은 자기의 잘못을 인정하고 반성하는 것이 아니라 오히려 잘못을 지적하는 국민을 무지하다고 비난하는 것이다. 이명박 정부와 한나라당이 꿈꾸는 나라는 이명박 '장로'가 경배하는 신조차 결코 꿈꾸지 않을 나라가 아닐까? 그 신이 정녕 예수가 가르친 것처럼 사랑으로 가득 차서 이 세상과 인간을 창조한 신이라면.

목사님, 목사님, '운하' 목사님!

이명박 당선인 측의 '운하 사기'

1월 31일 오후 2시부터 5시 반까지 서울대 법학 100주년 기념관 대강당에서 '대운하 건설을 반대하는 서울대 교수 모임' 주최로 '한반도 대운하, 무엇이 문제인가?'라는 제목의 '공개토론회'가 열렸다. 홍종호 교수(한양대, 경제학), 박창근 교수(관동대, 토목학), 김정욱 교수(서울대, 생태학), 그리고 필자(상지대, 사회학)가 '한반도 대운하'의 문제를 분야별로 조목조목 밝혔다. 필자도 많은 것을 배운 훌륭한 '공개토론회'였다. 청중이 너무나 많아서 대강당이 터져나갈 것 같았다. 그리고 대다수 청중이 발표에 적극 동의하기도 했다.

여러 문제들이 지적되었지만, 특히 '한반도 대운하'에 참여하고 있는 전문가들에 대한 비판에 유의할 필요가 있다. 그들은 상식적으로 도무지 납득할 수 없는 '한반도 대운하'를 과학의 이름으로 정당화하고 있는 주체이기 때문이다. 이들에 대해 홍종호 교수는 "경부운하사업의 효과성을 드러내기 위해 말 바꾸기와 거짓말, 의도적 왜곡을 서슴지 않는다"고 비판했고, 박창근 교수는 "정치권에서 전문기술자들을 핍박하는 모습이 안쓰럽기만 하다"고 비판했으며, 김정욱 교수는 '운하를 찬성하는 전문가들은 다른 전문가가 아니라 곡학

아세의 전문가들이다'고 비판했다. 세 전문가의 발표를 듣고 나는 '한반도 대운하' 계획이 이미 또 다른 '과학 사기'가 되었다는 생각을 했다.

나도 '한반도대운하연구회'의 몇몇 사람들에 대해 말했다. 장효석 대표는 서울시 토목 관료 출신으로 이명박 당선자의 '심복' 같은 사람이다. 유우익 '실장'은 국토의 과거를 찬미하던 사람이 돌연 '국토 개조'를 외치고 나섰다. 추부길 '팀장'은 본래 목사로서 활발히 활동하던 사람인데 갑자기 '운하 전문가'가 되었다. 박석순 교수는 2003년 5월에 라인강가에서 내게 한강은 식수원이기 때문에 라인강처럼 운하로 이용할 수 없다고 가르쳐주었다. 정동양 교수는 청계천이 '생태하천'으로 복원되지 않았다고 지적했으며, 건설안전분과의 위원장으로서 1기 청계천복원시민위원회의 항의 사퇴에 동참했다. 곽승준 교수에 대한 얘기는 깜빡 잊었는데, 그는 새만금개발사업의 경제성을 강력히 비판했던 드문 경제학자였다.

서울대에서 학자들이 객관적 자료에 근거해서 '한반도 대운하' 계획을 조목조목 비판했으니 이명박 당선자 쪽에서도 비슷한 방식으로 대응해야 옳을 것이다. 그러나 이번에도 과학적 대응을 기대하는 것은 잘못이 될 모양이다. 이명박 당선자의 반응부터 그렇다. 2월 4일 오전에 그는 "두바이는 사막을 파서 운하를 만들어 배가 다니게 한다는 계획도 세웠더라"고 말했다. 참으로 어이없는 반응이 아닐 수 없다. 참고할 게 따로 있지, 이 나라가 사막인가? 사막을 파서 바닷물을 끌어들이는 것도 문제이지만, 멀쩡한 강을 콘크리트 수로로 만드는 것에 비하면, 그것은 그야말로 장난이라고 할 수 있다. 강을 죽이고 산을 파괴해도 돈만 많이 벌면 최고일까? 잘못된 돈 욕심의 끝은 식수조차 제대로 구할 수 없는 대재앙뿐이다.

이명박 당선자에 앞서 2월 1일에 유우익 '실장'은 기자간담회를 열어 환경을 존중하자는 자신의 학문적 입장에는 변함이 없으며, 자신은 운하야말로 환경을 지키는 것이라고 생각해 '한반도 대운하'를 추진하고 있는 것이라고 강력하게 소신을 밝혔다. 그러나 그의 소신은 잘못된 것이다. 운하는 그냥 강을 이용하는 것이 아니다. 운하는 일정한 너비와 깊이로 강을 파헤치고 양안에 거대한 콘크리트 옹벽을 쌓아서 그 안으로 일정한 양의 물이 일 년 내내 고여 있게 만드는 시설이다. 운하는 그 자체로 강의 죽음이다. 더욱이 '한반도 대운하'는 국립공원 아래로 엄청난 크기의 터널을 뚫어야 한다. 어떻게 이런 것을 생태적이라고, 환경을 위한 것이라고 말할 수 있는가?

추부길 '팀장'은 거의 '한반도 대운하'의 대변인으로 알려져 있는 것 같다. 이 때문에 그를 '운하 전문가'로 생각하는 사람들도 적지 않을 것이다. 그러나 그는 본래 '목사'이다. 추부길 팀장은 '한반도 대운하'의 '홍보 전문가'일 수는 있어도 '운하 전문가'는 아니다. 그런데 비판에 대한 그의 반론은 그의 홍보보다 더 큰 문제를 안고 있다. 그는 '반대를 위한 반대'라거나 '이명박에 대한 반대'라는 식의 주장을 흔히 한다. 그야말로 '친북 좌파' 식의 매도전술을 애용하는 것이다. '목사'나 '팀장'을 떠나 한 사람의 인간으로서 추부길에 대해 나는 분노와 연민을 함께 느낀다. 물론 이 나라의 앞날에 대한 우려도 커진다.

추부길 팀장의 말은 아예 '어록'으로 정리해볼 필요도 있을 것 같다. 그는 1월 24일의 토론회에서 물류업계의 강력한 반대에 대해 오너들은 대부분 찬성하는데 종업원들은 "바꾸는 것 자체가 귀찮고 복잡하다. 새로운 프로세스를 적용하는 것 자체가 싫다. 그래서 반대한다"고 말했다. 여기서는 '한반도 대운하'에 대한 맹목적 찬성뿐만 아니라 노동자에 대한 맹목적 거부까지 읽힌다. 다시 그는 일주일 뒤인 1월 31일의 서울대 토론회에 대해 2월 4일에 "단순히 정치적인 반대, 말도 안 되는 의견도 많았다", "교수라는 분들이 인신공격을 하고 '팩트(사실)'에 의한 반대를 하지 않았다", "운하에 대해 좀 더 깊이 연구한 다음에 반대하는 것이 옳다"고 말했다. 과연 진실은 어떤 것인가?

토론회에 참여한 교수들은 정치적 찬반을 떠나서 거짓과 진실, 허구와 과학의 틀로 '한반도 대운하'를 파악해야 한다고 밝혔다. 그리고 철저히 객관적 자료와 이론에 근거해서 기존의 계획을 조목조목 비판했다. 그런데 각 분야의 전문가들인 발표자들이 추부길 '목사'보다 잘 모르면서 '인신공격'을 하고 '정치적 반대'를 했다는 것인가? 명예훼손의 소지가 짙은 이 막말이야말로 이명박 당선자의 지지자들을 향한 추부길 '목사'의 계산된 정치적 발언이 아닌가? 이명박 당선자 쪽에서 해야 할 일은 이미 작년부터 제기된 여러 과학적 비판에 대해 과학적 자료나 반론을 제시하는 것이다. 추부길 '목사'처럼 정치적 발언으로 과학적 토론을 훼손하면서 '한반도 대운하'를 강행하는 것은 망국으로 치달리는 것이다.

일신의 영달에 눈이 멀어 거짓을 진리라고 우기고 허구를 과학으로 포장하는 숱한 '폴리페서'들이 이 나라를 망국으로 이끌어가고 있다. 그러나 이에 맞서서 진리와 과학을 지키기 위해 혼신의 노력을 기울이는 참된 학자들이 있다. 나는 도저히 반론이라고 할 수 없는 반론들을 접하면서 문득 옛사람의 글을 떠올렸다. 조선 인조 때의 청백리인 하담 김시양의 문집에 『부계기문』(1612년)이 있다. 이 책에서 김시양은 우리 역사에 대한 우리나라 사람의 인식을 다음과 같이 비판했다.

우리나라 사람은 비록 박습하고 통달하고 뚫어질 듯 관통하고 있는 사가라고 이름이 있는 자도 일찍이 동국의 역사를 읽지 않는다. 그러므로 겨우 수십 년을 경과하여 귀로 들을 수 없고 눈으로 볼 수 없게 되면 어질고 어리석고 사악하고 바른 것을 거의 알지 못한다.

'폴리페서'들의 창궐에는 필시 이런 문제가 연루되어 있는 듯하다. 사람들이 자기의 잘못을 모를 것이며, 안다고 해도 얼마 지나지 않아 잊으리라는 것이다. 그러나 다행히 기술이 발전하고 사회가 변화했다. 인터넷은 지구적 통신 매체이자 기억장치이다. 그대들이 한 거의 모든 것을 인터넷은 거의 영원히 기억한다! 그리고 관광객 100만 명이니 1,000만 명이니 외치는 그대들의 거짓과 잘못에 대해서도 인터넷은 실시간으로 입증한다! 지금은 투기를 부추겨서 잘못된 개발을 강행하는 부도덕이 이길지라도, 머지않아 그 잘못은 철저히 밝혀지고 영원히 단죄될 것이다. 무릇 큰 정치를 꿈꾸는 자라면, 이런 현실을 올바로 직시해야 한다.

後記 2008년 6월 20일 출범 117일 만에 유우익 실장을 포함한 청와대 수석 7명의 전면 교체가 이루어졌다. 유우익 실장은 마치 아무 일도 없었다는 듯이 서울대로 돌아가 다시 교수가 되었다. 추부길 홍보기획비서관은 다시 목사가 되었다가 박연차로부터 2억 원의 뇌물을 받은 사실이 들통 나서 2009년 3월 23일 구속되었다. 그러나 이명박 정부의 '폴리페서' 문제는 전혀 개선되지 않았으며, 망국적 '한반도 대운하'를 강행하는 문제도 사실상 전혀 개선되지 않았다.

운하를 둘러싼 논란은 무엇보다 전문가의 논쟁이라는 성격을 가진다. 예컨대 운하는 대박사업이라고 논문을 통해 주장했던 곽승준과 그렇지 않다고 역시 논문을 통해 주장했던 홍종호는 양립할 수 없다. 한쪽은 명백히 크나큰 거짓말을 했다. 규정된 공식에 비해 자료를 너무나 편파적으로 이용했다는 의혹이 제기되었기 때문에 한쪽은 학자로서 더 이상 존재할 수 없을 것으로 보인다. 이에 대해 이미 2008년 3월에 홍종호 교수가 참여하고 있는 운하반대교수모임은 공개토론을 제안했으나 곽승준과 이명박 정부는 이에 응하지 않고 있다. 왜인가? 정말로 운하가 대박사업이라고 생각한다면, 곽승준은 공개토론에 응해서 자기의 연구를 낱낱이 밝혀야 할 것이다. 그렇지 않다면 청와대 수석에서 사퇴하고 고려대로 '복귀'했다가 한 학기 만에 다시 장관급 위원장으로 '복귀'하는 식의 폴리페서 행태를 그만두고 다시는 학교로 '복귀'하지 말아야 할 것이다. 고려대는 학비도 엄청 비싸지 않은가?

고려대 학생들의 책임도 크다. 그렇게 엄청나게 비싼 학비를 내고는 교수와 관료의 길을 멋대로 왕래하는 사람을 그냥 두는 것도 큰 문제이지만, 그가 학자로서 치명적인 잘못을 저질렀을 수도 있는데 그냥 두는 것은 더 큰 문제가 아닐 수 없다. 고려대와 고려대 대학원 총학생회에서는 한시바삐 곽승준 위원장에게 공개토론에 응할 것을 요구해야 할 것이다. 이것은 그야말로 고려대의 신뢰성과 직결된 문제이기도 하다.

이상한 나라의 이명박

진정한 '실용'과 '능력'이란

노무현 대통령이 퇴임하고 이명박 대통령이 취임했다. 대통령은 막강한 권력자이지만 5년의 임기가 정해져 있는 유한한 권력자이다. 그리고 민주화의 결과로 이제는 사실 옛날처럼 막강하지도 않다. 그렇기는 해도 대통령은 5년 동안 이 나라에서 가장 강력한 권한을 행사할 수 있는 선출직 공무원인 것은 틀림없다. 아무쪼록 이명박 대통령이 자신에 대한 여러 의혹과 우려를 불식하고 정직한 정치를 펼치기를 간절히 바랄 뿐이다.

그러나 이명박 대통령이 정직한 정치를 펼치고 국정을 올바로 이끌 수 있을지에 대해 벌써부터 많은 사람들이 크게 걱정하고 있는 것 같다. 무엇보다 그가 제시한 대표적 정책이 가장 커다란 우려의 원천이 되었으며, 또한 무엇보다 그가 내세운 대표적 인물들이 가장 심각한 근심의 근원이 되었다. 그런데 이와 관련해서 제기되는 어떠한 비판에도 그의 답은 똑같다. '실용'과 '능력'이 그것이다. 그러니 우리는 묻지 않을 수 없다. 대체 무엇이 실용이고, 무엇이 능력인가? 경운기보다 느린 운하가 '실용'이고, 표절과 투기가 '능력'인가? 정녕 그렇다면, 이 나라는 이미 망한 나라가 아니겠는가?

나는 1965년에 서울에서 태어났다. 내가 태어나기 100년 전인 1865년에 영국에서 찰스 루트위지 도지슨이라는 수학자가 루이스 캐럴이라는 필명으로 『이상한 나라의 앨리스』라는 책을 출판했다. 이 책은 동화로 널리 알려졌으나 사실은 대단히 어려운 책이라고 한다. 이 책은 수학적 환상의 세계를 그린 영문학의 고전으로 꼽히며, 이 책에 대한 어려운 주석서들이 계속 출판되었을 정도이다. 그리고 1955년에 토드라는 영국의 심리학자는 '이상한 나라의 앨리스 증후군'이라는 이론을 제창했다. '이상한 나라의 앨리스'처럼 현실을 왜곡되게 인식하는 사람들이 있다는 것이다. 예컨대 짧은 것을 길게, 긴 것을 짧게.

지금 이 나라에서는 이런 '이상한 나라의 앨리스 증후군'이 확산되고 있는 것 같다. '이명박 운하'부터 살펴보자. 경운기보다 느린 운하를 경제적이라고 주장한다. 도무지 이해할 수 없는 비실용적이고 반경제적 주장이 아닐 수 없다. 중국인 관광객을 1,000만 명씩 운하관광에 끌어들일 수 있다고 주장한다. 중국인을 바보나 변태로 여기는 이 주장에 대해 그야말로 중국인들이 명예훼손 소송을 해야 할 판이다. '이명박 운하'로 지구온난화에 대비한다고 주장한다. 멀쩡한 산과 강을 파괴하는 것이 지구온난화 대책이라니, 세계 최고의 황당한 이야기로 기네스북에 올려야 할 것 같다. 문화재도 파괴하지 않는단다. 숭례문이 땅을 치고 통곡할 주장이 아닐 수 없다. 바야흐로 이 나라가 앨리스의 이상한 나라가 되는 모양이다.

국무위원 내정자들을 둘러싼 논란을 보자. 한승수 국무총리 내정자는 집안으로서는 경사일지 몰라도 국가로서는 도무지 그렇게 보기 어렵다. 전두환의 국보위부터 현재까지 이어지는 본인의 화려한 경력은 사실 역사의 암울한 경력일 수 있다. 아무튼 한승수 내정자는 대단한 능력을 가진 사람인 것 같다. 직업이 장관이요 총리라고 할 수 있으니까. 더욱이 쉴 때는 '김앤장'이라는 국내 최대의 법률회사에서 고문의 직함으로 아무 일도 하지 않으면서 일 년에 무려 1억 1,000만 원씩 사례비를 받았다. 그러나 한승수 내정자는 전혀 참신하지 않으며, 정책 능력을 둘러싼 여러 의혹이 제기된 사람이다. 이런 사람을 총리로 임명하려 하다니, 이명박 대통령의 능력을 어떻게 봐야 할까?

한승수 내정자에 대해 좀 더 얘기를 해보자. 한승수 내정자의 아들은 LG CNS에서 병역특례로 근무하면서 5,000만 원이 넘는 연봉을 받으며 200일이 넘게 해외 근무를 했고, 그 와중에 해외 골프여행까지 즐긴 것으로 드러났다. 비록 '신의 아들'이 되지는 못했지만 한승수 내정자의 아들은 그야말로 '황제병역'을 했다고 해야 하지 않을까? 한승수 내정자의 아들이 병역을 마친 사연을 알게 되고는 나는 병역특례에 대한 철저한 감사와 개혁이 필요하다고 생각했다. 한쪽에서는 병역을 마치느라 죽어라 고생하다가 실제로 죽기까지 하는데, 다른 한쪽에서는 고액 연봉에 해외 골프여행까지 즐기며 병역을 마친다. 이렇게 차별적인 징병제도를 운영하는 나라가 세상에 또 어디에 있는가? '황제병역'도 그저 '능력'일 뿐인가?

불안한 얘기는 계속된다. 오랜 주장을 하루아침에 바꾼 자들에 대해서는 말하기가 조금 머쓱하게 되었다. 그보다 더 황당한 사례들이 계속 나타났기 때문이다. 그러니 일단 자신의 오랜 학문적 주장과 소신을 하루아침에 바꾼 자들은 잠시 옆으로 제쳐두도록 하자. 어떤 내정자는 제자의 논문을 표절하거나 공동연구를 단독연구로 횡령했다는 의혹을 받고 있다. 또 다른 내정자는 중복 게재의 의혹을 받고 있다. 또 다른 내정자는 심각한 땅투기의 의혹을 받고 있으나 '땅을 사랑했을 뿐 투기를 하지 않았다'는 말로 한국의 개그계를 평정했다. 또 다른 내정자는 전국을 무대로 땅투기를 했다는 여러 증거들이 제시되자 새로운 정부를 위해 물러난다며 사퇴했다.

끝으로 냉전의 전사에서 통일부 장관이 될 비극적 또는 희극적 운명에 처한 또 다른 내정자에 대해서만 조금 더 얘기를 해보자. 그는 국가안보를 크게 강조하면서, 정작 자기 자식들은 오래전에 미국으로 보낸 것으로 알려졌다. 이 것도 '능력'일 뿐인가? 더욱 큰 문제는 그가 교수라는 사실이다. 1998년 9월에 경기대 교수가 된 그는 1982년부터 2007년까지 단 9편의 '학술논문'을 쓴 것으로 학술진흥재단에 등록했는데, 그중에서 가장 최근에 쓴 것은 무려 1998년에 쓴, 정확히는 1998년 5월에 쓴 것으로 등록된 세 편이다. 다시 말해서 1998년 5월 이후 한 편의 논문도 쓰지 않았다는 것이다. 더욱이 그는 1998년의 논문들을 모두 '국내 전문학술지'에 썼다고 등록했지만, 이 기록은 거짓이다. 경기대는 교수의 연구업적을 관리하지 않는가? 경기대의 등록금은 얼마인가? 아무래도 경기대에 대한 감사가 필요할 것 같다.

'실용'도 좋고, '능력'도 좋다. 그러나 정말로 중요한 것은 어떤 '실용'이고, 어떤 '능력'인가 하는 것이다. 표절, 논문 횡령, 중복 게재, 연구업적 미달, 허위 등록, 투기 등이 '실용'이고 '능력'인가? 거꾸로 말해서, 이런 문제들을 지적하는 국민들은 모두 '비실용'적이고 '무능력'한가? 숱한 의혹과 비판을 받고 있는 내정자들의 한 가지 공통점은 모두 엄청난 '부자'라는 것이다. 그들은 대한민국 1%가 아니라 0.1%에 속하는 '부자'들이다. 그렇다면 우리는 다시 묻지 않을 수 없다. 온갖 잘못을 저질러서라도 엄청난 부자가 되었다면, 아무튼 그는 '실용'적이고 '능력'이 있는 사람인가? 국민의 절대다수를 차지하는 정직한 비부자들은 '비실용'적이고 '능력'이 없는 사람인가?

교수의 의무를 제대로 이행하지 않는 것이나 대다수 국민을 큰 고통 속으로 몰아넣는 투기를 '실용'이요 '능력'이라고 한다면, 그것은 가치전도의 '실용'이요 '능력'이라고 해야 옳을 것이다. 전도된 가치를 지닌 자가 국정을 좌우해서야 되겠는가? '인사는 만사'라고 했다. 잘못된 인사는 나라를 망치는 '망사'가 되고 만다. 이명박 정부는 가치전도의 선진화를 추구하려고 하는가? 이명박 대통령 주위에 정말 훌륭한 인재들이 많이 있는지 깊이 우려하지 않을 수 없다. 이명박 정부에 인사시스템이 있는지 더욱 깊이 우려하지 않을 수 없다. 이 나라를 '이상한 나라'로 만들지 말고 한시바삐 잘못을 바로잡기 바란다. 국민은 바보가 아니다.

 통일부 장관으로 내정되었던 문제의 인물은 남주홍이다. 그는 또다시 노무현과 같은 사람이 대통령에 당선된다면 한미는 전쟁을 각오해야 할 것이라는 강연을 하기도 했던 초강경파이다. 이런 사람을 통일부 장관에 임명하고자 했다는 것은 참으로 납득하기 어려운 일이 아닐 수 없다. 2008년 2월 26일 CBS는 그가 '부당 이중 공제'받은 사실을 확인해서 다음과 같이 보도했다. "대북 강경론과 가족의 국적 문제로 구설수에 오른 남주홍 통일부 장관 내정자 부부가 최근 6년간 두 자녀의 교육비로 4,000만 원 정도를 이중 공제받은 사실이 확인됐다. 남주홍 내정자는 이에 대해 완전 착오였다며 전액 배상하겠다고 밝혔다." 이런 잘못들이 드러나자 그는 비로소 자진 사퇴했다. 잘못을 밝히는 것도 어렵지만 바로잡는 것은 더 어렵다.

그의 철학 … '예수천국 불신지옥'

김성이는 안 된다

이명박 정권은 여러 반대와 우려에도 불구하고 대대적인 정부조직 개편을 단행했다. 예컨대 부패지수 43위라는 처참한 현실 속에서 국가청렴위원회를 폐지했고, 토건국가를 개혁하라는 외침에 귀를 막고 오히려 해양수산부를 건설교통부에 통합시켜 공룡 국토해양부를 만들었고, 분리와 감시의 원칙을 무시하고 재정경제부에 기획예산처를 통합시켜서 공룡 재정기획부를 만들었다. 이것만으로도 불안을 증폭시키기에는 충분했다.

그러나 문제는 여기서 그치지 않았다. 더 큰 문제는 뒤이어 단행된 인사에서 나타났다. 이명박 정권은 여러 반대와 우려에도 불구하고 훌륭한 자질과 뛰어난 능력을 가진 사람들이라며 계획대로 인사를 밀어붙였다. 그러나 그 훌륭하다는 자질과 그 뛰어나다는 능력은 참으로 문제가 많은 것으로 드러났다. 표절, 투기, 냉전주의, 시장주의, 개발주의, 성장주의 등 여러 문제가 터져 나왔다. '1억 달러 정부', '고소영(고려대·소망교회·영남) 정부', '강부자(강남·부자) 정부'라는 듣기에도 민망하고 황당하기 짝이 없는 신조어가 만들어졌다. 결국 세 사람의 내정자가 낙마했다.

이것으로 모든 문제가 해결되었는가? 이명박 정권은 그렇다고 주장한다. 그러나 여전히 그렇게 보기는 어렵다. 세 사람이 교체되었다고 해서 '고소영' 과 '강부자'의 문제가 해결된 것은 아니다. 표절, 투기, 냉전주의, 시장주의, 개발주의, 성장주의 등의 문제가 해결되지 않은 것은 더 말할 것도 없다. 큰 문제를 안고 있는 사람들에게 국정을 맡기는 것은 큰 잘못이다. 국민들은 대통령에게 이런 잘못을 저지를 수 있는 권리를 부여하지 않았다. 아니, 잘못을 저지를 수 있는 권리 따위는 애초에 존재하지 않는다. 우리는 누구라도 잘못을 저지르지 않거나 바로잡기 위해 최선을 다해야 할 의무를 가질 뿐이다.

드러난 잘못을 바로잡으려 하지 않고 계속 억지를 부리니 문제가 계속 커질 수밖에 없다. 보건복지가족부 장관에 내정된 김성이 후보가 아마도 그 대표적 예일 것이다. 그는 논문 중복 게재, 임대소득 누락, 딸 건강보험 무임승차, 5공 정화사업 유공 대통령 표창 등 이미 여러 문제를 안고 있는 것으로 밝혀졌다. 그런데 또 다른 문제가 밝혀졌다. 이 문제는 그가 복지부 장관이 되면 절대안 되겠다는 생각을 굳혀주었다. 그는 2007년 5월 30일자 《국민일보》에 "사회복지정책과 믿음"이라는 제목의 글을 써서 김대중 정권의 '생산적 복지'와 노무현 정권의 사회 양극화 정책을 싸잡아 비판하고 다음과 같이 주장했다.

우리나라의 경우 외환위기 이래 정부가 많은 사회복지정책과 사업들을 추진했다. 그러나 정부와 국민 모두 그것이 성공할 것이라는 믿음과, 신이 우리를 돌봐줄 것이라는 신앙심이 부족했다.

최근 들어 가장 큰 문제가 되고 있는 사회적 양극화에 관한 대처 역시 마찬가지다. 사회적 양극화 문제가 불거지면서 대부분의 논의는 문제 제기나 원인 분석 수준에 그치고 있다. 사회적 양극화를 이념의 수준에서만 보고 있을 뿐 신이 우리를 돌볼 것이라는 확고한 신앙심이 부족하기 때문에 적극적 실천력을 찾아

볼 수 없다.

애국가 가사에는 '하느님이 보우하사 우리나라 만세'라는 구절이 있다. 우리가 매번 애국가를 제창하면서 하느님이 보우한다는 믿음을 얼마나 가졌던가 생각해볼 일이다.

다양한 가치관이 공존하는 요즘 시대는 특정한 사상이나 이데올로기를 뛰어넘는 확고한 믿음과 이 믿음을 뒷받침해주는 신앙심이 사회복지정책과 서비스의 성패를 결정짓는다. 앞으로 우리 정책에도 성공할 것이라는 믿음과 신앙심이 들어 있어야 한다.

김성이 후보는 이화여대에서 사회복지학을 가르치는 교수이다. 그런데 이 글을 쓴 사람은 사회복지에 대해 전문적 지식과 경험을 갖춘 교수가 아니라 맹목적 신앙에 사로잡힌 기독만능주의자인 것으로 보인다. 신앙이 모든 것을 해결해준다면 정부는 도대체 왜 필요한가? 교회만 있으면 충분하지 않겠는가? 대통령은 왜 필요하고, 장관은 왜 필요한가? 목사와 장로만 있으면 모든 문제가 해결되지 않겠는가? "신앙심이 사회복지정책과 서비스의 성패를 결정짓는다"니, 그는 사회복지학이 아니라 기독교를 가르쳤어야 하지 않았나? 김성이 후보는 전혀 자기의 주장대로 살지 않았으면서 남들에게는 자기의 주장을 강요하고 있는 것이 아닌가? 그것도 너무나 문제가 많은 기독만능주의의 입장에서.

또한 《한겨레》에서 잘 보도했듯이, 김성이 후보는 이명박 정권의 장관 후보자들이 모인 워크샵에서 '복지병 증세'가 나타나고 있다고 말했으며, 이에 대해 통합민주당 장경수 의원은 사회복지 지출 비중이 경제협력개발기구(OECD) 국가 평균의 3분의 1밖에 안 되는 나라에서 무슨 복지병이냐고 지적했다. 그는 OECD 평균의 3분의 1도 안 되는 사회복지 지출을 더 줄이기 위해 복지부 장관이 되겠다는 것인가? 김성이 후보의 주장대로 우리나라가 '복지병 증세'를 보이고 있다면, 그는 복지부 장관이 되려 할 것이 아니라 복지부를 없애자고 하는 게 옳을 것이다.

한 네티즌은 이렇듯 신앙심을 맹렬히 강조하는 김성이 후보의 글에 관한 기사에 대해 '예수천국 불신지옥'이라는 댓글을 달았다. 서울의 도심에서는 검은색으로 '예수천국 불신지옥'이라는 글이 쓰여 있는 붉은색 조끼를 입고 같은 글이 쓰여 있는 팻말을 들고 거리를 오가며 소리를 질러대는 사람들을 흔히 볼 수 있다. 이러한 사람들을 볼 때마다 불쾌하다는 생각과 불쌍하다는 생각이 동시에 일어난다. 복지부 장관 후보의 글에서 이렇듯 불쾌하고 불쌍한 사람을 떠올려야 한다는 것은 그야말로 국가와 국민에게 극히 불행한 일이 아닐 수 없다.

김성이 후보의 문제가 가장 크게 불거지기는 했지만 당연히 그가 문제의 전부는 아니라는 사실에 유념해야 한다. 토건국가 문제에 깊이 우려하고 있는 나로서는 특히 정종환 국토해양부 장관의 문제에 대해 한마디 덧붙이고 싶다. 그에 대해서는 청문 과정에서 투기에 불법 증여 의혹이 제기되었는데, 더 큰 문제는 취임 직후 '이명박 운하'를 '창조 프로젝트'로 주장하고 나선 것이다. 이미 여러 전문가들이 소상히 밝혔듯이, '이명박 운하'는 멀쩡한 강을 파괴하고 전혀 쓸모가 없는 초거대 콘크리트 옹벽 인공수로를 만드는 것이다. 그것은 재정 탕진의 창조, 국토 파괴의 창조, 그리고 토건 망국의 창조일 수밖에 없다.

태안의 석유 오염이 여전히 심각하기만 한 상황에서 낙동강에서 또다시 발암물질인 페놀이 유입되는 사태가 발생했다. 노태우 정권 시기인 1991년 3월과 4월에 이어 17년 만이다. 정말로 불길하고 불안하다. 환경을 돌보고 복지를 강화하는 생태적 복지사회를 이룩하기 위해 최선을 다해야 할 때에 오히려 환경과 복지를 더욱더 무시하려 하고 있으니 이런 무서운 사고가 발생하는 것이다. 우리는 극심한 위험사회에 살고 있다. 해야 할 일을 똑바로 하지 않고

'이중질서사회'의 문제를 더욱더 악화시키는 곳에서 위험사회는 '사고공화국'
으로 폭발하고 만다. 지옥은 바로 그것이다.

김성이는 2008년 7월에 결국 부동산 투기와 논문 중복 게재 등의 문제들로 장관직
에서 물러나 다시 이화여대 교수가 되었다. 그런데 한 학기가 지나고 그는 사행산업
통합감독위원회 위원장(장관급)으로 '복귀'했다. 투기의 문제로 장관직에서 물러나
야 했던 사람에게 사행산업을 총괄하는 위원회의 위원장을 맡기는 이명박 정부의 속
내가 무엇인지 궁금할 따름이다.

  김성이 전 보건복지가족부 장관이 사행산업통합감독위원회(사감위) 2대 위원장으
로 임명된다. 부동산 투기 등 도덕성 논란으로 물러난 김 전 장관이 사행산업 관리·
감독 기구의 수장으로 선임되면 '돌려막기 인사' 시비가 일 것으로 보인다. 사감위는
31일 '한경대 총장에 취임한 김성진 위원장이 사의를 표명함에 따라 한승수 국무총
리는 김 전 장관을 사감위 위원으로 위촉하고 제2대 위원장으로 지명할 예정'이라고
밝혔다. 신임 김 위원장은 한나라당의 제17대 대선 중앙선대위 사회복지총괄위원장
을 거쳐 복지부 장관을 지냈다. 김 전 장관은 인사 청문회 과정부터 논문 중복 게재,
부동산 투기 의혹 등 시비를 빚었다. 특히 미국산 쇠고기 파동이 일던 지난해 5월
"30개월이 안 된 소를 먹는지 몰랐다. 소도 생명체인데 10년은 살아야 하지 않느냐"
는 등 발언으로 물의를 일으켰으며, 지난해 7월 개각 때 물러났다(《경향신문》,
2009년 4월 1일자).

  한 총리에 의해 지명된 김 전 장관은 부동산 투기, 논문 중복 게재 등 숱한 의혹에
시달리다 보건복지가족부 장관에 임명된 지 5개월 만인 지난해 7월 낙마한 바 있다.
특히 김 전 장관은 미국 국적 딸에게 부당하게 건강보험 혜택을 받게 했고, 논문 중
복 게재 및 책 표절, 부동산 이면계약서 및 임대수익 축소신고, 5공화국 시절 '정화
사업 유공'으로 대통령 표창, 공금 유용 등이 국회 청문회에서 지적되면서 시민사회
로부터 대표적인 '구시대 청산 인물'로 꼽혔다. 논란은 김 전 장관을 다시 내세운
MB 정권의 본심이 무엇이냐다. 이미 청와대는 정권 초기 경질됐던 박영준 청와대

기획조정비서관, 이주호 교육문화수석, 곽승준 국정기획수석을 각각 국무조정실 차장(차관급), 교육부차관, 미래기획위원장(장관급)으로 컴백시킨 바 있다. 또 경제위기의 주범으로 찍혀 언론을 몰고 다니던 강만수 전 기획재정부 장관도 지난 1월 대통령 직속 국가경쟁력강화위원장에 임명하면서 '회전문' 인사 비난을 혹독히 치렀다. 당시 야권은 "MB의 인사는 측근들의 충성 경쟁만 독려하고 있다", "측근이 동이 난 건지 아니면 자신의 실책이나 오류를 인정하지 않은 오만인지 모르겠다"며 반발했었다. MB정권은 야권의 이 같은 반발이 뻔히 예상됨에도 불구하고 김 전 장관을 사감위 위원장으로 내정한 것이다(제정남, "'MB 오기인사'의 끝은 어디 ⋯ 김성이, 사행산업 감독 수장으로", 《민중의 소리》, 2009년 4월 1일자).

김성이는 왜 이렇게 잘나가는 걸까? 여기서 잠시 과거를 돌이켜볼 필요가 있다. 그는 이명박 대통령의 '선대위원장' 출신이다. 이명박 대통령과 아주 깊은 인연을 맺고 있는 것이다. 능력이나 인품이 아니라 연줄이 이명박 정부의 인사 원칙인가?

이 후보는 대선 D-70인 10일 선대위 발족식을 갖고 본격적인 선거운동에 들어갈 예정이다. 선대위 공식 명칭은 '대한민국 국민성공캠프'로 강재섭 대표(상임)와 안상수 원내대표(정기국회 원내대책 담당)에다 6개 직능 선대위와 별도 기구인 문화예술정책위가 결합된 '2+7시스템'이다. 동 선대위원장에 △ 외교안보 분야 유종하 전 외무장관, △ 교육과학기술 분야 박찬모 전 포항공대 총장, △ 미래신산업 분야 바이오벤처기업 리젠바이오텍 배은희 대표, △ 사회복지 분야 김성이 이화여대 사회복지학과 교수가 각각 영입됐다. 문화예술정책위원장에는 박범훈 중앙대 총장이 발탁됐다(《동아일보》, 2007년 10월 8일자).

'땅나라당'이 된 한나라당

투기의 나라

봄이 왔으되 도무지 마음을 풀어놓을 수가 없다. 그 핵심에 무모한 개발과 투기의 문제가 있다. 요컨대 '부동산'이 문제의 핵심인 것이다. 이명박 대통령은 세 채의 빌딩을 보유하고 18년간 임대업을 해온 것으로 알려졌다. 이 나라의 부자들이 대체로 그렇듯이 그의 재테크에서도 부동산이 가장 큰 비중을 차지했다. 이 때문에 그는 '부동산 재테크'가 이 나라를 얼마나 심각하게 망치고 있는지 잘 모를 수도 있겠다는 생각이 든다.

1%의 부자가 50%가 넘는 땅을 소유해서 룰루랄라 행복한 나날을 즐길 때 땅 없고 집 없는 수많은 사람들은 말 그대로 등골이 빠지는 고통을 견뎌야 하는 것이 우리의 현실이다. 이 비틀어진 현실을 그대로 두고 경제를 운운하는 것 자체가 잘못일 것이다. 실로 개발과 투기와 부패의 구조야말로 소득수준에 걸맞은 삶을 살지 못하게 하는 기형국가 한국의 원천이다. 부동산은 결코 단순한 재테크의 수단이 될 수 없다. 정말이지 부동산을 그저 돈벌이의 대상으로 여기는 천민자본주의는 하루빨리 우주 저 멀리 사라졌으면 좋겠다.

이명박 정부는 '고소영 S라인' 정부니 '강부자' 정부니 하는 다소 명예훼손성 별명으로 불리고 있다. 전자는 주로 인맥('고려대·소망교회·영남·서울시청 라인')에 초점을 맞춘 것인 반면에 후자는 주로 살고 있는 지역과 보유하고 있는 재산('강남 땅부자')에 초점을 맞춘 것이다. 이렇게 구분해서 보면 전자보다 후자가 훨씬 더 문제라는 생각이 든다. '고소영 S라인'의 인맥이야 그럴 수도 있다고 할 수 있겠지만, '강남 땅부자'로 표상되는 정책과 문제는 정말 나라와 민족을 생각해서 하루빨리 발본적으로 개혁해야 할 것이다.

그러나 이명박 정부를 보노라면, 아무래도 마음공부를 열심히 해야 할 것 같다. 내각의 구성 과정에서 너무나 많은 문제들이 드러나 심지어 일부러 이렇게 하고 있는 것이 아니냐는 음모론적 관측마저 제기되기도 했다. 표절과 투기가 가장 흔히 제기된 문제였는데, 이 중에서도 가장 일관되게 나타난 문제는 투기이다. 그런데 더 큰 문제는 대다수 국민들이 분명히 심각한 문제라고 느끼고 있는 이 투기 문제에 대한 관련자들의 희한한 반응이었다. 크게 논란이 된 것들을 다음에 제시한다. 그야말로 황당한 주장의 파노라마라고 할 만하다.

국민들을 가장 먼저, 그리고 가장 놀라게 한 사람은 YWCA연합회 회장 출신으로 환경운동에도 참여했던 박은경 환경부 장관 후보자였다. 그녀는 김포의 절대농지 투기 의혹이 일자 이에 대해 다음과 같이 해명했다.

박은경 환경부 장관 후보자는 지난 22일 조선일보와 인터뷰에서 경기도 김포의 절대농지 투기 의혹에 대해 "친척이 김포 근처에 사는데 좋은 땅이 나왔기 때문에 사라고 권유해 구입했지만 직접 농사를 지어야 하는 줄 몰랐다"면서 "자연의 일부인 땅을 사랑할 뿐 투기와는 전혀 상관없다"고 해명했다(《조선일보》, 2008년 2월 24일자).

박은경 후보자의 놀라운 해명으로 그야말로 나라가 뒤집어졌다. 그러나 이런 사실을 전혀 몰랐는지 바로 이어서 이춘호 여성부 장관 후보자가 부동산 투기 의혹에 대해 다음과 같이 해명해 국민들을 또다시 놀라 자빠지게 만들었다.

전국 각지에 40건의 부동산을 보유해 투기 의혹을 사고 있는 이춘호 여성부 장관 후보의 황당한 해명이 국민 분노를 한층 가중시키고 있다.

이 후보는 23일 SBS와 인터뷰에서 서초동 오피스텔의 경우 유방암 검사 결과가 좋게 나와 기쁜 마음에 서재로 쓰려고 분양 받았다고 해명, 보는 이들을 아연실색케 했다.

이 후보는 "유방암인 줄 알았는데 아니라고 하니까 기쁜 마음으로 그런 (오피스텔 같은) 걸 하나 샀다 이렇게 이야기를 했는데, 서재로 쓰려고 산 거예요. (남편과) 둘이서"라고 주장했다(《뷰스앤뉴스》, 2008년 2월 23일자).

SBS 인터뷰가 방송되고 아마 난리가 났을 것이다. 이 때문에 《조선일보》에서는 다시 확인하기 위해 전화를 걸었던 모양인데 이춘호 후보자는 똑같은 말을 했다.

이 후보자는 조선일보와 전화 통화에서 "서초동 오피스텔은 내가 유방암 검사에서 아니라는 결과가 나오자, 남편이 감사하다고 기념으로 사준 것이다. 글도 쓰고 사무실로 쓰라고 했다. 일산 오피스텔은 친구에게 놀러 갔다가 사라고 해서 은행 대출 받아 샀다"고 해명했다(《조선일보》, 2008년 2월 24일자).

김성이 보건복지가족부 장관은 표절의 문제가 밝혀졌을 뿐만 아니라 건강보험 무임승차 의혹, 기독교 신앙에 대한 과도한 강조 등에 이어서 투기 의혹마저 제기되었다. 이에 대해 김 장관은 '노후용'이라고 해명했다.

김성이 보건복지가족부 장관 후보자가 소유 중인 경기도 가평군 현리 토지
에 대해 투기 의혹이 강하게 제기되고 있다. 김 후보자는 이 땅을 '노후생활용'
이라고 밝혔지만 현지 취재 결과 해당 토지 주변에 주택은 거의 없고, 러브호텔
과 식당들이 들어서 있어 주거용으로 부적합한 것으로 26일 확인됐다(《국민일
보》, 2008년 2월 26일자).

나름대로 '진보적'이라고 여겨지기도 했던 이영희 노동부 장관도 엄청난
재산을 보유하고 있을 뿐만 아니라 상당한 부동산 투기를 했다는 의혹이 제기
되었다. '전태일'을 말하던 사람이 강남에 많은 부동산을 보유하고 있는 것으
로 밝혀진 것이다. 이에 대해 이 장관도 역시 '노후용'이라고 해명했다.

우원식 통합민주당 의원은 27일 "요즘 '강부자'라는 말이 유행하고 있는데
강남에만 집과 오피스텔 4채를 갖고 있다"며 "지금 무슨 장관 하려고 하나. 노
동부 장관 한다는 분이 이런 초호화 오피스텔을 보유해도 되나"라며 이 후보가
배우자 명의로 보유한 서초동 오피스텔 '부티크 모나코'를 거론했다. 문제의 호
화 오피스텔은 2005년 당시 3.3m²(평)당 2,900만 원이라는 고분양가에도 불구
하고 5일 만에 청약이 마감돼 '상류층 1%'를 대상으로 한 분양이라는 평가를 받
았었다(《뷰스앤뉴스》, 2008년 2월 27일자).

프로이트는 실수를 그저 실수로 보아서는 안 된다고 가르쳤다. 이윤호 지
식경제부 장관은 실수로 부자들의 속내를 적나라하게 드러내 보여주었다. 다
음은 이 장관에게 상당히 우호적인 기사라고 할 수 있다. 그러나 이 기사로도
이 장관과 같은 부자들의 생활방식과 사고방식이 얼마나 남다른지를 아주 쉽
게 잘 알 수 있다. 그에 대한 청문회는 여의도의 비싼 아파트에 살고 있으면서

또 신천동의 비싼 아파트를 산 이유에 대한 질문으로 시작되었다.

이 내정자는 신천동 아파트의 매입 이유를 묻는 질문에 "여의도는 사람이 그다지 살기 좋은 곳이 아니다. 은퇴 후 사무실과 연구소로 활용하기 위해 신천동 쪽에 아파트를 구입했다"고 답변했다.

골프회원권 보유 내역에 대해 묻는 질문에 단번에 "그건 싸구려 골프회원권입니다"라고 답해버렸다.

그는 본인 명의로 강촌컨트리클럽 회원권을 갖고 있고 부인은 안성컨트리클럽의 회원. 그와 배우자가 매입한 가격은 강촌이 1억 원, 안성이 8,850만 원. 실제로 골프회원권 중에서는 이 둘은 중저가 수준으로 골프회원권끼리만 비교하면 사실에 부합한다.

하지만 시세까지 조사해온 의원의 질책은 빠져나가지 못했다. 현재 시세는 강촌이 2억 6,000만 원, 안성은 2억 원 가까이 된다. 이에 따라 1억 원이 넘는 골프회원권이 싸구려냐는 비난을 받았다(《이데일리》, 2008년 2월 27일자).

취임하자마자 운하계획을 '신창조 프로젝트'라고 설파해 국민들을 경악시킨 정종환 국토해양부 장관도 역시 투기 의혹을 받았다. 한 경제지의 간부는 그가 후배 관료들로부터 '청백리'로 추앙받고 있다는 글을 썼다. 도대체 이 나라에서 '청백리'의 기준은 어떤 것인가?

정종환 국토해양부 장관의 부인이 구입한 충남 서천의 밭에 대해 투기 논란이 일자 하루 새 트랙터 등을 동원해 정상적인 밭으로 일궈놓은 것으로 확인됐다(《연합뉴스》, 2008년 3월 1일자).

이렇듯 이명박 정부의 장관 임명 과정은 투기의 문제가 새삼 확인되는 과정이었다. 투기라는 망국적 문제가 왜 좀처럼 해결되지 않고 있는 것인지를 아주 잘 알 수 있었다는 점에서 이번의 장관 임명 과정은 대단히 교육적이었다. 또한 투기 세력은 농업의 쇠퇴를 이유로 더 많은 땅을 보유하기로 작정하고 나섰다는 것을 확인할 수도 있었다. 바야흐로 한국은 지주가 세상을 지배하던 전근대사회로 빠르게 퇴보하고 있는 중이다. 이런 사실들이 드러나서 괴로워하고 있는 대다수 국민들의 가슴에 홍성걸 교수라는 사람이 대못을 박았다.

한나라당 측 인사인 홍성걸 국민대 행정학과 교수가 6일 밤 이명박 정부 인사 파동을 거론하는 과정에 "땅투기 안 한 사람이 바보 아닌가"라고 발언, 국민들이 격노하는 등 파문이 일어 한나라당을 긴장케 하고 있다.

한나라당 여의도연구소 출신이자, 대선 때 이명박 대통령을 적극 지지했던 뉴라이트 산하 뉴라이트싱크넷 멤버인 홍 교수는 6일 밤 방송된 MBC '100분 토론'에 출연해 부실 각료 인사 파문을 거론하던 중 "우리가 살아온 한국의 현대사가 정상적인 현대사가 아니다"면서 "60년 만에 세계에서 가장 가난한 나라가 열 번째로 잘사는 나라로 바뀔 때는 뭔가 달라도 한참 비정상적으로 온 것"이라고 말했다.

홍 교수는 이어 "이런 과정에서 땅투기 안 한 사람 거의 없다"며 "안 한 사람이 바보 아닌가? 솔직히 인정할 것은 인정하자"고 말했다(《뷰스앤뉴스》, 2008년 3월 7일자).

도무지 용납할 수 없는 홍 교수의 주장에 대해 한 시민은 "'대한민국 국민은 5대 바보'라는 글을 통해 '땅투기 안 해서 바보, 자식 군대 보내서 바보, 위장전입 안 해서 바보, 탈세 안 해서 바보, 정직하게 살아서 바보 ……'라고 탄식하며 '그래도 대한민국 모든 국민이 바보가 되는 그날까지 싸웁시다'라고 질타했다"(《뷰스앤뉴스》, 2008년 3월 7일자). 그런데 홍 교수가 대다수 국민들을 '바보'로 몰아붙인 것에 바로 이어서 이번에는 이명박 대통령의 '최측근'으로 여겨지는 최시중 방송통신위원장 후보자의 투기 의혹이 제기되었다.

최시중(71) 방송통신위원장 후보자가 지난 1985년 7월 경기 성남시 분당구 서현동의 논을 산 것은 전형적인 부동산 투기였던 것으로 확인됐다. 최 후보자는 이 논을 "주말농장용으로 구입했다"고 해명한 바 있어, 거짓말 논란도 불거질 것으로 보인다.

최 후보자 부부와 함께 논을 산 김아무개(사망) 씨의 부인 박아무개(61) 씨는 7일 《한겨레》 기자와 한 통화에서 "서현동 땅은 '재테크'가 맞다"고 말했다. 그는 "당시 땅을 보러 다니면서 산 게 아니고, 누군가 '그쪽이 괜찮다'고 해서 남편 친구들 이름으로 서현동 땅 611평(2,010m²)을 평(3.3m²)당 6만여 원에 함께 사게 됐다"고 말했다. …… 최 후보자는 지난 5일 《한겨레》가 서현동 논을 구입한 경위를 묻자 "지인들과 함께 주말농장용으로 구입했다"고 해명한 바 있다. 이 논은 주택용지에도 포함된 적이 없어 현지에 사는 농업인이 아니면 살 수 없다(《한겨레》, 2008년 3월 8일자).

이렇게 투기 의혹이 강력히 제기된 상황에서 최 후보자에 대한 청문회가 국회에서 열렸다. 그런데 이 자리에서 '땅 사랑'론에 버금가는, 아니 그보다 더 강력한 '귀신'론이 제기되었다. 정말 돌에 새겨 역사에 길이 남겨야 할 발언이 아닐 수 없다.

최시중 방송통신위원장 후보자에 대한 17일 국회 인사청문회에서는 부동산 투기와 증여세 탈루 및 탈영 의혹, 정치적 중립성에 대한 공방이 이어졌다. ……
최 후보자는 또 지난 1999~2000년 거액의 서빙고동 땅 매도 과정에서 제기된
증여세 탈루 의혹과 관련, 정 의원이 "아들에게 900평의 땅을 증여한 기억이 없
냐"고 묻자 "전혀 없다"며 "내가 기록을 보고 아들에게 물었더니 아들이 '정말
귀신이 곡할 노릇'이라고 하더라"고 말했다. 이에 정 의원이 "귀신이 땅을 사서
팔았다는 얘기"라고 비꼬자 최 후보자는 "그렇다고 생각한다"고 맞섰다(≪조선
일보≫, 2008년 3월 17일자).

끝으로 요즘 '완장'을 찼다는 비판을 받고 있는 유인촌 문화체육관광부 장
관의 말과 그에 대한 한 기사를 소개한다. 노태운 기자가 그에 대해서 자세히
취재해서 자신의 블로그에 글을 올리고 있다. 우선 유인촌 장관은 140억 원을
넘는 재산에 대해 다음과 같이 말했다.

22일, "내가 배우 생활 35년을 했는데, 그 정도 벌 수 있는 것 아니냐"고 했다.
유 후보자는 이날 오후 인수위 해단식 기념사진 촬영 직후 기자와 만나 '재산이
많다'는 질문에 "배용준을 한번 봐라"며 이같이 말했다(≪한겨레≫, 2008년 2월
23일자).

노 기자는 과연 배우 생활만으로, CF 수입만으로, 그 많은 재산을 모을 수
있었을까를 찬찬히 따진다. 그리고 역시 부동산이 큰 구실을 했다는 사실을 밝
힌다. 그리고 여기에 투자를 넘어선 투기의 문제가 있다고 지적한다. 그가 쓴
여러 관련 글들을 모두 읽어볼 것을 독자들에게 권한다.

재산 공개 내역을 살펴보면 유 후보자는 2006년 11월 서울문화재단 대표를

물러날 때 신고한 부동산 자산은 44억 2,900만 원이었지만 현재는 73억 3,000만 원으로 1년 3개월여 사이 29억 원이나 늘었습니다. 2006년 11월이나 지금이나 부동산 내역은 전혀 바뀌지 않았습니다. 지난날 잘 사둔 부동산 덕분에 앉아서 29억 원을 번 것이죠. '배우 생활로 번 돈'과는 거리가 한참 멉니다('노태운 기자의 발 가는 대로' 블로그, 2008. 2. 27, http://blog.joins.com/n127/9550508/).

머칠 전 이명박 대통령은 취임 이후 20일밖에 안 되었지만 6개월이 지난 것 같다고 말했다. 지치고 피곤한 모양이다. 그러나 국민들은 더 피곤하다. 2월 22일의 '땅사랑'론부터 3월 17일의 '귀신'론에 이르기까지 거의 매일같이 밝혀진 지독한 투기와 황당한 변명의 '능력'에 국민들은 너무나 놀라고 지쳤다. 이 와중에 투기를 촉발할 뿐 '망국의 길'이 뻔한 운하를 건설하겠다고 을러대고 있으니 국민들은 더욱더 불안하다. "딴나라당이 땅나라당이 되었다"는 말까지 나오고 있다. 청와대와 한나라당은 정녕 1%의 땅부자를 위해 존재하는가?

이명박 정부의 '땅 사랑'에 대해 여러 자료가 공표되었다. 다음은 2008년 2월에 발표된 대통령실과 국무위원 내정자의 재산 현황 자료이다.

대통령실 재산 등록 현황

(단위: 원)

성명	직책	총재산가액	부동산 현황
이명박	대통령	354억 7,401만	대지(논현동 · 350m² · 12억 9,000만) 단독주택(논현동 · 673m² · 31억) 빌딩 3동(서초동 · 총 330억)
유우익	대통령실장	12억 7,502만	오피스텔(장남 소유: 삼성동 · 40m² · 1억 1,000만)
곽승준	국정기획수석	110억 307만	사무실(신사동 · 589m² · 49억) 연립주택(신사동 · 215m² · 15억 7,000만)
박재완	정무수석	10억 1,229만	아파트(분당 정자동 · 139.13m² · 10억 4,000만)
이종찬	민정수석	34억 4,098만	아파트(반포동 · 140m² · 13억 6,000만)

김병국	외교안보수석	82억 574만	아파트(모친 소유: 압구정동 · 157m^2 · 18억 4,000만)
김중수	경제수석	20억 4,244만	아파트(반포동 · 174m^2 · 4억 3,000만 · 배우자와 지분 공유) 오피스텔9배우자 소유: 역삼동 44m^2 · 1억 4,000만)
박미석	사회정책수석	25억 9,877만	아파트(문정동 · 159m^2 · 11억 6,000만)
이주호	교육과학문화수석	19억 2,421만	아파트(압구정동 · 85m^2 · 10억)
김인종	경호처장	25억 3,652만	다가구주택(청담동 · 91m^2 · 7억 9,000만) 아파트(차남 소유 · 청담동 · 109.5m^2 · 8억)
이동관	대변인	15억 2,620만	아파트(잠원동 · 144m^2 · 11억)

이명박 정부 초대 내각 재산 현황

(단위: 원)

성명	직책	총액	주요 재산
유인촌	문화체육관광부 장관	140억 1,979만	아파트 2채(강남구 압구정동 15.7억 등), 주택 및 근린생활시설(강남구 청담동 39.2억), 예금 62.8억
이윤호	지식경제부 장관	57억 3,137만	아파트 1채(영등포구 여의도동 12억), 아파트 분양권(송파구 신천동 9.9억), 예금 37.1억
김경한	법무부 장관	57억 1,800만	아파트 1채(양천구 목동 10.9억), 오피스텔 분양(서초구 서초동 13.6억), 예금 7.2억
박은경	환경부 장관	49억 5,865만	아파트 2채(양천구 목동 10.1억 등), 토지 10.5억(종로구 평창동, 경기도 김포시 등), 예금 15.4억, 회원권 6.4억
이춘호	여성부 장관	45억 8,197만	아파트 1채(서초구 서초동 14.4억), 단독주택 1채(서초구 양재동 6.5억), 오피스텔 3채(서초구 서초동 1.5억 등), 예금 3.4억
이영희	노동부 장관	40억 3,045만	아파트 1채(송파구 잠실동 14.9억), 오피스텔 2채(강남구 역삼동 1.3억, 분양권 서초구 서초동 7.5억, 예금 9.3억, 회원권 4.2억
남주홍	통일부 장관	32억 7,177만	아파트 1채(용산구 이촌동 12.6억), 오피스텔 1채(용산구 이촌동 1.6억), 건물 7.9억(수원시 영통구, 성남시 분당구) 등
강만수	기획재정부 장관	31억 619만	아파트 1채(강남구 대치동 21억), 토지 1.7억(경남 합천, 경기도 광주 등), 유가증권 2.3억 회원권 1.4억
원세훈	행정안전부 장관	29억 1,588만	단독주택 1채(관악구 남현동 3.2억), 근린생활시설(강남구 신사동 16.7억), 유가증권 3.9억
정운천	농수산식품부 장관	27억 1,582만	아파트 1채(강남구 개포동 9.8억), 예금 27.8억
유명환	외교통상부 장관	26억 1,329만	아파트 2채(서초구 서초동 13.4억, 서초구 반포동 4.4억), 예금 6.8억
김도현	교육과학기술부 장관	15억 2,900만	아파트 2채(관악구 봉천동 4.4억, 송파구 문정동 11억), 단독주택 1채(경기도 이천시 0.4억), 예금 2.1억
정종환	국토해양부 장관	15억 2,252만	아파트 1채(경기도 군포시 5.4억), 분양권(중구 회현동 1.3억), 토지 3.6억(충남 서천군)
김성이	보건복지가족부 장관	11억 4,841만	연립주택 1채(광진구 자양동 6.2억), 대지 2억(경기도 가평군)
이상희	국방부 장관	8억 4,349만	단독주택 1채(강남구 대치동 5.3억), 전세권 3억(용산구 이태원동 아파트)
계		587억 667만(평균 39억 1,378만)	아파트 · 주택 · 오피스텔 · 분양권 총계 35채(평균 2.3채)

엽기적인 대한민국

여고생 강간범, 청소년수련원 공무원으로 복직

어째 이렇게 세상이 뒤숭숭한가? 보수 언론이 이상한 이야기들을 전하는 데 혈안이 되었기 때문인가? 보수 찌질이들이 웃기지도 않는 댓글들을 달아서 세상을 어지럽히고 있기 때문인가? 보수 언론도 보수 찌질이들도 다 문제이기는 하지만, 이 세상 자체도 큰 문제일 것이다. 새우깡을 먹으려고 봉지에 손을 넣었더니 놀랍게도 '생쥐 머리'가 잡히는 세상이 아닌가?

아니, 더 큰 문제는 '생쥐 머리'가 아닐 것이다. 이 정부는 이미 1%부자가 지배하는 '고소영 S라인' 정부, '강부자' 정부라는 지적을 받았고, 여기서 나아가 심지어 전근대적 '형님 정권'이라는 비판마저 받고 있다. 그런데 사실 이 정부는 스스로 '실용정부'를 자처하고 있다. 그러나 이 정부는 경운기보다 느린 운하를 강행함으로써 스스로 사상 최악의 '비실용정부'로 전락하려 하고 있다. 경운기보다 느린 운하를 강행하면서 '실용' 운운하는 것은 그저 '사기'일 뿐이다. 경운기보다 느린 운하를 강행하면서 이 정부는 스스로 '사기정부'로 전락하고 있는 셈이다.

국민의 대다수가 운하에 반대하고 있을 뿐만 아니라 2,400명이 넘는 교수들이 운하에 반대하고 나섰다. 이재오 의원이 원한다고 해서 운하를 강행해서는 안 된다. 김문수 경기도지사는 북한강 수계로 수원지를 옮기면 된다고 얘기하는데, 그건 경운기보다 느린 남한강 운하를 위해 북한강 수계를 대대적으로 수몰시키겠다는 것과 같다. 더욱이 북한강 수계에는 수몰시킬 곳조차 없다. 서울을 포함해서 수도권 2,400만 명의 물 생활을 박살내지 않고자 한다면 운하는 절대 건설해서는 안 된다. 도대체 왜 이재오 의원과 김문수 지사는 국민의 여론과 교수들의 전문 의견에 귀 기울이지 않는 것일까?

서두가 길어졌다. 오늘 내가 하고 싶은 얘기는 이미 잘잘못이 명확하게 드러난 운하 문제가 아니다. 운하는 '생쥐깡'보다 더 심각한 문제를 일으킬 것이다. 운하에는 생쥐는 물론이고 수많은 생명체의 주검이 떠다닐 것이다. 운하는 강의 죽음이기 때문이다. 이런 운하를 건설하겠다며 엄청난 국력을 낭비하고 있는 현실을 직시해야 한다. 도대체 무엇 때문에 이렇게 어리석고 비실용적인 낭비를 저지르고 있는 것인가? 우리가 정말 힘을 쏟아서 해야 할 일이 산적해 있지 않은가? 언제까지 '토건국가의 덫'에 갇혀서 재정의 탕진과 국토의 파괴라는 어리석은 짓을 계속할 것인가?

지금 당장 우리가 해야 할 일이 무엇인지를 보여주는 웃지 못할 일이 최근에 전북에서 일어났다. 정부는 처음부터 끝까지 비실용적인 운하사업 따위는 즉각 중단하고 이런 일을 해결하는 데 힘을 써야 한다. 그렇지 않으면 '실용'을 내건 가장 비실용적인 정부로서 세계적인 웃음거리가 되고 말 것이다. '형님 정권'이라는 비판도 사실 여기서 비롯되는 것이다. 정말 섬기고자 한다면, 눈앞의 참상부터 해결하라! 다른 일이 아니다. 여고생을 상습 강간한 혐의로 해임되었던 전북교육청의 한 공무원이 소청심사라는 절차를 거쳐 '정직 3개월'로 감형되고 복직되었다!

나는 이 사실을 지난 월요일 아침에 알았다. 오랜만에 아침을 먹으며 TV를 봤다. 창밖으로 노란 산수유가 활짝 핀 모습을 보며 작은 새들이 지저귀는 소리를 들으며 즐겁게 아침을 먹고 있었다. '아침을 먹는다'는 우리말의 이 표현 자체가 얼마나 대담하고 아름다운지. 아무튼 그렇게 식사를 하고 있는데 TV에서 엄청난 소식을 전하는 것이었다. 터지는 가슴을 억누르고 그 내용을 간추리면 다음과 같다.

한 공무원이 작년 8월에 인터넷 채팅을 통해 한 여고생을 알게 되었다. 공무원은 여고생을 만나자고 꾀었다. 그리고 이 여고생에게 '원조교제'(정확히는 '미성년 매춘')를 요구했으나 거부당했다. 그러자 공무원은 여고생에게 자기와 만난 사실을 부모와 학교에 알리겠다고 협박해서 상습 강간(경찰의 조서 내용)했다. 그러나 그는 결국 이 사실이 드러나 해임되었다. 그런데 어찌된 영문인지 미성년자 상습 강간범인 그는 소청심사라는 절차를 거쳐 복직되었다. 그리고 지금은 놀랍게도 '청소년수련원'에서 다시 일하고 있다는 것이었다. '미성년자 상습 강간범'을 복직시킨 것도 모자라 '청소년수련원'이라니. '특기'를 살리라는 것인가?

이에 관한 전북교육청 공무원의 해명은 더욱 황당했다. 그자는 이런저런 말로 가해자를 적극 옹호했다. 그자의 말은 피해자가 사실은 가해자이며, 가해자가 사실은 피해자라는 식으로 들리기도 했다. 즐겁게 먹던 밥이 가슴에 콱 막혔다. 국을 훌훌 마셔 급히 삼켰지만, 하마터면 앞으로 내쏟을 뻔했다. 저런 것들이 교육청의 공무원이라니. 너무나 황당하고, 또 황당했다. 노란 산수유도 더 이상 눈에 들어오지 않았다.

모든 강간이 중범죄이지만 미성년자 강간은 그중에서도 중범죄이다. 법이 미비해서 이런 자를 엄벌하지 못한다면 우리는 즉각 법을 고쳐야 할 것이다. 6월의 정기국회에서 반드시 처리해야 하는 것은 망국적 운하의 건설을 강행하기 위한 법이 아니라 지금 이 순간에도 전국의 수많은 강간범들을 즐겁게 하고 있는 허술한 강간 관련 법이다. 해야 할 일은 제대로 하지 않고, 하지 않아야 할 일은 열심히 하는 사람이 있다. 그런 사람은 반드시 욕을 먹고 벌을 받게 마련이다. 여고생 상습 강간으로 해임된 교육청 공무원이 3개월 만에 복직되어 '청소년수련원'에서 근무하다니, 도대체 이게 정상적인 국가라고 할 수 있는가?

운하건설과 같은 완전히 잘못된 사업에 쏟을 정성을, '형님 정권'과 같은 완전히 잘못된 정치에 쏟을 정성을, 제발 이렇게 끔찍한 문제를 바로잡는 데 기울여라. 미성년자 상습 강간범이라면 공무원에서 파면하는 것은 말할 것도 없고 사실 그 일거수일투족을 영구적으로 감시해야 한다. 이 정부는 엉뚱한 데 힘을 쏟느라 정작 해야 할 일은 제대로 하지 못하고 있다. 그 결과 날이 갈수록 국민의 불안은 커지고, 오로지 돈과 줄을 찾는 경쟁만 심화되고 있다. 아무리 '2MB정부'라고는 하지만, 제발 할 일을 제대로 해라.

이 끔찍한 사건을 TV에서 보고는 뉴스에서 크게 다뤄지기를 기대했다. 그러나 어느 뉴스에서도 전혀 다루질 않았다. TV 뉴스에서도 신문에서도 볼 수가 없었다. 이 끔찍한 사건을 뉴스로 다룰 수 없을 정도로 이 사회는 엽기적 사회가 되었는가? 물론 운하 문제나 '형님 정권' 문제가 이 뉴스보다 더 큰 뉴스일 것이다. 그러나 여고생을 상습 강간한 교육청 공무원이 별다른 처벌을 받지 않고 즐겁게 살 수 있는 상태가 지속된다면, 운하 문제나 '형님 정권' 문제를 해결한다고 한들 이 사회가 살 만한 사회이겠는가?

後記 이 끔찍한 사건은 시민들의 대대적인 항의에도 불구하고 제대로 해결되지 않은 것으로 보인다. 평생 감옥에 가둬야 할 '상습 여고생 강간범'을 여고생들이 숙식하는 청소년수련원의 공무원으로 일하게 하다니, 이런 황당한 엉터리를 도대체 세계 어디에서 또 볼 수 있을까? '철밥통'이나 '제 식구 감싸기'라는 비판이 속출했지만, 전라북도 교육청이 저지른 잘못은 이런 차원을 훨씬 넘어선다. 끔찍한 미성년 대상 성범죄

를 저지른 자에게 미성년을 보호하는 임무를 맡긴다는 게 도대체 말이나 되는가? 정
상적인 교육기관이라면 파면을 해야 마땅할 것을 파면은커녕 오히려 미성년을 보호
하라고 하는 것은 끔찍한 미성년 대상 성범죄자를 보호하는 것이다. 이렇게 끔찍한
결정을 내린 회의의 회의록조차 공개하지 않은 전라북도 교육청에 대한 시민의 의혹
과 분노는 언제까지고 가시지 않을 것이다.

　　전북교육청 6급 행정공무원인 A씨는 지난해 8월 여고생을 상습적으로 성폭행한
혐의로 경찰에 구속됐고, 같은 해 11월 해임됐다. 경찰 조사 결과 A씨는 2006년 3월
중순쯤 인터넷 채팅으로 만난 여고생(당시 16세, 고교 1년)에게 원조교제를 제의했
다가 거절당하자 협박해 자신의 집으로 데리고 가 11월까지 모두 7차례에 걸쳐 성폭
행한 것으로 밝혀졌다. 그러나 검찰은 A씨가 피해자 및 부모와 합의한 점을 들어 '공
소권 없음' 처분을 내렸다. 풀려난 A씨는 지난해 12월 도교육청에 소청심사를 청구
했고, A씨의 징계 수위는 '해임'에서 '정직 3개월'로 낮아졌다. A씨는 이달 초 복직
돼 남원에서 근무하고 있다(《여성신문》, 2008년 3월 22일자).

　　전라북도 교육청 소속의 공무원이 인터넷 채팅으로 만난 여고생을 7차례 걸친 성
폭행한 혐의로 해임조치됐던 공무원이 최근 소청심사를 통해 정직 3개월로 감경 받
고 복직을 해 지역 24개의 여성·시민단체들이 반발하고 있다. 전라북도 교육청 성폭
력 범죄 교육행정공무원 파면 촉구 연대회의(위원장 이미정, 이하 연대회의)는 전북
학생교육원에 입소를 신청한 각 학교에 입소를 잠정 중단을 촉구하는 서한을 보냈
다. 연대회의는 성명서를 통해 "청소년 심신수련 활동의 장에 미성년자 성폭력 범죄
로 물의를 일으킨 관련자가 근무하는 것을 용납할 수 없다"며 해당 공문원의 파면을
요구했다. 또한 "소청심사위원회의 임원 명단과 회의록의 공개를 요구했지만 일언지
하에 거절당했다"고 전하며, "소청심사위원 중 2명이 도교육청 소속이고 보면 미성
년 성범죄에 대한 도교육감의 의지를 의심하지 않을 수 없다"며 교육청을 비판했다.
전북학생연수원은 남원 운봉에 위치한 학생 입소 수련시설로 올해만 도내 7,292명
이 입소해 2박 3일간의 수련이 잡혀 있다(《뉴스웨이》, 2008년 3월 29일자).

위험사회 대한민국

이명박, 이런 '범죄'는 왜 내버려두나

두 어린 여자아이가 납치되어 살해된 끔찍한 사건이 온 나라를 공포와 분노 속으로 몰아넣은 것이 불과 얼마 전의 일이다. 그런데 또다시 비슷한 사건이 일어날 뻔해서 국민들이 가슴을 쓸어내려야 했다. 일산의 한 아파트에서 50대 사내가 하굣길의 어린 여자아이를 두들겨 패서 납치하려고 했던 것이다. 마치 늑대가 토끼를 사냥해 잡아가려는 것과 비슷한 모습이었다. 이 과정은 아파트 엘리베이터 CCTV에 생생하게 찍혔다. 이 동영상을 TV 뉴스에서 보고 나는 입을 다물 수 없었다.

그러나 더 놀라운 사실은 이렇듯 명확한 증거가 있는데도 경찰이 사실상 뒷짐만 지고 있었다는 것이다. TV 뉴스를 통해 이 사실이 알려지고 국민의 여론이 들끓자 대통령은 일산서를 방문해 엄하게 질책했다. 국회의원 선거가 코앞인데 경찰이 이렇듯 무사안일하게 대응하다니 아마도 대통령으로서는 화가 머리끝까지 치밀었을 것이다. 아무튼 대통령의 질책은 효과가 있었다. 불과 6시간 만에 경찰은 범인을 잡았다. 세상에나. 이래서 대통령이 필요한가 보다.

그런데 나는 이 무서운 사건을 보면서 운하계획을 떠올렸다. 운하계획은 무서운 위험사회 한국을 더욱더 무서운 위험사회로 만들 것이다. 이른바 '한반도 대운하'는 숱한 문제를 안고 있는 완전히 비실용적이고 반경제적인 계획이다. 이에 대해 토목학, 생태학, 수질학, 수리학, 경제학, 물류학 등 여러 분야에서 전문적 분석이 모두 이루어져 있는 상태이다. 거센 반대 여론에 부딪히자 이명박 정부는 겉으로는 유보하는 듯한 모습을 보였다. 그러나 놀랍게도 뒤로는 비밀리에 운하의 건설을 강행하고 있었다.

이명박 정부는 이미 기본설계를 마친 상태이고, 정부조직 개편을 통해 일사불란하게 운하의 건설을 강행할 조직을 마련해놓았고, 기업에도 각종 인센티브를 제공해서 적극 참여하도록 종용해놓은 상태이다. 남은 것은 이 망국적 계획을 법적으로 합리화하는 것뿐이다. 이른바 '한반도 대운하 특별법'이 그것이다. 이명박 정부는 총선에서 한나라당이 압승을 거두면 바로 '특별법'을 제정해서 사실상 9월부터 운하의 건설을 강행할 것으로 보인다. 재정 파탄과 국토 파괴의 파국이 눈앞으로 다가온 것이다.

한나라당은 총선에서 운하계획이 정치 쟁점으로 커지는 것을 극력 피하고 있다. 그리고 결국 정책공약에서 운하계획을 빼놓았다. 그러나 그렇다고 해서 한나라당이 운하계획에 명시적으로 반대하는 것은 아니다. 사실 한나라당의 이런 행태는 거센 반대 여론을 슬쩍 피하고자 하는 얍삽한 정치적 꼼수에 가깝다. 운하계획은 당연히 최대의 정치 쟁점이 되어야 하며, 한나라당은 이에 대한 찬반의 입장을 분명히 밝혀야 한다. 그렇게 하지 않는다면, 한나라당은 결국 국민을 기만하고 농락했다는 비판을 받게 될 것이다.

운하는 '강의 죽음'이다. 이명박 정부는 운하 건설계획을 가리켜 '놀고 있는 강을 적극 활용하는 실용적 계획'이라고 주장한다. 그러나 강은 결코 놀고 있지 않다. 강은 무엇보다 우리의 식수원이다. 그렇지 않아도 세계는 갈수록 물이 모자라서 치열한 '물 전쟁'을 벌이고 있는 실정이다. 이런 와중에 소중한 식수원에 거대한 화물선을 띄우겠다는 것은 심각한 '물 부족'을 촉발할 뿐만 아니라 나아가 대다수 국민의 생명을 크게 위협하는 것이다. 운하 건설계획이야말로 우리를 포함해 수많은 생명을 살리느라 너무나 바쁜 강을 죽여서 영원히 놀게 하고자 하는 것이다. 정말이지 '창조주'를 모독하는 극단적 독신(篤信)의 계획이 아닐 수 없다.

왜 운하는 '강의 죽음'인가? 우선 띄우겠다는 화물선 또는 바지선의 크기에 주목해야 한다. 그것은 대체로 너비 17m, 높이 20m, 길이 100m 정도로 거대하다. 한강의 유람선이나 요트 같은 것을 떠올리는 것은 완전히 잘못이다. 운하에 띄우겠다는 배는 사실 아파트 단지 또는 작은 산과 같은 것이다. 이렇듯 큰 배가 다니도록 하기 위해 모든 강을 최소 너비 200m 이상, 깊이 6m 이상의 인공수로로 만들어야 한다. 엄청난 양의 다이너마이트와 포크레인을 사용해서 강을 파괴하고 거대한 콘크리트 옹벽 인공수로를 만드는 것이다.

팔당호처럼 넓고 깊은 곳이라고 해도 결코 그냥 두지 않는다. 팔당호는 수도권 2,400만 명의 상수원이다. 거대한 화물선 또는 바지선은 그 자체로 거대한 오염원이다. 당연히 이러한 오염원으로부터 상수원을 보호해야 한다. 따라서 팔당호에도 거대한 콘크리트 옹벽 인공수로를 만들어서 그 안으로만 배가 다니도록 해야 한다. 그러므로 상류의 좁고 얕은 곳은 말할 것도 없고 하류의 넓고 깊은 곳이라 해도 운하는 '강의 죽음'일 뿐이다. 이렇게 무서운 일을 이명박 정부는 비밀리에 강력히 추진하고 있다.

갈수록 여론이 악화되자 이명박 대통령은 원로들을 만나 국내외 전문가들의 의견을 수렴할 것이라고 말했다. 그러나 이 발언 때문에 이명박 대통령에 대한 불신은 더 커지게 된 것 같다. 이미 거의 2,500명에 이르는 전국의 교수들이 '한반도 대운하'의 문제를 지적하고 폐기를 요구했다. 나아가 그 추진 과정의 반민주적 문제조차 큰 논란이 되고 있다. 이런 상황에서 '국내외 전문가들의 의견' 운운하는 것은 폴리페서들을 내세워서 강행하겠다는 소리로 들린다. 실제 이런 정황이 이미 명백히 확인된 상태이다. 여기에는 폴리목사들까지 가세해 혹세무민에 덧붙여 놀랍게도 '색깔론'마저 설파하고 있다.

같은 날, 지난 2월에 유우익 대통령실장이 서울대에 가서 '운하반대서울대교수모임'이 '서울대'라는 명칭을 쓰지 못하도록 해야 한다는 식의 압력을 행사했다는 놀라운 사실이 밝혀졌다. '서울대교수모임'이 '서울대'라고 밝힐 수 없으면, '고려대'라고 해야 하나, '연세대'라고 해야 하나? 아니, '청와대'라고 해야 하나? 대통령실장이 되니까 동료 교수들이 '아랫것'들로 보이나? 학문의 자유를 능멸하기 위해 대통령실장이 된 것인가? 이것이야말로 저열한 폴리페서의 행태가 아닌가? 이런 일이 있었기에 정보과 형사의 사찰이 행해진 게 아닐까?

유우익 대통령실장은 반대자들과 밤새 토론할 용의가 있다고 말했는데, 누구보다 우선 '서울대교수모임'과 밤새 토론을 해야 할 것이다. 그러나 이명박 정부는 스스로 공언한 공개토론을 하기는커녕 '서울대교수모임'과 '전국교수모임'에 대해 전국적으로 대대적 사찰을 벌였다. 등록금 인상 반대를 외치는 대학생과 학부모 시위대에게는 '백골단'으로, 망국적 운하계획의 폐기를 요구하는 교수들에게는 정보과 형사들로 대응하고 있는 것이다. 정말 이명박 정부는 '5공화국'의 재림인가? 교수들에 대한 사찰의 배경은 반드시 밝혀져야 한다.

운하를 찬성하는 쪽에서 떠들기를 "운하, 제대로 알고나 반대하라"고 한다. 이게 대체 무슨 봉창 두들기는 소리인가? 나는 이렇게 대답하고 싶다. "운하, 제대로 알고나 찬성하라"고. 운하는 '강의 죽음'이다. 그런데 우리의 목숨은 강에 달려 있다. 그러니 운하는 바로 '우리의 죽음'이다. 물론 이 나라를 지배하는 1%의 '강부자'는 오히려 운하의 건설로 엄청난 돈을 벌 수도 있다. 그들은 강을 죽이고 투기를 부추겨서 번 돈으로 자식들을 미국에 보내고 프랑스에서 수입한 물을 마시며 자신들의 '능력'과 '실용'을 뽐낼 것이다.

대통령은 마땅히 국가와 민족의 대표여야 한다. 그러나 운하계획은 1%의 '강부자'를 위해 국가와 민족을 파멸로 몰아넣는 것이다. 올바른 대통령이라면 이런 짓을 즉각 중단하고 이를테면 어린이와 여성들, 노인들로 대표되는 약자들을 돌보는 일에 힘써야 한다. 예컨대 청소년수련원으로 복직한 **전북의 여고생 상습 강간범**에 대해서도 이명박 대통령의 친절한 질책이 있어야 할 것이다. 어떻게 여고생을 상습 강간한 자가 아무런 처벌도 받지 않고 복직될 수 있는가? 그것도 청소년수련원으로.

이 나라는 서구보다 더 위험한 '위험사회'이다. 그것은 재벌국가, 토건국가, 투기사회, 남녀차별 등 서구에서는 찾아볼 수 없는 천민자본주의의 문제가 창궐하고 있기 때문이다. 운하계획은 이런 문제에 기대서 정치적 지지를 얻고자 하는 부도덕한 계획이며, 이런 문제를 더욱더 악화시킬 수밖에 없는 망국적 계획이다. 거의 2,500명에 이르는 교수들과 60%를 넘는 국민들이 이미 명백히 반대하고 있다. 이명박 대통령은 청계천복원시민위원회가 자신의 잘못된 청계천개발계획에 맞서서 항의성명을 발표하고 사퇴했던 일을 기억해야 한다.

프레데릭 벡의 '위대한 강'이라는 애니메이션은 강이 얼마나 중요한지를 아름답고 안타깝게 보여준다. 이명박 정부의 운하계획은 '위대한 강'을 모두 죽여 없애려는 계획이다. 우리는 마실 물이 없어서 고통 받고, 전대미문의 홍수로 고통 받게 될 것이다. 어떤 혹세무민의 주장으로도 이 명백한 사실을 감출 수는 없다. 운하계획은 한 줌의 개발업자와 투기꾼만을 위한, 1%의 '강부자'만을 위한 개발계획이다.

104

이명박 정부는 계획다운 계획조차 마련되지 않았다는 사실이 명백히 드러난 상황에서도 '한반도 대운하' 계획을 계속 강행했다. 그러나 반대 여론이 80%를 넘자 이명박 대통령은 결국 '한반도 대운하' 계획을 중단하겠다는 뜻을 밝혔다. 여기서 주의할 것은 그가 밝힌 것은 '중단'이지 '폐기'가 아니라는 사실이다. 이명박 정부는 '4대강 살리기'라는 이름으로 사실상 '한반도 대운하'를 강행하고 있다. 이 망국적 토건사업을 정당화하기 위해 '녹색성장'이니 '녹색뉴딜'이니 하는 이상한 말을 만들어서 널리 유포하고 있기도 하다. '4대강 살리기'는 사실상 '4대강 죽이기'이다. 자연과 문화는 물론이고 우리의 생명을 지키기 위해 이 망국적 토건사업을 막아야 한다.

'불워스', 도대체 어디서 찾을까?

이상한 '총선'

워런 비티는 뛰어난 재능을 지닌 헐리우드의 만능 영화인이다. 1937년생이니 그도 어느덧 70세를 넘긴 할아버지가 되었다. 그래서 요즘은 자중하고 있는지 모르겠지만 예전에는 여자를 몹시 좋아했던 모양이다. 1972년에 칼리 사이먼이라는 여가수는 어떤 바람둥이를 조롱하는 「You're so vain(당신은 너무 잘난 체해)」이라는 노래를 불러서 큰 인기를 끌었는데, 여기서 바람둥이인 '당신'의 정체를 둘러싸고 큰 논란이 벌어졌지만, 대체로 워런 비티일 것으로 알려졌다.

워런 비티의 영화로는 <우리에게 내일은 없다(Bonnie and Clyde)>(1967년)가 가장 유명할 것 같다. 그렇지만 1981년에 개봉한 <레즈(Reds)>도 '우리가 죽기 전에 봐야 할 영화'로 꼽힌다. 물론 어떤 사람은 얼굴만 봐도 바람둥이인 워런 비티가 주인공인 존 리드(러시아 10월혁명을 『세계를 뒤흔든 10일』이라는 책으로 세계에 알린 미국의 사회주의 기자) 역을 맡은 것을 결정적 흠으로 꼽기도 한다. 상당히 일리가 있는 지적이라고 생각한다. 그런데 총선을 맞아 교육방송에서 워런 비티의 또 다른 명작 <불워스(Bulworth)>(1998년)를 방영했다.

<불워스>는 미국 정치를 비판하는 정치영화이다. 그렇다고 <모두가 왕의

부하들>(1949년)과 같은 정치영화처럼 무거운 영화는 아니다. 오히려 코미디에 가깝다. 환갑을 넘긴 워런 비티가 랩을 하면서 미국 정치를 비판하는 장면은 그 자체로 진귀한 볼거리가 아닐 수 없다. 에미넴을 기대하는 것은 물론 잘못이다. 연습을 많이 했겠지만 역시 노인이라 느리다. 스스로 이런 사실을 잘 알고 있는 워런 비티는 아주 어린 흑인 소년의 입을 통해 이렇게 말한다. "백인들은 랩을 저렇게 이상하게 하나?"

'불워스'는 주인공의 이름이다. 파산할 상태에 이른 상원의원인 그는 딸을 위해 거액의 생명보험에 가입한 뒤 은밀히 살인청부업자를 고용해서 자신을 살해하도록 청부한다. 이제 죽음을 눈앞에 둔 불워스는 어떤 것도 두렵지 않다. 스키모자에 반바지를 입고 시커먼 선글라스까지 쓰고 불워스는 랩으로 미국 정치를 비판한다. 그는 랩에서 겉으로는 온갖 고상한 말들을 주워섬기지만 뒤로는 부자들과 검은 거래를 해서 '빈익빈 부익부'의 양극화 문제를 더욱 악화시키는 정치인들의 실체를 적나라하게 드러낸다.

진실을 노래하고 다니자, 그가 원했던 것은 아니었지만, 불워스의 인기는 하늘높이 치솟는다. 그는 이제 자신에 대한 살인청부를 중단시키고 올바른 정치인으로서 새 삶을 살고자 한다. 그러나 그 순간 한 발의 총알이 그의 가슴을 관통하고 그는 즉사하고 만다. 그를 매수해서 나쁜 법을 제정하고자 했던 로비스트가 배신한 그를 어둠 속에서 암살한 것이다. 케네디 대통령 형제마저 마피아에게 암살되었다는 주장도 널리 퍼져 있지만, 이 영화의 결말은 대단히 사실적으로 다가온다.

오늘은 18대 국회의원 선거일이다. 이번 총선은 한마디로 '이상한 총선'이라고 한다. 정책의제는 모두 사라진 채 오로지 공천을 둘러싼 잡음만이 화제로 떠올랐기 때문이다. 이런 와중에 오직 운하계획만이 유력한 정책의제로 토의되고 있었으나, 한나라당은 놀랍게도 공약에서 이걸 쏙 빼놓았고, 선관위는 이에 대한 토론을 선거법 위반이라고 해석했다. 나라의 운명을 좌우할 망국적 사업을 정부가 강행하고 있는 증거가 속출하고 있는데, 이에 대해 여당은 마치 아무 일도 없다는 듯이 시치미를 뚝 잡아떼고, 선관위는 아예 말을 하지 말라고 국민들을 을러대니, 대체 지금 이 나라는 어떤 상태에 있는 것인가?

불워스가 비판하는 썩은 미국 정치에 비추어 보더라도 한국 정치는 대단히 후진적이라고 하지 않을 수 없다. 미국이라면 운하계획과 같은 거대한 개발계획에 대해 각 정당은 진지하고 투명한 토론을 벌이지 않으면 안 된다. 망국의 위험을 안고 있는 이러한 개발계획을 은밀히 강행한다는 것은 상상도 할 수 없는 일이다. 그런 반민주적 행태가 사실로 확인된다면, 그것은 정권 자체에 치명타를 입힐 것이다. 그러나 한국에서는 정부와 여당이 토론을 회피하고 있는 것은 말할 것도 없고, 은밀히 강행하고 있다는 사실이 드러났어도 정부와 여당은 아무런 문제도 없다는 태도로 일관하고 있다.

정치의 기본은 정당이고, 정당의 기본은 정책이다. 그러나 한국 정치에서는 여전히 정책을 보기 어렵다. 다시 말해서 정당이 제대로 확립되어 있지 않은 것이다. 암살은 없을지 몰라도 부패, 비리, 협잡, 사기, 음모, 횡령, 투기, 폭력, 파괴, 매수, 거짓말, 패거리, 흑색선전, 관권선거 등 온갖 악이 한국 정치에서는 여전히 당연한 것처럼 횡행하고 있다. 무엇보다 큰 문제는 부패이다. 조금 개선되었는가 했더니 작년에 왔던 각설이가 죽지도 않고 또 왔다는 식으로 부패의 물결이 다시금 거세게 밀려오고 있다. 민주화의 시대가 초라하게 종말을 고하고 다시 참담한 부패의 시대가 시작되는가?

아무튼 선거운동이 끝나자 세상이 조용해져서 좋다. 운하계획과 같은 심각한 문제에 대한 토론은 없이, 그렇지 않아도 시끄러운 뽕짝 노래를 개사해서 있는 대로 소리를 높여서 틀어놓고 다녀서 아주 괴로웠다. 심지어 어떤 후보들은 아파트 단지 안으로 들어와서 그렇게 소란을 피우기도 했다. 그따위로 '불법'을 저지르면서 '입법'의 책임자가 되겠다니, 그 어처구니없는 행태에 분노하지 않을 수 없었다. 아무리 이목을 끄는 것이 중요하다고 해도 그런 식으로 '불법'을 저지르며 이목을 끄는 것은 완전히 잘못된 것이다. 그런 사람은 절대 당선되어서는 안 되며, 또한 결코 당선될 수도 없을 것이다.

악다구니를 쓰는 노래가 아니라 은은하고 아름다운 음악을 들을 수 있는 선거, 공해 수준의 간판이며 현수막이 어지럽게 나부끼지 않는 선거, 투기를 부추기는 난개발 공약이 아니라 난개발과 투기를 막겠다는 공약이 경쟁적으로 제시되는 선거, OECD 최장의 노동시간을 줄이겠다고 너도나도 앞다퉈 약속하는 선거, 경운기보다 느린 완전히 반실용적인 운하건설에 쓸 돈을 복지와 교육에 써서 진정한 선진국을 만들겠다고 누구나 약속하는 선거, 이런 선거는 언제나 볼 수 있을까?

後記 불워스는 죽을 지경에 이르러서 완전히 다른 사람이 되어 세상을 위해 애쓰게 된다. 그러나 한국의 정치인들은 죽을 지경이 되어도 그저 자기만 생각하는 것 같다. 정치인들을 보노라면 개발, 투기, 부패의 악순환은 도무지 해결될 것 같지 않다. 이런 문제에 비추어 보면, 한나라당과 민주당의 차이에 대해서 말하는 것 자체가 잘못인 것 같다. 부패는 한국 정치의 고질병이고, 이를 고치기 위해 「정치자금법」을 개정한 것이 불과 몇 해 전의 일이건만, 정치인들은 돈이 없어서 정치를 하기 힘들다며 아우성을 치고 있다. 과연 돈을 충분히 쓸 수 없어서 한국 정치가 엉망인 것일까? 정치인들은 '염불보다 잿밥'이라는 말이 무엇을 뜻하는지를 가르쳐주기 위해 최선을 다하는 것일까? 연예인보다 정치인에게 파파라치가 더 필요하다. 우리는 그들의 일거수일투족에 대해 알아야 한다. 그들은 막대한 혈세를 써서 우리의 삶을 좌지우지하는 일을 하고 있기 때문이다.

국민을 괴롭히는 정부

2MB는 사디스트? 헤드록에 코브라 트위스트까지

정부가 해야 할 일이 있고, 하지 말아야 할 일이 있다. 정부가 해야 할 일은 제대로 하지 않으면서 하지 말아야 할 일은 열심히 하면, 국민들이 힘들어지는 것은 물론이고 심지어 나라가 망할 수도 있다. '한반도 대운하'와 같은 전대미문의 토건사업이 그 단적인 예이다. 무려 3,400만 명의 목숨이 달려 있는 식수원인 한강과 낙동강을 대대적으로 파괴해서 경운기보다 느린 완전히 반실용적인 콘크리트 옹벽 운하를 만들겠다는 계획을 은밀히 진행하는 정부는 지독한 불신의 대상이 될 수밖에 없다.

그런데 '한반도 대운하'만으로도 이미 충분히 국민들을 겁나게 만든 이 정부가 또다시 국민들을 그야말로 사시나무 떨듯 떨게 만드는 공포정책을 발표했다. 저 악명 높은 '0교시 수업'과 '우열반'을 완전히 '자율화'하겠다는 것이다. 실용과 능력의 이름으로 투기와 표절로 범벅된 사람들을 청와대 수석이며 장관에 임명해서 국민들을 뒤로 자빠지게 만들더니, 이제는 자율의 이름으로 공포의 '0교시 수업'과 '우열반'을 대대적으로 권장해서 국민들을 숨죽이게 만들려는 모양이다. 국민들에게 헤드록을 가해 정신을 빼놓고는 바로 이어서 코브라 트위스트를 거는 것인가?

'0교시 수업'과 '우열반'은 이미 과중한 학습 부담과 과열 경쟁으로 고통받고 있는 아이들을 더욱 고통스럽게 할 것이다. 이미 과중한 학습 부담과 과열 경쟁으로 적지 않은 아이들이 학교에 가지 않거나 아예 세상을 떠나고 있다. '0교시 수업'과 '우열반'은 더 많은 아이들을 세상 밖으로 내몰 것이다. '0교시 수업과 우열반의 자율화'라는 말은 언뜻 그럴듯해 보이지만 실제로는 '아이들을 괴롭히고 심지어 죽음으로 내모는 것의 자율화'가 될 위험이 너무나 크다. 과중한 학습 부담과 과열 경쟁 때문에 이미 많은 아이들이 죽었다. 이 문제를 극단적으로 악화시키는 것이 실용이고 능력인가?

1986년 1월 15일 새벽, '전교 1등'으로 당연히 '서울대'에 진학하리라는 기대를 받고 있던 15살의 여중생이 시의 형식으로 쓴 유서를 남기고 세상을 떠났다. 그 뒤 이 학생의 시는 '행복은 성적순이 아니잖아요'라는 제목의 소설과 영화로 만들어져 세계적으로 유례를 찾기 어려운 한국사회의 국민적 고질병인 '학벌사회'의 문제를 널리 알리기도 했다. 그 가슴 아픈 시를 다시 찾아 읽는다.

......

행복은 성적순이 아니잖아?

난 그 성적순위라는 올가미에 들어가

그 속에서 허위적거리며 살아가는 삶에 경멸을 느낀다.

......

난 나의 죽음이 결코 남에게

슬픔만 주리라고는 생각치 않아.

그것만 주는 헛된 것이라면,

난 가지 않을 거야.

비록 겉으로는 슬픔을 줄지는 몰라도,

난 그것보다 더 큰 것을 줄 자신을 가지고

그것을 신에게 기도한다.

(「O양의 유서」, 『내 무거운 책가방』, 실천문학사, 1987)

친구들과 놀고 싶어 하고 산과 바다를 좋아한 소녀였던 'O양'은 사랑하는 엄마마저 자신을 '로보트', '인형', '돌멩이'처럼 다루는 답답하고 비정한 현실을 견디다 못해 세상을 떠났다. 그러나 그녀는 큰 희망을 품고 떠났다. '0교시 수업과 우열반의 자율화'는 'O양'이 세상을 떠나며 우리에게 남겨준 희망을 짓뭉개는 것이다. 초등학교 때부터 아이들을 '공부기계'로 만들고 우등생과 열등생으로 나누는 정책을 '교육'의 이름으로 추진하면서 이 정부는 국민의 불안과 불신을 더욱 깊게 만들고 있다. 도대체 왜 이렇게 국민들을 괴롭히는가?

정부가 해야 할 일은 따로 있다. 'O양'이 지적했듯이 무엇보다 학생들을 성적순으로 늘어놓고 무한 경쟁을 강요하는 학벌사회의 문제를 근본적으로 개혁해야 한다. 아이들이 즐겁게 살 수 있도록 해야 한다. 그렇게 하면 부모들도 불안에서 해방되어 즐겁게 살 수 있을 것이다. 병적인 지경에 이른 이 나라의 학벌 경쟁 때문에 부모들은 아이들의 성적이 떨어져서 '낙오자'가 되지 않을까 거정하며 매일 매일을 가시방석 위에서 살아야 한다. 그리고 그야말로 수단과 방법을 가리지 않고 아이들에게 사교육을 시킨다. 아이들은 과중한 학습 부담과 과열 경쟁으로 고통 받고, 부모들은 과중한 사교육비와 불안으로 고통 받고 있다.

우리나라의 한 해 사교육비는 어느덧 무려 30조 원을 넘어섰다. 중산층조차 사교육비 때문에 다른 가계비를 크게 줄이지 않으면 안 되는 실정이다. 0.1% 안에 들어가기 위해 사실상 100%가 무한 경쟁을 벌이고 있다. 이런 상황

112

을 방치하는 정부는 무능한 정부이고, 이런 상황을 부추기는 정부는 악랄한 정부이다. 국민의 복지와 국가의 안정을 추진하는 정상적 정부라면, 아이들과 부모들을 모두 끝없는 고통 속으로 몰아넣는 학벌 경쟁을 하루빨리 완화해야 한다. 학벌 경쟁과 사교육비를 생각하면, 이 나라는 정말 애 낳기 무서운 나라다.

학벌 경쟁이 완화되지 않는 한, 이 나라는 결코 '선진화'될 수 없다. 대학의 권력화도 그 좋은 예이다. 학벌 경쟁이 사실상 '묻지마' 식으로 관철되고 있다 보니 사교육비의 문제에 덧붙여서 대학의 권력화라는 황당한 문제도 갈수록 악화되고 있다. 대학을 졸업하지 않으면 아예 사람으로 취급받는 것조차 어렵고, 반면에 이른바 '좋은 대학'을 졸업하면 그것만으로 '실력자'로 인정받는다. 사정이 이렇다 보니 한국의 대학 시장은 이른바 '좋은 대학'을 정점으로 하는 강력한 공급자 중심 시장이다.

모든 국민들을 대상으로 하는 대학의 권력화를 보여주는 중요한 예로 등록금 문제를 들 수 있다. 많은 대학들이 멋대로 등록금을 책정하고 사용 내역도 거의 공개하지 않는다. 이른바 '좋은 대학'들은 한결같이 엄청난 돈을 쌓아놓고도 매년 돈이 없다며 등록금을 엄청나게 올리고 있다. 이미 대학 등록금만 무려 12조 원을 넘어섰고, 국민들은 대학을 이제 '인골탑'이라고 부르고 있다. 이렇듯 국민들의 골수를 빼서 '정치교수'들과 '업자교수'들이 교수입네 학자입네 행세를 하며 호의호식하고 권력을 휘두르고 있기도 하다.

이 상태대로라면 머지않아 대다수 국민들이 사교육비와 대학 등록금 때문에 커다란 채무자가 되고 말 것이다. 또한 근로소득을 통해 이 채무에서 벗어날 수 있는 길은 사실상 없기 때문에 결국 대다수 국민들이 가장 손쉬운 '재테크'인 부동산 투기에 매달리지 않을 수 없을 것이다. 이처럼 학벌사회-투기사회-토건국가의 문제가 긴밀히 연관되어 한국사회의 구조적 특수성을 형성하고 있다. 그 귀결은 1% '강부자'의 지배가 강화되는 것이다. 이렇듯 학벌사회-

투기사회-토건국가는 양극화의 원천이기도 하다.

　아이들과 관련해서 정부가 시급히 해결해야 할 문제는 또 있다. 바로 미성년자 강간범죄이다. 영화 <살인의 추억>에서 박두만 형사(송강호)가 서태윤 형사(김상경)에게 발차기를 하면서 "여기가 강간의 왕국이냐?"고 외친다. 정말 이 나라는 '강간의 왕국'인가? 여고생을 상습 강간한 교육공무원이 아무런 형사처벌도 받지 않고 청소년수련원으로 옮겨 근무하는가 하면, 이번에는 여고생과 그 여중생 동생, 동생의 친구를 상습 강간한 자를 신고했으나 관할이 아니라며 떠넘겼다는 의혹이 제기되었다. 참담하다. 해야 할 일은 제대로 안 하고 아이들과 부모들을 더 괴롭히기로 작정한 정부 때문에 더욱더 참담하다.

後記 학벌사회는 무한 학력 경쟁의 사회이다. 학벌사회의 학력 경쟁은 심지어 엄마 뱃속에서부터 시작된다. 이 나라는 세계 최악의 학벌사회이다. 그 최상층에 '강부자'가 자리 잡고 있다. '강부자'는 자식들이 최고의 학벌에 속할 수 있도록 사교육에 막대한 돈을 쓴다. 이렇게 해서 '강부자'는 교육을 통해 자신들의 지위를 대물림한다. 오늘날 교육은 사회이동의 통로가 아니라 오히려 사회폐쇄의 장벽으로 적극 활용되고 있다. 이런 점에서 학벌사회는 재벌이 대표하는 '강부자'가 최상층을 차지하고 있는 새로운 신분사회이다.

　중산층은 물론이고 빈곤층조차 '강부자'가 주도하는 학벌사회의 무한 학력 경쟁에 자발적으로 참여해서 강고한 학벌사회의 구조를 형성하고 있다. 그 결과 빈곤층은 물론이고 중산층조차 너무나 많은 사교육비 때문에 경제적으로, 또한 시간적으로 쪼들린 삶을 살고 있다. 아이들을 위해서는 말할 것도 없고, 사실 어른들을 위해서도 학벌사회는 시급히 타파해야 하는 국가적 악이다. 그러나 이명박 정부는 이 문제를 더욱더 악화시키는 정책을 강행하고 있다. 이런 식으로 '강부자'의 지배는 더욱더 강화될 수 있겠지만, 그 과정에서 자신들의 자식들도 병들고 있다는 사실을 그들은 과연 모르는 것일까?

'원조'와 '짝퉁'의 '낚시 전쟁'

뉴타운과 '투기 정치'

역시 예상대로 18대 총선은 한나라당의 승리로 끝났다. '근혜당'과 '회창당'까지 더하면 그야말로 보수의 압승이다. 그렇기는 해도 아무튼 특징들을 찾아내고 올바로 해석하는 것이 중요할 것이다.

먼저 '낡은 것의 복귀'라고 할 만한 상황이 빚어졌다. 영남은 한나라당과 '근혜당'이, 충청은 '회창당'과 민주당이, 호남은 민주당이 차지해서 지역주의의 부활과 비슷한 모습을 보였다. '3김 시대'가 끝난 것도 이미 꽤 오래되었지만, 영남, 호남, 충청의 지역구도는 아직 죽지 않았다. 상당히 약화되고 변형된 것으로 보이기는 하지만, 그 바탕에는 역시 종래의 지역주의가 자리 잡고 있다.

그런데 지역주의는 대체 무엇을 위한 것인가? 독재를 위한 것인가? 민주주의를 위한 것인가? 유권자 자신을 위한 것인가? 고상한 이데올로기의 허울을 벗기고 보면, 지역주의도 역시 유권자 자신을 위한 것일 수밖에 없다. 지역주의는 자원이 한정된 상황에서 자신과 가까운 지역적 연고를 갖고 있는 사람을 선출하는 것이 자신에게 유리할 것이라는 계산과 기대의 산물이라는 성격을 갖는 것이다. 다시 말해서 지역주의를 단순히 박정희의 정략적 산물로만 보는 것은 잘못이다.

독재는 지역주의를 이용해서 민주주의의 외피를 쓸 수 있었다. 이런 점에서 박정희 이래의 군사독재는 영남독재이기도 했다. 영남독재는 영남지역이나 영남지역 출신 인사들이 자원과 자리를 독과점하는 사회를 만들었다. 여기에 맞서서 다른 지역, 특히 호남이 민주주의를 내걸고 나섰다. 이것은 자원과 자리의 불평등한 배분을 강요하는 영남독재의 문제를 해결하고자 한 것이었으므로 단순히 지역주의에 머무는 것이 아니라 분명히 민주주의의 구현을 향해 나아가는 것이었다.

이런 점에서 민주화는 영남독재의 약화뿐만 아니라 그것이 정당화의 기반으로 삼았던 지역주의의 약화를 뜻해야 했다. 그러나 여전히 지역주의는 막강하다. 많은 사람들이 여전히 민주주의보다 지역주의를 더 믿는다. 그런데 영남과 호남의 차이를 떠나서 지역주의의 바탕에는 사실 개발주의가 자리 잡고 있었다. 그리고 민주화를 통해 영남독재의 문제가 해결되자 지역주의는 사실상 개발주의의 알리바이가 되었다. 민주주의를 내걸고 지역주의를 관철하며, 지역주의를 내걸고 개발주의를 관철하는 것이다.

여기서 수도권의 변화에 주목할 필요가 있다. 한나라당이 서울과 경기를 장악한 것은 단순히 민주당이 인기를 잃어버렸기 때문에 빚어진 결과가 아니다. 한나라당은 단순히 '원조 독재 세력'의 적자가 아니라 '원조 개발 세력'이기도 하다. 민주화와 함께 한나라당은 '원조 개발 세력'의 성격을 더욱 강화했다. 노무현의 집권 5년은 '원조 개발 세력'의 문제를 해결하는 시간이었어야 했다. 그러나 잘 알다시피 그렇게 되지 않았다. 오히려 노무현은 개발주의를 강화해서 '원조 개발 세력'을 이길 수 있다고 생각했다.

노무현은 독재 대 민주의 대립구도가 사라진 자리에 개발주의 대 개발주의의 대립구도가 들어서게 만들었다. 아니, 정확히 말해서 이 대립구도는 '원조 개발 세력’ 대 ‘짝퉁 개발 세력’의 대립구도이다. 개발주의의 문제를 해결하거나 최소한 완화할 것이라고 기대했던 세력이 또 다른 개발 세력이 되고만 것이다. 노무현을 지지한 많은 사람들은 노무현이 배신했다고 느끼지 않을 수 없었다. 이런 점에서 노무현의 정치는 ‘배신의 정치’였다. 고상한 이념을 가지고 있었는지는 모르겠지만, 그는 개발주의의 문제에 대해서는 무지했던 것 같다.

‘배신의 정치’에 당한 많은 사람들이 이제 ‘원조 개발 세력’을 지지해서 일신의 영달을 도모하는 게 낫겠다는 생각을 하게 되었다. 개발주의의 문제를 해결하거나 완화하리라고 기대했던 세력이 오히려 개발주의를 악화하는 상황에서 할 수 있는 차선 또는 차악의 합리적 선택은 ‘원조 개발 세력’을 지지해서 떡고물을 크게 하는 것일 수 있다. 이런 점에서 개발과 투기의 열기가 가장 뜨거운 서울과 경기에서 한나라당이 압승을 거둔 것은 당연한 일이다. 이제 한국 정치는 지역주의에서 개발주의로 확실히 옮아갔다.

‘뉴타운 낚시’ 때문에 정국이 혼란스럽다. 한나라당 후보들은 ‘뉴타운 낚시’로 많은 유권자들을 낚았다. 그들은 유권자들이 바라는 ‘떡밥’을 잘 던졌던 것이다. 물론 그것은 ‘사기’이고 ‘불법’이다. 그러므로 마땅히 법의 심판을 받아야 하고, 시민의 선택은 다시 이루어져야 한다. 그러나 ‘뉴타운 낚시’에서 천박하다는 말이 딱 어울릴 만큼 노골적으로 드러난 많은 시민의 상태는 결국 또 다른 개발주의 경쟁으로 귀결될 가능성이 짙다. 그리고 서울과 경기에서 활활 타오른 개발과 투기의 열기는 지방으로 번질 것이다.

이미 노무현 정부는 5년 동안 100조 원이 넘는 막대한 개발보상금을 풀어서 지방도 개발과 투기로 한몫 단단히 챙길 수 있다는 것을 보여줬다. 그리고 이명박 정부는 노무현 정부보다 더 많은 것을 챙길 수 있도록 해주겠다고 공공연히 약속하고 있다. 그러니 이 나라가 어디로 가겠는가? 개발과 투기의 열기는 더 뜨거워질 것이다. 우리의 민주화는 ‘투기의 정치’를 맹렬히 돌진하고 있다. 개발주의는 환경운동에서 고민해야 할 문제가 아니라 보수 세력조차 고민해야 하는 질병이다. 개발주의의 폐해는 너무나 크기 때문이다.

개발과 투기의 열기가 활활 타오르는 것에 대해 '욕망의 정치'라는 설명이 제시되기도 하는 모양이다. 그런데 1990년대 초 서구 문화연구의 수입과 함께 퍼진 이 개념은 사실 모든 억압으로부터 개인의 해방을 추구하는 새로운 사회운동의 핵심이다. 이에 비해 무조건 더 많은 돈을 추구하는 '투기의 정치'는 개인의 해방과 이를 위한 사회의 개혁과 전혀 무관한 극히 폐쇄적이고 파괴적인 현상이다. 개발과 투기의 문제를 직시하고 개혁하지 않는다면, 진보가 곧 멸종할 것은 분명하지만, 보수도 아주 두통에 시달리게 될 것이다.

그러나 희망이 완전히 사라진 것은 아니다. '한반도 대운하'라는 전대미문의 개발사업을 지휘했던 이재오와 박승환의 낙선은 분명히 이 황당한 망국적 사업에 대한 심판이라는 성격을 갖는다. 투기와 개발의 열기가 갈수록 뜨거워지는 팍팍한 토건국가이기는 해도 대다수 국민의 생명을 위협할 정도의 사업을 해서는 안 된다는 상한선이 제시된 것이다. 이 상한선이 사실 아주 높은 것이어서 한참 더 내려야 한다는 것을 널리 알리고, 이로부터 진정한 개혁과 진보의 길을 열어야 한다. 할 수 있을까?

後記 '투기 정치'는 적나라한 '이권 정치'이자 '이익 정치'이다. 그것은 자신의 사익을 위해 사회의 공익을 팽개치는 나쁜 정치이다. 그것은 저 악명 높은 '막걸리 정치', '고무신 정치'와 사실상 다르지 않다. 옛날에는 막걸리 한 잔, 고무신 한 켤레에 표를 팔아먹었다면, 이제는 아파트 한 채에 표를 팔아먹는 것이다. 그렇게 해서 설령 적지 않은 사익을 챙길 수 있다고 하더라도 표를 산 자들이 개발과 부패와 투기의 분탕질을 치면서 나라를 망가뜨리면 그 사익은 현저히 줄어들고 만다. 그렇지 않다고 하더라도 그것은 다른 구성원들에게 해를 입히는 범죄적 행위이며, 자기의 자식들을 포

함한 뒷세대에게 큰 잘못을 저지르는 것이다. '묻지마 개발'의 논리가 횡행하는 곳에서 민주주의는 발전할 수 없다. 그런 곳에서 민주주의는 발전하기는커녕 사실상 질식사하고 만다. '묻지마 개발'은 '공공의 적'이다.

'중화 민족'은 없다

'중화 제국주의' 생각

나라의 꼴이 급격히 망가지고 있는 듯하다. 특히 경제가 큰 문제이다. 제2의 IMF 사태를 예감하는 전문가들이 나타나고 있는 반면에 이명박 정부는 '골프장 피'를 낮춰서 경제를 살리겠다고 한다. 여기에 이름을 붙이길 'S라인 정책'이란다. 바로 '고소영 S라인 정부'라는 비판을 떠올리지 않을 수 없다. 그 사회경제적 실체에 대해서는 이미 '강부자'라는 비판이 제기되었다. 전체 국민의 1%도 안 되지만 이 나라의 땅을 대부분 소유하고 경제를 좌지우지하는 '강남 땅부자'라는 뜻이다. '골프장 피' 인하로 경제를 살리겠다니, 정말 '강부자 정부'와 '강부자 청와대'다운 발상이 아닌가? 대부분의 국민들은 '골프장 피'가 무엇인지, 얼마나 하는지 모른다. 그래서 아예 관심도 없다.

이명박 정부는 광우병을 일으킬 것이 분명한 미국 소를 세계에서 최초로 아무런 제한 없이 수입하기로 했다. 이에 대해 국민의 생명을 볼모로 한 '조공외교'라는 비판이 쏟아지자 이명박 정부는 노무현 정부가 한 일을 '설거지'했을 뿐이라고 강변하고 있다. 이명박 정부는 '설거지 정부'인가? 대체 언제까지 '설거지'나 할 것인지 궁금하다. 여기에 덧붙여 이명박 정부는 2,500명이 넘는 교수들과 70%가 넘는 국민들이 반대하는 '한반도 대운하'를 강행하겠다고 한다. 아무래도 이명박 정부는 '반민주적 정부'가 되기 위해 최선을 다하는 것 같다. 우리의 식수원인 강을 모두 파괴해서 경운기보다 느린 운하를 만들겠다는 것보다 더 비실용적이고 반민주적인 정책은 세계 어디서도 찾아볼 수 없을 것이다.

대다수 국민들의 삶은 급격히 벼랑 끝으로 내몰리고 있는 반면에 1%의 특권층은 온갖 규제 완화를 통해 승승장구의 길로 치달리고 있다. 이에 대한 비판이 커지자 이명박 정부는 거대한 '국민운동'을 펼칠 계획을 밝혔다. 이명박 정부는 이 나라를 정확히 70년대 개발독재 시대로 되돌리려는 모양이다. 거대한 토건사업에, 거대한 국민운동에, 그리고 경찰력 강화까지, 70년대 개발독재를 떠올리게 하는 퇴행적 정책은 이미 너무나 많다. 그런데 시위에 대한 이른바 '백골단' 투입 등의 경찰력 강화를 공공연히 외친 이명박 정부는 중국인 시위대의 폭력에 의해 큰 망신을 당하고 말았다. 그러나 '백골단'을 투입하지 않은 것은 다행스러운 일이다. 전두환 시대로 퇴행하는 '백골단'이야말로 세계적인 망신거리이기 때문이다.

중국인 시위대의 폭력 때문에 나라가 시끄럽다. 이 때문에 이명박 정부의 문제가 살짝 가려지는 느낌이 들기도 한다. 물가는 계속 오르고, 경제위기의 그림자는 계속 짙어지고, 복지는 계속 축소되고, 1%를 위한 골프 정책은 강화되고, 교육비는 끝없이 오르고, 광우병은 예정된 것이나 마찬가지고, 투기는 더욱더 극성을 부리고 있다. 대통령이 나서서 CEO를 자처하며 나라를 '주식회사'라고 부르니, 대한민국은 이미 '1%민국'이 되었다고 해야 옳을지도 모르겠다. 참고로 '한국 주식회사'라는 말은 '일본 주식회사'라는 말을 모방한 것이다. 그리고 이 말은 경제만 아는 일본에 대한 경멸과 불신의 의미를 담고 있다.

중국인 시위대의 폭력에 대해 얘기하려고 했는데, 이명박 정부의 문제에 대해 자꾸 얘기하게 된다. 상황이 이미 절박한 지경에 처한 것으로 보이기 때문이다. 이명박 정부는 70년대 개발독재 시대를 모방하고 있다. 그러나 시대를 거스른 정책은 나라를 망국의 길로 이끌 뿐이다. 그것은 무엇보다 1%를 위해 최소한 80%의 국민들을 고통으로 몰아넣는 것이다. 이제 정말 중국인 시위대의 폭력에 대해 조금 얘기해보자. 사실 시위에서 폭력은 왕왕 발생하는 일이다. 물론 폭력이 좋다는 말은 아니다. 그러나 폭력 자체보다 더 중요한 것은 그 정도와 이유이다. 이 점에서 중국인 시위대의 폭력은 대단히 잘못된 것이었다.

중국인 시위대는 올림픽 횃불 운반을 지원하기 위해 조직되었다. 잘 알다시피 2008년에는 중국의 수도인 베이징에서 올림픽이 열린다. 중국은 올림픽을 치르기 위해 엄청난 투자를 했다. 이 때문에 명나라의 영락제가 건설한 '옛 도시' 베이징은 이제 세계에서 가장 희한한 건물들이 많이 들어선 '신도시'의 면모를 갖추게 되었다. 중국은 올림픽을 이용해서 자신의 능력과 위세를 세계에 떨치려고 한다. 그런데 커다란 장애물이 등장해서 중국을 괴롭히기 시작했다. '티베트 문제'가 그것이다. 1949년에 중화인민공화국을 수립한 중국공산당과 마오쩌둥은 1951년에 티베트를 점령해서 식민지로 만들었다. 베이징 올림픽을 계기로 티베트의 해방과 독립을 요구하는 목소리가 세계 전역에서 크게 울려 퍼지고 있다.

중국은 베이징 올림픽을 자신의 능력과 위세를 과시하기 위한 정치적 행사로 추진하고 있지만, 티베트의 독립을 희망하는 사람들은 베이징 올림픽을 식민지 티베트의 해방을 위한 정치적 계기로 파악하고 있다. 중국은 티베트가 식민지가 아니라고 주장한다. 티베트는 청나라 때부터 중국의 영토였으며, 중국은 그것을 다시 회복했을 뿐이라는 것이다. 그러나 그보다 더 오랫동안 티베트는 독립국이었다. 그리고 대다수 티베트인은 지난 57년 동안 부단히 해방과 독립을 요구했다. 중국은 무력으로 티베트를 점령해서 지배하고 있다. '티베트 문제'의 실체는 '중화 제국주의 문제'인 것이다.

중국은 이미 많은 티베트인들을 억압하거나 살해했을 뿐만 아니라 강력한 '한족 이주 정책'을 펼쳐서 지금 티베트에는 티베트인보다 한족이 더 많이 살고 있는 실정이다. 일본인을 조선으로 적극 이주시켜서 민족적으로 조선을 일본인의 땅으로 만들고자 했던 일본 제국주의의 식민지 조선 정책을 떠올리지 않을 수 없다. 중국의 티베트 정책은 잘못되었다. 미국을 비롯한 서구에서 '티베트 문제'를 악용하는 것이 문제라고 해도 문제의 근원은 어디까지나 중국의 잘못된 티베트 정책에 있다. 티베트는 독립되어야 한다. 중국은 티베트인의 반대를 무력으로 제압하고 티베트를 점령할 어떤 권리도 가지고 있지 않다.

중국이 티베트를 포기하지 않는 이유는 중국의 복잡한 내부 사정 때문이다. 중국이라는 나라는 한족이라는 거대민족과 55개의 소수민족으로 이루어져 있다. 한족이 전체 인구의 93%를 차지하는 반면에 소수민족은 7%일 뿐이다. 중국은 세계 최대의 인구를 가지고 있지만 그 대부분은 한족이다. 중국의 가장 큰 사회문제로는 '인구문제'가 꼽히지만 그것은 사실 '한족의 인구문제'이다. 더 중요한 것은 민족별 영토의 상태이다. 전체 인구의 93%를 차지하는 한족의 땅은 전체 중국 영토의 절반 정도이며, 나머지는 전체 인구의 7%를 차지하는 55개 소수민족의 것이다. 사실상 '한족 정부'인 중국 정부는 '중화 민족'이라는 이론을 내세워 55개 소수민족의 땅에서 한족이 살게 하는 정책을 펼치고 있다.

이런 상황에서 티베트의 독립은 소수민족의 연쇄적 독립을 촉발할 수 있다. 중국 정부는 무엇보다 이 점을 우려하고 있다. 중국이라는 나라의 구성에서 가장 중요한 것은 한족과 소수민족의 관계인 것이다. 그런데 민족자결과 민주주의의 원칙에 비추어 보자면, 국가의 형성은 강압이 아니라 합의를 통해 이루어져야 한다. 이 점에서 중국의 티베트 점령은 완전히 잘못된 것이다. 그것은 사실 한족의 문제가 얼마나 심각한지를 보여주는 생생한 증거에 해당한다. 중국 정부가 아무리 중국인 유학생들을 동원해서 시위를 하도록 해도 이런 사실은 사라지지 않는다. 오히려 중국 정부의 문제만 더욱더 명확하게 드러날 뿐이다. 급성장한 중국의 경제력으로 잘못을 은폐하려는 것은 '중화 제국주의'에 대한 우려를 더욱 키울 뿐이다.

중국인 시위대의 폭력은 정당한 요구를 주장하는 티베트인과 한국인에게 가해졌다는 점에서 완전히 잘못된 것이었다. 시위대를 직접 조직한 중국 정부가 사과하지 않고 있다는 점에서 중국 정부에 대한 불신은 더욱더 커지지 않을 수 없다. 현재의 중국은 사실 기형적 상태에 있다. 100여 년 전에 량치차오가 고안한 '중화 민족'이라는 기형적 이론은 이런 사실을 덮는 것이 아니라 더욱더 잘 보여줄 뿐이다. 그 핵심에 '티베트 문제'가 놓여 있다. 중국 정부는 '중화 제국주의'에 대한 세계의 우려를 직시해야 한다. 중국인 시위대의 폭력은 이러한 우려를 더욱 키울 뿐이다. 민족자결과 민주주의는 누구나 존중해야 하는 보편 원칙이다.

後記 이명박 세력이 골프를 얼마나 좋아하는지는 누구보다 박희태 한나라당 대표가 여실히 증명해주었다. 그는 북한이 로켓을 발사하겠다고 발표한 2009년 4월 4일과 실제로 발사한 4월 5일에 열심히 골프를 즐겼다. 비판에 대해 박희태 대표는 오히려 '휴일에 골프도 못 치냐'고 반문했다. 그렇게 휴일에 골프를 치고 싶으면 한나라당 대표를 그만두는 게 좋지 않을까? 한나라당은 이 나라의 운명의 좌우할 수 있는 막강한 여당이 아닌가? 이해찬 전 총리가 3·1절에 골프를 치자 '조·중·동'은 강력히 비판하고 나섰다. 그러나 박희태 대표의 골프에 대해서는 입을 닫아버렸다. '조·중·동'만 보는 '보수'는 북한이 로켓을 발사하는 긴박한 상황에서 박희태 대표가 신나게 골프를 즐겼다는 사실 자체를 알 수 없다. 그런데 '조·중·동'은 그 무엇보다 '안보'를 강조하는 '보수' 언론이 아닌가?

　　절대 다수의 한족과 여타 소수민족의 구도는 중국이라는 나라를 올바로 이해하기 위한 출발점이다. 민족과 국가를 혼동해서는 안 된다. 문화의 면에서도 그렇고, 경제의 면에서도 그렇다. 중국이 다시금 거대제국이 되면서 중국의 민족문제는 더욱더 심각해지고 있다. 한족은 소수민족을 적극 보호한다고 주장하지만 불쌍한 티베트가 잘 보여주듯이 사실은 결코 그렇지 않다. 사실상 한족의 정부라고 할 수 있는 중국 정부가 강행하고 있는 터무니없는 역사날조사업인 '동북공정'은 티베트의 불행이 우리의 불행일 수도 있다는 것을 잘 보여준다. 중국이 강대국으로서 국제사회에서 신망을 얻고자 한다면, 이런 터무니없는 역사날조사업을 한시바삐 폐기해야 한다. 마치 일본의 보수 세력처럼 중국이 자기의 이익을 위해 터무니없는 역사날조사업을 벌이고 소수민족을 힘으로 억압한다면, 중국은 국제사회의 커다란 비난 대상이 되고 말 것이다.

제2부 촛불들의 외침

국민을 광우병 환자 취급하는 MB 정부

'광우병 공화국'의 탄생

2008년 5월 1일, 오늘은 광우병 가능성 소의 전면 수입이 시작된 날이다. '이날은 강부자 정부'가 이 나라를 '광우병 공화국'으로 만든 날로 언제까지고 기억될 것이다. 우리의 건강과 생명이 끔찍한 위기로 내몰린 오늘, 우리는 정부의 존재 이유에 대해 다시 성찰하지 않을 수 없다. 시민의 건강과 생명을 광우병의 위기로 내몰면서 광우병 가능성 소를 먹고 안 먹고는 시민이 알아서 할 일이라고 우기는 정부는 스스로 그 존재 이유를 내팽개친 정부다. 미국의 독립 선언문이 가르쳐주듯이 이런 정부에 맞서는 것은 시민의 당연한 권리다.

우리가 미국 소의 수입을 금지한 이유는 끔찍한 광우병 때문이다. 우리뿐만 아니라 세계의 모든 나라가 미국 소의 수입을 금지하거나 엄격히 규제하고 있다. 역시 무시무시한 광우병 때문이다. 미국은 세계에서 쇠고기를 가장 많이 먹는 나라다. 세계 전역에서 13억 마리의 소를 기르고 있는 데, 그중에서 무려 1억 마리가 미국에 있다. 그리고 미국은 매년 4,000만 마리 정도를 도축하는 것으로 알려졌다. 그런데 그중에서 단 0.5%만 표본조사를 하고 있다. 너무나 많은 소를 너무나 빨리 도축하기 때문에 모든 소에 대해 광우병 여부를 조사할 수도 없는 나라가 바로 미국이다. 그야말로 미친 소가 우글거리는 '미친 소 제국'이라고 할 만하다.

이명박 대통령은 미국을 방문하면서 미국이 그토록 염원하던 커다란 선물을 가지고 갔다. 미국 쇠고기의 전면 수입 허용이 그것이다. 광우병에 걸렸을 확률이 높은 30개월 이상 소는 물론이고 광우병 단백질이 많이 포함된 머리와 내장까지도 모두 수입할 수 있게 되었다. 한민족은 곡물로는 '쌀 민족'이고 동물성 단백질로는 '소 민족'이라고 해도 좋을 정도로 쇠고기를 완벽히 먹는 것으로 널리 알려졌다. 곰탕, 설렁탕, 내장탕, 선지국, 소머리국 등은 말할 것도 없고 냉면에도 쇠고기와 육수가 빠져서는 곤란하다. 그러나 우리가 일상적으로 모르게 먹는 쇠고기는 이보다 훨씬 더 다양하다. 떡볶이, 라면을 비롯해서 젤리에도 쇠고기가 사용되고, 심지어 생리대에도 쇠고기가 사용된다.

이명박 대통령이 조지 부시에게 준 선물 덕에 우리는 전 방위적으로 광우병 위협에 노출되고 말았다. 이 선물을 준 대가로 이명박 대통령은 조지 부시의 환대를 받고 신나게 웃으며 사진을 찍을 수 있었다. 그러나 이 때문에 우리는 '뇌 송송 구멍 팍' 뚫리는 공포와 불안에 떨게 되었다. 그렇지 않아도 이명박 대통령은 국민적 반대를 묵살하고 '한반도 대운하'라는 전대미문의 국토 파괴계획을 강행해서 국민들을 괴롭게 하고 있었다. 그런데 이런 상황에서 또다시 국민적 반대를 묵살히고 광우병 위협마저 진면화한 것이다. 도대체 이녕박 대통령에게 국민은 무엇인가? 국민이 알아서 대처할 일이라니, 그렇다면 정부는 도대체 왜 필요한가? 노무현 정부의 '설거지'를 했을 뿐이라니, '설거지 정부' 따위가 도대체 왜 필요한가?

이명박 정부가 이토록 국민을 괴롭히는 것은 아무래도 그 정체와 무관하지 않을 것 같다. 이명박 정부에는 투기와 표절 등 온갖 저질적 문제들을 안고 있으면서 엄청난 부를 쌓고 높은 지위를 누리는 자들이 많다. 이 때문에 '강부자 정부', '강부자 청와대'라는 비판이 제기되었다. '강부자'는 잘 알다시피 '강남 (땅)부자'라는 뜻이다. '강부자'는 '한반도 대운하'와 같은 대규모 토건사업으로 막대한 개발이익을 챙기고, 그렇게 번 돈으로 광우병 가능성 소 따위는 먹지 않고 살 수 있다. 나라가 아주 박살이 나더라도 그들에게는 남의 일이기 십상이다. 그들은 나라를 박살내서 번 돈으로 미국이나 유럽에서 평화롭게 살거나, 자식들을 그렇게 살게 하고 있기 때문이다. 이런 점에서 '강부자 정부'의 문제가 '한반도 대파괴'의 문제와 '광우병 공화국'의 문제로 나타나고 있는 것이라는 생각이 든다.

1%의 '강부자'는 '한반도 대파괴'와 '광우병 공화국'에서 자유롭게 살 수 있을지도 모른다. 그러나 최소한 80% 이상의 국민들은 결코 '한반도 대파괴'와 '광우병 공화국'에서 자유롭게 살 수 없다. 아니, 자유로운 것은 고사하고 극심한 재정 탕진, 국토 파괴, 광우병 확산 속에서 불안과 불행에 시달리지 않을 수 없다. 돈이면 다 된다는 천박한 생각은 '돈 사회'를 만드는 만악의 근원일 뿐이다. 세계는 이미 오래전에 자연과 생명을 돌보는 사회를 추구하기 시작했다. '한반도 대파괴'와 '광우병 공화국'은 '선진국'과 너무나 거리가 멀다. 이명박 정부는 이 자명한 사실을 올바로 인식해야 한다. 이명박 대통령은 '한반도 대운하'로 국토를 산산이 파괴하고, 광우병 가능성 소의 수입으로 국민을 완전히 파괴할 것인가?

이명박 대통령은 아주 부지런하다고 한다. 그러나 부지런하다고 다 좋은 것은 아니다. '한반도 대파괴'와 '광우병 공화국'을 위해 부지런히 최선을 다한다면, 누가 그 사람을 훌륭하다고 하겠는가? 그로써 득을 보는 1%의 '강부자'를 제외한 대다수 국민들은 당연히 반대하고 저항할 것이다. 이명박 정부는 국민들을 아주 우습게 여기고 있는 것 같다. 이명박 정부는 '한반도 대운하'에 대해 '국민들이 잘 몰라서 반대하는 것'이라고 하더니, 광우병 가능성 소 수입에 대해서는 '국민들이 먹지 않으면 된다'고 한다. 아무래도 벌써부터 국민들을 광우병 환자 취급하는 것 같다. 이거야말로 미친 소라도 분노할 일이 아닌가?

後記 국민들의 우려와 반대에도 불구하고 이명박 정부는 광우병 위험이 큰 미국산 쇠고기의 전면 수입을 강행했고, 이에 대해 국민들은 어두운 거리에서 촛불을 들고 그 잘못을 밝히고자 했다. 이명박 대통령은 국민에게 사과한다고 했지만, 미국산 쇠고기의 전면 수입은 결국 실현되었다. 그리고 곳곳에서 미국산 쇠고기의 원산지를 속여서 파는 일이 일어나고 있다. '한반도 대운하'에 대해서도 중단하겠다고 했으나 사실은 '4대강 살리기'로 이름을 바꿔서 강행하고 있다. '운하반대전국교수모임'은 '4대강 살리기'를 '한반도 대운하'의 1단계에 해당하는 것으로 파악하고 계속 반대운동을 펼치고 있다.

이명박 대통령은 말을 교묘하게 바꾸고 TV를 이용해서 대대적으로 홍보하면 어떤 정책이라도 국민들이 적극 받아들일 것이라고 생각하고 있는 것 같다. 그러나 국민들이 그렇게 호락호락하겠는가? 즉각 전면적인 반대의 뜻을 밝히지 않는다고 해도 국민들이 문제를 모르는 것은 아니다. 그리고 사실 국민들이 모든 사실을 제대로 알 수 있도록 정보를 철저히 공개하는 것이 정부의 일차적 책임이다. 이명박 정부는 광우병 위험이나 '한반도 대운하'와 관련해서 이런 책임을 제대로 다하지 않았다. 국민은 생생한 정보를 원하는데 이명박 정부는 일방적 홍보만 강행하고 있다.

이런 식으로 권력을 계속 장악할 수도 있을 것이다. 그러나 그것은 국가적 차원에서 엄청난 문제가 아닐 수 없다. 이명박 정부는 국민이 잘 알지도 못하면서 '선동'에 속아서 이명박 정부에 무조건 반대한다는 반민주적 주장을 중단하고, 국민이 원하는 정보를 철저히 공개하고 공개토론 요청에 성실히 임해야 할 것이다. 정보를 제대로 공개하지 않는 것은 문제와 의혹을 더욱더 키우는 잘못을 저지르는 것이다. 이미 정부 불신의 문제를 너무나 크게 키운 이명박 정부로서는 결코 이 잘못을 바로잡으려 하지 않을 것 같기는 하지만.

이명박은 왜 '2MB'인가
성난 국민, 귀 닫은 정부

'대운하'에 이어서 '광우병'에 대한 국민의 우려가 날이 갈수록 커지고 있다. 미국산 쇠고기의 전면 수입이 대다수 국민에게 광우병의 위험을 안겨주는 것이라면, '대운하'는 국토에 대해 광우병과 같은 끔찍한 위험을 안겨주는 것이라고 할 수 있다. 이른바 '한반도 대운하' 계획과 미국산 쇠고기의 전면 수입은 국민의 생명에 대한 전면적 위협이며, 바로 이 때문에 대다수 국민이 두 가지 정책에 대해 강력히 반대하는 것이다.

그런데 이명박 정부와 한나라당은 국민의 생명을 위협하는 잘못된 정책에 대해 적극 반성하고 개선하는 것이 아니라 계속 터무니없는 주장을 제시해 국민들을 더욱 분노하게 만들고 있다. 이 주장들은 크게 세 가지로 정리할 수 있는데, '노무현 탓' 주장, '전문 지식 결여' 주장, '정치적 반대' 주장이 그것이다. 각각의 주장에 대해 살펴보자. 과연 누가 옳고 그른지를 우리는 꼼꼼히 살피고 판단해야 한다.

첫째, '노무현 탓' 주장에 대해. 자신을 '설거지' 정부로 비하하며 남 탓을 하고 있으니, 정말이지 이렇게 무능한 정부는 아마도 다시 찾아보기 어려울 것이다. 사실 이명박 정부와 한나라당의 '노무현 탓' 주장은 전혀 새로운 것이 아니다. 지난 1월 초에 경기도 이천의 냉동창고에서 화재가 발생해 30명의 사람들이 참혹하게 죽었을 때, 다시 2월 초에 숭례문이 화재로 홀랑 타버렸을 때, 한나라당은 열심히 '노무현 탓'을 하고 나섰다. 경기도와 이천시, 그리고 서울시와 중구청의 단체장이며 의원들이 모두 한나라당 소속이었는데도 말이다.

미국산 쇠고기의 전면 수입에 대해 국민들의 비판이 거세지자 이명박 정부와 한나라당은 다시 '노무현 탓'을 하고 나섰다. 그러나 문제가 많기는 했어도 노무현 정부는 미국 소의 전면 수입을 추진하지 않았다. '전면 수입'이란 생후 30개월 이상 된 쇠고기와 모든 위험 부위를 수입하는 것을 뜻한다. 미국산 쇠고기의 전면 수입은 어디까지나 이명박 정부의 작품이다. 그것도 이명박 대통령이 조지 부시 대통령을 만나기 하루 전인 4월 18일에 전격적으로 이루어졌다. 직접 실무를 담당했던 자들은 '협상'에는 아무런 문제가 없다고 주장하고 있으며, 심지어 노무현 정부 때는 아무런 근거도 없이 수입에 반대했던 것이라고 주장하고 있다. 이렇게 거짓말을 쉽게 하는 자들이 아무런 문제가 없다고 주장하고 있으니 도대체 누가 그 주장을 믿을 수 있겠는가?

둘째, '전문 지식 결여' 주장에 대해. 이것은 다른 사람은 모두 틀렸고 자신만 옳다는 것이다. 너무 잘나서 세계에서 가장 위험한 미국산 쇠고기를 세계 최초로 전면 수입하는 '협상'을 한 모양이다. 그런데 사실 이 주장노 선혀 새로운 것이 아니다. 이미 '한반도 대운하'를 둘러싸고 지겹게 제출된 것이기 때문이다. 예컨대 청와대에서 홍보를 맡고 있는 추부길이라는 자는 서울대 교수들을 가리켜 "전문 지식도 없이 정치적 반대를 하고 있다"고 비난했다. 범을 고양이라고 부른다고 범이 고양이가 되지 않는다. 그렇게 부르는 사람의 저열한, 혹은 비정상적 상태만 드러날 뿐이다.

'전문 지식 결여' 주장은 이를테면 매도 전술에 속하는 것이다. 그 목표는 상대방을 격렬히 비난해서 상대방에 대한 신뢰를 약화시키는 동시에 자신에 대한 신뢰를 강화시키는 것이다. 그러나 여기에는 중요한 전제가 있다. 자신이 정말로 '전문 지식'을 갖추고 있어야 하며, 또한 일관되고 투명하게 실천해야 한다. 그러나 이명박 정부가 일관되게 보여주고 있는 것은 말 바꾸기와 불투명성뿐이다. '한반도 대운하'에서도 그렇고, 미국산 쇠고기의 전면 수입에서도 그렇다. 나아가 이제 이명박 정부, 한나라당, 조·중·동은 '전문 지식'에 입각한 비판을 '괴담'으로 몰아붙이고, 헌법이 보장하는 표현의 자유마저 극력 억압하기 시작했다.

셋째, '정치적 반대' 주장에 대해. 이것은 세 주장 중에서 가장 나쁜 것이라고 할 수 있다. 이것은 이를테면 '유사 색깔론'에 해당한다. '전문 지식'에 입각한 비판이 아니라 단지 이명박이 싫어서, 이명박을 내쫓고 권력을 잡기 위해서 억지주장을 하고 있다는 것이다. 이렇게 해서 잘못된 정책으로 말미암아 생명의 위협을 느껴서 '탄핵서명'을 하거나 거리로 나선 사람들은 모두 졸지에 '정치꾼'이 되어버린다. 정말 해도 너무 하는 이명박 정부, 한나라당, 조·중·동이 아닐 수 없다.

'한반도 대운하'에는 이명박 대통령의 지지자들도 대부분 반대하고 있으며, 미국산 쇠고기의 전면 수입에 대해서는 더욱더 그렇다. 이것이 어떻게 '정치적 반대'인가? 생명의 위협을 느끼고도 아무런 문제가 없다는 말을 그냥 믿고 가만히 죽을 때만을 기다리라는 것인가? 한나라당의 심재철 의원은 미국산 쇠고기로 스테이크는 물론이고 곰탕을 끓여 먹어도 아무런 문제가 없다고 주장했다. 이명박 정부, 한나라당, 조·중·동은 이런 주장을 믿으라고 하는 것이다. 그러니 불신과 우려가 커지지 않을 수 없다. '전문 지식'을 갖추고 문제를 지적하는 전문가와 국민들을 '정치적 적대자'로 몰아붙이는 정부와 여당은 당연히 어떤 신뢰도 얻을 수 없다.

이명박 정부는 표절과 투기라는 저열한 문제로 처음부터 큰 우려를 불러일으켰다. 그런데 이제 '한반도 대운하'와 '미국산 쇠고기 전면 수입'을 강행하면서 너무나 무능하고 무책임하다는 비판을 받게 되었다. 더욱이 이러한 비판에 대해 철저히 반성하고 개혁하는 것이 아니라 오히려 비판자들을 선동에 홀린 멍청이 취급하거나, 불안을 야기하는 선동자 취급하거나, 정치적 이익을 꾀하는 정치꾼 취급하고 있다. 그 결과 이명박 정부의 문제는 더욱더 커지고 있다. 잘못된 정책을 강행하는 것으로나, 정당한 비판을 받아들이지 않는 것으로나, 이명박 정부를 정상 상태라고 보기는 어려울 것 같다.

사 먹는 건 시민이 알아서 할 일이고, 수입하는 건 업자가 알아서 할 일이라고? 정부의 존재 이유는 무엇인가? 국민을 광우병과 같은 치명적 병으로부터 원천적으로 보호해 주지 않는 정부는 스스로 존재 이유를 내팽개친 정부가 아닌가? 소의 원산지와 나이를 분명히 표시하도록 하는 것으로 문제를 해결하겠다고? 미국 업자들이며 국내 업자들이 과연 '성인'과 같은 도덕을 갖추고 있을까? 더 많은 돈을 벌기 위해 밤낮으로 애쓰는 업자들의 양심에 우리의 생명이며 국토의 안전을 맡겨야 하나? 국민의 생명과 국토의 안전보다 '비즈니스 프렌들리'가 더 중요한가?

이명박 대통령은 수많은 국민들이 자신을 '2MB'라고 부르는 것에 대해 알고 있는지 모르겠다. 국민들은 '2MB'를 '이메가'로 부른다. 오늘날의 멀티미디어 시대에 '이메가'는 너무나 작은 용량이다. 표절과 투기로 얼룩진 '강부자' 정부, 그리고 '한반도 대운하'와 '미국산 쇠고기 전면 수입'에서 드러난 능력은 그야말로 '이메가' 수준이다. 나라가 어떻게 될지, 국민들의 근심은 나날이 커지고 있다. 제발, 수준 좀 높여라.

後記 미국산 쇠고기의 전면 수입에 따른 광우병 위험의 확대는 현재진행형이다. 위험은 부정한다고 해서 사라지지 않는다. 위험에 대한 올바른 대처 방법은 위험의 성격에 따라 달라질 수 있다. 감당할 수 없는 위험은 철저히 회피해야 하며, 그렇지 않은 위험은 감시체계와 대응체계를 잘 준비해둬야 한다. '한반도 대운하'와 미국산 쇠고기의 위험은 감당할 수 없는 위험에 해당한다. 우리의 식수원인 강을 모조리 파괴해놓고 어떤 대책이 있을 수 있는가? 광우병이 발발한 뒤에 대체 어떤 대책이 있을 수 있는가? 위험은 사고의 가능성이다. 사고를 두려워해서 모든 위험을 회피하고자 한다면, 사실 우리의 생존 자체가 존속되기 어려워진다.

위험에 대응하는 방법은 크게 두 가지로 대별될 수 있다. 하나는 '모험'이고, 다른 하나는 '보험'이다. 우리는 생존을 위해서도 늘 '모험'을 해야 하고, 만약의 피해에 대비해서 '보험'에 의지할 수 있다. 그러나 감당할 수 없는 위험에 대해서는 '모험'과 '보험' 모두 잘못된 것이다. 감당할 수 없는 위험은 무조건 회피해야 한다. 이것은 위험에 관한 사회학 연구의 중요한 한 결론이다. 이러한 연구까지 이루어진 상황에서 명백한 잘못을 저지르고 그에 대한 정당한 비판을 '정치적 반대'라고 우기는 식으로는 결코 '이메가'라는 비판을 극복할 수 없을 것이다.

2MB에 맞서는 10대, 그들은 누구인가?

광우병 공포와 생활정치의 만개

나는 지난 연말에 출간한 『대한민국 위험사회』라는 책에서 한국을 '서구보다 훨씬 위험한 위험사회'로 설명했다. 1986년에 '위험사회'의 개념을 제시한 독일의 사회학자 울리히 벡은 그런 기준을 제시하지 않았지만, 나는 과학기술과 사회 체계를 기준으로 위험사회의 유형을 대략적으로 나눠보았다. 그것은 다음 표와 같다.

위험사회의 유형

	고	저
고	1	2
저	3	4

여기서 세로는 과학기술의 위험도를, 가로는 사회 체계의 정비도를 뜻한다. 이렇게 나눠보면 한국은 2유형에 속한다. 위험도가 높은 과학기술을 일상적으로 사용하고 있지만 그것을 관리하는 사회 체계는 대단히 허술한 사회인 것이다.

위험을 줄이기 위해서는 위험도가 높은 과학기술을 가능한 한 사용하지 않는 것이 좋다. 그러나 어쩔 수 없이 위험도가 높은 과학기술을 사용해야 한다면, 사회 체계를 제대로 정비해서 가능한 위험을 줄여야 한다. 우리는 사회 체계가 너무 엉망이어서 황당한 사고가 끊이지 않고 있다. 성수대교 붕괴나 삼풍백화점 붕괴에서 잘 드러났듯이, 대부분의 사고는 그야말로 '인재'로 발생한다. 지금 상태라면 광우병도 당연히 '인재'로 발생할 것이다. 끊임없는 거짓말로 책임을 회피하는 무능하고 부패한 정치와 행정이 한국을 아예 '사고사회'로 만들어버렸다. 이번의 사태에서도 이 사실은 다시금 여실히 확인되고 있다.

역시 울리히 벡은 이런 지표를 제시하지 않았지만, 나는 위험사회의 여부를 판단하는 핵심 지표로 핵발전을 꼽는다. 미국의 스리마일 섬 핵발전소 파손 사고와 소련의 체르노빌 핵발전소 폭발 사고가 위험사회론의 형성에 미친 영향을 고려하면 이것은 상당히 타당한 지표라고 할 수 있다. 이 지표에 따르자면 한국은 1977년에 고리 핵발전소가 가동되기 시작하면서 위험사회가 되었다. 그러나 한 세대의 시간이 흐른 지금까지 핵발전소의 운영과 관련해서 커다란 마찰과 갈등이 여전히 계속되고 있다. 그 핵심적 원인은 무엇보다 권위주의 행정과 비밀주의 행정에서 찾을 수 있다. 정부는 관련된 정보를 제대로 공개하지 않고 있으며, 시민들이 막연한 불안감을 가지고 있을 뿐이라고 주장한다.

미국산 쇠고기의 전면 수입에 따른 시민의 불안이 갈수록 커지고 있다. 미국산 쇠고기의 전면 수입은 '과학적으로' 완전히 잘못된 정책이다. 그런데 이보다 더 잘못된 것은 정부의 대응이다. 정부는 완전히 협상을 잘못해놓고는 계속 괴담론과 선동론을 주장하고 있을 뿐이다. 미국인은 물론이고 세계 96개국에서 먹는 값싸고 질 좋은 쇠고기를 수입하는 것인데 무식한 시민들이 무모한 괴담과 정치적 선동에 넘어가서 괜히 난리를 치고 있다는 것이다. 그러나 미국인은 물론이고 세계 96개국의 누구도 값싸고 질 좋은 미친 쇠고기를 먹고 있지 않다. 광우병의 가능성이 아주 높은 30개월 이상의 소를 전면 수입하기로 결정한 것은 이명박 정부가 세계 최초이다. 이것만으로도 이명박 정부는 '기네스북'에 이름을 올릴 자격을 갖췄다.

이명박 정부가 광우병 가능성이 아주 높은 쇠고기의 전면 수입에 대한 시민들의 저항을 무마하기 위해 시행하고 있는 대책은 전혀 낯설지 않다. 핵발전의 문제에 대해서 그랬듯이, 쓰레기 소각장의 문제에 대해서 그랬듯이, '대운하'의 문제에 대해서 그랬듯이, 시민들을 괴담과 선동에 놀아나는 바보로 여기는 것이다. 그러나 이명박 정부야말로 동물성 사료금지조치의 '완화'를 '강화'로 읽는 바보라는 사실이 명명백백히 드러나고 말았다. 이런 상황에서도 이명박 정부는 계속 국민을 바보로 여기면서 '재협상은 없다'고 우기고 있다. 그러나 시민들은 바보가 아니다. 자신의 건강과 생명을 지독한 위험으로 몰아넣는 황당한 정부의 정책을 광우병 소처럼 멀뚱멀뚱 바라만 보고 있을 시민은 어디에도 없다.

미국산 쇠고기의 전면 수입에 대한 반대에는 누구보다 10대가 활발히 참여하고 있다. 이에 대해 정부는 괴담과 선동에 대한 발본색원을 외치고 나섰다. 문제를 지적하고 개선을 요구하는 10대의 참여에 감사하기는커녕 엄벌에 처하겠다고 을러대고 있는 것이다. 광우병 위험이 아주 높은 쇠고기의 수입은 급식을 해야 하는 10대에게 가장 절박한 과제이다. 따라서 10대가 나선 것은 너무나 자연스러운 일이다. 그리고 기성세대가 논술교육을 열심히 시켜서 10대는 논리와 사실에 아주 충실하다. 10대는 미국산 쇠고기의 전면 수입이 야기할 위험을 '과학적으로' 잘 알고 있다. 부모가 10대에게 배워서 함께 거리로 나서는 것도 전혀 이상하지 않다.

광우병의 위험이 아주 높은 미국산 쇠고기의 전면 수입에 대한 국민적 반대는 이념이나 지역, 인물이 아닌 새로운 논리가 정치의 전면에 떠오르게 되었다는 사실을 보여준다. 건강과 생명을 핵심으로 하는 생활이 바로 그것이다. '생활정치'라는 개념은 진작에 '수입'되어 있었지만 이것이 전면화한 것은 이번이 처음이다. 위험사회는 고성장과 민주화로 대표되는 거대한 구조적 발전의 과제가 이루어졌으나 과학기술로 대표되는 새로운 위험이 시민들의 건강과 생명을 일상 속에서 위협하는 사회이다. 이 사회에서는 종래와 같은 보수와 진보는 힘을 잃을 수밖에 없다. 건강과 생명을 지키는 것, 그것이 옳은 것이다. '생활정치'는 바로 이 옳은 것을 추구한다. 그것도 괴담이나 선동이 아니라 과학에 입각해서.

괴담과 선동 때문에 괜히 난리가 났다고 외쳐대는 자들이야말로 비과학적인 괴담론과 선동론에 사로잡혀 있는 가련한 존재이다. 아마도 이들은 한나라당 심재철 의원의 말을 신봉하고 있을 것이다. 그는 "광우병 쇠고기로 스테이크는 물론이고 내장탕이나 곰탕을 해 먹어도 절대 아무런 문제가 없다"고 말했다. 이에 대해 비난이 빗발치자 그는 '절대'라는 말을 빼겠다고 '정정'했다. 심재철 의원을 비롯해서 괴담론과 선동론을 주장하는 자들은 우선 광우병 쇠고기로 최소 1년 정도 이것저것 해 먹는 모범을 보여야 할 것이다. 그리고 최소 5년 정도 지난 다음에 아무 문제가 없다면 그때 괴담론과 선동론을 주장하기 바란다.

바야흐로 '생활정치'의 시대가 본격적으로 펼쳐지기 시작했다. 시민들이 자발적으로 촛불을 들고 거리로 나서는 것은 전혀 새로운 일이 아니다. '생활정치'의 요구를 제기하는 것도 새로운 현상은 아니다. 그러나 이번에는 그야말로 모든 시민들의 건강과 생명을 위협하는 사안이다. '대운하' 반대와 '미국산 쇠고기' 반대를 하나로 묶는 것은 이것이다. 성장주의 만세를 외치는 보수는 말할 것도 없고 신자유주의 반대를 외치는 진보도 '생활정치'를 올바로 이해하지 못하고 있다. '위험사회 대한민국'의 갱신을 요구하는 '생활정치'의 외침에 우리 모두 귀 기울이자. 그리고 거듭나자.

 강요된 광우병 공포에 맞서서 촉발된 시민의 적극적 대응을 '생활정치'가 아니라 '생존정치'로 보는 게 옳을지도 모른다. 생활은 생존의 안정 위에서 비로소 나타나는 것이기 때문이다. 그러나 한국사회는 이미 오래전에 생존의 문제를 넘어선 '풍요사회'가 되었다. '풍요사회'에서는 단순한 생존이 아니라 더 나은 생활이 중요한 사회적 과제가 된다. 물론 '풍요사회'라고 해서 생존이 절박한 사람들이 없는 것은 아니다. 그러나 가난한 사람들이 있다고 해서 미국을 가난한 나라라고 하지 않듯이, 생존이 절박한 사람이 있다고 해서 한국사회를 '풍요사회'가 아니라고 할 수 없다. 한국은 사실상 세계 10위권의 경제대국이고, 생존이 아니라 생활이 다수의 시민들에게 중대한 관심사이다. 그런데 강요된 광우병 공포는 졸지에 다수의 시민들을 급박한 생존의 공포 속으로 몰아넣었다.

이명박 정부와 한나라당은 더 나은 생활을 요구하는 시민들에게 절박한 생존의 공포를 경험하게 했다. 아니, 이 경험은 과거형이 아니라 현재진행형이다. 이 경험이야말로 참으로 시대착오적이고 반민주적이라고 하지 않을 수 없다. 사실 사회의 궁극적 목표는 모든 구성원의 더 나은 생활이다. 그런 만큼 생활정치의 요구를 부정하는 권력은 대단히 잘못된 권력이 아닐 수 없다. 생활을 중심으로 사회와 정치를 모두 재평가하고 재구성해야 한다.

후진기어 넣고 앞으로 가자는 이명박

반성 없는 이명박 정부

이명박 정부가 망치고 있는 나라를 10대들이 촛불을 밝혀서 구하고 있다. 도시의 어둠을 밝히는 수만 개의 촛불은 이명박 정부의 어둠을 걷어내는 희망의 불빛이다. 미국 소의 전면 수입은 광우병의 위험을 모든 국민에게 강요하는 것이다. 물론 1%의 '강부자'는 예외일지 모른다. 이명박 정부가 잘못한 것이 없다고 우기는 뉴라이트, 한기총 등 이명박의 친위 세력은 예외일지 모른다. 그러나 미국 소의 전면 수입으로 분명히 대다수 국민은 광우병의 위험에 전면 노출되지 않을 수 없게 되었다. 이명박 정부는 그렇지 않아도 서구보다 더 위험한 '위험사회 대한민국'을 세계 최악의 광우병 위험사회로 망치고 있다.

10대는 공부에 전념해야 한다는 사람들이 있다. 그러나 공부에 전념해야 할 10대가 거리로 나서고 싶어서 나선 것이 아니다. 이명박 정부가 10대를 거리로 나서게 한 것이다. 급식을 하는 10대들은 광우병 위험에 가장 크게 노출될, 가장 큰 잠재적 피해자이다. 이 사실을 10대들은 아주 명확하게 과학적으로 이해하고 있다. 정부의 거듭된 거짓말을 보면서 10대들은 이명박 정부에 대한 불신과 불안을 더욱더 키울 수밖에 없다. 지금 이명박 정부에게 가장 필요한 것은 진솔한 반성이다. 잘못에 대한 진솔한 반성이 없이는 개선은 결코 이루어지지 않는다. 그러나 이명박 정부는 반성하지 않고 있다. 그들에게 반성은 없다.

발족 100일을 눈앞에 둔 이명박 정부의 문제는 사실 이미 발족 단계부터 적나라하게 드러났다. 이른바 '고소영 S라인 정부·수석', '강부자 정부·수석'이 그 단적인 예이다. 표절과 투기로 얼룩진 인사들이 국정을 책임지는 자리를 차지하고 앉았다. 대다수 국민들은 황당했다. 이명박과 한나라당을 지지하는 사람들 중에서도 잘못되었다는 반응들이 쏟아졌다. 그러나 이에 대해 이명박 대통령은 '가장 뛰어난 사람들'을 뽑았다고 우겼다. 그리고 황당한 정책들이 남발되기 시작했다. '오렌지가 아니라 어륀지'라는 엉터리 개그를 하며 영어 몰입교육이라는 것을 강요하고, 학교 자율화라는 이름으로 학생들을 죽음의 경쟁으로 몰아넣고, '한반도 대운하'라는 이름으로 '한반도 대파괴' 계획을 강행하고, 급기야 광우병 위험이 큰 미국 소의 전면 수입이라는 정책마저 강행하기에 이르렀다.

10대들의 촛불을 큰 계기로 해서 이명박 정부에 대한 국민들의 불신과 불안이 전면적으로 드러나게 되었다. 이에 대해 이명박 정부는 '남탓'론으로 시작해서 괴담론과 선동론으로 맞섰다. 그러나 영어몰입교육, 학교 자율화, 대운하, 미국 소는 모두 이명박 정부의 '작품'이다. 이 와중에 일본은 아예 대놓고 독도를 자기 영토라고 주장하고 나섰다. 여기에도 이제 과거는 잊어버리자고 한 이명박 대통령의 책임이 크다. 이명박 정부는 일본 정부가 자꾸 헛소리를 한다고 지적한다. 그러나 대다수 국민들은 이명박 정부도 그렇다고 지적한다. 이명박 대통령은 '소통 부족'이라고 말했다. 그러나 이명박 정부는 '소통 부족'을 넘어서 '소통 거부'의 상태에 있다.

이명박 정부가 '소통 거부'의 상태에 있다는 사실은 광우병 파동이 일어나기 전에 이미 밝혀졌다. 이른바 '한반도 대운하'를 둘러싼 논란이 그것이다. 경운기보다 느린 운하로 엄청난 돈을 벌 수 있다고 주장하니, 제 정신을 가진 사람이라면 누가 이명박 정부를 믿을 수 있겠는가? 이재오 전 의원은 운하계획은 파괴계획이요 파탄계획이라는 사실을 지적한 수경 스님의 글에 대해 운하는 강의 복원계획이요 경제부흥계획이라고 주장했다. 그러나 강을 완전히 파괴해서 콘크리트 옹벽과 수십 개의 댐을 건설하는 것이 어떻게 강의 복원이며, 경운기보다 느린 운하에 엄청난 재원을 투여하는 것이 어떻게 경제부흥계획일 수 있나? 운하는 강의 죽음이요, 지역의 파괴이며, 경제의 파탄이다.

이재오 전 의원은 자신의 민주화운동 경력까지 언급하며 이런 어처구니없는 주장을 했다. 그러나 총선을 앞두고는 운하지원단을 없앴다가 총선이 끝나자 슬며시 복구하는 것이 민주주의인가? 이명박 정부는 완전히 민자로 건설하겠다고 약속하고는 이렇게 부서까지 만들어서 벌써부터 많은 재정을 투여하고 있다. 그래, 이렇게 거짓말을 밥 먹듯이 하는 것이 민주주의인가? 정말 부탁이다. 제발, 민주주의라는 말만은 하지마라. 사실 대운하 건설계획과 미국 소 전면 수입을 계기로 이명박 정부는 민주주의의 위기를 분명히 실감하게 하고 있다. 수천 명의 교수들이 대운하 건설계획의 문제를 지적하자 이명박 정부는 교수들을 상대로 사찰을 벌였고, 수만 명의 10대들이 미국 소 전면 수입의 문제를 지적하자 이명박 정부는 10대들을 협박하고 나섰다. 민주주의의 위기가 아닐 수 없다.

이명박 정부의 경제정책을 보면 박정희의 개발독재가 생각나고, 교수들과 10대들에 대한 협박을 보면 전두환의 군사독재가 생각난다. 이명박 대통령은 '소통 부족'이라며 무조건 자기 말을 들으라고 강요하고 있다. 이명박 대통령은 자꾸만 '벌거벗은 임금님'을 떠올리게 한다. 이명박 대통령은 자신을 'CEO 대통령'이라고 소개한다. 그러나 CEO에도 종류가 있다. 이명박 대통령은 지휘

자형이 아니라 불도저형이다. 큰 문제가 아닐 수 없다. 그러나 무엇보다 중요한 것은 대통령은 결코 CEO가 아니라는 사실이다. 이명박 대통령은 대통령이 되어야 한다. 대통령이 불도저형 CEO로 행세하는 나라는 불행해지지 않을 수 없다. 이미 불행은 시작되었다. 그러나 반성이 없으니 더 큰 불행이 닥치고야 말 것이다.

사람들은 노무현 대통령에 대해 '좌측 깜빡이를 켜고 우회전한다'고 비판했다. 비슷하게 말해본다면, 이명박 대통령은 '후진기어를 넣고 앞으로 달린다고 주장한다'고 할 수 있다. 말로는 '선진화'를 외치지만 실제로는 '후진화'가 맹렬히 진행되고 있다. 경운기보다 느린 운하를 건설하기 위해 수계지역의 개발규제를 크게 완화했다. 운하가 아니라도, 민영화가 아니라도, 식수 대란이 곧 닥칠 것이다. 잘못을 지적하는 국민들에 대한 정부의 대응은 비난, 협박, 폭력의 순서로 전개되곤 한다. 이명박 정부는 이미 협박의 단계에 이르렀다. 더이상 국민들을 불행하게 하지 말라. 진솔한 반성과 진정한 개선이 이루어져야 한다. 진솔한 반성은 진정한 발전의 씨앗이다.

 '맹모삼천'의 고사로 유명한 맹자는 공자의 손자인 자사에게서 배웠다. 그는 공자와 함께 유교의 양대 스승으로 꼽히지만 사실은 맹자보다는 『중용』의 저자인 자사가 더 중요한 인물일 것이다. 그러나 아무튼 맹자는 유교를 넘어서 동양의 사상에서 극히 중요한 선생이다. 그의 가르침에서 가장 중요한 것은 흔히 '성선설'로 알려져 있다. 사람은 본디 타고난 성품이 착해서 이 착한 성품을 잘 지키는 것이 중요하다는 것이다. 맹자의 '성선설'은 '사단설'로 구체화되었다.

'사단설'의 내용은 다음과 같다. 곧 "惻隱之心 人之端也, 羞惡之心 義之端也, 辭讓之心 禮之端也, 是非之心 智之端也"라는 것이다. 요컨대 "어려운 사람을 가엾이 여기는 것은 사람의 근본이고, 스스로 부끄러움을 아는 것은 의의 근본이고, 상을 받아들이지 않고 삼가는 것은 예의 근본이고, 잘잘못을 올바로 가리는 것은 지의 근본이다"

라는 것이다. 맹자의 가르침에 따르자면 이러한 '사단'은 짐승과 사람을 구별하는 근원적 기준이다. 그런데 어쩐지 요즘의 권력자들은 갈수록 '사단'을 갖추지 못한 자들이 되는 것 같다. 특히 그들은 '수오지심'을 갖추고 있지 못해서 자신들의 잘못을 깨닫고 반성하지 않을 뿐만 아니라 그것을 알려주는 사람들에 대해 오히려 적개심을 품는 것 같다.

　길게 말할 필요가 없을 것이다. 이런 자들이 권력을 농단하는 곳에서 나라의 발전은 요원할 뿐이다. '수오지심'을 갖추지 못하고 자신의 잘못을 반성하지 않고 권력을 농단하는 자들은 그저 '수오'의 대상이 될 수 있을 뿐이다. 이런 자들을 무조건 지지하는 자들은 더욱더 그렇다.

촛불들이 외친다, 이명박은 물러나라!

촛불 키우려 최선 다하는 정부

이명박 정부가 결국 '광우병 정책'을 강행한 다음 날이었기 때문이었을까, 강한 황사가 몰려와서 하늘이고 산이고 가리지 않고 모두 뒤덮어버렸다. 아침 일찍 서울 시내의 한 식당에서 이명박 정부가 강행하는 또 다른 '광우병 정책'이라고 할 수 있는 콘크리트 운하계획에 대처하기 위해 학계, 종교계, 시민사회의 연석회의가 열렸다. 회의가 끝나고 길에 나서서 광화문 쪽을 보니 청와대는 강한 황사에 파묻혀 흐릿한 모습이었다. 그러나 그 모습이야말로 잘못된 정책들로 계속 국민들을 괴롭히고 있는 청와대의 실상인 것 같았다.

어느덧 이명박 정부의 발족 100일을 맞았다. 아직 100일밖에 되지 않았지만 대다수 국민들이 이미 심각한 피로와 고통을 토로하고 있다. 어렵디 어렵게 이룩한 민주주의의 후퇴와 위기에 대한 우려도 갈수록 커지고 있다. 대다수 국민들이 반대하는 '한반도 대운하' 계획과 미국산 쇠고기 전면 수입을 강행하면서 이명박 정부는 세 가지 특징을 명확히 드러냈다. '무능력, 무책임, 철면피'가 바로 그것이다. 이 나라의 정치와 정부가 엉망이었다고 해도 이토록 무능력하고 무책임하고 철면피한 정부는 없었던 것 같다. 그리고 아마도 '강부자’ 내각·수석의 능력은 ‘표절과 투기 그리고 거짓말’뿐인 것 같다.

사고와 관련해서 많이 논의되는 것에 ‘하인리히의 법칙’이라는 것이 있다. 1930년대 초 미국의 보험회사 관리자였던 H. W. 하인리히는 사고를 분석해서 ‘1 대 29 대 300’이라는 법칙을 발견했다. 하나의 대형사고가 발생하기까지 29건의 작은 사고들이 발생했고 300건의 이상 징후가 나타났다는 것이다. 하나의 대형사고가 발생하기 전에 많은 예후들이 나타나기 때문에 우리가 올바르게 대처한다면 대형사고를 막을 수 있다. 이명박 정부의 처지에서 보자면 촛불시위는 ‘대형사고’일 것이다. 그런데 이렇게 되기 전에 ‘강부자’ 내각·수석에 대한 비판, 어이없는 ‘어륀지’ 교육에 대한 비판, 망국적 ‘한반도 대운하’ 계획에 대한 저항 등이 거세게 일어났다. 그러나 이명박 대통령은 이 모든 ‘예후’를 완전히 무시했다.

징그럽게도 이명박 정부는 미국산 쇠고기의 전면 수입 고시를 강행하는 순간까지 시민을 우롱하고 거짓말을 했다. 5월 30일 밤, 문화방송 뉴스데스크는 이 사실을 널리 알렸다. 이명박 정부는 소장 끝 부분의 조직검사를 실시해 림프소절이 보이면 반송 조치토록 조치를 강화하겠다고 발표했다. 그러나 림프소절은 소장의 모든 부위에서 보이는 것으로 수의학교과서는 가르치고 있다. 정부도 당연히 이 사실을 알고 있었다. 따라서 소장 끝 부분의 조직검사로 광우병 여부를 가릴 수 없으며, 이 결과로 반송 조치할 수 없는 것은 너무나 당연하다. 이명박 정부, 정말이지 해도 너무 한다. 아예 ‘해도 너무 하는 정부’로 이름을 바꾸는 게 어떨까?

아무래도 이명박 정부는 미국산 쇠고기의 전면 수입이 얼마나 심각한 문제인지 전혀 모르고 있었던 것 같다. 우리는 그야말로 뿔과 발굽을 빼고는 소의 모든 것을 먹는 민족이다. 골, 허파, 지라, 간, 염통, 천엽, 양, 장, 우랑, 사골, 꼬리 등 소의 모든 것을 우리는 참 맛있게도 먹는다. 그런데 이제 이 모든 것을 먹지 못할 수 있다. 안전하다는 정부의 말을 그냥 믿고 맛있게 먹다가는 끔찍한 광우병에 걸려서 비참하게 죽을 수 있다. 이명박 정부는 이 문제를 막기 위해 최선을 다하지 않았으며, 오히려 시민들을 속이기 위해 최선을 다했다고 해야 할 것 같다. 이제 모든 사람들이 '광우병 룰렛'을 강요받게 되었다.

사실을 깨닫고 사람들은 다양한 경로를 통해 학습하고 정부에 항의했다. 그러나 이에 대해 이명박 정부는 기껏 괴담론과 선동론을 주장했을 뿐이다. 괴담론은 사실상 '국민을 바보로 모는 것'이고, 선동론은 '국민을 적으로 모는 것'이다. 여기서 드러난 것은 이명박 정부가 지적으로 뿐만 아니라 정치적으로 너무나 무능하다는 사실이다. 이명박 대통령의 '담화'도 오만과 독선의 문제는 말할 것도 없고 정치적으로 무능하기 짝이 없는 것이었다. 사람들은 커다란 생명의 위험을 깨닫고 이것을 해소해줄 것을 정부에 요청했다. 그러나 이명박 정부는 오히려 이 당연한 요청을 괴담과 선동의 탓으로 몰아붙이면서 계속 거짓말을 해댔다. 이명박 대통령의 '담화'는 이런 문제에 대해 전혀 반성하지 않았다.

먼저 촛불을 들고 거리로 나선 10대들을 비롯해 시민들이 펼치고 있는 것은 절박한 생명의 위험에서 벗어나고자 하는 생활정치이다. 그것은 보수나 진보의 이념을 주창하는 이념정치가 아니고, 여당이나 야당을 지지하는 권력정치도 아니다. 그러나 이명박 정부는 그저 이념정치와 권력정치의 편견에 사로잡혀 생활정치의 전개를 올바로 이해하지 못했다. 더욱이 광우병은 그야말로 모든 국민들의 생명과 직결되어 있는 것이다. 따라서 광우병에서 비롯된 생활정치는 엄청난 폭발력을 가지고 있고, 우리는 그것을 지금 매일 밤마다 전국 곳곳에서 목격하고 있다. 그 '배후'는 국민을 우습게 여기면서 미국을 사랑하고 또 무서워하는 이명박 정부 자신이다.

잘못을 인정하고 개선하기 위해 진실로 애쓰기는커녕 오히려 시민들을 계속 모욕한 결과로 시민들은 이명박 정부를 시민들의 생명을 지켜주려 하지 않는 정부로 여기게 되었다. 10대의 촛불은 곧 부모의 촛불이 되었고, 호소의 촛불은 곧 분노의 촛불이 되었다. 이명박 대통령은 중국의 지진 현장을 방문해 '나도 눈물이 난다'고 말했다. 그러나 그의 잘못된 정책 때문에 수많은 시민들이 매일 눈물을 흘리고 있다. 이명박 대통령은 이 사실에 대해서는 전혀 알지도 못하고 관심도 없는 것 같다. 이명박 정부와 한나라당, 보수 언론, 뉴라이트는 생활정치를 전혀 이해하지 못하고 있다. 결국 시민들이 밤거리를 행진하며 '이명박은 물러나라'고 외치게 되었다. 잘못된 권력에 맞선 생활정치의 폭발이다.

위험을 대가로 풍요를 누리는 현대사회에서 이념정치와 권력정치는 종래와 같은 위세를 잃고 대신에 생활정치가 널리 확산된다. 이명박 정부는 사회의 변화에 따라 나타나는 이러한 정치의 변화에 대해 전혀 이해하지 못하고 있다. 심지어 이명박 정부는 현대사회의 필수적 기능인 위험관리와 위험소통에 대해서도 전혀 모르고 있는 것 같다. 그리고 '1년 뒤에는 경제가 좋아질 것'이라는 식의 주장에서 드러나듯이, 어떻게든 수단과 방법을 가리지 않고 경제성장만 이루면 모든 문제가 해결될 것으로 생각하는 것 같다. 그러나 1년 뒤에 경제는 더 나빠질 것이다. 특히 경기부양을 위해 망국적 '대운하' 계획을 강행하면 재정은 더욱더 왜곡되고, 물가는 더욱더 인상되며, 결국 경제는 또다시 파국을 맞을 것이다.

촛불들은 이명박 정부의 문제를 환히 드러내 보여주었다. 그러나 이명박 정부는 거짓말을 계속했다. 시민의 저항에 대한 이명박 정부의 대응은 어느덧 비난과 협박의 단계를 넘어서 폭력의 단계에 이르렀다. 이명박 정부는 절박한 생명의 위험에서 벗어나고자 하는 최소한의 요청조차 제대로 실현하지 못하고 있다. 이미 전국 곳곳에서 매일 밤마다 수많은 시민들이 '이명박은 물러나라!'고 외치고 있다. 혹시 이명박 정부는 이 외침이 가능한 한 빨리 커지도록 하기 위해 최선을 다하고 있는 것인가?

'집단행동'을 어떻게 이해해야 할 것인가? 이명박 정부는 '괴담론'이나 '선동론'의 수준에서 이해하고 있는 것으로 보인다. 그러나 사회운동론에서는 '집단행동'을 이런 식으로 설명하지 않는다. 오랫동안 많은 사람들이 같은 목표를 추구하는 '집단행동'은 단순한 '집단행동'이 아니라 기존 사회의 유지 혹은 개혁을 추구하는 '사회운동'으로 파악된다. '사회운동'은 많은 대가를 요구한다. 따라서 '괴담론'이나 '선동론'으로는 '사회운동'을 결코 올바로 이해할 수 없다.

'괴담론'이나 '선동론'은 시민을 바보로 여기는 극히 반민주적인 주장이다. 3·1운동에서, 4·19혁명에서, 5·18민주항쟁에서, 6·10민주항쟁에서, 일제와 독재 세력은 운동에 참여한 사람들을 가리켜 똑같은 말로 비판했다. 불순세력의 선동과 괴담에 현혹되어 거리로 몰려나왔다는 것이었다. 이런 점에서 촛불집회에 대해 이명박 정부와 한나라당이 똑같은 비난을 퍼부었다는 것은 극히 유감스럽고 위험천만한 일이 아닐 수 없다. 연인원 수백만 명의 시민이 엄청난 시간과 돈을 들여 자발적으로 촛불집회에 참여해 평화적으로 광우병 위험에 대한 반대의 뜻을 밝혔다. 이 세계사적 시민운동에 대해 '괴담'이니 '선동'이니 하는 얼토당토않은 말로 비난을 퍼부어댔으니 수많은 시민들이 '이명박은 퇴진하라'고 외친 것은 아주 자연스러운 일이라고 해야 할 것이다.

자료: 패션 관련 인터넷 카페인 '소울드레서'가 2008년 5월 17일자 《한겨레》에 낸 의견광고.

국민 없는 정부

이명박=이상득=어청수=버시바우

이명박 정부는 가히 '거짓말 정부'라고 할 만하다. '대운하'를 둘러싼 최근의 설왕설래는 그 극치라고 할 만하다. 허황된 계획으로 국민을 속이려다 보니 이렇게 되는 것이다. 경부운하, 한반도 대운하, 친환경 물길 잇기, 하천정비사업으로 바뀐 요상한 내력 자체가 이 허황된 계획의 실체를 잘 보여준다. 이런 잘못을 합리화하느라 여념이 없으니 이명박 정부가 제대로 국정을 펼 수 없는 것은 그저 당연할 뿐이다. 이만의 환경부 장관은 취임 직후 교수들이 무식해서 '대운하'에 반대하는 것이라는 망언을 하더니 며칠 전에는 국민들이 무식해서 반대한다는 망언을 했다. 이런 자가 환경부 장관이라니 아예 환경부를 없애는 게 낫겠다는 생각이 든다. 허황된 '대운하' 계획이 이명박 정부를 '대망언 정부'로 만들고 있다.

이명박 정부는 미국 쇠고기 전면 수입을 강행했다. 이에 대해 경악하고 분노한 국민들에게 이명박 정부는 거짓말을 계속해서 스스로 불신을 키웠다. 지난 5월 29일 미국 쇠고기 전면 수입 고시를 하던 날도 마치 미국 쇠고기에 대한 검사를 크게 강화할 것처럼 발표했으나 이것은 사실 새빨간 거짓말이었다.

소장 끝 검사가 아무런 실효성도 없다는 것을 알고 있으면서 마치 대단한 검사인 것처럼 거짓말을 했던 것이다. 이명박 정부는 정말이지 국민을 너무 우습게 여기고 있는 것 같다. 이 나라가 이미 세계적인 경제대국이자 지식대국이자 민주국가라는 사실을 이명박 정부는 정말 모르고 있는 모양이다. 하기는 '강부자' 내각·수석, '고소영' 내각·수석이 이 나라와 국민에 대해 올바로 알 것을 기대하는 것 자체가 잘못인지 모른다. 그들은 표절과 투기 등 온갖 저열한 술수로 그들만의 왕국을 구축하고 호사를 누리는 자들이 아닌가?

그러나 촛불의 힘은 위대했다. 취임 100일을 앞두고 이명박 정부는 뭔가 대단한 조치를 취할 것처럼 연기를 피웠다. 고시의 관보 게재가 전격 연기되었고, 미국에 재협상을 요청할 것이라는 기대가 커졌다. 그러나 이명박 정부가 고작 취한 것은 '자율규제'였다. 요컨대 미국 축산업계에 30개월 이상 쇠고기의 수출을 자발적으로 금지해달라고 '부탁'한 것이다. 이것은 미국 축산업계로서는 결코 받아들일 수 없는 '부탁'이다. 미국 축산업계는 30개월 이상 쇠고기를 수출해야 거대한 괴물과 같은 현재의 미국 축산업을 유지할 수 있기 때문이다. 이런 마당에 이명박 정부가 30개월 이상 쇠고기의 수출이라는 잔칫상을 올려서 큰 잔치를 벌이기 시작했는데 갑자기 잔칫상을 물러달라고 하니 미국 축산업계로서는 오히려 화를 버럭 낼 만하다. 버시바우 대사가 그 역을 맡았다.

버시바우 대사는 예의 없는 언행으로 진작부터 큰 문제를 일으켰던 사인데, 이번에도 역시 원숭이에 비교되곤 하는 부시 정부의 대사답게 아주 싸가지 없는 발언을 했다. "한국 국민들이 미국산 쇠고기와 관련한 사실관계나 과학에 대해 좀 더 배우기를 희망한다"고 말한 것이다. 30개월 이상 쇠고기의 수출이 타결된 것은 버시바우의 '최대 업적'이다. 이런 엄청난 '선물'을 받고 희희낙락하고 있었을 텐데 갑자기 '선물'을 되돌려달라고 하니 화가 나기는 했을 것이다. 게다가 사실 이명박 정부가 알아서 준 '선물'이 아니었는가? 그렇기는 하지만 대사라는 자가 이렇게 싸가지 없이 말해서는 안 되는 법이다. 버시바우는 한국 국민들이 무식해서 한 달이 넘게 촛불을 들고 밤거리를 밝히고 있다고 생각하는 게 아닌가? 이런 자가 대사를 하고 있는 한 미국 정부는 사태를 올바로 이해하기 어려울 것이다. 버시바우야말로 한국 국민에 대해 열심히 공부해야 한다. 물론 그전에 미국산 쇠고기에 관해 더 열심히 공부해야 할 테고.

문제의 근원은 이른바 '실용외교'로 포장된 이명박 정부의 '전시외교'이다. 이명박 대통령과 부시 대통령이 친하게 노는 모습을 보여주기 위해 외교부는 미국 축산업계의 요구를 모두 받아들였던 것이다. 30개월 이상 쇠고기는 흉악한 미끼에 가까운 것이었는데 이마저도 외교부는 그냥 덥석 물었다. 그 결과 이명박 대통령과 부시 대통령은 정말 친하게 노는 모습을 보여주었다. 어찌나 친해 보이는지 친구를 넘어서 아예 연인처럼 보일 정도였다. 아닌 게 아니라 부시 대통령은 이명박 대통령과 키스를 나누고 싶었을지도 모른다. 이명박 대통령이 취임하자마자 역사상 최악이라는 평가를 받는 부시 대통령과 공화당에 최대의 치적을 안겨주었기 때문이다. 이명박 대통령은 이런 엄청난 선물을 바친 대가로 부시 대통령과 친하게 노는 모습을 연출할 수 있으면 국민들이 모두 박수를 치며 자기를 칭송할 것으로 생각했던 것이다. 황당하기 짝이 없다. 이러한 '전시외교'에서 드러난 더욱 끔찍한 사실은 이명박 정부가 국민이 아니라 미국을 중심으로 움직이고 있다는 것이다.

결국 이명박 대통령의 무능력 때문에 수많은 국민들이 촛불로 밤거리를 밝히며 잘못의 시정을 요구하고 있다. 이명박 대통령의 취임 100일이었던 6월 3일 저녁 서울 소공동의 롯데호텔에서는 '경제 5단체'가 '제18대 국회의원 당선 축하리셉션' 행사를 열었다. 이 자리에 한나라당의 이상득 의원은 한나라당을 대표해서 인사말을 했다. 그런데 그 내용이 가관이었다. "거리에서 불평하고 호소하는 촛불집회가 벌어지고 있는 것은 쇠고기 문제만이 아니라 경제 문제 전반일 것"이라면서, "실직하고 일자리가 없어 길거리를 헤매는 젊은이들과 서민, 어려운 중소기업 경영자들이 참가한 것"이라고 말했던 것이다. 이상득 의원은 이명박 대통령의 큰형이며, 기자간담회에서 대통령을 '명박이'라고 부른 아주 무례한 사람이다. 대통령이야 자기 막내 동생이니 무례하게 굴 수도 있다고 치자. 그러나 생명의 위험에서 벗어나기 위해 어둠을 촛불로 밝히고 있는 시민들을 실업자의 무리로 여기고 있다니, 이상득 의원은 정말이지 너무도 무례하고 무식한 자라고 하지 않을 수 없다.

하기는 이명박 대통령은 '값싸고 질 좋은 미국 소'를 수입하는데 왜 반대하는지 모르겠다고 했었다. 이런 수준의 동생과 형님이 권력을 휘두르고 있으니 국민들이 건강과 생명조차 위협받는 것은 당연한 일인지 모르겠다. 그러나 국민들의 수준은 이명박과 이상득보다 훨씬 높다. 지적으로, 정치적으로, 국민들의 수준이 훨씬 높다. 국민들은 촛불을 밝혀 이명박 정부의 어둠을 밝히고 있다. 이명박 정부는 거짓말, 모욕, 협박 그리고 폭력으로 촛불을 끄려 하고 있다. 방패에, 군홧발에, 물대포에, '특공조'까지 온갖 '무기'가 횡행하고 있다. 최루탄만 쏘지 않을 뿐 경찰은 어느덧 전두환 시절로 돌아간 것 같다. 어청수 경찰청장은 폭력 시민을 진압하는 것이라고 경찰 폭력을 적극 옹호하더니 전경부대에 2억 6,000만 원의 격려금을 주도록 지시했다. 어청수는 정말 경찰을 '국민을 때리는 몽둥이'요 '정권을 지키는 개'로 생각하는 모양이다.

이명박 대통령의 취임 100일은 대다수 국민들에게는 고통과 불안의 100일이었다. 대다수 국민들이 취임 100일을 맞아 이명박 대통령이 재협상을 비롯한 발본적 개혁을 취할 것을 기대했다. 그러나 이 기대는 결국 배신당하고 말았다. 이명박 대통령은 100일이라는 길지 않은 시간 동안 '대운하', 광우병, 민영화, '어륀지' 등 숱한 문제를 일으켰다. 결국 각계 인사들과 교수들도 소매를 걷고 나섰다. 이명박 대통령은 촛불의 뜻을 잘 읽어야 한다. 잘못을 고치지 않는 한 촛불은 결코 꺼지지 않는다. 대통령은 CEO가 아니다. '지휘자형 CEO'도 문제인데 '불도저형 CEO'는 더 말할 나위도 없다. 이명박 대통령은 대통령이 되기 위해 최선을 다해야 한다. 그 핵심은 촛불의 뜻을 잘 따르는 것이다. 말로 는 그렇게 하겠다고 하고는 어청수의 경찰 폭력으로 촛불을 끄고자 한다면, 촛불은 더욱더 커져서 이명박 정부의 문제를 더욱더 환하게 밝힐 것이다. 하늘이 굽어보고 땅이 지켜보고 있다.

 이명박 정부에 대해 '형님 정부'라는 비판은 여전히 계속되고 있다. 인사와 재정의 양면에서 이상득 의원의 영향력은 그야말로 천하무적으로 통하는 것 같다. 두 사람은 절대 잘못된 것은 없다고 주장하지만 사람들은 그렇게 생각하지 않는 듯하다. 정권의 핵심과 관련된 논란은 결국 정권이 끝나고 난 뒤에나 밝혀질 수 있다. 그러니 앞으로 한동안은 그저 논란만 있고 말 것이다. 그러나 머지않은 장래에 진실은 꼭 밝혀질 것이다. 물론 진실이 밝혀져도 결국 아무 효과도 없기 십상이지만. 아무튼 주권자인 시민은 문제가 있다는 사실을 잊지 말고, 진실이 밝혀지기를 강력히 염원해야 할 것이다.

드럼을 칠 줄 안다는 것을 과시하며 마치 자기가 자유주의자이기라도 한 양 한껏 과시하기도 했던 버시바우는 주한 미국 대사들 중에서 최악의 순위로 1, 2위를 다툴 형편없는 자였다. 그는 조지 부시 2세 전 미국 대통령만큼이나 무능하면서 무례한 인간이었다. 우리의 전통 예법으로 하자면 잡아다가 무릎을 꿇리고 엄격히 예절교육을 시켰어야 할 막돼먹은 인간이었다. 아마 앞으로도 그렇게 살다가 최후를 맞겠지만, 그렇게 된다면 그가 믿는 신에게 호되게 혼나고 말 것이다. 그런 무례한 자를 훌륭하다고 만세를 불렀던 이 땅의 문제아들도 당연히 혼나야 할 것이다.

'거짓'과 '돈'으로 촛불을 끄겠다고?

절대 믿을 수 없는 이명박

촛불시위는 이명박 정부가 강요한 '광우병 룰렛'에 대한 저항으로 시작되었다. 그것은 생명을 지키고자 하는 절박한 생활정치의 분출이었다. 그러나 이명박 정부는 이 당연한 요구를 무시하고 억압했다. 그 결과 촛불시위는 이명박 정부 전체를 향하게 되었다. 그리고 이 나라를 벗어나 '지구적 촛불시위'라는 전대미문의 현상이 되었다. 그런데 문제는 이명박 정부만이 아니다. 한나라당, 조·중·동, 뉴라이트 등 이명박 세력 전체가 이명박 대통령을, 아니 미국산 쇠고기를 옹호하고 나섰다. 이로써 한국의 보수 세력은 국민을 존중하지 않는 부패 무능 세력이라는 사실이 다시금 적나라하게 확인되었다.

그렇지만 이명박 '장로'의 가장 큰 '배후'는 역시 '보수 목사'들인 것 같다. 순복음교회의 조용기 목사는 '마귀'가 '촛불시민'들의 '배후'라고 설교하고, 금란교회의 김홍도 목사는 '빨갱이'가 '배후'라고 주장하며, 두레공동체의 김진홍 목사는 촛불시위를 '촛불난동'으로 규정하고 나섰다. 이 목사들을 보면 예수가 도대체 무엇을 가르쳤는지에 대해 생각하지 않을 수 없다. 제자를 자처하면서 스승의 가르침조차 제대로 실행하지 않는 자들에게 뭘 더 바라겠는가

만, 이자들이 자신들의 지위를 악용해서 사실을 왜곡하고 신도들을 선동하는 것은 큰 문제가 아닐 수 없다. 한국의 기독교도들은 '혐오선교'를 한국 기독교의 가장 큰 문제로 여기고 있지만, 사실 더 큰 문제는 이자들이 매일 저지르고 있는 '혐오설교'이다. 이자들은 위대한 기독교를 혐오의 대상으로 전락시키고 있다. 더욱이 세금조차 제대로 내지 않으면서.

조용기 목사는 대통령이 '장로'이니 얼마나 국민을 위하겠냐고 이명박 대통령을 추켜세웠다. 그러나 중요한 것은 '장로'인가 '목사'인가 하는 것이 아니다. 시민들이 원하는 것은 시민들의 건강과 생명을 제대로 지킬 수 있는 정책이다. 광우병 위험이 큰 미국산 쇠고기의 전면 수입은 결코 시민들의 건강과 생명을 제대로 지킬 수 있는 정책이 아니다. 조용기와 같은 '보수 목사'들은 잘못된 정책을 옹호하면서 자신들의 문제를 세상에 적나라하게 드러내 보였다. 조용기 목사는 '광우병 오적'의 하나로 지목되었을 정도이다.

'장로'라는 이유로 '보수 목사'들의 전폭적 지원을 받고 있는 이명박 대통령이 성난 민심을 수습하기 위해 종교 지도자들을 만나기 시작했다. 서울시장 시절에 서울시를 '하나님께 봉헌하겠다'고 기도했을 정도로 배타적 기독교도인 이명박 대통령이 과연 다른 종교를 존중할 수 있을까? 이명박 대통령이 첫번째로 만난 사람들은 불교 대표단이었다. 그는 6일 청와대에서 불교 대표단을 만나 점심을 먹으며 얘기를 나눴다. 그런데 그 내용이 대단히 놀랍다. "지금 위기를 모면하기 위해 (쇠고기) 재협상 얘기를 해서 경제에 충격이 오면 더 큰 문제가 발생할 수 있다"고 말했다는 것이다.

이번에도 역시 '소통'은 없었다. 시민들은 무엇보다 '재협상'을 원하고 있으며, 전문가들은 '재협상'이 얼마든지 가능하다고 설명한다. 그런데 이명박 대통령은 서로 얘기를 나누자고 불교 대표단을 청와대로 초청해서 '재협상은 불가능하다'는 기존의 잘못된 입장을 아예 확정지어버린 것이다. 이명박 대통령은 자동차, 반도체 등의 수출에 큰 영향을 미칠 수 있으므로 '재협상'을 할 수 없다고 주장했다. 이것은 미국산 쇠고기를 전면 수입하지 않으면, 광우병 위험을 감수하지 않으면, 나라가 망할 수 있다는 협박에 가깝다. 이명박 대통령은 '재협상'을 무책임한 것이라고 주장했는데, 국민에게 '광우병 룰렛'을 강요하는 것이야말로 정말 무책임한 것이다. 이명박 대통령의 인식은 완전히 잘못되었다.

또한 이명박 대통령은 "문제의 핵심은 30개월령 이상 쇠고기가 수입되지 않도록 보장하는 것 아니냐. 그것은 아마 그렇게 될 것"이며, "민간이 하더라도 사실상 30개월령 이상 쇠고기가 수입되지 않도록 하는 확실한 방법이 있다면 그것이 문제의 핵심"이라고 주장했다고 한다. 수백만 명의 시민이 한 달이 넘게 밤을 새워가며 문제를 지적하고 있는데 이명박 대통령은 자기가 저지른 잘못이 무엇인지를 여전히 제대로 인식하지 못하고 있다. 30개월령 이상 쇠고기뿐만 아니라 각종 특정 부위의 전면 수입도 문제이다. 미국 축산업계는 철저히 폐기하는 '광우병 쓰레기'를 전면 수출해서 떼돈을 벌게 되었다고 즐거워하고 있다. 그리고 버시바우가 이미 한 달 전에 거부했던 민간의 '자율규제'라는 것은 미국 축산업계와 한국 수입업자에게 국민의 생명을 맡기자는 것과 같다. 이렇게 '자율규제'가 좋은 것이라면 도대체 정부는 왜 필요한가? 한심할 뿐이다.

광우병 문제가 가장 큰 사안이니 이에 대해 가장 많이 논의했을 것으로 보인다. 그러나 이에 못지않게 큰 문제가 바로 '대운하' 계획이다. 그 파괴성으로 따지자면 사실 '대운하' 계획이 미국산 쇠고기의 전면 수입보다 더 크다고 할 수 있다. 이 '대파괴' 계획에 대해 지관 스님이 "반대 의견이 많으니 보류하는 게 어떠냐"고 말하자, 이명박 대통령은 "쇠고기 문제는 국제적 통상 문제이기 때문에 무책임하게 말할 수 없지만 대운하는 충분히 여론을 수렴해서 결정하겠다”고 대답했다고 한다.

이에 대해 일부에서는 이명박 대통령이 ‘재검토 의향’을 보인 것으로 해석하기도 하지만, 이제까지의 경과에 비추어 보면 반대로 보는 게 더 옳을 것 같다. 수천 명의 교수들이 ‘과학적으로’ 반대하고 있으며, 80%에 이르는 절대다수의 국민들이 역시 ‘과학적으로’ 반대하고 있다. 이런 상황에서 ‘충분히 여론을 수렴해서 결정하겠다’는 것은 대체 무엇을 뜻하는가? ‘강부자’ 내각·수석은 줄곧 전문가와 국민이 무식해서 ‘대운하’ 계획에 반대하고 있다는 망언을 해 왔다. 최근에 국토부는 대대적인 홍보로 국민들을 혹세무민해서 ‘대운하’ 계획을 강행하겠다는 뜻을 밝히기도 했다. 이명박 대통령이 진정 ‘재검토 의향’을 갖고 있다면, 이미 명확히 드러난 여론을 존중하겠다고 말했어야 했을 것이다.

이명박 대통령은 불교 대표단과 점심을 먹으며 애기를 나누기 전에 현충원에서 추념사를 발표했다. 이 추념사에는 “정부는 서민들의 고통을 덜어드리는 데 최우선적으로 정책을 펴나가겠다”는 내용이 들어 있었다. 전자는 곧 ‘민생안정종합계획’이라는 것으로 발표될 예정인데, 그 핵심은 6조 원의 돈을 시중에 풀겠다는 것이다. 촛불을 돈으로 사려 한다는 의혹이 들 뿐만 아니라, 이렇게 많은 돈을 갑자기 시중에 풀면 물가는 더욱 급등해서 서민들의 삶은 더욱더 어려워질 것이다. 종합부동산세 완화, 분양가 상승, 국민임대주택 공급 감소, 실수요자 청약 제한 등의 주택정책에서 잘 드러났듯이 이명박 정부는 분명히 반서민 ‘강부자’ 정부이다. 서민들에게 정말로 필요한 것은 ‘강부자’ 정부와 그 정책의 개혁이다.

추념사에는 “더 낮은 자세로 귀를 열고 국민의 소리를 듣겠다”는 내용도 들어 있었다. 이명박 정부에 꼭 필요한 말이 아닐 수 없었다. 그러나 이 말도 전혀 믿을 수가 없다. 그는 이 말을 하고 몇 시간도 지나지 않아서 불교 대표단을 만나 ‘재협상은 불가능하다’고 말했다. ‘국민의 소리를 듣겠다’고 말하고는 바로 뒤에 자기 말을 완전히 뒤집은 것이다. 현충원에서는 어청수 경찰청장과 악수를 나누기도 했다. 최근에 어청수 경찰청장은 경찰 폭력의 책임자로서 강력한 해임 요청을 받고 있다. 이 때문에 두 사람의 악수도 심상하게 보이지 않는다. 더욱이 HID가 이명박 대통령을 만나고 몇 시간 뒤에 서울광장을 무단 점거해서 행사를 열어 시민들을 쫓아내더니, 급기야 시민들에게 폭력을 휘둘러서 한 서울대생의 코뼈가 산산조각 나는 끔찍한 사건이 일어나기도 했다.

이명박 정부와 한나라당은 자기들을 믿어달라고 말하면서 절대 믿을 수 없게 하는 일들을 계속하고 있다. 그 대표가 이명박 대통령이라는 것은 다시 말할 필요도 없다. 이명박 대통령은 5일 청와대에서 고위직 공무원들을 만나 '나는 포기하지 않는 사람'이라고 말했다. 이 말을 어떻게 이해해야 하는가? 어떤 잘못도 인정하지 않고 개선하지 않겠다는 '불도저 선언'을 한 것인가? 그러면서 그는 공무원들이 헌신적으로 뛰어주니까 국민들과 소통이 되더라고 말했다. 공무원들이 적극 나서서 국민들을 혹세무민하고 촛불시위를 진압하라고 부탁한 것인가? 국민의 뜻은 이미 너무나 명확하게 드러났다. 이명박 대통령의 반성과 개혁이 필요할 뿐이다.

유우익을 비롯한 청와대 수석들과 한승수를 비롯한 장차관들의 전면적 교체는 꼭 필요하기는 하지만 내용으로는 부차적인 일이다. 처음부터 표절과 투기 등 극히 저열한 문제들로 얼룩진 부실한 내각·수석이었다. '강부자', '고소영', '숭미파' 내각·수석이라는 비판에 진작 귀 기울였어야 했다. 이런 문제가 되풀이되어서는 안 될 것이다. 더욱더 중요한 것은 미국산 쇠고기의 전면 수입, '대운하' 계획, 의료 민영화, 학교 자율화 등 후진기어를 넣고 앞으로 가자고 하는 망국적 '강부자' 정책들을 전면적으로 개혁하는 것이다. 어떤 거짓도 결코 통하지 않는다는 사실을 촛불들은 이미 명확히 입증해주었다.

이명박 대통령은 '정책의 실패'를 원천적으로 부정하는 사람인 것 같다. 아니, 다른 사람의 정책에 대해서는 '좌파'라는 처벌적 규정조차 서슴없이 행하면서 자신의 정책에 대해서는 어떤 잘못도 있을 수 없다고 생각하는 사람인 것 같다. 그 대신에 그가 확신하는 것은 오로지 '홍보의 실패'인 것 같다. 자신의 정책에 대해 사람들이 반대한다면 그것은 '정책의 실패'가 아니라 오로지 '홍보의 실패'라고 여기는 것 같다. 그렇지 않고서야 명백히 잘못된 망국적 '대운하'나 '광우병' 문제에 대해 계속 잘했다고 우기면서 반대하는 시민들을 극구 비난할 수는 없을 것이다.

이명박 대통령은 서울시장 시절부터 홍보를 크게 강조했다. 나는 몇 해 전에 《시민의 신문》에 쓴 '한양주택'과 관련된 칼럼에서 이 점을 지적하기도 했다. 이명박 대통령은 시장 시절부터 '정책의 실패'를 인정하지 않고 홍보의 강화를 강력히 추구했다. 부패 의혹 때문에 시민단체에서 극력 반대한 부시장 임명 건에 대해, 그 부시장이 결국 엄청난 부패로 대법원에서 무려 징역 5년의 판결을 확정 받았어도, '이명박 시장'은 단 한 마디의 사과도 없었다. 오히려 이명박 시장은 이명박 대통령이 되어 결국 그자를 사면하고 심지어 대통령 직속 위원회의 위원으로 임명했다.

누가 이명박을 믿는가? 많은 사람들이 여러 이유로 그를 믿을 것이다. 이런 믿음에 부응하기 위해서 그는 무엇보다도 서둘러 자기 재산의 사회 환원 약속을 이행해야 할 것이다. 국민에 대한 가장 기본적인 약속을 지키지 않으면서 낙하산만 계속 날린다면, 결국 그를 믿는 소수의 사람들도 심하게 짜증나지 않겠는가? 나는 세상이 어떻게 변해도 이명박 대통령이 믿을 수 있는 사람이 될 것이라고 생각하지는 않는다. 내가 보기에 이명박 대통령은 험한 시절을 '자수성가'하면서 '홍보'만을 처세의 지혜로 체화한 사람이기 때문이다. 그렇기는 해도 정말 나라와 민족을 위해 그가 조금은 믿을 수 있는 사람이 되기를 바란다.

사느냐, 죽느냐 … 갈림길에 선 이명박

'꼼수'는 안 통한다

6월 10일, 전국에서 100만 명이 넘는 시민들이 촛불을 들고 거리로 나서 이명박 정부의 어둠을 밝혔다. 이로써 시민들의 힘으로 '민주화의 민주화'가 활발히 전개되고 있다는 사실이 생생히 입증되었다. 1987년의 '6월 항쟁'으로 대표되는 민주화의 핵심이 권력의 개혁이었다면, 촛불집회로 대표되는 '민주화의 민주화'의 핵심은 생활의 개혁이다. 독재정권을 타도하는 것으로 민주화는 종료되지 않는다. 민주화의 실제 목표는 더 나은 생활이다. 이 점에서 민주화는 반드시 '민주화의 민주화'로 나아가지 않을 수 없다.

시민들은 이미 오래전부터 생활의 개혁을 열망했다. 이른바 '웰빙 열풍'은 그 좋은 예이다. 이런 상황에서 이명박 정부는 미국산 쇠고기의 전면 수입을 결정했다. 이명박 정부는 시민들의 열망을 완전히 무시하고 거부한 것이다. 사실 이명박 정부는 시민들의 열망을 애초부터 전혀 이해하지 못했던 것으로 보인다. '값싸고 질 좋은 쇠고기'라는 이명박 대통령의 발언이 그 좋은 증거이다. 시민들은 이명박 대통령의 발언이 얼마나 잘못된 것인지를 낱낱이 밝혔다. 그러나 이명박 대통령은 여전히 자기의 잘못을 잘 이해하지 못하고 있는 것 같다. 시민들이 간절히 바라고 있는 재협상을 완강히 거부하고 있기 때문이다.

이명박 정부는 시민들의 비판과 저항에 대해 남탓론, 괴담론, 선동론 등으로 맞섰다. 이명박 정부는 한심하게도 잘못을 지적한 시민들을 바보로, 정적으로, 심지어 악마의 무리로 매도해왔다. 악마에게까지 의존해야 하는 이명박 정부의 한심한 상태가 낱낱이 드러나면서 시민들은 당연히 이명박 정부의 전면적 개혁을 요구하게 되었다. 이런 상황에서 이명박 정부는 컨테이너로 장벽을 쌓는 전술을 구사했다. 너무도 어처구니없는 어청수 경찰청장의 '작품'이었다. 이 '명박장벽'은 소통을 거부하는 이명박 대통령의 상징이 되었으며, 또한 이것 때문에 시민들은 더욱더 이명박 정부의 전면적 개혁을 열망하게 되었다.

10대 여학생들이 밝힌 촛불이 이렇게 거대한 촛불의 바다가 될 것이라고 생각한 사람은 아무도 없었다. 시민들의 분노는 너무도 깊고 넓다. 이명박 정부와 한나라당은 시민들의 당연한 요구를 받아들이는 척하면서 이제 촛불을 끄고 집으로 돌아가라고 외치고 있다. 그러나 시민들은 속지 않는다. '집에 가면 지는 것'이라는 사실을 시민들은 잘 알고 있다. 시민들은 '촛불들아 모여라, 될 때까지 모여라'라고 외치고 있다. 이명박 정부와 한나라당은 장마를 간절히 기다리고 있는 것 같지만, 시민들은 장마 속에서도 계속 촛불을 밝힐 것이다. 그 어떤 장마라도 광우병 위험을 씻어갈 수 없기 때문이다.

시민들은 하루빨리 더 이상 촛불을 밝히지 않아도 좋을 날이 오기를 기다리고 있다. 이를 위해 시민들은 이명박 대통령에게 정책과 정부의 철저한 개혁을 요구하고 있다. 이미 많은 시민들이 많은 과제들을 제시했지만, 그 핵심적 내용은 다음의 '4대 개혁과제'로 정리할 수 있을 것이다.

첫째, 이명박 대통령은 미국산 쇠고기의 전면 수입을 철회하고 즉각 '재협상'을 추진해야 한다. 시민들은 '자율규제'니 '추가협상'이니 하는 것을 모두 '말장난'이라고 비판하고 있다. 이명박 대통령이 부시 대통령에게 전화를 건

것도 '구걸외교'일 뿐이라고 비판하고 있다. 시민들이 원하는 것은 30개월 미만 살코기의 수입으로 한정하는 '재협상'이다. 30개월 이상 쇠고기의 수입만을 규제하는 것이 아니라 각종 특정 부위의 수입도 모두 금지해야 한다. 이명박 대통령이 여러 이상한 이유들을 들어서 계속 '재협상 불가능'을 주장한다면, 시민들은 자신과 가족의 생명을 지키기 위해 이명박 대통령의 퇴진을 전면적으로 요구하게 될 것이다.

둘째, 이명박 대통령은 '한반도 대운하' 계획을 즉각 백지화해야 한다. 사실 '한반도 대운하' 계획은 미국산 쇠고기의 전면 수입 결정에 앞서서 이명박 정부의 문제를 적나라하게 드러낸 사안이었다. 이 계획은 식수원인 강을 콘크리트 수로로 파괴하는 것이라는 점에서 생태적으로나 경제적으로나 미국산 쇠고기의 전면 수입보다 더 크고 깊은 문제를 안고 있다. 절대다수의 시민들이 이 망국의 계획에 반대하고 백지화를 요구하는 것은 너무나 당연한 일이다. 그러나 이명박 정부는 기존의 '하천정비사업'을 이용해서 운하계획을 강행하려 했다. 이 때문에 시민들의 분노는 더 커졌다. 당정협의에서 운하계획을 후순위로 미룬 것은 또 다른 '꼼수'라는 의혹을 살 뿐이다. 시민들이 원하는 것은 즉각적인 백지화이다.

셋째, 이명박 대통령은 의료보험 민영화를 비롯한 각종 민영화 조치들을 전면적으로 재고해야 한다. 특히 국민의 선상과 생명을 직접적으로 위협하는 의료보험 민영화는 미국산 쇠고기의 전면 수입만큼이나 무섭고 끔찍한 정책이다. 의료보험 민영화는 결국 '강부자'만 건강하게 오래 살 수 있게 하는 정책이 될 것이다. 중산층도 큰 병에 걸리면 곧 빈곤층으로 전락하고, 서민층과 빈곤층은 큰 병에 걸리면 그냥 죽어야 할 것이다. 사실 의료 양극화, 건강 양극화는 이미 큰 문제이다. 이런 상황에서 미국식 의료보험 민영화가 이루어지면, 미국보다 더 끔찍한 양극화 상태가 될 것이다.

넷째, 이명박 대통령은 정부와 청와대를 철저히 개혁해야 한다. 이명박 대통령은 표절과 투기라는 저열한 문제들을 안고 있는 인사들을 최고의 능력을 갖춘 인재들이라고 강변했다. 그 결과는 참혹하다고 해야 할 것이다. '강부자' 내각·수석, '고소영' 내각·수석이라는 문제에 대해 이명박 대통령은 마치 '벌거벗은 임금님'처럼 대응했다. 그리고 '형님 정권'에 이어 '오빠 정권'이라는 비판마저 제기되었다. 지금의 정부와 청와대는 국가기관이 아니라 사조직인 것 같다. '인사는 만사'라는 말이 있다. 정말 인사는 중요하다. 지금의 내각·수석은 전면적으로 교체되어야 한다.

인적 쇄신과 관련해서 나는 특히 두 사람의 문제를 지적하고 싶다. 먼저 추부길 홍보비서관의 문제이다. 이명박 대통령이 정말 국민과 '소통'하고자 한다면, 추부길 홍보비서관을 반드시 해임해야 한다. 시민들을 악마의 무리라고 부르는 자에게 '소통'의 책임을 맡겨놓고 어떻게 '소통'을 하겠다는 것인가? 추부길 홍보비서관의 해임은 이명박 대통령의 진정성을 평가하기 위한 중요한 지표이다. 다른 한 사람은 이만의 환경부 장관이다. 환경부는 환경을 지키라고 만든 정부조직이다. 그런데 이만의 장관은 '대파괴' 계획인 '대운하'를 열렬히 지지하고 나섰고, 그 문제를 지적하는 교수들과 시민들을 무식해서 반대하는 것이라고 비난했다. 이만의 장관은 환경부를 '환경파괴부'로 만들고 있다는 비판을 받고 있다. 이런 자를 그냥 두고 인적 쇄신을 주장하는 것은 어떤 설득력도 가질 수 없다.

정부조직은 대통령이 아니라 국민을 위해 존재하는 것이다. 아니, 대통령도 국민을 위해 존재하는 것이다. 그러나 이명박 대통령은 이런 상식을 잘 모르는 것 같다. 취임 직후부터 지금까지 그는 잘못된 것들을 계속 주권자인 국민에게 강요하고 있다. 인적 쇄신과 관련해서도 '국민들이 국정 공백을 우려'한다면서 슬쩍 얼버무리려는 모습을 보이고 있다. 도대체 이명박 대통령이 말하는 '국민'은 누구인지 대단히 궁금하다. 보수 언론, 보수 교회, 뉴라이트를 말하는 것인가? 한승수와 이만의를 포함한 국무위원의 전면적 개편, 유우익과 추부길을 포함한 청와대 비서관의 전면적 개편이 이루어지지 않는다면, 이명박 대통령에 대한 불신은 더욱더 깊어지고 말 것이다.

자료: 《한겨레》, 2008년 6월 10일자에 실린 전면광고.

 이명박 정부는 2008년 6월 20일 유우익 실장을 비롯한 7명의 청와대 수석을 모두 교체했다. 그러나 그렇다고 해서 청와대가 좋아졌다고 보기는 어렵다. 이어서 국무위원도 일부 교체했지만 이것도 역시 그렇다. 2008년 6월 3일 참여연대에서는 각종 의혹으로 얼룩진 청와대 수석과 국무위원의 전면적 교체를 요구하는 조사자료를 발표했다. 이 자료는 이명박 정부의 문제를 잘 정리해서 보여주었다. 이에 비해 대통령실과 국무위원의 교체는 사실상 미봉적인 수준에 그쳤다고 해야 옳을 것이다. 더욱이 교체된 자들의 상당수는 얼마 지나지 않아서 다른 요직에 복귀해 여전히 막강한 권력을 휘두르고 있다.

뉴라이트 낙하산이 한국사회를 점령했다고 한다. 그들이 청렴하고 유능하다면 문제는 없을 것이다. 그러나 이미 그렇다고 볼 수 없는 일들이 속출했다. 문제는 이미 심각하다. 이 나라가 과연 현재의 상태나마 제대로 유지할 수 있을까? 일제와 독재의 세력이 이미 마구 몰려왔으니 이 나라의 운명이 또다시 풍전등화의 상태에 놓인 것은 아닐까? 개혁은커녕 개악만이 계속 강행되고 있는 듯하다. 사람들이 여기저기서 이 나라의 운명에 대해 깊은 우려의 목소리를 내는 것은 당연한 일이다.

KBS가 조·중·동이 된다면

보수 대연합? 한번 해봐라!

올해는 건국 60주년이 되는 해이다. 이명박 정부의 잘못을 바로잡기 위해 촛불을 밝힌 시민들은 민주화운동 60년의 역사를 다시 쓰고 있을 뿐만 아니라 사실상 세계 민주주의 역사를 다시 쓰고 있다. 미국의 '독립선언문'이 잘 밝히고 있듯이 민주주의 사회에서 시민들은 반민주적으로 권력을 잡은 정부를 교체할 권리를 가지고 있을 뿐만 아니라 민주적으로 권력을 잡았더라도 잘못된 정책을 강행하는 정부를 교체할 권리도 가지고 있다. 우리의 시민들은 이 당연한 사실을 수많은 촛불들로 환히 밝히고 있다.

이명박 대통령은 6월 10일의 촛불집회를 보고는 시민들의 뜻을 잘 알았다고 말했다. 그러나 시민들은 도대체 뭘 잘 알았다는 것인지에 대해 정말 궁금해 하고 있다. 어처구니없게도 어청수 경찰청장은 세종로 입구에 인천항의 컨테이너를 갖다가 아예 '장벽'을 쌓아놓았다. 세계를 놀라게 한 이 컨테이너 장벽은 '명박산성'으로 불리고 있기도 하다. '산성'에 틀어박혀서는 시민들을 빨갱이나 마귀로 부르는 '보수 목사'들을 불러와 얘기를 나누면서 시민들의 뜻을 알 수 있을까? 더욱이 청와대에서 소통을 책임지고 있는 추부길 홍보비서관은 시민들을 빨갱이로 부르는 김홍도 목사가 연 행사에 참여해서 시민들을 마귀의 무리라고 부르는 기도를 했다. 시민들을 마귀의 무리라고 부르는 자를 홍보비서관으로 두고 이명박 대통령이 과연 시민의 뜻을 알 수 있을까?

미국산 쇠고기의 광우병 위험을 최소화하기 위해서는 반드시 '재협상'을 해야만 한다. 자율규제나 추가협상은 '빛 좋은 개살구'일 뿐이다. 이명박 정부와 한나라당은 '국익'을 위해 '재협상'이라는 말을 쓰지 않는 것뿐이라고 선전하고 나섰다. 그러나 국민의 생명보다 더 중요한 국익이 도대체 어디에 있는가? 이명박 대통령은 '재협상'을 요구하면 자동차 규제가 이루어질 수 있다고 국민을 협박하고 있다. 이명박 대통령은 부시의 분신인가? 이명박 정부가 국민이 아니라 미국을 섬기고 있다는 비판은 그저 제기되는 것이 아니다. 미국의 도축장 실사단은 귀국해서 '교차오염'의 문제가 전혀 없다고 발표했다. 그러나 조사보고서에서는 '교차오염'의 문제가 있다고 밝힌 것으로 보도되었다. 이명박 정부는 정말 끝까지 거짓말을 하고 있다. 이명박 대통령은 '벌거벗은 임금'이 아니라 '양치기 소년'이다.

이명박 정부의 어둠을 밝히기 위해 촛불을 들고 나선 시민들이 바라는 것은 무슨 거창한 경제성장이나 '국운융성' 따위가 아니다. 그저 자신과 가족들이 건강하게 살 수 있기를 바랄 뿐이다. 이명박 정부는 이렇듯 가장 근원적인 요구조차 정면으로 거부하면서 국운융성이니 선진국이니 떠들고 있다. 그러나 시민들은 이미 나라가 망한 것이 아닌가 하는 심각한 위기감마저 느끼고 있다. 하면 되는 '재협상'을 한사코 안 하면서 요상한 말만 늘어놓는 이명박 대통령을 보면서 시민들은 세종로를 가로막았던 컨테이너 상자들을 떠올린다. 도대체 누가 이명박 대통령에게 시민들을 참혹한 '광우병 룰렛'으로 몰아넣을 권리를 주었는가? 어떤 대통령도 국민에게 광우병을 강요할 수 없다. 이명박 대통령은 아직도 자기가 무슨 잘못을 저질렀는지 모르는 것 같다. 그는 정녕

'2MB'인가?

　6월 10일, 시민들은 이명박 정부의 잘못을 너무나 명확하게 보여주었으며, 시민의 뜻이 무엇인지를 너무나 분명하게 제시해주었다. 그러나 이명박 대통령은 한편으로 장마를 기다리면서, 다른 한편으로 '보수 대연합'을 통해 촛불의 저항을 회피하려 하고 있다. 추가협상을 위한 노력이라는 것은 그저 장마를 위한 '시간 끌기' 술책일 뿐이다. 악랄한 미국 축산업계는 이명박 대통령이 불쑥 안겨준 엄청난 선물을 결코 되돌려줄 수 없다고 외치고 있다. 한나라당의 황진하 의원은 미국에 가서 '재협상'이라는 말을 사용조차 할 수 없었다고 밝혔다. 미국의 업계와 정계는 '재협상'을 할 뜻이 전혀 없다. 사실상 '재협상'과 같은 자율규제나 추가협상이라는 것은 바보가 아니면 사기꾼이나 할 수 있는 소리이다. 초등생조차 '이명박의 잘못된 정치 때문에 거리로 나섰다'고 말하고 있다.

　전국에서 수백만 명의 시민들이 거리로 나서서 촛불을 들고 시위를 벌인 것도 어느덧 40일을 넘겼다. 화물연대의 절박한 생존권 요구에 대해 재계는 슬슬 예의 '경제 손실'을 주장하기 시작했다. 참 악랄한 주장이 아닐 수 없다. 그런데 잠시 같은 주장을 촛불집회에 적용해보자. 이명박 정부와 한나라당의 잘못된 정책 때문에 이미 수십조 원의 손실이 발생하지 않았겠는가? 이명박 정부와 한나라당은 '재협상'으로 미국산 쇠고기의 전년 수입을 막아야 할 뿐만 아니라 시민들의 '경제 손실'에 대해서도 배상을 해줘야 하지 않을까? 분명히 그럴 것이다. 우리는 반드시 이명박 정부와 한나라당이 우리에게 초래한 엄청난 '경제 손실'에 대해 배상을 받아야 한다. 더욱이 이명박 정부와 한나라당은 우리의 생명을 위협하고 있다. 이로 말미암은 정신적 스트레스에 대해서도 우리는 반드시 책임을 묻고 배상을 받아야 한다.

　그런데 이 와중에 '보수 대연합'을 주도해서 한몫을 챙기겠다는 계산을 하고 있는 것으로 보이는 이회창 총재가 주도한 '국회등원론'에 제1 야당인 '통합민주당'도 주도권을 빼앗길세라 적극 화답하고 나섰다. 대통령 선거에서 최고의 어부지리를 차지한 손학규 대표는 '지금은 열흘 전과는 전혀 다른 상황'이라고 말했다. 도대체 어떤 점에서 '전혀 다른 상황'이라는 것인가? '통합민주당'이 전혀 신뢰할 수 없는 '도로민주당'이라는 사실을 확인해주겠다는 것인가? 아니면 한나라당 출신이라 역시 한나라당에 끌리는 것인가? 한나라당의 전여옥 의원은 '다들 제자리로 갔으면 한다'고 말했다. 그렇다. 시민들이 원하는 것이 그것이다. 이를 위해 이명박 정부와 한나라당이 잘못된 정책들을 즉각 폐기해야 하고, 잘못된 자리에 있는 사람들이 모두 자기 자리를 찾아 떠나야 할 것이다. 의정보다는 주식 투자에 훨씬 큰 재능을 보인 전여옥 의원도 이참에 자기 자리에 대해 깊이 생각해보아야 할 것이다.

사실 시민들은 이회창 총재가 이명박 대통령에게 문전박대를 당하건 말건, 민주당이 국회에 가건 말건 별 관심이 없다. 그들이 자신과 가족의 생명을 지키기 위해 한 것이 아무것도 없다는 사실을 너무나 잘 알고 있기 때문이다. 그들이 정말 시민들을 위한다면 '고시'가 되기 전에 시민들 곁으로 왔어야 했다. '고시'가 되어 더 이상 미국의 눈치를 보지 않아도 되는 상황이 되자 마치 자기들이 시민들을 위해 최선을 다했다는 듯 부담 없이 국회 밖으로 나온 것이 바로 민주당과 자유당이다. 한나라당은 '국회등원론'이라는 전술을 통해 이명박 정부를 비판하는 척하면서 친박연대와 자유당을 아우르는 '보수 대연합'을 구축해 촛불을 끄려고 한다. 이런 얄팍한 전술이 결코 통하지 않는다는 것을 시민들의 '촛불 민주주의'는 잘 가르쳐주고 있건만 한나라당은 아무것도 배우지 못한 것이다. 이런 상황에서 분노의 촛불은 심판의 촛불로 바뀌지 않을 수 없다.

6월 13일(금요일) 밤부터 서울에서는 촛불집회가 시청광장, 청계광장, 세종로 등 도심뿐만 아니라 여의도에서도 열리기 시작했다. 이명박 정부가 KBS를 장악하기 위해 발 벗고 나섰기 때문이다. KBS를 장악하면 MBC도 장악할 수 있게 된다. 방송을 모두 '조·중·동'으로 만들 수 있는 것이다. 참으로 끔찍하다. 이명박 대통령은 방송을 장악해서 미국산 쇠고기를 '값싸고 맛있는 쇠고기'라고 선전하고, '한반도 대운하'가 강을 콘크리트 수로로 만드는 것이 아니라 '국운융성'의 길이라고 선전하려는 것이다. 현대사회에서 방송의 중요성은 다시 말할 필요가 없다. 아무리 인터넷의 시대라고 해도 방송은 현대사회를 형성하는 핵심이다. '대운하'와 민영화를 후순위 사업으로 돌린다는 것에는 이런 전술이 작동하고 있다. 이런 위중한 상황에서 도대체 누가 '국회등원론'이라는 얍삽한 노래를 부르는가?

後記 2008년 8월 8일 KBS 이사회는 임기를 1년 4개월이나 남겨둔 정연주 사장의 해임을 의결했다. 8월 11일 이명박 대통령은 정연주 사장을 해임했다. '군사작전'을 방불케 했다는 KBS 이사회의 의결도, 이사회의 의결을 추인하는 형식을 취한 이명박 대통령의 해임도 명백히 탈법적인 것이었다. 이명박 대통령은 탈법을 통한 KBS 장악을 강행했던 것이다. 이명박 대통령이 새로 임명한 이병순 사장은 KBS를 대표하던 일일 시사프로그램이었던 〈시사투나잇〉을 폐지했고, '관제사장 반대운동'을 벌이던 'KBS 사원행동'의 양승동 대표와 김현석 대변인을 파면하고자 했다. 이병순 사장이 지휘하는 KBS의 보도를 두고 시민들은 '대한뉘우스'가 돌아왔다고 비판한다.

한국방송 이사회가 오전 10시10분께 한국방송 본관 제1회의실에서 임시 이사회를 열어 정연주 사장에 대한 해임 제청안을 통과시켰다. 이날 이사회는 지난 5일 감사원이 특별감사 결과를 이유로 감사원법상 해임요구 조항을 근거로 들어 해임 제청권자(한국방송 이사회)에게 해임 제청을 요구한 데 따른 것이다.

한국방송 이사회가 정 사장의 해임 제청안을 의결함에 따라, 사실상 정 사장의 해임을 유도하고 있던 이명박 대통령이 조만간 정 사장에 대한 해임 절차를 밟을 것으로 보인다.

하지만 감사원의 해임 요구와 이사회의 해임 제청안 의결의 효력을 놓고 논란이 예상된다. 감사원법 32조9항은 '(피감 대상) 임원이나 직원의 비위가 현저하다고 인정할 때 임용권자 또는 임용제청권자에게 해임 요구를 할 수 있다'고 규정하고 있다. 여기에서 '비위'란 '개인비리가 현저하다고 인정할 때'로 해석할 수 있는데, 개인비리를 찾지 못한 정 사장에게 적용하는 게 무리가 있다고 보기 때문이다.

이사회의 해임 제청안 의결과 대통령의 해임 절차가 현행 방송법을 정면으로 위반하고 있다는 점도 논란거리다. 방송법에는 원천적으로 공영방송 사장의 임기 보장을 위해 면직 규정이 없다. 또한 한국방송 이사회에는 방송법에 따라 한국방송 사장 임명 제청권만 있을 뿐 해임을 제청하거나 의결할 수 있는 조항이 없다.

이날 이사회는 처음부터 파행을 겪었다. 재적이사 11명 가운데 휴가 중인 이춘발 이사를 제외하고, 친여 성향의 유재천 이사장, 권혁부 이춘호 박만 강성철 이사 등 6명이 해임안 상정에 반대하는 이사들의 의견을 무시한 채 기습적으로 해임안을 밀어붙였다. 한국방송 이사회는 제적인원의 과반 출석이면 의결이 가능하다.

정연주 사장에 대한 해임안 상정에 반대했던 남윤인순 이사(한국여성단체연합 공동대표)와 이기욱 이사(법무법인 창조 대표변호사), 박동영·이지영 이사는 현 이사회에서 해임 제청안 상정에 반대하는 신상발언을 한 뒤 퇴장했다. 남인순 이사(한국여성단체연합 공동대표)는 "공영방송 역사상 경찰력을 부른 채 이사회를 연다는 것은 치욕이다. 이 상태로 이사회를 여는 것은 용납할 수 없다"며 10시40분께 퇴장했다(김미영, "KBS 이사회, 정연주 사장 해임제청안 통과", 《한겨레》, 2008년 8월 8일자).

결국 '광우병 공화국'인가

촛불을 끄고 싶지만

캐나다에서 광우병 소가 또다시 확인되었다. 13번째의 광우병 소라고 한다. 이런 와중에 이명박 정부와 한나라당은 미국산 쇠고기 전면 수입에 관한 장관고시를 곧 관보에 게재하겠다고 나섰다. 이른바 '추가협상'의 성과를 강력히 주장하면서 미국산 쇠고기 전면 수입에 관한 협상을 법적으로 확정하겠다는 것이다. **'추가협상'이라는 것은 결국 미국 축산업계의 '자율규제'에 모든 것을 맡기는 것**인데, 도대체 이것으로 어떻게 광우병 위험을 막겠다는 것인지 모르겠다. 더욱이 계속 광우병이 확인되는 캐나다 소가 미국에서 100일을 머물면 미국 소로 수입될 수 있다. 미국 축산업계는 아주 신이 났고, 한국 시민은 참담한 상태로 내몰리고 있다. **미국산 쇠고기 전면 수입은 오로지 미국을 위한 것**이다.

지금 한국은 두 세력으로 나뉘어 있다. 하나는 광우병 감수 세력이고, 다른 하나는 광우병 반대 세력이다. 광우병 감수 세력은 광우병 반대 세력을 가리켜 빨갱이는 물론이고 심지어 사탄의 무리라고 욕을 하고 있다. 한심해도 이렇게 한심할 수가 없다. '빨갱이병'에 걸리면 자기와 뜻이 안 맞는 모든 사람들을 빨갱이로 본다. 잘 알다시피 이 병은 치료가 거의 불가능하다. 죽을 때까지 세상을 올바로 볼 수 없으니 '빨갱이병'에 걸린 사람들은 사실 아주 불쌍한 사람들이다. 그런데 문제는 이들이 세상을 올바로 볼 수 없을 뿐만 아니라 올바로 보는 사람들에게 폭력을 휘둘러서 위협하며, 나아가 광우병과 같은 극단적 위험마저 강요한다는 것이다. 광우병보다 더 무서운 것이 '빨갱이병'인지도 모른다.

얼마 전 촛불집회에 관해 모 방송과 전화 인터뷰를 했다. 시민이 요구하는 것은 재협상이고, '추가협상'으로 위험이 전혀 해소되지 않았으므로 촛불은 꺼지지 않을 것이라고 내 생각을 말했다. 인터뷰가 끝나고 연구실로 전화가 왔다. 경상도 말씨를 쓰는 초로의 여성이었다. 전화번호를 보니 서울 시내였다. 나라는 것을 확인하자마자 장사가 안 돼 먹고살기도 힘든데 촛불집회가 뭐 하자는 짓이냐며 소리를 질러댔다. 나도 화가 나서 항의전화를 할 거라면 애초에 잘못된 협상을 해서 국민을 엄청난 위험 속으로 몰아넣는 이명박 대통령에게 하라고 소리를 질렀다. 그러자 이 여성은 급기야 이 새끼 저 새끼 욕을 하더니 '너 김정일에게 얼마나 받아먹었어'라고 소리를 질렀다. 한심하고, 불쌍했다. '빨갱이병'에 걸리면 합리적 사고라는 것은 불가능하다.

법적으로 따지자면 그 여성의 말은 아주 끔찍한 의미를 담고 있다. 김정일에게 돈을 받고 국가를 혼란에 빠뜨릴 목적으로 촛불집회에 참여하거나 옹호한다면, 「국가보안법」에 의해 '간첩'으로 처벌받을 수 있기 때문이다. '간첩'이라는 말은 이 나라에서 '개새끼'나 '문둥이'보다 훨씬 무서운 욕이다. 독재정권은 무고한 사람들을 '간첩'으로 몰아서 옥살이를 시키고 처형하는 방식으로 정권을 유지했다. 이 반민주적 통치 방식의 가장 무서운 결과는 '빨갱이병' 환자들을 양산했다는 것이다. 그리고 지금 이 사람들은 광우병을 발생하지 않을 것처럼 주장하며 사람들에게 광우병 위험을 강요하고 있다. 과연 그런가? '추가협상'으로 광우병 위험이 과연 해소되었는가? 광우병 위험이 아주 큰 내장과 등뼈를 대대적으로 수입하게 되는데 어떻게 광우병 위험이 해소되었다는 것인가? 소장에 대한 조직검사를 강화하겠다고 하지만 인력도 장비도 모두 턱없이 모자라지 않은가?

수많은 시민들이 거리로 나와서 50일이 넘는 긴 시간 동안 촛불을 밝혀 든 이유는 광우병 위험 때문이다. 광우병 위험은 사실상 그 누구도 회피할 수 없다는 점에서 보편적이고, 또한 생명에 대한 위협이라는 점에서 근원적이며, 따라서 중간지대가 없다는 점에서 양자택일적이다. 시민들은 이처럼 보편적이고 근원적이며 양자택일적인 광우병 위험에서 벗어나고자 하는 절박한 심정에서 거리로 나왔다. 자신과 가족에게 가해지는 죽음의 위협에 맞서야 한다는 절박감이 촛불집회의 원동력인 것이다. 나는 얼마 전에 경향신문사에서 주최한 촛불집회 관련 토론회에서 발제를 했다. 이 자리에 청중으로 참석한 경상도 말씨의 한 60대 여성은 자신은 평생을 '보수'로 살아온 사람이지만 광우병 위험은 보수와 진보를 떠나서 절박한 생명의 문제라고 말했다. 나는 박수로 화답했다. 그렇다. **광우병을 둘러싼 대립은 생명과 죽음, 생활과 탐욕, 평화와 폭력 사이의 대립**이다.

생명과 생활과 평화를 지키기 위해 촛불을 밝히고 거리로 나선 시민들에게 '빨갱이'(김홍도, 서경석), '난동꾼'(이문열), '천민'(주성영), '사탄의 무리'(조용기, 추부길)라고 욕하는 자들을 우리는 어떻게 보아야 할까? 그들이 시민들에게 던지는 저열한 욕설은 바로 그들 자신에게 되돌려져야 하는 것이 아닐까? 그들은 일반 시민과 운동권을 구분해야 한다고 주장한다. 그러나 이런 주장은 그저 시민들을 분열시키기 위한 정치적 술책일 뿐이다. 그들이 운동권이라고 부르는 사람들도 생명의 위협을 느끼고 있는 시민으로서 촛불집회에 참여하고 있을 뿐이다. 또한 미국산 쇠고기의 전면 수입 자체가 정치적으로 결정된 것이며, 촛불집회는 잘못된 정책을 강요하는 이명박 세력에 대해 정치적으로 저항하는 것이다. 문제는 정치인가 아닌가가 아니라 올바른 정치인가 그릇된 정치인가이다. 그들은 대책위가 배후라고 주장하기도 한다. 그야말로 저 독재 시대의 낡은 관점에서 전혀 벗어나지 못한 것이다.

이른바 '1+5', 즉 미국산 쇠고기의 전면 수입에 반대하는 것에 덧붙여서 대운하 등 5대 의제를 함께 제기하는 것을 두고 광우병 감수 세력은 촛불이 변질되었다고 주장한다. 그러나 시민들은 촛불이 진화한 것이라고 설명한다. 어느 쪽이 옳은 것일까? 당연히 시민들이 옳다. 잘못된 협상이 야기한 광우병 위험에 맞서는 것으로 시작된 촛불집회에 대해 광우병 감수 세력은 무식한 시민들이 과장과 선동에 속아서 거리로 몰려나온 것이라고 주장했다. 위험을 느낀 시민들의 정당한 저항에 대해 오히려 잘못을 저지른 자들이 성을 내고 욕을 해댔던 것이다. 그야말로 방귀 뀐 놈이 성낸다는 격이었다. 이렇듯 잘못에 잘못이 거듭되는 수십 일의 시간을 보내며 시민들은 이명박 정부와 한나라당의 문제를 총체적으로 인식하게 되었다. 그 결과가 바로 '1+5'인 것이다. 문제는 '1+5'에 있는 것이 아니라 이명박 정부와 한나라당에 있다.

광우병 감수 세력은 이명박 대통령을 정점으로 하는 세력이다. 이런 점에서 이들을 이명박 세력이라고 불러도 좋을 것이다. 이명박 세력은 '추가협상'으로 시민들이 안심하게 되었으며, 따라서 이제 서둘러서 '장관고시'를 관보에 게재해야 한다고 주장한다. 도대체 이들이 말하는 시민들이 누구인지 모르겠다. 변화의 근거로 제시하는 통계도 도무지 믿기 어려운 것이다. 뭐가 구린지 '추가협상'의 원문조차 공개하지 않고 있다. 거리와 인터넷에서 다수의 시민들은 여전히 재협상을 요구하고 있다. 당연하다. 결국 미국 축산업자의 양심에 모든 것을 맡겨야 하는데, 어떻게 이런 식으로 우리의 생명을 지킬 수 있다는 말인가? '원산지 표시제'를 강화한다고 선전하지만, 60만 곳이 넘는 식당들을 겨우 몇 백 명의 인력으로 어떻게 감독할 것인가? 불안은 여전하고, 따라서 불신은 더욱더 커지고 있다.

이명박 세력의 하는 짓은 **잘못은 자신들이 저지르고 책임은 국민들이 져야 한다고 우기는 것**이라고 할 수 있다. 상식적으로 생각해보자. 누가 잘못을 저질러서 다른 사람이 피해를 입는다면 어떻게 하는가? 즉각 잘못을 바로잡도록 하고, 잘못을 저지른 자를 처벌할 것이다. 그런데 어찌된 영문인지 광우병 위험이 엄청나게 큰 미국산 쇠고기 전면 수입의 잘못에 대해서는 상식적으로 요구되는 두 가지 사항이 모두 실행되지 않고 있다. 너무나 몰상식하고 비상식적인 상황이 계속되고 있을 뿐이다. 나는 광우병 위험에서 벗어나고 싶다. 우리 아이들을 생각하면 내 심정은 더욱더 절박해진다. 재협상이라는 쉽고 명확한 시정책이 있는데, 이명박 세력은 왜 이 시정책을 한사코 거부하고 이 나라를 '광우병 공화국'으로 몰고 가는가?

이명박 세력은 '선진화'를 외치고 나왔다. 그래, '광우병 공화국'이 선진화인가? 이명박 대통령은 '경제대통령'을 자임하고 나왔다. 그래, '광우병 공화국' 만들기가 '경제대통령'의 목표인가? 이명박 세력이 원하는 새로운 대한민국은 '광우병 공화국'인가? 도대체 누가 국민의 생명을 담보로 미국과 FTA를 체결하고 경제성장을 추진하라고 했는가? 여기서 주성영 의원의 확률론에 잠시 눈을 돌려보자. '천민민주주의'와 '생명상업주의'를 주장해서, 그리고 김지윤이라는 여학생에 대한 명예훼손으로 새삼 '악명'을 떨치게 된 주 의원은 방송에서 확률론을 다시 거론했다. 그러나 확률이 아무리 낮다고 하더라도 광우병은 실재하는 병이다. 이 사실을 알면서도 **미국산 쇠고기의 전면 수입을 강행하는 것은 국민을 '광우병 룰렛'의 공포 속으로 몰아넣는 것이다.** 나는 이런 짓은 사람으로서 할 짓이 아니라고 생각한다.

이른바 '추가협상'을 내세워서 이명박 세력의 촛불 끄기 공세가 거세게 펼쳐지고 있다. 김종훈 본부장은 일약 최고의 '구원투수'로 떠올랐다. 그러나 시민들은 그가 쓴 비행기 값이 아깝다고 말한다. 문제는 전혀 해결되지 않았다. 미국 정부는 '추가협상'이 아닌 '논의'였으며, QSA(Quality System Assessment)가 '보증'이 아닌 '지지'일 뿐이라고 밝혔다. 미국 축산업계는 이명박 대통령이 갖다 바친 잔칫상을 돌려줄 생각이 전혀 없고, 시민들은 무시무시한 '광우병 룰렛'으로 계속 내몰리고 있다. 이명박 세력의 언론 장악정책이 갈수록 강화되고 있으니, 이제 문제에 대해 제대로 알고 자유롭게 얘기하는 것조차 어려워질 판이다. 지치고 힘들어서 시민들은 촛불을 끄고 싶다. 그러나 그렇게 할 수가 없다. **김종훈 본부장이 아무리 웃는 얼굴로 '홍보'한다고 해도 광우병 위험이 사라지는 것은 전혀 아니기 때문**이다.

後記 2009년 4월 9일 캐나다 정부는 WTO에 캐나다산 쇠고기의 한국 시장 접근에 대한 '협의'를 요청했다. 미국에게는 시장을 개방하고 캐나다에게는 시장을 개방하지 않는 것은 부당하다는 결론이 내려질 것은 분명하다. 이명박 정부는 한-EU 자유무역협정 협상에서 유럽산 쇠고기의 수입장벽을 크게 낮추는 조항에 합의했다. 광우병 위험이 큰 쇠고기 수입의 도미노가 실행되고 있는 것이다.

우리 정부가 한-유럽연합 자유무역협정(FTA) 협상에서 유럽산 쇠고기의 수입장벽을 크게 낮추는 조항에 잠정 합의한 것으로 확인됐다. 유럽에서는 지난해에만 광우병이 120여 건이나 보고돼, 협정 발효 뒤에는 유럽산 쇠고기의 수입 여부를 둘러싸고 큰 논란이 일 것으로 예상된다. …… 지난 3년 동안 유럽 지역에서는 광우병 발병 사례가 600여 건이나 보고돼 유럽산 쇠고기의 안전성을 둘러싼 논란은 유럽 안에서도 벌어지고 있는 상황이다. 유럽연합의 쇠고기 생산량은 세계 3위, 수출 규모는 세계 10위권이다. 우리나라는 지난 2000년을 전후해 유럽에서 광우병이 발생하자, 1999년 덴마크산 쇠고기 4t을 수입한 것을 마지막으로 유럽산 쇠고기 수입을 막고 있다. 그러나 한-유럽연합 에프티에이가 발효되면, 협정 당사국으로서의 의무와 세계무역기구(WTO) 규정에 따라 수입을 막을 근거가 희박해지게 된다(김기태, "'광우병 3년간 600건' 유럽 쇠고기 몰려온다", 《한겨레》, 2009년 4월 22일자).

캐나다 쇠고기 수입 관련 일지

2003년 5월 21일	캐나다에서 소해면상뇌증(BSE · 광우병) 발생으로 쇠고기 등 관련 제품 수입 금지
2007년 5월 25일	국제수역사무국(OIE), 캐나다를 'BSE 위험통제 국가'로 판정
6월 1일	캐나다, 우리 측에 자국산 소 및 쇠고기 등에 대한 수입금지조치 해제 공식 요청
7월 29일~8월 6일	한국 가축위생실태 캐나다 현지조사(4단계) 실시
11월 22일~23일	제1차 한·캐나다 전문가 기술협의 개최
2008년 11월 16~17일	한국, 캐나다 현지조사 실시
11월 17일	캐나다에서 15번째 BSE 감염 소 발견
2009년 3월 20일	양국 농식품부 장관, 서울에서 면담
27일	한국, 가축방역협의회에서 전문가회의 결과 및 현지조사 결과 설명
4월 9일	캐나다, 한국을 WTO에 제소

자료: 《서울신문》, 2009년 4월 11일자.

이명박은 전두환이 되고 싶은가

폭력과 독재로 나아가는 이명박

이명박 정부가 미국산 쇠고기 전면 수입 협상을 관보에 게시했다. 이로써 미국산 쇠고기 전면 수입이 시작되었다. 놀랍게도 같은 날 미국에서는 광우병 우려 때문에 대대적인 쇠고기의 회수가 시작되었다. 무조건 미국을 믿어야 한다는 이명박 대통령의 주장은 얼마나 잘못된 것인가? 이제 머지않아 이 나라에서는 광우병 환자가 발생할 것이다. 최초의 환자는 아마도 이명박을 지지한 사람일 가능성이 높다. 그들 중에는 미국산 쇠고기 전면 수입으로 광우병이 발생할 확률이 극히 낮다고 주장하거나, 심지어 광우병 걸린 소를 잡아먹어도 광우병에 걸리지 않는다고 주장하는 사람들이 적지 않기 때문이다. 그들이 자기들의 주장대로 열심히 미국산 쇠고기를 맛있게 먹는다면 분명히 머지않아 그들 중에서 최초의 광우병 환자가 나타나고 말 것이다.

이명박 정부의 조치에 대해 미국 육우협회는 성명서를 발표해서 열렬한 환영의 뜻을 밝혔다. 그들은 "안전하고 질 좋은 쇠고기를 다시 한국에 공급할 수 있게 되어 대단히 기쁘다"고 기쁜 속내를 노골적으로 드러냈다. 한 걸음 더 나아가 그들은 "30개월 미만 쇠고기의 수출은 과도기적 조치"라고 밝혔다. 두어 달 정도 30개월 이상 쇠고기를 수출하지 않는 척하다가 결국 30개월 이상 쇠고기를 대대적으로 수출하겠다는 것이다. 미국 축산업계는 폐기해야 할 내장을 한국에 수출하는 것만으로도 1억 달러 이상을 벌 수 있게 되었다. 광우병 위험이 큰 미국산 쇠고기 전면 수입은 전적으로 미국을 위한 것이다. 한국은 축산업계와 관련 산업계의 몰락은 물론이고 모든 국민이 '광우병 룰렛'의 공포에 시달리게 되었다. 이명박 정부는 '강부자'에 의한 미국을 위한 정부이다.

국민들의 불안과 분노가 하늘을 찌르는 가운데 이명박 대통령은 "앞으로 5년간 못하면 선진국이 될 가망성이 없다"고 말했다. 나도 그렇게 생각한다. 그러나 '선진국'에 대해서 우리의 차이는 너무나 큰 것 같다. 도대체 그가 생각하는 '선진국'은 어떤 것일까? 광우병 환자가 발생하고 광우병 공포가 만연하는 '광우병 선진국'인가? '대운하'를 강행해서 국토가 파괴되고 재정이 탕진되고 지역이 파탄 나는 '대파괴 선진국'인가? 비정규직이 1,000만 명을 돌파하고 중산층이 줄줄이 서민층·빈곤층으로 전락하는 '양극화 선진국'인가? 의료보험과 물을 비롯해서 온갖 공공재와 공기업이 민영화되는 '민영화 선진국'인가? 그 결과 전체 국민의 1%도 되지 않는 '강부자' 세력이 영원무궁토록 승승장구하는 '강부자 선진국'인가?

이명박 정부는 이명박 세력이 구성한 정부이다. 다시 말해서 이명박 정부의 사회직 실체는 이명박 세력이나. 이 세력은 이명박 대통령을 '수장'으로 하는 여러 집단들로 이루어져 있다. 그것은 크게 이명박 정권, 한나라당, 재벌, 보수 언론, 뉴라이트, 관변단체로 나누어볼 수 있다. 이들이 하나로 뭉쳐 추진하는 새로운 나라는 '이명박 공화국'으로 부를 수 있을 것이다. 그런데 이것은 이미 적나라하게 드러났듯이 광우병은 물론이고, 대파괴, 양극화, 민영화, 강부자 등의 엄청난 문제들을 안고 있다. 이명박 세력은 이 사실을 숨기려고 애쓰지만 그것은 말 그대로 헛수고일 뿐이다. 그러자 이명박 세력은 이제 대놓고 폭력과 독재의 길을 향해 진군하기 시작했다. '이명박 공화국'은 '짝퉁 5공화국'을 향하고 있다.

미국산 쇠고기 전면 수입을 중심으로 이명박 정부의 실정에 대한 국민들의 뜨거운 비판이 그치지 않자 이명박 대통령은 기자회견을 열어서 '뼈저린 반성'을 하고 있다고 말했다. 그러나 도대체 그 내용이 무엇인지에 대해 의문이 크게 일어났다. 며칠이 지나지 않아서 이명박 대통령은 그 의문에 대한 답을 명확히 제시했다. 그가 반성한 것은 국민들의 뜻을 제대로 헤아리지 못했다는 것이 아니었다. 그의 '뼈저린 반성'은 언론을 장악해서 국민들을 충분히 혹세무민하지 않았다는 것과 '이명박 공화국' 건설계획에 대한 저항을 물리력으로 강력히 진압하지 않았다는 것을 뜻했다. 이명박 세력은 한편으로 언론 장악 정책을 격렬히 밀어붙이기 시작했고, 다른 한편으로 촛불 진화 정책을 무자비하게 펼치기 시작했다. 바야흐로 대한민국은 '짝퉁 5공화국'이 되고 있다.

이명박 세력의 폭력은 관변단체의 폭력으로 명확히 드러났다. 6월 6일 군복을 입은 특수임무수행자회 회원들이 서울광장에서 시민들에게 폭력을 휘둘렀다. 이것을 계기로 각종 관변단체들이 곳곳에서 시민들에게 폭력을 휘두르기 시작했다. 여의도 KBS 본관 앞에서는 KBS를 지키기 위해 1인 시위를 하던 50대 여성이 군복을 입은 고엽제 전우회 회원들에게 폭행을 당해 병원으로 긴급 후송되기도 했다. 이들이 타고 온 차에는 폭행에 사용한 각목들이 가득 실려 있었다. 더욱이 한나라당이 이렇게 시민들에게 폭행을 휘두르고 다니는 관변단체에게 이권을 제공하기 위한 법의 제정을 추진하고 있다는 사실이 밝혀져 시민들은 더욱더 경악하지 않을 수 없었다. 이명박 대통령은 분명히 '짝퉁 전두환'을 꿈꾸고 있다. 우리의 역사는 이렇게 저열하게 우롱당하고 있다.

이명박 세력의 폭력은 관변단체의 폭력으로 그치지 않는다. 더 큰 문제는 폭력을 막아야 할 경찰이 폭력을 휘두르고 있다는 것이다. 경찰 폭력은 이미 심각한 상황에 이르렀다. '광우병국민대책위'의 실무자로서 행사를 진행하기도 했던 참여연대 안진걸 간사가 며칠 전 경찰에게 체포되었다. 참여연대 홈페이지에 올린 동영상에서 체포되던 상황에 관한 그의 증언을 볼 수 있다. 그는 경찰이 하도 목을 조르고 폭행을 해서 '이렇게 죽는구나' 하고 생각했다고 한다. 그의 모습이 그 상황을 잘 보여준다. 경찰에게 맞아서 그의 얼굴은 심하게 망가졌다. 그러나 놀랍게도 경찰에 물려서 손가락을 잃은 시민마저 있다. 어떻게 사람의 손가락을 물어서 잘라버릴 수가 있는가? '짝퉁 5공화국'을 추진한다는 것은 이미 명백한 사실이거니와, 이명박 세력의 특징은 예를 찾을 수 없을 정도로 저열하다는 데 있다.

경찰 폭력을 넘어서 정치 폭력도 공공연히 자행되기 시작했다. 이정희 민노당 의원, 안민석 민주당 의원도 경찰에게 불법체포되거나 폭행을 당했다. 뉴스에서 두 명의 경찰이 안민석 의원의 머리를 잡아끌고 넘어뜨리는 모습이 분명히 보였다. 그러나 이에 대해 주성영 한나라당 의원은 법을 집행하는 과정에서 있을 수 있는 일이라고 말했다. 주성영 의원은 '짝퉁 5공화국'의 '기도'가 되기로 작정한 모양이다. 의원들의 불법체포와 폭행은 경찰의 문제를 가장 명확히 보여주는 사례가 아닐 수 없다. 그런데 이에 대해 있을 수 있는 일이라고 하는 것은 시민들을 '천민'이라고 부른 것만큼이나 반민주적 망언을 한 것이다. 국회의원들은 이칭수 경찰청장의 즉각 파면과 수사를 요구해야 옳을 것이다. 그러나 홍준표 한나라당 원내대표는 촛불집회를 '반미 시위꾼'이 주도하고 있다는 둥, 서울 도심이 '해방구'가 되었다는 둥 하면서 경찰의 폭력을 사실상 응원하고 있다. 이러한 한나라당의 행태는 '이명박 공화국' 건설을 강행하기 위해 민주주의를 억압하는 정치 폭력이라고 해야 할 것이다.

언론 폭력은 이명박 세력의 폭력을 구성하는 핵심 요소이다. 조·중·동·문은 미국산 쇠고기 전면 수입이 아무런 문제가 없다고 주장하는 것을 넘어서 이에 대한 시민의 정당한 저항을 불순세력의 폭력난동으로 몰아붙이고 있다. 그들은 생명을 지키기 위해 거리에 나선 시민들을 거친 글의 폭력으로 난도질하고 있다. 마치 '광주항쟁'에 대한 조선일보의 왜곡을 다시금 보는 것 같은 생각이 들 정도이다. 그리고 불량 언론을 개혁해서 언론시장을 정상화하기 위한 시민의 정당한 노력에 대해 검찰은 대대적 수사를 시작했다. 이명박 정부는 이런 식으로 언론 폭력을 옹호해서 이명박 세력을 강화하고 있다. 만일 KBS마저 이명박 세력이 장악하게 된다면 바로 이어서 MBC가 무너지고 말 것이다. 그렇게 되면 신문(조·중·동·문)에 이어 방송까지 '이명박 공화국'을 위한 언론 폭력의 기수가 되고 말 것이다.

이 나라가 어디로 가고 있는지를 보기 위해 우리는 '명박산성'을 쌓고 '청와대 산채'에 웅크리고 있으면서 '뼈저린 반성'을 하고 있는 이명박 대통령을 주시해야 한다. '뼈저린 반성'이라는 말 자체가 아니라 그것의 내용에 대해 주목해야 한다. 그는 이명박 세력의 수장으로서 '이명박 공화국'을 만들기 위한 각오를 다시금 다지고 있는 것으로 보인다. 그것은 광우병을 필두로, 대파괴, 양극화, 민영화, 강부자 등의 엄청난 문제를 안고 있는 '짝퉁 5공화국'이다. '짝퉁 5공화국'은 '강부자'에게는 유토피아이겠지만 대다수 시민들에게는 디스토피아일 수밖에 없다. 이대로는 안 된다. 촛불을 들고 이 어둠을 밝히자. '진정한 선진화'를 향해 나아가자. 나는 새삼 40년 전에 세상을 떠난 시인 김수영의 「풀」을 떠올린다.

풀이 눕는다.
바람보다도 더 빨리 눕는다.
바람보다도 더 빨리 울고
바람보다 먼저 일어난다.

한국의 보수 세력은 친일, 독재, 부패 그리고 폭력이라는 문제를 안고 있다. 사실 친일, 독재, 부패는 폭력을 수반하지 않을 수 없다. 한국의 보수 세력은 이러한 네 가지 문제를 철저히 반성하고 개혁해야 한다. 그렇지 않다면 한국의 보수 세력은 언제까지나 사이비 보수 세력이라는 비판을 받게 될 것이다.

특히 폭력의 문제는 그 능력과 의도를 의심하게 하는 저열한 문제이다. 진정 사회의 지도 세력이 되고자 한다면, 그 누구라도 폭력이 아니라 토론을 중시해야 할 것이다. 그러나 최근에 한국의 보수 세력은 오히려 적극적으로 폭력을 행사해서 자신들의 요구를 관철시키겠다는 뜻을 천명하고 나섰다. 한국의 보수 세력을 위해 정말 우려하지 않을 수 없다. 한국에서 민족, 민주, 반부패 그리고 비폭력을 추구하는 진정한 보수 세력을 찾는 것은 역시 '나무에서 물고기를 구하는 것'과 같은 것일까?

저 '환자'들을 어떻게 할 것인가

촛불의 의미

10대 여학생들로부터 시작된 촛불집회가 어느덧 두 달을 맞았다. 이명박 정부의 회유와 폭력에도 촛불은 꺼지지 않았다. 미국산 쇠고기의 전면 수입으로 생명을 위협받고 있기 때문이다. 이명박 정부와 한나라당은 추가협상으로 모든 문제가 해결된 듯이 주장하고 있다. 그러나 사실상 달라진 것은 아무것도 없다. 30개월 이상 쇠고기의 수입도 금지되지 않았으며, 내장을 비롯한 특정 위험 물질은 정식 수입 품목으로 규정되었고, 검역 주권도 여전히 확보되지 않았다. 자신과 가족의 생명을 지켜야 한다는 절박한 심정으로 시민들은 촛불을 밝혀 들고 잘못의 시정을 요구하고 있다.

광화문 주변의 상인들이 촛불집회 때문에 장사가 안 된다며 촛불집회를 비난하는 집회를 열었다고 한다. 그러나 시민들은 이명박 정부와 한나라당이 강요하는 생명의 위협에서 벗어나기 위해 촛불집회를 열고 있다. 상인들은 촛불집회를 비난하기 전에 시민들의 절박한 심정을 올바로 이해해야 할 것이다. 더욱이 시민들이 촛불집회를 열고 싶어 여는 것이 아니다. 이명박 정부와 한나라당이 촛불집회를 열 수밖에 없도록 하고 있는 것이다. 그러니 상인들이 정말로 비난해야 하는 대상은 생명을 위협하는 잘못된 정책을 강행하는 이명박 정부와 한나라당이지 생명을 지키고자 하는 간절한 염원의 산물인 촛불집회가 아니다.

이명박 정부와 한나라당은 잘못을 반성하고 바로잡기는커녕 오히려 잘못을 비판하는 시민들을 난동꾼으로 모욕하면서 마구잡이로 폭력을 휘둘렀다. 다시 한 번 생각해보자. 할 일도 많은데 수많은 시민들이 매일 밤마다 촛불을 들고 거리로 나서는 까닭은 무엇인가? 이명박 정부와 한나라당이 광우병을 유발할 수 있는 잘못된 정책을 시민들에게 강요하고 있기 때문이다. 정부의 가장 큰 책임은 시민의 생명을 지키는 것이다. 그런데 이명박 정부와 한나라당은 바로 이 가장 큰 책임을 방기하고 있다. 이명박 정부와 한나라당은 시민의 생명을 보호하는 것이 아니라 위협하고 있다. 너무나 큰 잘못이 아닐 수 없다.

이명박 정부는 시민의 생명을 위협하고 있을 뿐만 아니라 시민의 요구를 계속 무시하고 묵살하고 있다. 이에 맞서 일부 시민들은 '폭력'을 사용해서 경찰의 저지선을 뚫고 청와대로 가고자 했다. 그러자 보수 언론과 뉴라이트는 때를 만났다는 듯이 촛불집회가 변질되었다고 주장하며 강력한 진압을 요구하고 나섰다. 이명박 정부는 기다렸다는 듯이 노골적인 폭력을 휘둘렀다. 방패와 곤봉에 맞고 짓밟힌 시민들이 이미 너무나 많다. 아래에 몇 가지 사례를 적어 본다.

참여연대의 안진걸 간사는 불법연행 중에 마구 폭행을 당해서 '이렇게 죽는구나' 하는 생각이 들었다고 한다. YMCA의 이학영 사무총장이 10여 명의 전경들에게 마구 짓밟혔다. 30대 초의 한 여성은 경찰의 폭력으로 아예 팔이 부러지는 중상을 입었다. 50대로 보이는 한 남성은 쓰러진 상태에서 경찰의 곤봉에 맞고 피를 토했다. 이미 경찰이 방패와 곤봉으로 시민들을 폭행하고 있다는 사실은 밝혀졌다. 그러나 경찰은 잘못을 바로잡기는커녕 오히려 더욱더 폭력적으로 되었다. 심지어 유모차에 대해서도 소화기 분말을 뿌렸다.

경찰이 사용하는 폭력의 도구도 방패, 곤봉, 물대포뿐만 아니라 아주 다양하다. 돌이나 아스팔트 조각, 자동차 엠블럼과 같은 물체를 집어던지기도 한다. 나도 지난 토요일 집회를 중계하던 중에 경찰이 던진 아스팔트 조각에 맞았다. 왼쪽 다리에 맞았는데 찰과상을 입었다. 그나마 다행이었다. 한 걸음 차이로 머리나 얼굴에 맞을 수도 있었기 때문이다. 소화기 분말은 경찰 폭력의 한 상징이다. 그런데 경찰은 소화기 분말을 뿌릴 뿐만 아니라 아예 소화기를 던지고 있다.

일반 시민들만 폭행당하는 것은 아니다. 기자들도 폭행당했고, 나아가 국회의원들도 폭행당했다. 민주노동당의 이정희 의원이 처절하게 강제 연행되었고, 통합민주당의 안민석 의원과 강기정 의원이 경찰에게 폭행당했다. 도대체 이명박 대통령과 어청수 경찰청장이 어떻게 지시했기에 경찰이 이렇게 막가는 걸까? 박종철, 이한열, 강경대 등 경찰의 폭력으로 살해당한 젊은이들을 떠올리지 않을 수 없다. 홍준표 한나라당 원내대표는 국회의원에 대한 경찰의 폭력을 나무라기는커녕 오히려 국회의원들이 '불법집회'에 간 것이 잘못이라고 비난했다. 시민의 생명을 위협하는 것과 시민들에게 폭력을 휘두른 것에 대한 반성은 전혀 찾아볼 수 없다. 이명박 정부와 한나라당은 정녕 폭력으로 권력을 유지할 수 있다고 생각하는가?

촛불을 끄기 위해 온갖 폭력이 자행되는 와중에 각종 '망언'들도 계속 이어졌다. 이 '망언'들을 잘 모아서 역사의 기록으로 남겨야 할 것이다. 최근의 망언들 중에서 가장 중요한 것은 협상의 책임자인 김종훈 본부장의 발언이다. 그는 "내장은 SRM이 아니다", "국내산 곱창은 되고 외국산 곱창은 안 되냐"는 등의 말을 했다. 내장이 SRM(Specified Risk Material, 광우병특정위험물질)이 아니라고 생각하는 사람이 협상을 했으니 올바른 협상을 하는 것은 애초에 불가능한 것이었다. 미국산 곱창 수입을 금지해야 한다는 것은 광우병의 위험이 크기 때문이지 경제적으로 차별하기 위해서가 아니다. 이 사람은 하루빨리 미국 축산업계의 로비스트로 전직하는 게 좋을 것 같다.

윤양하 전 영화배우협회 회장이라는 사람도 이상한 발언을 했다. 이 사람은 대종상영화제에서 '시나리오상' 시상자로 무대에 섰다. 그런데 시상의 발언이랍시고 "가정에서도 국가적인 면에서도 시나리오가 잘되어야 혼란이 없다. 작금의 일어나는 아픔의 촛불집회도 시나리오가 잘못됐다"고 말했다. 그러나 시나리오가 잘못된 것은 이명박 정부와 한나라당의 미국산 쇠고기 전면 수입 정책이다. 이 잘못된 정책에 맞서서 생명을 지키기 위해 펼쳐지고 있는 촛불집회는 생명의 위협을 깨달은 모든 시민이 자발적으로 참여해서 함께 시나리오를 쓰고 공연하는 위대한 실천이다.

청와대 이동관 대변인의 망언에는 '가장 웃기는 망언상'을 주고 싶다. 그는 "언론에서도 이제부터 촛불집회라는 표현은 안 써줬으면 좋겠다"고 말했다. '소수에 의한 불법·폭력 시위'라는 것이다. 이 주장의 허구성에 대해서는 더 말할 필요가 없을 것이다. 그런데 우습게도 그는 촛불집회의 덕을 가장 크게 보고 있는 사람으로 꼽힌다. 부동산 투기에 언론 외압 문제까지 밝혀져서 진작 해임되었어야 하는 사람인데 촛불집회 때문에 화살을 피할 수 있었다. 사실 양심이 있다면 스스로 진작 사임했어야 했다. 그러나 그는 그렇게 하지 않았고, 이제는 오히려 촛불집회를 전면적으로 공격하고 나섰다. 기가 막힐 따름이다.

이명박 정부와 한나라당이 전혀 반성하지 않고 있는 상황에서 시민의 생명을 지키기 위해 종교인들이 발 벗고 나섰다. 천주교 정의구현사제단은 서울광장에서 미사를 올리고 무기한 단식농성을 하고 있다. 이런 와중에 오세훈 서울시장은 이명박 대통령에게 일할 분위기를 만들어주자고 말했다. 그러나 이명박 대통령은 잠도 많이 안 자고 휴일도 없이 열심히 일하면서 시민의 생명을 위협하고 있지 않은가? 잘못된 일을 열심히 하는 것이 이명박 대통령의 큰 문제가 아닌가? 오세훈 시장은 이런 사실을 모르는가? 오세훈 시장이 황당한 발언을 한 날, 서울시 공무원 86%가 오 시장을 신뢰하지 않는다는 조사 결과가 발표되었다.

촛불이 원하는 것은 생명이다. 이명박 정부와 한나라당은 시민들에게 죽음을 강요하지 마라. 잘못을 개선하지 않고 오히려 계속 강요한다면, 시민의 불신과 우려는 계속 깊어질 것이다. '사제단'을 비롯한 종교인의 실천은 죽음의 위협에 맞서서 생명을 지키고자 하는 시민들의 절박한 염원을 대변하는 것이다. 이명박 정부와 한나라당은 미국이 아니라 시민을 위한 정책을 펼쳐야 한다. 원천 봉쇄해야 하는 것은 시민의 권리가 아니라 광우병의 위험이다. 재협상은 그야말로 '못 해서 안 하는 것이 아니라 안 해서 못 하는 것'이다.

끝으로 백무산 시인의 「촛불 시위」라는 시를 소개한다. 10년 전에 쓰인 시이지만 촛불집회의 특징을 잘 보여준다. 이명박 세력은 없는 배후를 억지로 만들려고 애쓰면서 스스로 치명적인 '빨갱이병' 환자라는 사실을 입증하지 말고, 광우병 위험에 맞서 자신과 가족의 생명을 지키고자 하는 시민들의 절박한 염원에 귀 기울여야 할 것이다. 부당한 죽음의 위협이 사라지지 않는 한, 촛불도 언제까지고 꺼지지 않을 것이다.

촛불 시위

하나의 불꽃에서
수많은 불꽃이 옮겨 붙는다

그리고는

누가 최초의 불꽃인지

누가 중심인지

알 수가 없다

알 필요도 없어졌다

중심은 처음부터 무수하다

그렇게 내 사랑도 옮겨 붙고

산에 산에

꽃이 피네

(백무산,『길은 광야의 것이다』, 창비, 1999)

後記 촛불집회는 생명에 대한 위협에 맞서서 시민들이 펼친 자구책의 일환이었다. 이명박 정부와 한나라당은 시민의 생명을 위협하는 잘못을 저질렀을 뿐만 아니라 그에 대한 시민의 자구책을 모욕하고 억압하는 잘못까지 저질렀다. 경향신문사에서 주최한 토론회에 청중으로 참여한 60대의 한 여성이 했던 말이 다시 떠오른다. 그 여성은 자신을 평생 '보수'로 살았던 사람이라고 밝히면서, 광우병 문제는 보수와 진보를 떠나 우리 모두의 생명이 걸린 문제라고 말해 참여한 모든 사람들의 큰 박수를 받았다.

그렇다. 촛불집회는 생명에 대한 위협에 맞서 생활정치가 분출한 것이었다. 촛불집회는 우리의 생명은 물론이고 소의 생명에 대해서도 진지하게 생각해보게 해주었다. 어떤 폭력이 생명에 대한 위협에 맞서는 것을 막을 수 있겠는가? 촛불집회는 우리의 생명에 대한 부당한 위협에 맞서는 것을 넘어 모든 생명에 대한 경외심을 되찾는 것으로 나아가고자 했다. 촛불집회는 이 부박한 시대에 생명의 가치를 지키고자 하는 귀중한 사회적 실천의 장이었다.

촛불을 부끄러워하는 그들

누가 한국의 수치인가?

반기문 유엔 사무총장이 귀국했다. 정부에서는 최고의 의전으로 그를 맞았다. "반기문의 유엔 사무총장 출마는 국제사회 조롱거리"라고 했던 한나라당의 전여옥 의원은 어떤 기분이었을지 자못 궁금하다. 그런데 반기문 사무총장의 직설적 발언이 많은 사람들의 눈길을 끌었다. 그는 여러 자리에서 "국제사회의 기대에 못 맞추는 한국, 솔직히 창피하다"고 계속 말했다. 요컨대 한국은 세계 10위권의 경제대국이면서 국제사회에 대한 기여는 일본의 100분의 1밖에 되지 않는다는 것이다.

이 말을 듣고 나는 다시 촛불집회를 떠올렸다. 두 달이 넘는 긴 시간 동안 수많은 시민들이 촛불을 들고 거리로 나와 '광우병 강요 정책'에 맞서고 있다. 미국산 쇠고기 전면 수입은 사실상 '광우병 강요 정책'이다. '러시안 룰렛'과 비슷한 방식으로 국민에게 죽음을 강요하는 이 정책이야말로 국제사회에 창피한 한국의 문제를 보여주는 가장 단적인 예가 아닐 수 없다. 식수원인 강을 모조리 콘크리트 수로로 만들겠다는 '한반도 대운하' 정책과 함께 참으로 어처구니없는 미국산 쇠고기 전면 수입 정책은 이명박 정부와 한나라당이 이 나라를 죽음의 위기로 몰아넣고 있다는 사실을 잘 보여준다.

이명박 대통령은 '뼈저린 반성'을 했다고 국민에게 말했다. 그러나 그의 말은 결국 '악어의 눈물'이었다. 미국산 쇠고기 전면 수입 정책은 그냥 강행되고 있으며, '한반도 대운하' 정책도 결코 폐기되지 않았다. 이 때문에 국민들은 절망과 분노의 감정으로 촛불을 계속 들고 있다. 그리고 종교인들까지 나서서 촛불의 뜻을 따를 것을 촉구했다. 그러나 종교인들이 자리를 떠나자 이명박 정부는 기다렸다는 듯이 바로 반민주적 원천 봉쇄에 나섰다. 그런데 한나라당 전당대회에서 이명박 대통령은 "이제는 경제 살리기 횃불을 높이 들 때"라고 말했다. 우습게도 이명박 대통령은 이와 관련해서 전혀 신뢰를 얻지 못하고 있다. 오히려 촛불을 끄려는 꼼수로 '경제위기'를 내세우고 있다는 비판이 강력히 제기되고 있다.

이명박 대통령은 '경제 살리기'를 전면에 내걸고 대통령에 당선되었다고 할 수 있다. 그러나 실제로는 '경제 살리기'를 빙자한 '경제 죽이기'가 진행되었다. 이른바 '잃어버린 10년' 동안 한국 경제는 아주 잘나갔다. 무능해서 부패하는 수구보수 세력이 초래한 'IMF 사태'를 극복하고 한국 경제를 새로운 성장의 기반 위에 올려놓은 것은 진보개혁 세력이었다. 그러나 이것은 토건국가의 확대재생산, 신자유주의의 강화, 양극화의 확대라는 대가를 치르고 이루어진 성과였다. 그 결과 억설석이게도 경제의 개혁을 외친 진보개혁 세력에 대한 불만이 커지고 무조건 성장을 내세운 수구보수 세력에 대한 기대가 커졌다. 어차피 개혁이 이루어지지 않을 것이라면 성장의 혜택이나 보자는 현실적 판단이 널리 이루어졌던 것이다.

이명박 세력은 이 점을 잘 포착했다. 이명박 세력은 강만수 경제부총리가 기획한 것으로 알려진 이른바 '7·4·7 공약'이라는 것을 전면에 내세웠다. 그러나 이 공약은 사실 상식적으로 도저히 이루어질 수 없는 '공약(空約)'이었다. 잘 알다시피 '공약(空約)'은 헛된 약속이며 거짓 약속이다. 아마도 '7·4·7 공약'은 그 대표적인 예로서 역사에 기록될 것이다. 강만수 경제부총리는 이 터무니없는 공약을 실현하기 위해 재벌 중심의 정책을 터무니없이 강화했다. 세계시장의 요구를 완전히 무시한 인위적 고환율 정책이 바로 그것이다. 이 정책으로 10조 원 이상의 돈이 환율을 방어하기 위해 소진되었으며 국민들은 유례없는 고유가와 고물가에 시달리게 되었다.

이명박 정부의 경제정책을 뭐라고 불러야 할까? 아마추어리즘의 극치? '재활용' 정부에 의한 'IMF 사태'의 재현? 터무니없는 '7·4·7 공약'을 위한 '경제 때려눕히기'? 무엇이라고 부르건 이명박 정부의 경제정책은 그야말로 최악이라고 하지 않을 수 없다. 그런데 이에 대한 대응이 더 황당하다. 내각을 개편한다면서 경제위기에 가장 큰 책임이 있는 강만수 경제부총리는 유임한 것이다. 직속 부하인 차관만 경질하다니, 정말 웃기는 '꼬리 자르기' 아닌가? 이명박 대통령이 경제위기를 올바로 이해하고 있는지 의심하지 않을 수 없다. 그저 촛불을 끄기 위한 꼼수로 경제위기를 강조하고 있는 것이라는 비판이 사실로 확인된 것 같다. 그렇지 않고서야 어떻게 강만수 경제부총리를 유임시킬 수 있는가?

지난 토요일, 서울에서는 다시 50만 명의 시민들이 모여서 국제사회에 창피한 '광우병 강요 정책'의 즉각적인 폐기를 요구했다. 그런데 경찰은 한심하게도 겨우 5만 명이 모였다고 발표해서 다시 한 번 그 능력과 가치를 의심하게 만들었다. 그리고 이명박 대통령은 일본에서 열리고 있는 G8 회의에 참가해서 촛불집회 때문에 경제가 더욱 어려워지고 있다고 말했다. 이명박 대통령은 전혀 반성하지 않았다. 아니, 그는 반성이라는 것을 모르는 것 같다. 자기가 엉터리 정책을 남발해서 국민들을 죽음의 위험 속으로 몰아넣고 경제를 파탄의 위기 속으로 몰아넣고는 터무니없게도 잘못의 시정을 요구하는 국민들을 탓하고 있기 때문이다. 그도 잘못의 시정을 요구하는 국민들을 사탄의 무리로 여기고 있는 것은 아닐까?

반기문 사무총장은 한국을 떠나면서 국민들이 촛불을 자제할 것이라고 말했다. 그가 무슨 근거로 이런 말을 했는지 모르겠다. 이 발언은 정부의 잘못을 그저 옹호하는 발언이고, 그러므로 국제사회에 창피한 발언이 아닌가? 생명에 대한 위협이 전혀 제거되지 않았으니 촛불은 꺼질 수 없다. 추가협상도, 원산지 단속도, 모두 '거짓'일 뿐이다. 어떤 회유나 협박, 폭력으로도 촛불은 꺼지지 않는다. 오히려 경찰의 불법 폭력에 대해 엠네스티 인권위원회에서 조사를 하고 있다. 이명박 정부와 한나라당의 잘못된 정책을 지키는 방패와 곤봉이 됨으로써 경찰은 또다시 이 나라를 국제사회에 창피한 나라로 만들었다.

경찰의 불법 폭력으로 오른팔이 부러지는 끔찍한 부상을 당한 이학영 YMCA 사무총장의 외침이 귓가에 쟁쟁하다. "촛불을 밝혀서 승리하는 국민이 됩시다!" 촛불집회는 국제사회에 창피한 한국을 국제사회에 자랑스러운 한국으로 만들기 위한 시민의 절박한 노력이다. 그러나 이명박 정부와 한나라당은 촛불의 뜻을 한사코 거부하면서 이 나라를 창피한 한국에서 아예 파국의 한국으로 밀어붙이고 있다. 경제위기를 슬기롭게 넘어서기 위해서도 무엇보다 먼저 부당하게 가해지는 생명의 위협을 해소해야 한다. 촛불만이 희망이다. 촛불을 밝혀서 반드시 승리하는 국민이 되자.

後記 국제사회의 기대에 미치지 못하는 것은 아주 많다. 이명박 대통령의 시국관도 그 중요한 예이다. 그는 하필이면 일본에서 열린 G8 회의에서 촛불집회 때문에 경제가 더 어려워지고 있다고 말했다. 과연 그럴까? 시민들은 이명박 대통령 때문에 경제가 크게 어려워졌고, 그 때문에도 촛불집회를 열게 되었다고 말하지 않았던가? 누가 더 옳을까? 광우병 위험이 큰 미국산 쇠고기의 전면 수입을 갑작스레 결정해서 시민들을 경악하게 한 것은 바로 이명박 대통령이었다. 엄청난 경제성장을 국민들에게 약

속했으나 실제로는 엄청난 경제위기를 초래한 장본인도 바로 이명박 대통령이었다.

　이명박 정부가 경찰 폭력과 언론 탄압을 크게 강화한 것도 모두 국제사회에 창피한 한국의 적나라한 예이다. 시대착오적인 정책이나 반생명적인 정책을 폭력적으로 강행하는 것도 창피한 것이지만, 그것에 관해 저항하는 것은 물론이고 발언하는 것조차 탄압하는 것은 더욱더 창피한 일이다.

진정한 문제는 'MB 전염병'이다!

나라가 불안하다

'근혜파'의 일괄 복당으로 한나라당이 사상 최대의 '공룡여당'이 되었다. 이명박 대통령은 촛불을 끄기 위해 결국 정적인 '근혜파'와 타협한 것이다. 아마도 이명박 대통령은 정적보다 국민이 더 싫은 모양이다. '자유선진당'까지 합산하면 대한민국은 건국 60주년을 맞아 사실상 완전한 '보수민국'이 되었다고 할 수 있다. 이제 한나라당은 개헌도 쉽게 실현할 수 있게 되었다. 그리고 국회의장이 된 한나라당 김형오 의원은 '개헌'을 추진하겠다는 뜻을 밝혔다. 아마도 한나라당은 내각제 개헌을 통해 정권을 계속 장악하고자 할 것이다. 내각제는 이제까지의 상태라면 다수당이 되기 쉬운 한나라당에게 훨씬 유리하기 때문이다.

정말 이 나라의 미래를 크게 걱정하지 않으면 안 되는 상황이다. 이명박 대통령과 한나라당이 국가와 민족을 위해 열심히 일을 잘한다면 뭐가 걱정이랴? 그러나 별로 그런 것 같아 보이지 않기 때문에 다수 국민들의 불안과 우려가 갈수록 커지는 것이리라. 전체 106석 중 100석을 한나라당이 차지하고 있는 서울시의회에서 최근에 일어난 참담한 사건을 보자. 개원일인 7월 14일 한나

라당 서울시의원인 서울시의회 의장이 뇌물혐의로 경찰에 체포되었다. 서울
시의회 의장 선거를 앞두고 한나라당 서울시의원 30명에게 금품을 제공한 혐
의이다. 아무래도 서울시의회는 이미 '부패시의회'가 된 것 같다.

그러나 서울시의회의 문제는 이명박 정부와 한나라당의 문제에 비하면
'새 발의 피'라고 해야 옳을 것이다. 이명박 정부와 한나라당은 대다수 국민들
이 반대하는 '광우병 강요 정책'조차 사실상 전혀 시정하지 않고 강행하고 있
다. 갈수록 깊어지는 경제위기의 책임을 묻는다며 경제정책의 최고 책임자인
강만수 재정부 장관은 그대로 둔 채 최경중 재정부 차관만 경질했다. 이 때문
에 '대리 경질'이라는 전대미문의 용어마저 고안되었다. 그리고 '역시 소망교
회'라는 비판도 제기되었다. 이명박 대통령과 강만수 장관이 거의 30년에 걸
친 '소망교회 교우'이기 때문이다. 경제위기보다 '소망교회'가 더 힘이 센 것
일까?

북한에 대해서는 비현실적인 강경정책을 고집하다가 결국 돌아서지 않을
수 없게 되었다. 이명박 대통령은 7월 11일 오후에 행한 국회 개원연설에서 북
한과 친하게 지내겠다는 뜻을 밝혔다. 그런데 바로 그날 새벽에 금강산에서 북
한 초병이 남한 관광객을 총으로 쏘아 죽이는 끔찍한 사건이 발생했다. 이명박
대통령은 이 사실을 알고도 원래의 연설문을 고치지 않았다. 북한 초병의 살인
행위는 이해하기 어려운 잘못이다. 그런데 이 사실을 알고도 원래의 연설문을
고치지 않고 발표한 이명박 대통령의 행태는 더욱더 이해하기 어렵다. 가장 이
해하기 어려운 것은 북한을 너무도 싫어하는 보수 단체들이 어째 조용하다는
것이다. 이명박 대통령은 그 까닭을 알고 있을까?

이렇듯 이명박 정부와 한나라당의 문제는 이미 명확하게 드러났다. 그런
데 이 와중에 또다시 '대형사고'가 터지고 말았다. 일본 정부가 '독도는 일본
땅'이라고 교육하기로 결정한 것이다. 이에 대해 이명박 정부와 한나라당은

마치 일본이 한국을 능멸한 것처럼 핏대를 올리고 나섰다. 그러나 잠시 돌이켜 보면, 이러한 이명박 정부와 한나라당의 행태도 역시 쉽게 이해되지 않는다. 2007년 10월 26일, 이명박 대통령은 "이번 대통령선거는 과거에 매달려 있는 세력과 미래로 가겠다는 양대 세력의 충돌"이라고 말했다. 이것은 자신에 대해 쏟아진 의혹들을 반박한 말이었다. 이 말에 대해 강력한 비난과 비판이 쏟아진 것은 당연했다. 더 큰 문제는 이런 식의 말을 한일 관계에 대해서도 고스란히 되풀이했다는 것이다.

2008년 1월 17일, 이명박 대통령은 외신기자회견에서 "일본이 형식적으로 사과해온 것이 사실이고, 그래서 한국인에게 감동을 주지 못했다. 나 자신은 성숙된 한일 관계를 위해 '사과하라', '반성하라'는 말을 하고 싶지 않다"고 말했다. 세상에, 잘못을 저지르고 바로잡지 않는 자들에게 '사과하라', '반성하라'고 말하면 성숙된 한일 관계에 반대하는 것인가? 2008년 4월 21일, 이명박 대통령은 "과거에 얽매여 미래로 가는 데 지장을 받아서는 안 된다. …… 미래에 대한 가치를 인식하고 같이 나가는 것이기 때문에 과거가 되풀이되는 일은 없고 앞으로 나아갈 수 있다고 생각한다"고 말했다. 그러나 그로부터 한 달이 지나지 않아 일본 정부는 '독도는 일본 땅'이라고 교육하겠다는 뜻을 밝혔다.

당연하게도, 이명박 대통령이 도쿄에서 후쿠다 일본 총리에게 너무나 큰 '선물'을 줬기 때문에 일본 정부가 한국을 우습게 보고 '정면공격'을 감행했다는 비판이 제기되고 있다. 여기서 다시 '광우병 강요 정책'으로 돌아가보자. 2008년 4월 18일, 이명박 대통령은 미국에서 부시에게 미국산 쇠고기 전면 수입이라는 엄청난 '선물'을 안겨주었다. 이로써 미국 축산업계는 연간 1조 원 이상의 추가 수익을 기대할 수 있게 되었고, 우리는 황당하게도 '광우병 룰렛'에 시달리며 살아가게 되었다. 그로부터 사흘 뒤인 2008년 4월 21일, 이명박 대통령은 이번에는 도쿄에서 후쿠다 일본 총리에게 또다시 엄청난 '선물'을 안겨주었다. 그리고 일본 정부는 '독도는 일본 땅'이라고 천명하고 나섰다. 한국은 미국과 일본의 '밥'이 되었다.

정말이지 참담한 상황이다. 꼭 막아야 할 광우병은 적극적으로 들여오고, 꼭 지켜야 할 독도는 눈 뜨고 빼앗기는 형국이다. 이명박 정부와 한나라당이 과연 국가와 민족을 위해 일할 의지와 능력을 가지고 있는가? 이명박 대통령이 내세운 실용주의의 실체가 이것인가? 그렇다면 이것은 실용주의가 아니라 식민주의라고 불러야 옳을 것이다. 실용주의는 실질을 추구하는 것으로 분명히 좋은 것이다. 그러나 광우병을 들여오고 독도를 빼앗기는 것은 실용주의가 아니다. 경제나 미래를 내세워서 부시와 후쿠다에게 일방적으로 이용당하는 것은 식민주의가 아니라면 무능주의라고 해야 할 것이다. 이명박 정부와 한나라당은 식민주의인가, 무능주의인가?

우리를 더욱 불안하고 분노하게 하는 것은 이명박 대통령이 도무지 반성을 모르는 것 같다는 사실이다. 예컨대 6월 10일에 청와대 뒷산에서 수십만 개의 촛불들을 바라보며 '뼈저리게 반성했다'는 것은 결국 빈말이었다. 그런데 7월 11일 오후에 행한 국회 개원연설은 이 사실을 다시금 명확하게 재확인해주었다. 이명박 대통령은 "부정확한 정보를 확산시켜 사회불안을 부추기는 '정보전염병(infodemics)'도 경계해야 할 대상"이라며 인터넷을 통해 활발히 소통하고 촛불집회를 여는 시민들을 다시금 비난하고 나섰다. 이명박 대통령의 눈에는 자신이 강요하는 '광우병 강요 정책'을 막기 위해 촛불을 밝혀 들고 거리로 나선 시민들이 '정보전염병'에 걸려서 '사회불안을 부추기는' 좀비들로 보이는 모양이다.

나는 'MB전염병'이야말로 이 나라의 발전을 가로막는 그 무엇보다 심각한 문제라고 생각한다. 투기와 표절로 얼룩진 자들을 내각과 수석에 앉히면서 최고의 인재를 뽑았다고 주장하는 것, 국토를 송두리째 파괴할 '대운하'를 국운용성의 길이라고 우기며 강행하는 것, 국민의 생명을 위협하는 '광우병 강요 정책'을 결국 강행하는 것, KBS와 <PD수첩>과 인터넷을 장악하기 위해 국가권력을 총동원하는 것, 문제를 바로잡기 위해 나선 시민들을 비난하고 무시하는 것 등의 망국적 정책과 행태가 이 병의 주요 증세이다. 이러한 'MB전염병'을 하루빨리 치유하지 않는다면 이 나라는 오직 후진화를 이룰 수 있을 뿐이다.

이명박 대통령은 "선진사회는 합리성과 시민적 덕성이 지배하는 사회"라고 말했다. 그렇다. 이러한 '선진사회'를 이루기 위해서는 '합리성과 시민적 덕성'을 억압하고 왜곡하는 'MB전염병'을 막아야 한다. 이명박 대통령은 "최고의 정치는 국민을 편안하게 모시면서 내일의 희망을 드리는 것이라 생각한다"고 말했다. 그렇다. 이러한 '최고의 정치'를 이루기 위해 국민을 괴롭히고 '내일의 희망'을 짓밟는 'MB전염병'을 꼭 막아야 한다. 목표와 과제는 명확하다. 그리고 촛불들은 이미 두 달 전부터 이 사실을 세계에 알리고 있었다.

後記 광우병 위험에 대한 전문가들과 시민들의 지적을 '정보전염병'이라고 부르는 것은 무지의 소치일까, 만용의 소치일까? 아무튼 이명박 대통령은 부당한 생명의 위협에 맞서 촛불을 들고 거리로 나선 수많은 시민들을 '전염병'에 걸린 환자들로 여겼던 것이다. 그렇다면 그런 환자들에게 '사과'한 대통령을 시민들은 어떻게 봐야 할까? 시민들을 '전염병' 환자로 여기고 있으면서 그 환자들에게 '사과'한 대통령의 문제는 커도 너무나 큰 것이 아닐까?

뻔히 잘못된 정책을 강행하면서도 무조건 자기가 옳다고 우기며, 폭력을 써서라도 잘못된 정책을 불도저처럼 강행하는 'MB전염병'이야말로 진정한 선진화의 큰 장애물이 아닐 수 없다. 자신을 위해서도, 나라를 위해서도, 정말 국민과 소통하는 대통령을 보고 싶다. 잘못을 지적하는 시민들의 목소리에 귀 기울이고, 잘못을 바로잡기 위해 애쓰는 대통령을 만나고 싶다. 그 언제나 이런 상식적 희망이 실현될 수 있을까?

똥을 비단으로 덮어본들

무능한 이명박, 부패한 한나라

"나는 매사추세츠를 기억할 거야." 비지스의 「매사추세츠」라는 감미로운 노래는 이런 노랫말의 합창으로 끝난다. 매사추세츠는 미국 동북부의 작은 주이다. 30여 년 전에 비지스는 매사추세츠를 아련한 추억의 장소로 노래했지만, 오늘날 우리는 매사추세츠를 무서운 장소로 기억해야 할 것 같다. 다름 아니라 바로 광우병 때문이다.

며칠 전에 또다시 미국 매사추세츠 주에서 광우병 의심 증세를 보이는 환자가 발생해 매사추세츠 보건당국이 조사를 벌이고 있다. 조사 책임자인 알프레드 드마리아 박사에 따르면, 매년 평균 매사추세츠 주에서 약 6건, 미국 전역에서 약 300건 정도 광우병 의심 증세 사례가 보고되고 있다. 광우병 의심 증세가 광우병으로 확인되는 경우는 아주 드물다고 한다. 그러나 광우병은 누구나 걸릴 수 있고, 일단 걸리면 비참하게 죽어야 한다. 미국은 '아름다운 나라'라는 뜻이지만, 실제의 미국은 '무섭고 더러운 나라'에 가깝다. 세계 최대의 무기 생산, 세계 최악의 비만, 세계 최고의 이산화탄소 배출 등 이미 많은 문제를 안고 있는 미국이건만 여기에 광우병의 그림자까지 짙게 드리워져 있는 것이다.

이명박 정부의 미국산 쇠고기 전면 수입 정책에 따라 광우병 위험이 큰 30개월 이상 살코기와 30개월 미만 내장 등이 8월 중순쯤부터 시중에 유통될 것이다. 이때부터 한국은 본격적인 '광우병 룰렛 국가'가 되는 것이다. 심재철 의원을 비롯해서 최근에 여러 사람들이 미국산 쇠고기를 맛있게 먹는 모습을 보여줬지만, 잘 알다시피 이 사람들이 먹은 것은 노무현 정부 때 수입된 상당히 안전한 30개월 미만 살코기들이다. 심재철 의원 등이 그렇게 미국산 쇠고기의 안전을 입증하고 싶다면, 8월 중순쯤부터 시중에 유통될 상당히 위험한 30개월 이상 살코기와 30개월 미만 내장을 열심히 먹어야 한다. 그렇게 하면 미국 축산업계에서 분명히 커다란 감사패를 줄 것이다.

한때 미국은 '현대사회의 모델'이었다. 그러나 이미 오래전에 미국은 이런 지위를 잃었다. 내 책 『반미가 왜 문제인가』(당대, 2003)에서 지적했듯이, 미국은 세계 최대의 자원낭비국이자 환경오염국이며, 이 때문에 세계 유일의 전쟁 국가가 되었다. 전체 인구 3억 명 중에서 빈곤층이 3,000만 명을 넘고, 의료 빈곤층은 5,000만 명을 넘는다. 미국은 세계 최악의 '승자 독식 사회'이며 '양극화 사회'이다. 이 때문에 세계적으로 미국화의 문제를 지적하는 목소리가 드높다. 이런 와중에 한국은 '광우병 룰렛'까지 미국화하고 있는 것이다. 참으로 큰 문제가 아닐 수 없다. 물론 우리가 미국에서 배워야 할 것도 많다. 그러나 광우병 위험이 큰 쇠고기를 전면 수입하는 것은 그것과 거리가 멀다.

곧 이명박 대통령이 취임한 지 다섯 달째가 된다. 미국산 쇠고기의 전면 수입에서 가장 명백하게 드러난 것으로 보이지만, 지난 다섯 달 동안 드러난 이명박 대통령의 가장 큰 문제는 '무능'인 것 같다. 그는 투기와 표절로 얼룩진 자들을 내각과 수석에 임명하면서 '베스트 오브 베스트'라고 자찬해서 세상을 뜨악하게 했다. 그리고 미국에 가서는 부시가 그토록 원하던 미국산 쇠고기의 전면 수입을 덜컥 결정해버렸다. 이에 대해 국민들의 항의가 빗발치자 '값싸고 질 좋은 쇠고기를 먹을 수 있게 된 것'이고 주장해서 다시 한 번 세상을 뜨악하게 했다. 일본에 가서는 일본 천황에게 고개 숙여 인사하더니 일본의 지배층이 그토록 원하던 '면죄부'를 발급해주었다. 그러자 일본은 공식적으로 독도를 일본 땅으로 교육하기로 했다.

이런 흐름에 맞춰서 국내에서도 친일파들이 발호하기 시작했다. 경기도 양평에서는 친일파의 후손들이 가난한 농민들의 땅을 빼앗기 위한 소송을 벌이고 있다. 법원에서는 친일파 후손들에게 땅을 돌려주라는 판결이 잇따르고 있다. 대통령이 나서서 과거를 묻자고 외치니 친일파들이 얼마나 즐겁겠는가? 이명박 대통령은 부시와 후쿠다에게만 큰 선물을 안긴 것이 아니라 친일파에게도 그렇게 한 셈이다. 사실 이명박 대통령의 최대 지지 세력인 '뉴라이트'는 최대 친일 세력이기도 하다. '뉴라이트'는 일본 제국주의가 한국의 근대화를 이루었으며, '정신대'는 없고 '자발적 창녀'들만 있을 뿐이라고 주장한다. 이제 이명박 대통령은 광복절을 없애고 '건국절'을 만들겠다고 한다. 이것은 일본 제국주의의 침략과 이에 맞선 독립운동의 역사를 부정하는 것이다. 도대체 이 나라는 어디로 가고 있는가?

대통령이 무능해서 국민이 생명에 위협을 받고 일본 제국주의가 부활의 노래를 부르게 되었다면, 마땅히 정당들이 나서서 대통령의 무능을 질타하고 잘못을 시정해야 한다. 이에 대해 '공룡여당' 한나라당의 책임이 가장 크다는 것은 다시 말할 필요가 없다. 그러나 한나라당은 이명박 대통령을 보조할 뿐이다. 한나라당은 '공룡여당'으로서 자기 목소리를 내는 것이 아니라 그저 이명박 대통령의 부속물로서 잘못된 정책을 적극 옹호하고 방어하고 있을 뿐이다. 사실 한나라당은 자기의 고질병인 부패조차 전혀 고치지 못한 상황이다. 한나라당 의회라고 할 수 있는 서울시의회의 뇌물 사건은 그야말로 경악할 수준이다. 이런 한나라당에게 정당의 역할을 기대하는 것 자체가 아마도 큰 잘못일 것이다.

이 나라는 곧 '강부자'와 친일파와 광우병의 나라가 될 것 같다. 이명박 대통령이 지난 다섯 달 동안 국민의 뜻을 저버리고 강행한 정책들을 살펴보면 이런 끔찍한 전망이 가장 정확한 예측일 것 같다. 이명박 대통령과 한나라당의 어둠을 밝히고 있는 촛불을 끄기 위해 혈안이 된 조·중·동은 '노무현 죽이기'라는 전술을 적극 펼치고 있다. 《조선일보》 2008년 7월 19일자에는 "노 정부 5년간 첨단기술 유출 124건, 피해액 185조 원"이라는 제목의 기사가 올라왔다. 그런데 실제 내용을 보면, 유출이 아니라 '적발'이며, 피해액이 아니라 '예상 피해액'이다. 노무현 정부가 일을 잘했던 것이다. 《중앙일보》 2008년 7월 22일자에는 "미국 쇠고기 월령 제한 없이 수입 노 정부 말 관계장관회의서 결론"이라는 놀라운 제목의 기사가 올라왔다. 그러나 이 제목은 한나라당 홍정욱 의원의 일방적 주장일 뿐이었다.

똥을 비단으로 덮는다고 똥이 사라지는 것은 아닐 뿐더러 냄새는 숨길 수도 없다. '개독'이 기독의 행세를 해봤자 '개독'의 문제만 더욱더 명확하게 드러날 뿐이다. 아무리 인터넷을 억압하고 방송을 장악해도 결국 진실은 드러나게 마련이다. 이명박 대통령과 한나라당을 떠받쳤던 성장에 대한 맹목적 기대도 '7·4·7 공약'의 추락과 함께 산산이 부서졌다. 그러자 이명박 대통령과 한나라당은 떠나간 민심을 되돌리기 위해 기업에 지역개발권을 주는 위헌적 개발 정책을 강행하려고 한다. 이런 개발 정책으로는 전국의 투기장화가 더욱 악화되고, 결국 '토건망국'에 한층 더 가깝게 다가갈 뿐이다. 더욱이 수도권과 지역의 '공생'을 주장하면서 수도권 규제 완화를 추구하면, 난개발과 투기의 광풍 속에서 지역의 '말살'만 진행될 뿐이다.

잘못을 바로잡기 위한 시민들의 노력이 더욱더 강화되어야 한다. '강부자'와 친일파와 광우병의 나라는 1%에게는 천국이겠지만 대다수 시민들에게는 지옥일 것이기 때문이다. 그러니 시급히 대다수 시민들을 아우르는 '비상시국회의'를 구성하자. 그리고 재벌국가, 토건국가, 투기사회, 학벌사회, 양극화, 저성장 등의 문제를 넘어선 '생태복지사회'와 같은 '좋은 사회'의 전망과 계획을 세우자. 잘못을 바로잡기 위한 시민들의 노력을 강화하기 위해서도 '좋은 사회'를 향한 올바른 전망과 치밀한 계획이 무엇보다 긴요하다.

後記 이명박 대통령의 책으로 『신화는 없다』라는 제목의 책이 있다. 이 책의 내용은 이명박 대통령이 선천적 능력과 후천적 노력으로 큰 성공을 이룬 뛰어난 인물이라는 것을 널리 알리는 것이다. 이 책의 제목은 사실상 반어적인 것이다. 이명박 대통령의 성공을 오로지 그의 능력과 노력 덕으로만 돌려서 결국 '이명박 신화'를 널리 퍼뜨리는 것이기 때문이다. 그러나 나는 이명박 대통령의 정책과 언행을 보면서 『신화는 없다』는 책에서 맞는 것은 그 제목밖에 없는 것이 아닌가 하는 생각을 하게 되었다.

한나라당은 부패와 관련해서 너무나 악명 높은 전력을 갖고 있다. 한나라당은 앞으로 부패와 연을 끊을 것인가, 아니면 앞으로 더 깊은 연을 맺을 것인가? 참으로 주목해야 할 문제가 아닐 수 없다. 한나라당이 부디 '부패본당'의 역사를 깨끗이 씻어 버리기 바란다. '초거대 여당'이 또다시 '부패본당'이 된다면, 나라가 거덜 날 수도 있지 않겠는가?

진짜 '백년지대개(犬)'를 잡는 날이 온다

'7·30 실천의 날'을 기억하자

며칠간 계속된 폭우로 7명의 사람이 죽었다. 5주 연속 예보를 틀린 기상청은 '사기청'이라 불리고, 예보를 하는 것이 아니라 '중계'를 한다는 비판을 받기에 이르렀다. 다행히 비가 그치는가 했더니 또다시 두 가지 나쁜 소식이 들려온다. 하나는 4년 7개월 만에 미국 갈비가 수입된다는 것이고, 다른 하나는 미국 지명위원회가 독도를 '분쟁지역'으로 표기했다는 것이다. 광우병 위험은 전면적으로 들여오면서 독도는 어이없이 빼앗기고 있는 형국이다. 지금 이 나라는 어느 모로 보나 정상이 아닌 듯하다.

이런 상황에서 한나라당의 책임은 갈수록 커지고 있다. 한나라당은 무려 172석을 차지하고 있는 '공룡'여당이다. 2위인 민주당은 겨우 81석밖에 되지 않는다. 이 나라가 잘못되고 있는 것에는 이명박 대통령과 한나라당의 책임이 가장 크다. '강부자'를 위한 종부세 인하 따위에 매달릴 시국이 아니건만 한나라당은 해야 할 일은 하지 않고 하지 말아야 할 일은 열심히 하고 있다. '딴나라당'이니 '헌나라당'이니 하는 비판들이 쏟아지고 있는 것은 이 때문이다. 한나라당에서 볼 수 있는 이 나라의 미래는 밝은 것과는 거리가 멀기만 하다. 국가와 국민을 지킨다는 기본 과제조차 제대로 달성하지 못한 채, 선진화는커녕 후진화가 맹렬히 진행되고 있기 때문이다.

이런 상황에서 서울시 교육감 선거를 앞두고 한나라당 차명진 대변인이 커다란 논란의 대상이 되었다. 사실 한나라당의 대변인들은 보기에도 문제가 적지 않다. 오래전에 움베르트 에코가 닉슨 하야에 관한 글에서 잘 지적했듯이 텔레비전 시대에는 말만큼이나 생김새가 중요하다. 이런 점에서 보자면, 조윤선 대변인은 한쪽 입술이 약간 위로 올라가는 아주 기분 나쁘게 거만한 인상이고, 차명진 대변인은 대단히 단단해 보이는 형태에 날카로운 눈매를 하고 있어서 아주 사나운 인상이다. 차명진 대변인은 그렇지 않아도 얼굴 자체가 사나운 싸움꾼의 인상인 사람이 늘 싸움을 거는 투로 말을 하고 있다. 아무튼 두 대변인이 한나라당의 상태를 잘 보여주는 것 같기는 하다.

그런데 차명진 대변인이 왜 커다란 논란의 대상이 되었는가? 그의 거친 말 때문이다. 안 그래도 거친 말로 계속 논란을 빚었던 그는 7월 24일에 교육감 선거와 관련해서 그야말로 '막말'을 했다. 《노컷뉴스》에 따르면, 그는 "교육감을 뽑는데 대통령 심판 운운하는 사람이 있다"며 "이런 사람이 당선되면 '백년지대개'가 될 것"이라고 비아냥댔다는 것이다. 서울시 교육감 선거를 둘러싸고 이명박 대통령에 대한 심판이라고 말하는 사람들은 아주 많다. 후보들 중에도 그렇게 말하는 사람들이 있다. 현 교육감이자 1번 후보인 공정택 후보가 한나라당의 지원을 받고 있기 때문이다. 그런데 '대통령 심판'을 주장하는 사람이 교육감으로 당선되면 '백년지대개'라니, 한나라당의 수준에 대해 다시 생각하지 않을 수 없다.

차명진 대변인의 저질스런 '욕설'은 '교육은 백년지대계'라는 말을 비튼 것이다. 교육은 백년 앞을 내다보고 해야 한다는 '백년지대계'를 비틀어서 '백년의 큰 개'라는 뜻의 '백년지대개'로 만들어버린 것이다. 이명박 대통령에 대한 심판이라고 주장한 후보가 교육감으로 당선되었다고 치자. 차명진 대변인의 '욕설'은 후보에 대한 '욕설'을 넘어서 그 후보를 교육감으로 선택한 시민들에 대한 '욕설'이 된다. 아니, 그 후보가 낙선했다고 치자. 그렇더라도 그를 지지한 시민들에게 '욕설'을 퍼부은 것이다. 도대체 시민들을 뭘로 보기에 이런 저질스런 '욕설'을 스스럼없이 할 수 있는 것인지 궁금하다. 차명진 대변인의 머릿속도 궁금하지만, 한나라당의 의사결정 방식은 더욱더 궁금하다.

그러나 차명진 대변인이 깨우쳐준 것도 있다. 차명진 대변인의 저질스런 '욕설'에 대해 생각하다가 문득 현재의 서울시 교육청 상태가 그야말로 '백년지대개'의 상태라고 할 수 있겠다는 생각이 들었기 때문이다. 이와 관련해서 최근에 언론에 보도된 몇 가지 사실만 간추려보자.

미국산 쇠고기 수입으로 학교 급식에 대한 불안감이 커지고 있는 가운데, 서울시 국·공립 중학교 교장단이 직영급식을 의무화한 현행 학교급식법의 재개정을 위해 서명을 받고 있어 논란이 일고 있다.

13일 《한겨레》가 서울시 국·공립 중학교 교장단과 일선 학교들을 취재한 결과, 교장단은 최근 '직영을 의무화하지 말고 위탁과 직영 중 선택할 수 있도록 해 달라'는 내용의 서명을 각급 학교를 통해 학부모들에게 받고 있는 것으로 확인됐다(《한겨레》, 2008년 7월 13일자).

서울시내 일부 전·현직 교장이 위탁급식업체 관계자와 해외 골프여행을 다녀와 교육당국이 감사에 착수했다. 15일 시교육청과 국민권익위원회에 따르면 서울시내 전·현직 교장 6명이 2006년 8월부터 올해 초까지 1~4차례 ㄱ급식업체 사장과 일본으로 골프여행을 다녀왔다(《경향신문》, 2008년 7월 15일자).

21일 서울시 교육청과 서울시의 말을 종합하면, 시교육청은 지난 5월 19일 공정택 교육감 명의로 "강남구 수서2지구 임대주택단지 건립사업을 재고해달라"는 내용의 공문을 서울시와 국토해양부에 보냈다. …… 공문을 받은 서울시 관계자는 "교육적인 판단을 해야 할 시교육청이 반교육적인 요구를 해온 데 대해, 오히려 서울시가 반대하는 이상한 상황"이라며 "교육청의 공문은 일고의 가치도 없고, 저소득층을 위한 임대아파트 사업은 예정대로 추진할 것"이라고 말했다(《한겨레》, 2008년 7월 21일자).

현 정부가 대통령직 인수위원회 시절부터 도입을 추진하다 이명박 대통령이 지난 3월 "해서도 안 되고, 할 수도 없다"고 밝히면서 결국 백지화됐던 영어몰입교육이 서울지역 13곳의 공립 초등학교에서 이뤄지고 있는 것으로 밝혀졌다. 서울시 교육청은 그동안 연구학교로 지정된 광남초 1곳에서만 영어몰입교육을 하고 있다고 말해왔다.

27일 서울시 교육청이 권영길 민주노동당 의원에게 제출한 자료를 보면, 서울 ㅊ·ㄱ·ㅇ초등학교 등 13곳의 공립 초등학교와 19곳의 사립 초등학교 등 서울에서만 모두 32곳의 초등학교에서 영어몰입교육을 하고 있는 것으로 집계됐다(《한겨레》, 2008년 7월 28일자).

현재의 서울시 교육청 상태를 차명진 대변인의 '백년지대개'보다 더 잘 나타내줄 수 있는 말은 없는 것 같다. 일부 교장들은 광우병 위험이 커지고 있는 상황에서 위탁급식을 추진했고, 서울시 교육청은 1곳에서만 '영어몰입교육'을 하고 있다고 거짓말을 해오다가 발각되었으며, 공정택 교육감은 자기 명의로 서울시에 보낸 '임대주택단지 건립사업 재고요청 공문'에 대해 모르는 일이라고 거짓말을 했다가 들통 나고 말았다. 외교부 다음으로 한심한 게 현재의 서울시 교육청이 아닐까 하는 생각도 든다. 아이들의 건강과 교육, 그리고 이 사회의 안전을 위해 정말 '백년지대개'를 개혁해야 한다. '7월 30일 수요일'이 그날이다.

後記 서울시 교육감 선거는 한나라당 후보인 공정택 교육감의 당선으로 끝났다. 강남에서 몰표가 쏟아졌던 것이다. 그동안 그는 일제고사의 강행, 이에 대해 반대한 교사들의 파면, 그리고 각종 의혹 등의 문제를 일으켰다. 이 때문에 야권에서는 그에 대한 국정감사를 요구하고 나서기도 했다. 결국 2009년 3월 10일의 재판에서 공정택 교육감은 교육감직 상실형인 벌금 150만 원의 형을 받았다.

공정택 서울시 교육감이 현직 교원과 김승유 하나금융지주 회장으로부터 교육감 선거를 앞두고 받은 후원금 일부를 돌려줬다는 소식이 10일 알려지자 네티즌들은 "뇌물을 돌려주면 무죄가 되느냐"며 공 교육감의 사퇴를 강하게 주장했다. …… 공정택 교육감은 이번 후원금 파문 외에도 '공직자 도덕 불감증'으로 여러 차례 문제를 일으켰다. 특히 7월 서울시 교육감 선거를 앞두고 선거자금으로 학원 관계자들로부터 모두 7억 900여 만 원을 빌렸다. 이 중 5억 900여 만 원은 유명 입시학원인 종로M스쿨 학원장 최모 씨로부터, 2억 원은 매제이자 서울 신설동에서 학원 이사장으로 있는 이모 씨로부터 각각 빌렸다고 주장했다. 학원 교습 시간 연장과 특수목적고 확대 등의 정책을 추진하고 있는 공 교육감은 종로M스쿨을 서울시 교육청의 국제중 입시반 집중 단속에서 제외한 것으로 알려져 의혹을 낳기도 했다.

지난 8월에는 평일 업무 시간에 5~6명의 교장과 함께 사학법 완전 폐지를 위한 교회 행사에 참석, 통성기도까지 해 물의를 빚었다(윤창수, "'뇌물 돌려주면 무죄?' 孔교육감 사퇴요구 빗발", 《서울신문》, 2008년 10월 10일자).

공정택 서울시 교육감이 1심에서 교육감직 상실형을 선고받았다. 벌금 100만 원 이상 형이 확정되면 공 교육감은 교육감직을 잃게 된다.

서울중앙지법 형사합의21부(부장 김용상)는 10일 부인이 관리하던 차명계좌의 4억여 원을 재산 신고에서 누락, 지방교육자치에 관한 법률 위반 등의 혐의로 기소된

공 교육감에게 벌금 150만 원을 선고했다. 재판부는 "공 교육감은 부인 명의의 계좌가 있다는 사실을 몰랐다고 주장하지만, 부인이 선거자금 마련에 깊이 관여하면서 부부 공동명의로 대출을 받고 이를 인출해 사용했던 점 등으로 미뤄 공 교육감과 부인 사이에 차명계좌 돈을 선거자금으로 사용하자는 동의가 있었을 것으로 보인다"고 밝혔다. 또 "오랜 공직생활로 재산 신고의 중요성을 알면서도 선거 전에 차명계좌 보유 사실이 알려질 경우 출처·용처 해명 등의 곤란으로 선거에 영향을 미칠 것을 우려해 의도적으로 누락시켰기 때문에 당선무효형에 해당하는 엄벌을 선고한다"고 설명했다. 재판부는 공 교육감이 옛 제자인 학원 관계자 최모씨에게서 1억 984만 원을 무상으로 빌려 선거자금으로 쓴 정치자금법 위반 혐의에 대해서는 무죄를 선고했다(유지혜·박창규, "공정택 1심서 교육감직 상실형", 《서울신문》, 2009년 3월 11일자).

또 '강부자'가 이겼다
계속되는 고난의 행군

장마가 끝나고 해가 활활 타오르는 무더위가 시작되어야 하건만 날씨가
계속 찌뿌드드하기만 하다. 기상청에서는 장마가 끝났다고 선언할 수 없다고
한다. 계속 날이 흐리고 비가 오기 때문이다. 지구온난화로 말미암은 이상기후
현상이다. 지난 100년간 지구의 온도는 0.5도 이상 상승했는데, 앞으로 2도 정
도 상승하면 뉴욕, 워싱턴, 도쿄, 인천, 부산 등이 모두 바다에 잠길 것이다. 지
금의 이상기후는 참담한 재앙의 전조이다. 실패학에서 가르치듯이 전조에 잘
대처하면 많은 재앙을 막을 수 있다. 재앙의 전조를 올바로 읽고 적극 대처하
는 것이 무엇보다 중요하다.

계속 날이 흐리고 비가 오는 중에 서울시 교육감 선거가 치러졌다. 결과는
공정택 교육감의 당선이다. 이 결과에 많은 사람들이 놀라는 차원을 넘어서 황
망해 하고 암담해 하고 있다. 사실 나도 밤늦게 선거 결과를 보고는 잠을 제대
로 이룰 수 없었다. 어떻게 이럴 수가 있는가? 공정택 교육감의 서울시 교육청
은 2005년부터 2007년까지 3년 연속 부패지수 1위를 차지했다. 이 암담한 사
실 한 가지만으로도 공정택 교육감은 낙선되었어야 옳을 것이다. 여기서 나아

가 공정택 교육감은 학생들과 학부모를 무한 경쟁으로 내모는 정책을 제시해서 큰 우려를 자아냈다. 이런 심각한 문제들에도 불구하고 공정택 교육감이 당선된 것이다.

잠시 이번 선거의 결과를 보자. 이번 서울시 교육감의 전체 유권자 수는 808만 4,574명이었다. 그런데 이 중에서 불과 15.5%만이 투표에 참여했다. 공정택 교육감은 이 중에서 40.09%의 표를 얻었다. 결국 공정택 후보는 전체 유권자의 겨우 6.2%의 지지를 받아서 교육감이 된 것이다. 여기서 드러난 1차적 문제는 투표율이 너무나 낮았다는 것이다. 전체 유권자의 6.2%밖에 되지 않는 턱없이 낮은 지지율로 '교육 대통령'이라고까지 불릴 정도로 막강한 권한을 행사하는 교육감이 될 수 있다는 것은 문제가 아닐 수 없다. 낮은 투표율은 민주주의의 위기를 보여주는 가장 근본적인 지표이다. '전자투표'의 도입을 포함해서 투표율을 높이기 위한 제도개혁이 시급히 이루어져야 한다.

이제 이번 선거의 또 다른 면을 보자. 서울시는 25개 자치구로 이루어져 있다. 공정택 교육감은 25개 자치구 중에서 불과 8개 자치구에서만 승리했다. 공정택 후보는 서초구, 강남구, 송파구 유권자들의 절대적 지지를 받아서 교육감에 당선되었다. 세 자치구에서 공정택 교육감의 평균 득표율은 56.08%로 전체 득표율인 40.09%보다 무려 16% 포인트나 높았다. 이에 비해 2위로 낙선한 주경복 후보는 전체 득표율이 38.31%였으나 세 자치구의 득표율은 불과 26.2%에 머물렀다. 공정택 교육감은 주경복 후보보다 2만 2,000여 표를 더 얻었다. 그런데 강남구에서만 공정택 교육감은 주경복 후보보다 3만2,000여 표를 더 얻었다. 이런 점에서 이번 선거는 분명히 '강부자'의 승리이다.

그렇다면 어떻게 해서 '강부자'가 또 선거에서 이기게 되었는가? 그 답은 선거 결과에서 쉽게 알 수 있다. 서초구, 강남구, 송파구의 투표율이 압도적으로 높았으며, 세 자치구에서 표차가 압도적으로 컸던 것이다. 주경복 후보가 이긴 자치구가 많기는 했지만 투표율이 아주 낮았고 표차도 세 자치구만큼 크지 않았다. 다시 말해서 공정택 교육감을 지지하는 유권자들은 적극적으로 투표에 참여했으나, 주경복 후보를 지지하는 유권자들은 그렇지 않았던 것이다. 이런 점에서 이번의 서울시 교육감 선거는 공정택 교육감이 주경복 후보에 대해 승리한 선거가 아니라 공정택 교육감을 지지한 유권자들이 주경복 후보를 지지한 유권자들에 대해 승리한 선거이다.

선거 결과가 잘 보여주듯이 공정택 교육감은 서울시 교육감이라기보다는 '강남 교육감'에 가깝다. 그런데 '강부자'들은 왜 그렇게 열렬히 공정택 교육감을 지지했을까? 0교시 수업을 좋아해서? 자율형 사립고를 좋아해서? 학교 자율화를 좋아해서? 아마도 그럴 것이다. 교육 경쟁의 강화는 온갖 경쟁 수단을 확보하고 있는 '강부자'들이 아주 좋아하는 정책 방향이기 때문이다. '강부자'들은 교육 경쟁을 강화해서 자신들의 지위를 합법적으로 다지고자 한다. 막대한 부를 활용해 교육 경쟁에서 쉽게 이기고, 그 결과 학벌사회에서 최상위의 지위를 차지하는 것이다. 이미 '강부자'들은 상당한 정도로 자기들만의 폐쇄사회를 구축한 상태이다. 평등교육과 공교육 정상화가 악화될수록 '강부자'들의 폐쇄사회는 강화되기 쉽다.

그러나 이러한 교육정책보다 더 직접적이고 중요한 이유가 작용한 것 같다. 강남에 임대주택을 신설하지 않도록 하겠다는 공정택 교육감의 의지가 그것이다. 지난 5월 19일 서울시 교육청은 공정택 교육감의 명의로 서울시에 이런 내용의 공문을 보내서 커다란 물의를 일으켰다. 그러나 그 누구보다 개발과 투기에 밝은 '강부자'들에게 공정택 교육감이야말로 최고의 대표일 것이다. 교육 경쟁의 강화와 투기이익의 확대는 한국형 승자 독식 사회의 양대 기반이다. 공정택 교육감은 '강부자'들의 기대를 명확히 공표했고, '강부자'들은 단단히 뭉쳐서 공정택 교육감 만들기에 성공했다. 이제 서울시 교육청은 한국형 승자 독식 사회를 향해 더욱 맹렬히 치달릴 것이다.

이번의 선거를 두고 여러 의견이 제시되었다. 공정택 교육감의 문제가 명확히 밝혀졌고, 또한 교육개혁을 향한 '촛불'의 열망이 잘 드러났기 때문에 공정택 교육감이 반드시 낙선하리라는 기대가 컸다. 그러나 이러한 기대는 결국 실현되지 않았고, 이에 따라 많은 시민들이 커다란 실망의 뜻을 밝히고 있다. 다른 한편에서 공정택 교육감이 '강부자'의 대표라는 사실이 명확히 입증되었다는 점을 강조하는 시민들도 있다. 아마도 좌절할 필요는 없을 것이다. 그러나 '촛불'의 열망을 실현하기 위해서는 선거와 투표의 중요성에 더욱 주의해서 노력하지 않으면 안 된다. 거리에서 촛불을 밝히고 뜻을 밝히는 것과 선거와 투표에서 승리하는 것은 직결되어 있지 않다.

싫건 좋건 선거와 투표는 민주주의의 꽃이다. 여러 문제와 한계를 안고 있지만 선거와 투표는 민주주의를 실현하기 위한 가장 합리적인 제도이다. 문제와 한계를 지적하는 것도 중요하지만 선거와 투표에 참여하는 것은 훨씬 더 중요하다. 선거에서 또 이긴 '강부자'는, 비록 6.2%의 지지밖에 안 될지라도, 합법적 승리를 강조하며 일방적 정책을 강행할 것이다. '강부자'가 계속 선거에서 이기는 한, '촛불'은 결국 무의미한 고난의 도로가 될 수도 있다. '강부자 공화국'의 문제를 널리 알리며 선거에서 이기기 위한 '촛불'을 들어야 한다. '강부자'가 선거에서 또 이겼다. 재앙의 전조가 또다시 강화되었다.

後記 2009년 4월 8일 경기도 교육감 선거가 치러졌다. 이 선거에서는 야당과 시민사회의 단일 후보인 한신대 김상곤 교수가 교육감에 당선되었다. 이명박 정부와 한나라당이 강행하는 경쟁주의 교육정책에 깊은 우려를 품고 있는 전문가들과 시민들이 힘을 모은 결과로 대단히 중요한 개혁의 길을 연 것이다. 물론 단순히 힘을 모아 선거에서 이긴 것은 아니었다. 사실 힘을 모으는 것은 필요조건일 뿐이다. 실제로 이기기 위해서는 선거를 올바로 이해하고 대응하는 것이 중요하다. 이런 점에서 2009년 4월 8일의 경기도 교육감 선거는 여러모로 음미되어야 할 것이다.

'강부자'가 계속 이기지는 않을 것이며, 그렇게 되어서도 안 될 것이다. '강부자'가 지배하는 사회는 단순히 '승자 독식의 사회'가 아니라 개발과 투기와 부패가 만연한 사회이기 때문이다. 그러나 개혁을 원하는 사람들이 문제를 올바로 이해하지 못해서 결국 문제에 올바로 대응하지 못한다면, '강부자'의 지배는 파국이 도래할 때까지 계속될 수도 있다.

이명박은 '부시의 덫'에 걸렸다

'독도 사태'와 미국의 전략

세상은 빠르게 변하는 듯하면서도 잘 변하지 않는다. 예로부터 10년이면 강산이 변한다고 했지만, '민주화 20년'이 지났다고 해도 민주화가 제대로 이루어졌다고 말하기 어려운 상황이다. 예컨대 친일-독재의 세력은 여전히 위세를 부리면서 심지어 '광복절'마저 없애자고 나서고 있다. '민주화 20년'을 지나면서 반민족과 반민주의 세력인 친일·독재 세력의 문제가 다소 약화되기는 했으나, 그들은 정권을 쥐자마자 역사의 수레바퀴를 거꾸로 돌리려는 대공세를 본격적으로 펼치고 있는 것이다.

이와 관련해서 최근에 국방부가 '금서목록'을 작성해서 사용하고 있다는 놀라운 사실이 밝혀졌다. 정말 이게 '뭥미'? 국방부 시계는 박정희, 전두환 시대에서 살짝 멈췄는가? 이렇듯 구태의연한 국방부의 행태를 보니 정말 독도를 지킬 수 있을지 의심스럽다. 그런데 이 목록을 보다가 이상한 생각이 들었다. 친북과 반미가 이 목록의 핵심 기준으로 보이는데, 『반미가 왜 문제인가』라는 제목의 내 책이 쏙 빠져 있는 것이다. 미국의 문제를 문명적 관점에서 조목조목 설명하고, '반미'를 문제 삼는 '보수 세력'의 문제를 정면으로 다루고 있는

이 무서운 책이 왜 국방부의 금서목록에서 빠졌을까? 아무래도 국방부가 금서목록을 엉터리로 작성한 것 같다. 더욱더 한심하다고 해야 하나, 그나마 다행이라고 해야 하나.

미 대통령 조지 부시 2세의 한국 방문을 맞아 이명박 정부는 '갑호비상령'을 발동하며 잔뜩 긴장하고 있다. 미국의 대통령은 이 세계에서 가장 적이 많은 자이기 때문에 언제 어디서나 경호에 만전을 기하기 위해 많은 사람들이 고생하게 마련이다. 그러나 이번은 좀 더 유난스럽게 느껴진다. 그도 그럴 것이 이명박 정부의 무능과 미국 정부의 탐욕이 결합해서 한미 관계를 극도로 악화시켰기 때문이다. 이명박 정부는 미국 정부가 그토록 고대하던 미국산 쇠고기 전면 수입을 덜컥 결정했다. 그 결과 한국 국민은 심각한 '광우병 룰렛'에 시달리게 되었고, 미국은 연간 최소 1조 원 이상의 수입을 거두게 되었다. 이 잘못된 정책에 맞서 국민들이 촛불을 밝히고 거리로 나선 것도 벌써 석 달을 넘어섰다.

그런데 문제는 여기서 그치지 않았다. 지난 7월 27일 우리는 미국 정부의 지명위원회가 독도를 '분쟁지역'으로 표기했다는 황당한 소식을 접했다. 멀쩡한 우리의 영토가 '분쟁지역'이 되었다는 것은 그 자체로 크게 분노할 일이었지만, 이것이 결국 일본의 터무니없는 요구를 인정한 것과 같다는 점에서 우리로서는 더욱더 크게 분노하지 않을 수 없었다. 그러나 이 황당한 소식은 일주일 뒤에 부시의 지시로 '원상 복구'되어 겉으로는 일시적인 '해프닝'으로 끝났다. 여기서 나아가 이명박 세력은 이명박 정부가 한미동맹을 확고히 다진 결과라는 둥, 이명박과 부시의 친분 관계가 입증되었다는 둥 더욱 황당한 주장을 펼치고 나섰다. 그러나 이런 아전인수 식 주장은 정말이지 그저 '안습'이라고

222

하지 않을 수 없다.

　일본은 독도를 '분쟁지역'으로 만들기 위해 오래전부터 애써왔다. 그러니 일본의 행태에 대해 길게 왈가왈부할 필요는 없을 것이다. 다만 일본은 우리의 영토를 빼앗기 위해 오래전부터 치밀하게 작업해오고 있으나, 이에 반해 한국은 친일·독재 세력의 지배 속에서 독도를 지키는 척해왔을 뿐이라는 사실은 반드시 유념할 필요가 있다. 그런데 이번의 독도 사태에서 이전과 비교해 가장 크게 다른 것은 바로 미국의 행태이다. 미국 지명위원회가 독도를 '분쟁지역'으로 표기했다가 부시의 지시에 따라 일주일 만에 '원상 복구'한 것이 과연 단순한 '해프닝'일까? 이번의 독도 사태는 한국에서 최대한의 이익을 거두고자 하는 미국 정부의 야비한 전략이 작용한 결과는 아닐까?

　잘 알려져 있다시피 미국의 축산업계는 미국 공화당의 가장 강력한 지지 세력이다. 현재의 미국 정부는 공화당 정부이고, 올해의 대통령 선거에서 열세에 있는 미국 공화당 정부는 어떻게든 축산업계의 요구를 들어줘야 할 처지이다. 이 때문에 미국 공화당 정부는 한국 정부에 미국산 쇠고기의 전면 수입을 강요했고, 이명박 정부는 미국 정부와의 우의를 과시하기 위해 미국 공화당 정부의 요구를 대뜸 받아들였던 것이다. 그러나 부시는 물론이고 이명박도 '촛불 시위'는 전혀 예상하지 못했다. 부시는 좋은 사람으로 보이기 위해 부심하지 않을 수 없게 되었는데, 이 와중에 일본이 더욱 강력한 내용으로 또다시 독도 사태를 일으켰고, 미국 정부는 이것을 적극 이용했던 것이다.

　일본이 거듭 독도 사태를 일으킬 수 있는 것은 미국이 사실상 용인하고 있기 때문이다. '샌프란시스코 조약'에서 독도를 반환 영토로 명기하지 않았다는 것을 악용해서 일본은 계속 독도 사태를 일으키고 있다. 미국이 독도의 영유권 역사를 올바로 인정하면 일본이 독도 사태를 일으킬 수 있는 근거는 사라진다. 그러나 미국은 이 당연한 일을 하지 않고 일본을 내세워서 한국을 조종

하는 야비한 전략을 펼치고 있는 것이다. 요컨대 미국 공화당 정부는 '광우병 룰렛'을 강요하고는 이에 대한 저항을 무마하고자 독도 사태를 악용한 것이다. 이제까지의 행태로 보건대 민주당 정부로 바뀐다고 해도 미국 정부는 이런 식의 야비한 전략을 계속 사용할 것이다.

우리는 미국이 조선을 일본에 넘긴 '태프트-가쓰라 밀약'을 결코 잊어서는 안 된다. '광우병 룰렛'의 강요와 이번의 독도 사태는 불행한 근대사가 여전히 계속되고 있다는 사실을 잘 보여주었다. 그런데 한국의 '보수 세력'은 '광우병 룰렛'과 독도 사태에 맞서는 '촛불 시위'를 '친북 반미 세력'의 난동이라고 우기고 있다. 참으로 불행한 일이지만, 이 나라에 '보수'는 없다. 오직 '보수'를 참칭하는 '매국' 세력만 있을 뿐이다. 그들의 사회적 실체는 '친일, 숭미, 독재, 폭력, 투기, 부패' 세력이다. 이러한 한국의 '보수 세력'이 부시의 방한을 맞아 '부시환영 애국시민연대'라는 것을 만들었다고 한다. 그러나 이 단체는 '부시환영 매국시민연대'로 이름을 바꿔야 옳을 것이다. '광우병 룰렛'을 강요하고 독도 사태를 이용하는 부시의 잘못을 도외시하고 일방적으로 환영하는 것이 어떻게 '애국'일 수 있는가?

'광우병 룰렛'과 독도 사태는 미국에 대한 새로운 중요한 각성의 계기이기도 하다. 친일·독재 세력이 목매어 외치는 비합리적 숭미론으로는 광우병을 막을 수 없고 독도를 지킬 수 없다. 생명을 지키기 위해 촛불을 들고 거리로 나선 어린이, 청소년, 젊은이, 중장년, 노인네 등을 적대시하는 자들의 머릿속에는 과연 무엇이 들어 있는 것일까? 이런 자들의 허황된 주장을 내세워서 잘못을 합리화하려고 하면 할수록 이명박과 부시의 문제는 더욱 명확해질 뿐이다. 올바른 한미 관계는 비합리적이고 반민주적인 숭미 세력의 허황된 주장이 아니라 건강과 생명에 대한 촛불의 요구 속에서 비로소 이루어질 수 있다.

권좌에서 물러난 조지 부시 2세는 개똥이나 치우며 살고 있다고 한다. 많은 사람들이 그를 개똥만도 못한 존재로 기억할 것이다. 미국이라는 초강대국이 얼마나 한심한 나라일 수 있는지를 조지 부시 2세는 너무나 잘 보여주었다. 그는 국민을 속여서 이라크전쟁을 일으켰고, 그 결과 미국과 이라크가 모두 큰 고통을 당해야 했다. 대통령을 잘못 선출한 대가를 톡톡히 치른 미국인들이 앞으로는 같은 잘못을 저지르지 않을 것인가? 자못 궁금한 문제가 아닐 수 없다.

조지 부시 2세가 독도를 야비하게 이용했다고 볼 수 있는 정황은 충분하다. 무턱대고 미국을 믿다가는 독도를 정말로 일본에게 빼앗길 수도 있다. 미국에게 동북아에서 가장 중요한 나라는 일본이기 때문이다. 사실상 한국은 미일동맹의 하위 파트너일 뿐이다. 미국에게 일본이 동북아에서 중국과 러시아에 맞서기 위한 '교두보'라면 한국은 직접 전투를 벌일 '전쟁터'이다. 문명의 차원에서나 국익의 차원에서나 우리의 생존을 위해서는 미국의 문제를 직시해야 한다.

거꾸로 달린 태극기가 예사롭지 않다

'명박독재' 이제 시작인가

조지 부시 대통령과 정상회담을 마치고 기자회견을 하는 자리에서 이명박 대통령은 아프간 파병에 대해서는 논의하지 않았다고 말했다. 그러자 조지 부시는 어이없다는 듯이 허허 웃으며, 분명히 논의했고 다만 '비군사지원'이라고 반박했다. 이 뉴스를 보면서 퍼뜩 든 생각은 이명박은 그야말로 '거짓말의 달인'이라는 것이다. 거짓말을 하지 않으면 혓바닥에 바늘이 돋는 병에 걸린 것인지도 모르겠다. 이번에도 웃으며 껴안고 사진을 찍어주기는 했지만 조지 부시도 속으로는 대단히 황당해 하지 않았을까?

그러나 서짓말노 문제지만 이보다 더 큰 문제가 있다. 이명박 식 실용주의에 따르면 거짓말을 해서라도 성공만 하면 결국 좋은 것이다. 천박한 결과주의의 극치가 이명박 식 실용주의의 본질이다. 그러므로 우리가 정말로 주의해야 하는 것은 이명박이 '거짓말의 달인'이라는 사실만이 아니라 여기서 나아가 그가 숱한 거짓말을 통해 궁극적으로 이루고자 하는 성공의 정체이다. 그가 성공이라고 여기는 것은 이 나라를 온통 아수라장으로 만들고 나락으로 몰아넣는 것일 수 있기 때문이다. 아무래도 그는 독재체제의 수립을 자기가 추구해야 하는 궁극적인 성공으로 여기고 있는 것 같다. 그는 자기가 아무리 거짓말을 해도 사람들이 반박하지 못하고, 자기가 하자는 대로 '광우병'이고 '대운하'고 모두 수용하는 상태를 추구하고 있는 것이다.

촛불들의 강력한 저항에 직면해서 불도저는 잠시 밀어붙이기를 멈춰야 했다. 이명박은 국민에게 사과한다고 말했다. 그러나 그것은 거짓말이었다. 그렇게 거짓말로 잠시 시간을 벌고는 이명박은 사태를 분석하고 전술을 변경했다. 이명박 쪽은 나름대로 자료를 검토하고 논란을 벌인 끝에 '적'들이 방송을 장악하고 있는 것이 문제의 핵심이라고 분석한 것 같다. 그들에게 <PD수첩>의 광우병 심층보도와 인터넷의 활발한 토론은 그들의 판단을 확인해주는 너무도 명백한 증거였다. 그래서 '대운하'며 '민영화' 등을 그만둘 것처럼 얘기하면서 잠시 유보해놓고는 우선 방송을 장악하는 것에 총력을 기울이기 시작했다. 그 핵심은 KBS의 장악이다. KBS를 장악하면 모든 방송을 장악하는 것이고, 이것은 결국 모든 언론을 장악하는 것이다.

언론은 매체를 통해 이루어진다. 매체는 기술의 발달과 사회의 발전에 따라 하나의 구조를 형성한다. 나는 이것을 '매체구조(media structure)'라고 부른다. 우리의 매체구조는 크게 신문, 방송, 인터넷으로 이루어져 있다. 이 중에서 신문은 '이명박 신문'이라고 해도 좋을 조·중·동이 여전히 75%를 넘는 막강한 점유율을 보이고 있다. 방송은 YTN과 EBS가 이미 '이명박 방송'의 위기에 처했으며, SBS는 사실상 '이명박 방송'이라는 비판을 받고 있다. 이런 상황에서 이명박 쪽에게 KBS와 MBC는 그야말로 눈엣가시가 아닐 수 없다. 그런데 KBS를 장악하면 방송문화진흥회의 지분구조를 통해 MBC도 장악할 수 있다. 따라서 이명박 쪽은 이명박 대통령의 최측근인 최시중 방송통신위원장의 지휘 아래 국민의 여론과 국제적 비판조차 무시하며 KBS 이사회를 장악해서 정연주 사장을 해임하는 전술을 강행했다.

한나라당의 상임고문인 유한열이 국방부 납품과 관련해서 거액의 뇌물을 받은 사건이 발각되었다. 김옥희의 뇌물 사건에 뒤이은 거대한 부패 사건이다. 그런데 유한열 사건의 관련자들은 "한나라당이 정권을 잡았으니 무엇이든지 할 수 있다"고 말했다고 한다. 현재의 상황을 명료히 요약해주는 끔찍한 말이 아닐 수 없다. '차떼기당'의 악몽은 물론이고 'IMF 사태'의 고통이 선연히 떠오른다. 이런 문제를 막기 위해서도 언론의 자유는 정말로 중요하다. 그러나 우리의 매체구조는 지극히 취약하다. 이제 이명박 쪽이 정연주 사장을 쫓아내고 KBS를 장악하면, 이명박 쪽이 완전히 언론을 장악했다고 할 수 있다. 그렇게 되면 유한열 사건의 관련자들이 한 말은 그야말로 '진리'가 될 것이다. 단순히 언론의 자유가 억압되는 것이 아니라 '명박독재'의 시대가 본격적으로 시작될 수 있을 것이다.

'명박독재'는 어떤 것일까? 그것은 돈이면 최고라는 무서운 배금주의의 가치관을 확산시키는 '돈독재'이며, '대운하'와 같은 전대미문의 파괴사업마저도 경제의 이름으로 강행하는 '토건독재'이며, 국토를 산산이 파괴할 '대운하'마저도 최고의 투기 대상으로 여기는 '투기독재'이며, 김옥희와 유한열의 뇌물 사건에서 이미 적나라하게 드러나고 있듯이 '부패독재'이며, 초등학생부터 격렬한 학벌 경쟁을 벌이도록 하는 '학벌독재'이며, 광복절을 부정하고 일본을 찬양하는 '친일독재'이며, 광우병 위험과 O-157 위험을 무작정 감수하는 '숭미독재'이며, 촛불시민들에게 무차별적으로 폭력을 행사하는 데서 잘 드러났듯이 '폭력독재'이며, 불교를 무시하는 작태에서 이미 잘 드러났듯이 타 종교나 무종교를 사탄으로 여기는 '기독독재'일 것이다.

KBS의 장악은 단순히 방송 장악에 그치지 않는다. 현대사회에서 매체와 언론은 총보다 중요하다. 총으로 권력을 장악한 자들도 실제로 권력을 행사하기 위해 가장 먼저 매체와 언론을 장악했다. 박정희가 그랬고, 전두환이 그랬다. 독재자들은 매체와 언론에 모습을 드러내고 자신의 지위를 과시했다. 매체와 언론은 현대사회의 조직자이자 운영자이기 때문이다. 조지 오웰의『1984』에서 무섭게 묘사되었듯이 독재는 총만으로 작동할 수 없다. 반드시 매체와 언론을 장악해야 한다. 매체와 언론을 장악하기 위해 꼭 총을 쓸 필요는 없다. 법을 이용할 수 있다면 민주주의의 외피를 얻을 수 있다. 그러나 정권이 매체와 언론을 장악할 수 있도록 허용한다면, 그 법은 민주주의를 위협하는 심각한 문제를 안고 있는 것이다. 있는 법조차 그저 지키는 척하면서 매체와 언론을 장악하는 것의 문제는 더 말할 나위도 없다. KBS의 위기는 매체와 언론의 위기이며, 우리가 너무도 어렵게 이룩한 민주주의의 위기이다.

이명박 대통령이 베이징에서 거꾸로 그려진 엉터리 태극기를 들고 응원을 한 것이 어쩐지 큰 상징적 의미로 다가온다. 나는 그가 후진기어를 넣고 앞으로 가자고 외친다고 지적했지만, 정말 이명박 세력은 이 나라를 거꾸로 되돌리는 것을 궁극적 목표로 하고 있는 것 같다. 그것은 결국 친일과 독재의 세상, 부패와 폭력의 세상을 다시 구현하는 것이 아닌가? '잃어버린 10년'을 외치면서 사실은 '굶주린 10년'을 벌충하기 위해 혈안이 된 '강부자'의 발호가 갈수록 격화되고 있으니 이 나라가 과연 어디로 갈 것인가? 물가폭등과 금융위기는 결국 다수의 중산층마저 '강부자'의 먹이로 만들어버리지 않겠는가? '명박독재'의 위험에 대해 중산층이야말로 커다란 위기의식을 가져야 하지 않겠는가?

끝으로 한 가지만 덧붙이자. 김금수 KBS 전임 이사장과 유재천 KBS 현임 이사장은 서울대 사회학과 57학번 동기이다. KBS를 굳게 지킬 것으로 여겨졌던 김금수 이사장의 갑작스런 사임에 대해 여러 의혹이 제기되었지만, 뒤를 이은 유재천 이사장의 너무나 강경한 태도에 대해서도 역시 여러 의혹이 제기될 수밖에 없다. 원로 언론학자로서 유재천 이사장은 전두환 독재의 엄혹한 시절에『민중』이라는 제목의 책을 엮어서 펴내기도 했다. 나름대로 학계와 시민사회의 존중을 받던 그가 이명박 정권의 노골적인 KBS 장악, 아니 전체 방송 장악 전술의 현장 책임자가 된 것은 그 자체로 대단히 유감스러운 일이 아닐 수 없다. 잘못된 정치가 학자를 망치는가, 잘못된 학자가 정치를 망치는가? 유독 정치교수의 문제가 심한 이명박 정권을 보면서 우리는 이런 질문도 던져야 할 것이다.

 이명박 정부와 한나라당은 입만 열면 '잃어버린 10년'이라고 말한다. 그러나 대체 어떤 의미에서 '잃어버린 10년'인가? 그 실체는 '권력을 잃은 10년', 그래서 '굶주린 10년'이 아닌가? 유한열 사건의 관련자들이 했다는 말은 이런 생각을 하지 않을 수 없게 한다.

KBS는 이미 편파적 보도로 여론을 왜곡하고 있다는 비판을 크게 받고 있다. 박정희 시대를 대표하는 '대한 늬우스'가 돌아왔다는 비판은 그 단적인 예이다. 그런데 이런 상황에서 KBS는 또다시 '정책 버라이어티쇼'라는 이상한 것을 추진하고 있어서 큰 우려와 비판을 야기하고 있다. 이것은 이명박 정부와 한나라당이 KBS를 자기들의 홍보 도구로 전락시키고자 한다는 비판이 강력히 제기되어 폐기되었던 계획이 결국 은밀히 강행되어 되살아난 것이기 때문이다.

문화체육관광부(장관 유인촌)가 지난 2월에 '편성권 침해' 및 '관영 홍보 방송' 논란으로 백지화하겠다던 KBS 버라이어티쇼를 그동안 추진해온 것으로 드러나 논란이 일고 있다. 야당은 백지화를 촉구했지만, 문화부는 KBS 봄 개편에 따라 오는 25일 첫 방송부터 협찬을 진행할 입장이다. …… 논란이 되는 것은 이번 프로그램이 지난 2월 국회에서 지적됐던 문화부 공문과 유사하게 진행되고 있는 점, 유인촌 장관이 백지화를 약속했다가 번복한 점, 편성권 침해 및 홍보 방송 우려가 있는 점 등이다. 지난 2월 19일 최문순 민주당 의원이 공개한 문화부 공문에 따르면 '아이디어 왕! 세상을 바꾼다'라는 가제목으로 KBS 주간 정규 프로그램이 편성됐고, 편성 시간도 '가족시간대, 1시간'으로 봄철 개편에 따라 6개월간 24회 방영하기로 됐다. 문화부는 "국민이 정책 아이디어를 제안하고, 연예인, 전문가, 정부 관계자가 실현 가능성을 검증, 정책에 신속히 반영하는 형식"이라며 '버라이어티' 형식이라고 밝혔다. 당시에 논란이 됐던 것은 정부 부처가 직접 제작부터 편성까지 관여하게 된다는 점이다. 이번에 추진하는 방송도 위 공문과 제목이 다를 뿐, 방송 시간·형식이 유사하고, 아이템 선정부터 정부의 태스크포스와 협의하게 돼 있다(최훈길, "유인촌, 'KBS 버라이어티쇼' 추진 논란", 《미디어오늘》, 2009년 4월 22일자).

제3부 **이런 나라가 어디에 있나**

'친일파'와의 싸움은 계속된다

'민주주의 수호 국민회의'를 구성하자

63번째 '광복절'을 맞는다. 광복절은 일본에 빼앗겼던 국권을 되찾은 날이다. 일본은 침략과 전쟁을 통해 수억 명의 사람들을 죽음의 고통 속으로 몰아넣었다. 특히 우리는 물질적으로나 인간적으로나 가장 큰 피해를 입었다. 그리고 그 피해는 아직도 제대로 회복되지 않은 상태이다. 이 때문에 우리는 광복절을 그저 기쁜 마음으로만 맞을 수는 없다. 광복절은 여전히 계속되고 있는 문제들을 돌이켜보고, 그것들을 해결하기 위해 각오를 다지는 날이어야 한다.

이번의 광복절은 더욱더 그렇다. 친일파 문제가 해결되지 않았다는 것은 하나의 상식이지만, 여기서 나아가 그들이 아예 광복절을 폐기하려고 획책할 줄은 차마 꿈에도 생각하지 못했다. 과거가 없이는 현재가 없으며 미래도 없다는 사실을 여기서 명확히 확인하게 된다. 광복과 함께 친미파로 둔갑한 친일파는 정치, 경제, 문화의 모든 면에서 지배력을 확보하고, 식민과 친일의 역사를 지워 없애기 위해 최선을 다했다. 그들은 민족주의자들을 '빨갱이'로 매도하고 심지어 살해하기도 했다. 친일파의 자손은 대부분 말 그대로 잘 먹고 잘 살고 있지만, 독립군의 자손은 대부분 그야말로 못 먹고 못 살고 있다. 이런 상황에서 친일파는 이제는 아예 광복절을 없애려고 하는 것이다.

광복절을 맞아 우리는 친일파의 문제를 다시금 깊이 생각해야 한다. 그들은 이 나라를 또다시 식민지로 만들려고 하는 것 같다. 친일파는 우리의 정체성 자체를 근원적으로 부정하며, 자기의 이익을 위해 민족과 국가를 아무렇지도 않게 팔아먹는다. 친일파는 오늘날 우리가 맞고 있는 민주주의의 위기를 초래한 역사적 원천이다. 친일파의 청산은 민주주의의 위기에 맞서는 것이며, 이 나라를 더욱 튼튼한 민주주의의 반석 위에 세우는 것이다. 일본의 지배로 이 나라가 크게 발전했으며 '정신대'는 '자발적 창녀'였다고 주장하는 친일파들이 계속 위세를 떨치는 한, 이 나라의 민주주의는 계속 위기 상태에 있을 수밖에 없다. 친일파의 청산을 위해서도 민주주의의 심화는 가장 중요한 과제이다.

그러나 잘 알다시피 지금 이 나라는 한창 역행하고 있는 중이다. 이 때문에 민주주의의 위기에 대한 인식이 빠르게 확산되고 있다. 민주주의의 위기로 가장 큰 이득을 보는 것은 머리부터 발끝까지 완전히 반민주적 세력인 친일파이다. 친일파는 민주주의의 위기를 촉발하고, 민주주의의 위기는 친일파를 강화하고 있다. 수많은 시민들이 촛불집회를 열어 이 나라의 역행을 일시적이나마 저지할 수 있었다. 그러나 안타깝게도 촛불집회가 민주주의의 위기를 저지하기에는 아무래도 역부족인 것 같다. 이제 우리는 민주주의의 위기라는 역사적 관점에서 촛불집회의 성과를 평가하고, 민주주의의 위기에 대처하기 위한 노력을 서둘러야 할 상황에 직면했다.

민주주의의 위기는 권력의 폭력적 행사에서 이미 명확하게 드러났다. 좀더 구체적으로 세 가지 사례를 통해 우리는 민주주의의 위기를 쉽게 확인할 수 있다. 첫째, 정책이다. 이명박 세력은 '대운하', 광우병, 학교 자율화, 민영화 등 대다수 국민이 명백히 반대하는 정책을 강행해서 민주주의의 위기를 야기했다. 둘째, 사면이다. 이명박 세력은 경제를 위하는 것이라면서 중범죄를 저지른 재벌 총수들을 모두 사면해주었다. 이명박 세력이 추구하는 경제는 '횡령 경제', '배임 경제', '폭력 경제'인 모양이다. 이런 경제가 민주주의와 양립할 수 없다는 것은 다시 말할 필요도 없을 것이다. 셋째, 방송 장악이다. 이명박 세력은 한국방송과 문화방송을 장악하기 위한 전술을 강행하고 있으며, 여기서 나아가 인터넷마저 강력히 규제하기 위한 전술을 강행하고 있다.

이렇듯 확연히 드러난 민주주의의 위기에 올바로 대처하지 못한다면, 이 나라는 결국 친일파의 나라, '강부자'의 나라, 토건족의 나라, 양극화의 나라가 되고 말 것이다. 이와 관련해서 우리는 촛불집회의 향후 전망에 관한 토론에 깊은 관심을 기울여야 한다. 이명박 세력이 야기하고 있는 민주주의의 위기는 사실 촛불집회를 통해 가장 명확히 드러났다. 촛불집회의 향후 전망에 관해 현재 크게 세 가지 주장이 제기되어 있다. 이명박 정권의 퇴진을 전면적으로 추구하는 '투쟁위 결성론(투위론)', 각자의 자리에서 개혁을 추구하는 '산개론' 또는 '생활촛불론', '대책위'의 조직적 성과를 계속 이어가는 '승계론'이 그것이다. 여기서 '투위론'과 '산개론'은 극단적으로 대립하지만 비현실적이라는 공통점을 지니고 있다. 아마도 우리는 '승계론'의 관점에서 새로운 실천을 추진해야 할 것이다.

나는 두 가지 내용으로 새로운 조직화 작업을 추진해야 할 것으로 생각한다. 먼저 '대책위'는 더 이상 상황실을 운영하기가 어려운 상태이므로 일단 활동을 중단하되 해산하지는 않는다. 촛불집회의 과제가 전혀 해결되지 않았는데 '대책위'를 해산하는 것은 잘못이다. 계속 전개될 시민들의 자발적 촛불집회를 위해서도 '대책위' 자체는 계속 유지되어야 할 것이다. 그리고 이제 시민사회의 노력은 민주주의의 위기에 대처하기 위한 '민주주의 수호 국민회의(민주회의)'의 구성과 활동에 초점을 맞춰야 할 것이다. 시민들의 노력을 이어받아 원로, 종교인, 교수 등의 인사들이 적극 나서야 할 때가 되었다. 명칭이나 과제에 대해서는 더 넓고 깊은 논의가 이루어져야겠지만, 중요한 것은 시민들의 피땀으로 이룬 촛불집회의 성과를 이어가기 위한 조직화 노력이 본격적으로 추진되어야 한다는 것이다.

63번째 광복절을 맞이하면서 친일파의 문제를 얘기하고 민주주의의 위기를 크게 우려해야 한다는 것은 대단히 안타까운 일이 아닐 수 없다. 이것이 바로 우리의 우울한 현실이다. 그러나 촛불집회에서 우리는 커다란 희망을 보았다. 지난 100여 일간의 촛불집회에 전국적으로 600만 명을 훨씬 넘는 시민들이 참여한 것으로 추정된다. 민주주의의 심화를 열망하고 적극 실천하는 주체들이 이미 이 나라 곳곳에 있는 것이다. 이 주체들이 힘을 모아서 민주주의의 위기에 대처할 수 있도록 하기 위한 시민사회의 노력이 크게 강화되어야 한다. 이를 위해 우선 민주주의의 위기를 직시하도록 하자. 이 나라는 지금 민주화의 시대에서 반민주화의 시대로 빠르게 역행하고 있는 중이다.

後記 한국의 민주화는 보수를 참칭한 친일·독재 세력에 맞서서 보수·개혁·진보 세력의 연대를 통해 이루어졌다. 그러나 거의 한 세기에 걸쳐 지배 세력으로 군림해온 친일·독재 세력의 힘은 너무나 강고해서 1987년 6월 항쟁 이후 20년에 걸쳐 진행된 민주화로도 그 힘을 크게 약화시킬 수 없었다. 친일·독재 세력은 권력만을 장악했던 것이 아니라 그것을 기반으로 경제, 교육, 언론 등을 모두 장악했다. 이런 점에서 우리의 민주화는 '포위된 민주화'였고, 따라서 결국 '취약한 민주화'로 진행될 수밖에 없었다.

1987년 6월 항쟁의 가장 큰 제도적 성과는 대통령 직선제였다. 이를 통해 민주화를 주도한 보수·개혁·진보 세력은 자신들이 지지하는 정치인을 대통령으로 당선시키고 국회에도 진출할 수 있었다. 그러나 그것은 친일·독재의 바다 위에 떠 있는 섬과 비슷했다. 결국 다시 친일·독재 세력이 승리를 거두었고, 이들은 '잃어버린 10년'을 운운하며 '역사 거꾸로 돌리기'를 강력히 추진하고 있다. 여기서 나아가 친일·독재 세력은 민주화의 진척을 막는 것은 물론이고 아예 민주화의 후퇴를 강행하고 있다. 그들이 궁극적인 목표로 하는 것은 친일·독재 세력의 합법적인 영구 집권이다. 여전히 지역주의가 기승을 부리고 있고, 대다수 국민들이 학벌주의에 예속되어 있으며, 가난한 자들은 그들을 괴롭히는 부유한 자들을 열렬히 지지하고 있으니, 친일·독재 세력의 꿈이 불가능한 것은 아니다.

우리가 결성해야 하는 '민주주의 수호 국민회의'는 과거의 반독재 민주화 운동조직과 같은 것이어서는 안 된다. 그 정신을 이어받되 우리의 현실을 직시하고 올바른 대안을 추진해야 한다. 나는 그것을 '생태적 복지국가'로 제시한다. 우리는 모든 구성원이 호혜로운 삶을 살 수 있을 뿐만 아니라 자연 속의 존재로서 자연을 존중하며 살도록 하는 사회를 만들어야 한다. '생태적 복지국가'는 그 기반이자 동력이다.

'장로' 대통령은 '천국'에 갈 수 있을까

'강부자' 정부의 '강부자' 정책

이명박 정부의 '종교 편향'에 관한 불교계의 비판이 뜨거운 가운데 《한국일보》가 흥미로운 조사를 했다. 이명박 정부의 총리와 장차관의 종교에 관해 조사를 한 것이다(2008년 9월 2일). 다들 짐작했겠지만 이명박 정부의 '종교 편중'은 사실이었다. "전체 39명 중 기독교(개신교) 신자는 13명으로 33.3%를 차지한 반면 불교 신자는 2명(5.1%)에 불과"했으며, "천주교 신자는 9명으로 23.1%였으며 종교가 없는 사람은 15명(38.5%)"이었다. 총리와 장관만으로 좁혀보면 개신교의 우위는 더욱 명확하다. 전체 16명 중 개신교 9명, 천주교 4명, 불교 1명, 없음 2명인 것이다. '소망교회 정부'는 아니어도 '개신교 정부'는 분명한 것 같다.

잘 알다시피 이명박 정부는 '고소영 정부'요, '강부자 정부'로 불렸다. 둘의 차이는 무엇일까? 앞의 것은 이명박 정부를 구성하는 주요 연줄에 관한 것이고, 뒤의 것은 이명박 정부가 추구하는 주요 정책에 관한 것이라고 할 수 있다. 물론 '강부자 정부'라는 말은 이명박 정부를 구성하는 주요 연줄에 관한 비판을 담고 있기도 하다. '강부자', 즉 '강남 땅부자'가 이명박 정부의 주요 인자라

240

는 것이다. 사실 이명박 대통령부터 대표적인 '강남 땅부자'가 아닌가? 여기서 나아가 '강부자 정부'는 '강남 땅부자를 위한 정책을 무엇보다 중요하게 여기고 강행하는 정부라는 비판'을 담고 있다.

그런데 이명박 정부는 이러한 국민의 우려를 분명히 확인해주기로 작정한 것 같다. 이명박 정부는 통계를 왜곡하고 경제 효과를 크게 과장하면서 종부세, 양도세, 상속세 등 부자들을 위한 대대적인 감세정책을 강행하고 나섰다. 고물가로 대다수 국민들의 생활은 갈수록 어려워지고 있는데 양극화로 치닫는 불평등의 문제를 해소하기는커녕 부자들에게 막대한 선물을 안기는 감세정책을 강행하다니, 이명박 정부의 정체를 이보다 더 잘 보여주는 예는 없을 것 같다. 대다수 국민들은 '부유이웃돕기'라며 분노하고 있다. 감세정책에서 드러난 이명박 정부의 정체는 '반국민 강부자 정부'라고 해야 옳지 않을까?

2008년 4월 24일자 《관보》에 이명박 정부 내각의 재산 보유 실태가 공개되었다. 이 실태를 보면 입이 떡 벌어질 뿐이다. 대통령, 총리, 내각을 통틀어서 최대 부자는 이명박 대통령이다. 2007년 말 현재, 이명박 대통령은 무려 353억 8,030만 원의 재산을 보유했으며, 논현동 토지(11억 5,000여 만 원)와 논현동 주택(51억 2,000여 만 원), 서초동 영포빌딩(118억 8,000여 만 원), 서초동 상가(90억 4,000여 만 원), 양재동 영일빌딩(68억 9,000여 만 원) 등 부동산이 대부분을 차지했다. 2위는 유인촌 문화부 장관으로서 140억 원이 넘는 재산으로 세상을 놀라게 했고, 내각의 전체 평균은 31억 4,000만 원 정도이다. 여기서 재산의 대부분이 부동산이며, 그 평가액은 시세보다 크게 낮다는 것을 염두에 둬야 한다.

그런데 31억 4,000만 원이면 어느 정도의 부자일까? 2007년 12월에 한나라당 이한구 의원이 발표한 조사 결과에 따르면, 순 자산 순위 1% 안에 들어가기 위한 가구별 최저 순 자산액은 23억 200만 원이었다. 이 조사 결과로 미루어보건대, 이명박 정부는 '1% 정부'가 아니라 '0.1% 정부'이며, 이명박 대통령은

국무총리 및 국무위원 재산 등록 변동 현황

(단위: 천 원)

성명	직위	24일 관보	주요 재산	증감액
한승수	국무총리	2,113,410	2,104,495	8,915
강만수	기획재정부 장관	3,105,526	3,106,196	- 670
김도연	교육과학기술부 장관	1,561,390	1,529,007	32,383
유명환	외교통상부 장관	2,593,296	2,613,298	- 20,002
김하중	통일부 장관	1,353,307	1,357,500	- 4,193
김경한	법무부 장관	5,730,704	5,718,001	12,703
이상희	국방부 장관	843,495	843,495	0
원세훈	행정안전부 장관	2,958,082	2,915,887	42,195
유인촌	문화체육관광부 장관	14,019,518	14,019,796	- 278
정운천	농림수산식품부 장관	2,704,689	2,715,826	- 11,137
이윤호	지식경제부 장관	5,791,667	5,731,375	60,292
김성이	보건복지가족부 장관	1,126,284	1,148,412	- 22,120
이만의	환경부 장관	1,815,042	1,834,472	- 19,430
이영희	노동부 장관	4,041,526	4,030,451	11,075
변도윤	여성부 장관	1,395,571	1,419,943	- 24,372
정종환	국토해양부 장관	898,823	1,522,523	- 623,700
평균		3,253,271	3,288,167	- 34,897

자료: 행정안전부, 국회.

'0.001% 대통령'이다. 놀랍게도 이렇게 엄청난 부자들이 '세금폭탄'을 외쳐대며 감세에 골몰해왔으며, 결국 감세정책을 강행하고 있는 것이다. 이로써 대부분 부동산 부자들인 이명박 정부의 내각은 큰 혜택을 누리게 되었고, 가장 많은 부동산을 보유하고 있는 이명박 대통령 자신이 가장 큰 혜택을 누리게 되었다. 이런 점에서 이번 감세정책의 본질은 '강부자'에 의한 '국가의 사유화'라고 해야 할 것이다.

이 나라에서는 45%에 가까운 사람들이 집이 없어 고통 받고 있는 반면에, 1%의 부자가 개인 소유 땅의 56.7%를 소유하고 있다. 한국의 불평등은 무엇보다 부동산 보유에서 가장 명확하게 나타난다. 종부세, 양도세, 상속세 등은 투기를 막고 부의 분배를 합리화해서 진정한 선진화를 이룩하기 위한 기본 제도이다. 이것을 무력화하는 것은 진정한 선진화를 가로막고 강력한 후진화를 추진하겠다는 것이다. '강부자 정부'답게 이명박 정부는 자신을 위한 감세정책을 강행하면서 대다수 국민을 깊은 생활고와 빈곤화의 길로 몰아넣고 있다. 이런 상황에서도 '88만원세대'로 불릴 정도로 불쌍한 20대의 절반 이상이 한나라당을 지지한다는 것은 정말 신기한 일이 아닐 수 없다. '거지가 부자를 동정한다'는 것인가?

이명박 정부가 반국민적 감세정책을 강행하는 것을 보면서 나는 이명박 대통령이 '장로'라는 사실을 새삼 떠올린다. 이명박 '장로' 대통령도 잘 알 테지만 기독교 경전에는 부자들을 질타하는 예수의 말씀이 있다. 바로 "부자가 천국에 가는 것보다 낙타가 바늘귀를 통과하는 것이 쉽다"는 구절이다. 여기서 낙타는 '밧줄'의 오역이라는 연구가 있지만, 아무튼 중요한 것은 이 구절의 뜻이다. 쉽게 말해서 "부자는 천국에 갈 수 없다"는 것이다. 투기라는 범죄적 행태로 치부한 한국의 부자들은 더욱더 그럴 것이다. 황당한 감세정책을 강행해서 더욱더 큰 부자가 되면, 천국에 갈 가능성은 그만큼 줄어들 것이다. 교회에 갖다 바쳐서 교회가 부자가 되면, 틀림없이 그 교회가 통째로 심판을 받고 말 것이다.

전우익 선생의 말이 귓전에 맴돈다. 봉화의 깊은 산속에 살면서 사람들을 깨우치는 글들을 몸으로 써서 남기신 전 선생은 "혼자만 잘살믄 무슨 재민겨"라고 나직이 일갈했다. '천민 부자'로 손가락질 받는 한국의 부자들은 전 선생의 말씀을 가슴에 새겨야 할 것이다. '강부자'가 더 이상 부동산으로 막대한 불로소득을 챙기지 못하고 내야 할 세금을 제대로 내는 세상이 되어야 비로소 선진화가 이루어지는 것이다. 이명박 '장로' 대통령은 아무래도 잘 모르는 것 같은데, 그것은 바로 예수가 바라던 세상이기도 하다.

한국은 불필요한 개발로 고통 받고 있는 세계 최악의 토건국가이다. 불필요한 대규모 개발은 투기의 조장을 통해 다수 국민들의 적극적인 지지를 받고 이루어진다. 개발과 투기가 하나의 구조를 이루어서 이 나라를 망치고 있는 것이다. 이렇게 망국적인 개발과 투기가 밤낮없이 강행되다 보니 여기에 당연히 엄청난 부패가 수반되지 않을 수 없다. 심지어 "건설 있는 곳에 부패 있다"고 말할 정도이다. 이러한 개발과 투기와 부패의 구조를 주도하는 세력이 바로 '강부자'이다. 이들이 권력을 장악하면 나라가 어떻게 될 것인가? 우리는 지금 그 생생한 역사적 현장을 목격하고 있다.

'강부자' 내각이 수치로 증명됐다. 매일경제가 176명의 현직 고위공직자 재산 내역을 전수분석한 결과 이들의 자산 포트폴리오는 건물·토지 등 부동산이 66.2%를 차지했다. …… 이번 조사 결과 부채를 뺀 고위공직자들의 평균 자산은 24억 1,285만 원으로 나타났다. 이 중 건물이 14억 6,900만 원(60.9%)으로 비중이 가장 높았고, 토지도 평균 보유 금액이 1억 2,678만 원이었다. 토지의 평균 자산 대비 비중은 5.3%에 불과하지만 이를 평면적으로 해석하는 것은 무리라는 게 부동산 전문가들의 공통된 시각이다. 공시지가로 산정하는 토지가격이 시세와는 엄청난 차이가 있기 때문이다. …… 실제 고위공직자들이 소유한 토지 면적을 합친 결과는 한층 충격적이다. 총 176명이 가진 토지는 모두 217만m²(65만 7,000평). 공시가격 기준으로 총 토지가격은 223억 원에 이른다. 청와대 43명으로 범위를 제한하면 땅 62만m²를 소유하고 있었다. …… 고위공직자들은 아파트 빌딩 단독주택 등 건물을 합쳐 2,582억 원, 면적으로는 7만 4,666m²를 보유하고 있었다(《매일경제》, 2008년 5월 30일자).

국민과의 대화? '강부자 공화국' 선포식!

과연 '국민과의 대화'였는가?

날씨는 좋은데 나라는 참으로 뒤숭숭하다. 안재환처럼 유명한 탤런트도 사채에 쫓긴 끝에 자살하고 말았다. 아니, 날씨도 꼭 좋다고 말할 수는 없다. 지구온난화가 갈수록 악화되어 무더위가 그치지 않고 있다. 이런 더위에 오체투지를 감행하고 있는 수경 스님과 문규현 신부님의 건강이 정말 크게 걱정된다. 두 분이 목숨을 건 오체투지를 감행한 까닭은 지금 이 나라의 문제가 너무나 크기 때문이다. 경제위기, 물가폭등, 토건망국, 학벌경쟁, 공안정국, 심지어 종교차별까지 온갖 악귀 같은 문제들이 쏟아지고 있다. 이대로 진행된다면 정말 수삼 년 안에 이 나라는 확실히 '강부자 공화국'이 되고 말 것이다.

이런 상황이 빚어진 데에는 당연히 이명박 대통령의 책임이 가장 크다. 대통령중심제에서 나라의 운영에 대해 가장 큰 권한을 가지고 있는 사람은 대통령이기 때문이다. 정권과 정부를 평가할 때 우리는 무엇보다 정책의 내용과 주체에 대해 주목해야 한다. 일찍이 공자도 누가, 무엇을, 왜 하는가를 보라고 가르쳤다. 이런 점에서 이명박 정부는 최근의 감세정책에서도 적나라하게 드러났듯이 '강부자'가, '강부자를 위한 정책을', '강부자를 위해서' 강행하고 있다는 평가를 받고 있다. 그 결과로 이명박 정부에 대한 총체적 불신이 갈수록 깊어지고 있다. 이 때문에 이명박 대통령은 지난 6월의 '대국민 사과'에 이어 부랴부랴 '국민과의 대화'를 열었다.

그런데 텔레비전 방송으로 생중계된 이 행사에 대해 이미 대화의 자리를 빙자한 선전의 무대가 될 것이라는 우려가 제기되었다. 여기서 잠시 지난 6월을 돌이켜보자. 6월 10일의 촛불집회에 놀란 이명박 대통령은 결국 6월 19일에 국민에게 사과했다. 그러나 바로 이어서 이명박 정부는 촛불에 대한 원천봉쇄와 폭력 진압을 강행했다. 이 때문에 이명박 대통령의 사과는 '악어의 눈물'처럼 거짓이었다는 비판이 쏟아졌다. 이제 지금의 상황을 보자. 대통령은 '국민과의 대화'를 벌였고, 부인까지 '기자와의 대화'를 벌였지만, 지금의 상황은 결코 대화의 상황이라고 할 수 없다.

참여정부 인사에 대한 '표적 수사'를 벌여 '먼지털이 수사'는 물론이고 심지어 '청부 수사'라는 비판까지 받고 있는 검찰의 행태가 그 좋은 예이다. 경찰도 여기서 결코 뒤지지 않는다. 경찰은 '불교 차별'의 문제뿐만 아니라 터무니없는 공안 사건까지 일으키려 한다는 비판을 받고 있다. 국가정보원도 휴대전화에 대한 도·감청을 공식화하고 테러방지법을 제정하는 등으로 권한을 크게 강화하려 하고 있다. 검찰, 경찰, 국정원이 '공안 경쟁'을 벌이고 있는 것이 지금의 상황이다. 이런 '공안 경생' 상황을 소상하면서 '국민과의 대화'를 강행하니 국민들의 불신은 더욱더 커지지 않을 수 없다. 여기서 나아가 이명박 정권은 집회와 시위에 대한 '집단소송'과 집시법의 개악을 통해 아예 집회와 시위의 권리 자체를 말살하려 하고 있다.

이런 점에서 지금의 참담한 상황을 잘 보여주는 것은 어젯밤에 열린 '국민과의 대화'가 아니라 어제 새벽에 조계사 앞에서 벌어진 참극일 것이다. 조계사 부근에서 식당을 하는 한 사내가 '안티이명박카페' 회원들과 미국산 쇠고기 문제로 언쟁을 벌이다가 갑자기 회칼을 가져와 휘둘러 세 명이 크게 다쳤다. 지금 수많은 국민들이 이런 위험에 처해 있다. 이 정도는 아니어도 이미 검찰, 경찰, 국정원의 수사 대상이 되어 추적되고 체포되고 구속되는 국민들이 속출하고 있다. 광우병 위험에서 벗어나기 위해 촛불을 들었다는 이유만으로 수많은 국민들이 이미 폭도로 낙인찍히고 '사냥'당했다.

이렇듯 참담한 상황을 그대로 두고 '국민과의 대화'라는 행사를 벌인 것 자체가 '정치 쇼'라는 비판을 받기 딱 알맞은 것이 아니었을까? 기독교도보다 훨씬 더 많은 수를 차지하는 불교도 국민들의 절박한 요구를 결국 몇 마디 말로 무마하고 '국민과의 대화'를 하겠다고 나서는 것 자체가 결국 국민들을 무시하는 처사가 아니었을까? 이명박 대통령의 부인은 '기자와의 대화'에서 이제 '입덧이 끝난 것 같다'고 말했지만 이런 비유 자체가 애초에 크게 잘못된 것이 아니었을까? 이명박 정부는 계층적으로 '강부자 정부'요, 산업적으로 '토건 정부'요, 지역적으로 '영남 정부'요, 종교적으로 '개독 정부'라는 비판의 목소리가 갈수록 커지고 있지 않은가?

'국민과의 대화'에서 이명박 대통령이 주장한 내용에 대해 잠시 살펴보자. 먼저 국민과 소통하기 위해 무슨 일을 했느냐는 질문에 대해 이명박 대통령은 "정치적 목적을 가지고 말하는 사람보다는 진정한 국민의 목소리를 듣겠다"고 대답했다. 그야말로 아연해지지 않을 수 없는 답변이다. 광우병의 위험을 밝힌 과학자들과 광우병의 위험을 올바로 인식한 국민들은 '정치적 목적을 가지고 말하는 사람'이고, 광우병 위험에 맞서 촛불을 들고 거리로 나선 국민들을 '사탄'이라고 부른 '개독 목사'들은 '진정한 국민의 목소리'였는가? 이 답변은 이명박 대통령이 여전히 문제를 제대로 인식하지 못하고 있다는 사실을 잘 보여주었다.

또한 무차별적 폭력 진압은 '제2의 촛불'을 유발할 수 있을 것이라는 한 여대생의 지적에 대해 이명박 대통령은 "무섭다. 꼭 협박을 하시는데……", "(촛불집회에) 참여만 했지, 주동자는 아니죠?", "학생들이 순수한 입장에서 참여를 했으니까, 어떤 반대도 할 수 있다. 의사표시를 할 수 있다", "문화적·평화적·준법적으로 하는 것은 보호를 받아야 한다", "촛불집회가 시간이 지나면서 일반 시민이 물러나고, 나머지 남은 소수의 사람들은 불법적이고 폭력적으로 나갔다", "앞으로도 법을 어기고 폭력적이고 불법적인 것은 강력하게 법에 의해서 처벌될 것"이라고 답변했다. 여기서도 이명박 대통령의 문제는 아주 명확하게 드러났다.

이번의 촛불집회는 '주동자'가 있는 과거의 집회와 사뭇 다르다. 이 점에서 이번의 촛불집회는 세계적으로 사회운동의 새로운 장을 열었다는 평가를 받을 수 있다. 그러나 이명박 정권은 낡은 사고에 사로잡혀 촛불집회를 올바로 이해하지 못하고 있다. 그리고 실제로 더욱 큰 문제는 경찰의 폭력 진압이다. 폭력 진압을 막기 위해 거리로 나섰던 이학영 전국 YMCA 사무총장은 폭력 진압을 당해 팔이 부러지는 큰 부상을 입었다. 초등생, 부녀자, 심지어 국회의원도 강제 연행과 불법 폭력의 피해자가 되었다. 모든 국민이 생생하게 잘 알고 있는 사실을 이명박 대통령은 모르는 모양이다. 이러니 불신이 커질 수밖에 없지 않겠는가?

강만수 장관의 문제에 대한 시석에 대해 이명박 대통령은 "과거에 보면 각 정권에서 경제장관들이 1년도 못 채우고 바뀐 예가 많다", "저는 신뢰를 보내는 것이 매우 중요하다고 생각한다, 문제가 생기면 사람만 바꾸는 것이 최선이라고 보지 않는다"고 답변했다. 사람만 바꾸는 것이 최선은 아닐 수 있지만 그렇다고 능력이 부족해서 잘못된 정책을 강행하는 사람을 계속 신뢰하는 것이 최선인가? 결코 그렇지 않을 것이다. 강만수 장관은 잘못된 고환율 정책을 강행해서 불과 석 달 사이에 10조 원이 훨씬 넘는 돈을 날렸다. 여기서 나아가 고

물가를 더욱 촉진해서 민생을 도탄 지경으로 몰아넣은 장본인이다. 이런 자를 경질하지 않고 신뢰하니 정부와 정책에 대한 불신이 더욱 커지는 것이다.

'강부자'야 물가가 아무리 올라도 걱정이 없겠지만, 심지어 더 많은 돈을 벌고 있지만, 대다수 국민들은 그렇지 않다. 고물가는 양극화를 촉진한다. 이런 점에서도 강만수 장관의 경질은 시급한 과제이다. '소망교회 30년 교우'이기 때문에 감싸고돈다는 비판이 널리 받아들여질 정도로 강만수 장관에 대한 옹호는 비합리적이다. 이명박 대통령은 "국민의 통합을 위해 불교도 물론이지만 종교, 사회 등의 통합을 폭넓게 하겠다", "그렇게 보이지 않았다면 저한테 불찰이고, 열심히 하겠다"고 말했다. 종교정책은 물론이고 경제정책에서도 이명박 정권의 정책은 극히 편파적으로 보인다. 그렇게 보인다고 이미 수많은 전문가들과 국민들이 지적하고 있다. 이명박 대통령의 눈에는 그들이 보이지 않는가?

이명박 대통령에 대해서는 토건업계 출신답다는 비판도 꾸준히 제기되었다. '국민과의 대화'에서도 다시 한 번 이 사실이 드러났다. 이명박 대통령은 "지방에 미분양 주택이 많지만 수도권에는 오히려 부족하다. 필요한 곳에 주택을 짓는 정책을 써야 한다", "도심에 재개발·재건축을 하는 것이 신도시를 만드는 것보다 더 효과적"이라고 주장했다. 이 주장은 '국가 균형 발전'은 잘못된 것이고 '수도권 집중 정책'을 펼쳐야 하며, '강남 초고층 재개발'을 강행해야 한다는 뜻을 담고 있다. '수도권 집중 정책'과 '강남 초고층 재개발'은 한 줌의 '강부자'에게는 엄청난 경사이겠지만, 대다수 국민들에게는 그야말로 흉사 중의 흉사가 되기 십상이다. 그러나 이명박 대통령은 '강부자 공화국'을 향한 진군을 강행하고 있는 것 같다.

'국민과의 대화'가 과연 진솔한 대화였는지에 대한 평가는 대체로 부정적인 듯하다. 막가파 식으로 관철되고 있는 공안 상황에 비추어보자면, 더욱더 그렇다고 하지 않을 수 없다. 진솔한 대화를 위해서는 그렇게 할 수 있는 분위기가 조성되어야 하고, 당사자가 그렇게 할 수 있는 태도와 능력을 갖춰야 한다. 이 모든 것이 결여된 상황에서 펼쳐지는 '국민과의 대화'는 애초부터 큰 문제를 안고 있는 것이 아닐 수 없었다. 그러나 성과가 없었던 것은 아니다. 국민들은 이명박 대통령에 대해, 나아가 이명박 정권과 정부의 문제에 대해, 좀 더 잘 알 수 있었다. 그 결과 희망보다는 우려가 더 커지고 말았다.

이명박 정부는 소통을 지겹게 외치고 있으나 '불통 정부'라는 비판을 가장 크게 받고 있는 정부이다. 대화는 무엇인가? 서로 이야기를 나누는 것이다. 소통은 무엇인가? 서로 생각을 주고받는 것이다. 대화는 소통의 중요한 방식이다. 사람들이 서로 어울려 살아가기 위해서는 소통이 이루어지지 않으면 안 되며, 소통을 위해서는 서로 마주앉거나 둘러앉아서 차분히 이야기를 나누는 것이 좋다.

차분히 대화를 나누다 보면, 누가 틀렸는지가 명백히 드러나거나 서로의 생각이 조금씩 합쳐질 수 있다. 특히 후자의 면과 관련해서 대화라는 말은 변증법이라는 말을 낳았다. 변증법을 영어로는 'dialectic'이라고 하는데, 이 말은 본래 대화를 뜻하는 그리스어 'dialektike'에서 비롯된 것이다. 이러한 대화술 또는 변증법의 대가가 바로 소크라테스이다. 소크라테스가 했다는 '너 자신을 알라'는 말은 자신과 세계에 대한 자각을 뜻하며, 소크라테스는 대화를 통해 사람들이 이러한 자각에 이를 수 있도록 했다. 그러나 지배 세력은 사람들의 자각을 몹시 싫어했다. 이 때문에 그들은 소크라테스를 죽여 없애야 한다고 생각했다. 결국 소크라테스는 합법을 가장한 정치적 살해, 즉 우리 식으로 말해서 '사법 살해'를 당했다.

재판을 한다고 해서 재판이 아니며, 토론을 한다고 해서 토론이 아니고, 대화를 한다고 해서 대화가 아니다. 그럴듯한 허울로 사람들을 속일 수 있다고 생각하는 것 자체가 큰 문제이다. 진정으로 대화를 하고 소통을 하려면, 먼저 자신을 반성하고 상대를 존중하는 자세를 갖춰야 한다. 이런 자세를 갖추지 않은 채 대화니 소통이니 하고 외치는 것은 세상을 속이려는 얄팍한 정략일 뿐이다.

누구를 위한 'MB노믹스'인가?

국민 기만한 'MB노믹스'의 최후는?

짧은 추석 연휴가 끝났다. 올해도 3,000만 명이 넘는 사람들이 고향을 찾거나 성묘를 다녀왔다고 한다. 그 결과 엄청난 양의 에너지가 일시에 소모되어 사라졌으며, 또한 배출된 이산화탄소는 공기를 더럽히고 지구온난화를 더욱 악화시켰다. 추석은 갈수록 엄중해지고 있는 석유위기 시대에 망국적 수도권 집중으로 말미암은 비합리적 에너지 낭비의 문제를 확인하는 연례행사이기도 하다. 우리는 과연 언제까지 추석을 이런 식으로 보낼 수 있을까?

지구온난화 때문에 9월 중순이 되어도 더위가 가시지 않고 비도 영 내리지 않는다. 뿐만 아니라 남극 상공의 오존 구멍은 이미 작년의 최종 크기를 넘어섰다고 한다. 성층권 오존층은 생명을 죽이는 태양 자외선을 막아주는 지구의 방패인데 이것이 갈수록 무용지물이 되고 있는 것이다. 무섭다. 우리에게 엄청난 풍요를 가져다 준 공업문명이 그 대가로 우리의 멸종을 요구하고 있는 것 같다. 인류는 과연 생태파국으로 치닫고 있는 생태위기의 상황을 극복할 수 있을까?

아마도 생태위기는 결국 생태파국으로 끝날 것만 같다. 풍요에 길들여진 사람들은 좀처럼 빈곤을 받아들일 수 없다. 지금의 풍요가 병적으로 과도한 것일수록 여기에 길들여진 사람들도 역시 병적이기 때문이다. 미국발 금융위기는 이 문제를 더욱 악화시키기 십상이다. 경제가 어려워지면 살기가 어려워진 사람들은 무슨 일이라도 하려고 한다. 부자들은 이런 상황을 최대한 활용해서 더 많은 개발을 강행한다. 그것은 반드시 더 많은 파괴와 오염을 낳고 만다.

갈수록 생태위기와 경제위기가 악화되고 있다. 문명의 종말을 예감하게 하는 이 심각한 이중의 위기 상황에서 바야흐로 이명박 정부는 'MB노믹스'를 강행할 것이라고 한다. 그런데 대체 'MB노믹스'의 정체는 무엇인가? 과연 '노믹스'라고 부를 만한 내용을 갖고 있는 것이기는 한가? 그 정체는 부자를 중심으로 더 많은 개발을 강행해서 경제성장을 촉진하겠다는 후진적 경제정책이 아닌가? 'MB노믹스'는 생태위기와 경제위기를 완화시킬 것인가, 아니면 더욱 악화시킬 것인가?

나는 미국발 금융위기보다 'MB노믹스'가 더 무섭다. 그것은 필경 불평등을 더욱더 악화시키고, 난개발에 따른 파괴의 문제를 극단화시키고, 그렇게 하고도 경제성장은 거의 촉진하지 못할 것이기 때문이다. 미국을 '천국'처럼 여기는 자들이 미국발 금융위기를 적극 활용해서 후진적 불평등 토건 경제를 더욱 강화하기 위해 본격적으로 준동하기 시작하는 모양이다. 정신을 똑바로 차리고 이 상황에 석극 대처하지 않는다면, 정말 많은 사람들이 초를 살 돈조차 마련하기 어려워지고 말 것이다.

'MB노믹스'의 정체는 지난 6개월 동안 이명박 정부와 한나라당이 추진한 정책에서 이미 잘 드러났다. 그것은 크게 두 가지로 줄일 수 있을 것이다.

첫째, 재벌 중심의 경제정책이다. 재벌은 한국 경제의 견인차가 아니라 거대한 암종이다. 비합리적 재벌을 합리적 대기업으로 만드는 것이야말로 경제 개혁의 핵심 과제이다. 그런데 이명박 정부는 이런 재벌을 개혁하기는커녕 재벌을 더욱더 강화하기로 했다. 이명박 정부와 재벌은 그야말로 일심동체라고 해도 좋을 것 같다. 재벌은 엄청난 '범죄집단'이라고 할 수 있다. 그러나 아래의 표에서 볼 수 있듯이 재벌은 좀처럼 법의 심판을 받지 않는다. 이런 상황에서 이명박 정부는 지난 8월 15일에 재벌에 대한 대대적인 사면을 단행했다.

둘째, 토건 중심의 경제정책이다. 당선되었을 때부터 지금까지 이명박 정부가 가장 줄기차게 추진한 경제정책은 사실 토건정책뿐이라고 해도 지나치지 않을 것이다. 이명박 대통령은 대통령 선거를 앞두고는 '대운하' 공약을 슬며시 뒤로 빼돌려서 사람들로 하여금 이 망국적 사업을 추진하지 않을 것이라는 기대를 품게 했다. 그러나 당선되자마자 바로 그 다음 날 '대운하'의 추진을 전격적으로 천명하고 나서서 사람들의 기대를 정면으로 배신해버렸다. 노무현 대통령은 취임하고 1년 3개월여 뒤인 2004년 6월 9일에 아파트분양원가 공개제를 거부해서 사람들의 기대를 정면으로 배신했다. 이명박 대통령이 훨씬 빨리 배신한 것이다. 이명박 대통령은 6월 19일에 '국민의 반대'를 조건으로 '대운하'의 포기를 선언했다. 그의 눈에는 '대운하'에 반대한 절대다수의 국민들이 사람이 아니라 귀신으로 보였던 모양이다. 그래서인가, 정종환 장관은 '대운하'를 추진할 수 있다는 뜻을 다시 밝혀서 국민들을 분노하게 했다. 여기서 나아가 이명박 정부는 종부세와 상속세의 대폭적인 완화, 각종 재개발과 재건축의 완화, 그리고 심지어 그린벨트의 대대적 파괴까지 강행하기 시작했다. '이명박 불도저'는 '강부자'를 위한 토건망국의 길을 활짝 뚫고 있다. 그러니 당연하게도 '강부자'들은 신이 나서 어쩔 줄 모르며 만세를 부르고 있다.

요즘 미국에서는 '페일린 마케팅'의 열풍이 불어서 버락 오바마가 버럭 화를 낼 판인 것 같다. 사실 페일린은 집에서 놀면서 수백 차례나 출장비를 타낸 혐의를 받고 있는 저질 정치인이다. 이런 여자가 '워킹 맘'의 우상처럼 열렬히 마케팅된다니 '멍청한 미국인'론이 크게 힘을 얻을 판이다. 그런데 우리도 지난 대선에서 비슷한 경험을 했다. '이명박 마케팅'이 바로 그것이다. 대기업에서 주요 임원으로 근무했다는 경력을 내세운 '경제대통령'이라는 구호가 큰 위력을 발휘했던 것이다. 이 때문에 '멍청한 한국인'론을 넘어서 심지어 '국개론'까지 제기되었다. 그런데 이제 'MB노믹스'의 본격적 전개로 그 참담한 끝장을 맞게 되는 것인가?

대기업 총수 사법 처리 현황

성명	혐의	액수	형량
이건희 (전 삼성그룹 회장)	특경가법상 배임		1심: 무죄
	조세포탈	465억 원	1심: 징역 3년 집유 5년
정몽구 (현대기아차 회장)	비자금 조성 등	2,100억 원	1심: 징역 3년(법정구속 면함) 2심: 징역 3년, 집행유예 5년, 사회공헌기금, 강연 및 신문 기고 3심: 2심+사회봉사 300시간
김우중 (전 대우그룹 회장)	분식회계 · 사기대출	21조 원	1심: 징역 10년 2심: 징역 8년 6개월, 추징금 17조 9,253억 원 특별사면
김승연 (한화그룹 회장)	보복 폭행		1심: 징역 2년 2심: 징역 1년 6개월, 집행유예 3년, 사회봉사 200시간
박용성 (전 두산그룹 회장)	비자금 조성	166억 원	1심: 징역 3년, 집행유예 5년 2심: 동일
손길승 (전 SK 회장)	비자금 조성	2,000억 원	1심: 징역 3년 2심: 징역 3년, 집행유예 5년
최태원 (SK 회장)	부당 내부거래 등		1심: 징역 3년 2심: 징역 3년, 집행유예 5년
조양호 (대한항공 회장)	비자금 조성	1,161억 원	1심: 징역 4년 2심: 징역 3년, 집행유예 5년

자료: 《한겨레》.

後記 경제위기는 실업의 증대나 고용의 악화를 통해 사회 위기로 전화된다. 이에 대해 이명박 정부와 한나라당은 대대적인 '일자리 창출 정책'을 제시했다. 그러나 그 내용은 대단히 큰 문제를 안고 있는 것이다. 시급히 축소해야 할 토건업을 오히려 대대적으로 확대하고, 이미 문제가 많은 「비정규직법」을 개악해서 비정규직을 더욱더 늘리는

것이 핵심이기 때문이다. 우리는 불필요한 토건사업에 소요되는 막대한 혈세를 공공서비스, 문화산업, 복지산업에 투여해 선진적 정규직을 늘리는 일자리 정책을 실행해야 한다. 그러나 이명박 정부와 한나라당은 이런 시대적 요청과 정반대로 가고 있다.

이명박 정부와 한나라당이 제시한 '계획'이라는 것에 따르면, 앞으로 몇 년 동안 무려 140만 개의 일자리가 창출된다고 한다. 그러나 그 실상은 어떤가? 다음의 기사는 그 잿빛 실상을 잘 보여준다.

7일 기획재정부 등에 따르면 정부 각 부처는 최근 경쟁적으로 일자리 창출 목표를 내놓고 있다. 한 달 앞당긴 지난해 말 업무보고에서 각 부처가 제시한 올해 일자리는 43만 개에 이른다. 올 들어 지난 6일에도 정부 11개 부처 합동으로 향후 4년간 96만 개의 일자리를 만든다는 내용의 녹색뉴딜사업을 발표했다. 이를 종합해보면 정부가 내놓은 신규 일자리는 140만 개에 달한다. 통계청이 발표한 실업자 수 75만 명(작년 11월)의 약 두 배에 이르는 수치다.

이번 정부의 일자리 창출계획은 '10억 원 투입하면 일자리가 16.6개 만들어진다'는 식의 취업유발계수(한국은행 2005년 산업연관표 기준)를 적용해 주먹구구식으로 산출한 것으로 드러났다. 대규모 토목공사가 필수적인 4대강 사업은 기계장비가 투입될 수밖에 없어 이런 방식의 일자리 창출은 통하지 않는다.

새로 생기는 일자리 대부분이 건설·단순생산직이라는 점도 비판의 대상이다. 부처 업무보고 때 계획한 일자리에는 공사 인부, 청소 인력, 행정 인턴, 특수교육 보조원 등이 대거 포함돼 있다. 4대강 사업 등 녹색뉴딜의 일자리 창출 내용을 들여다봐도 전체의 95%가 건설·단순생산직이다. 한 민간 경제연구소 관계자는 "토목사업은 고용 창출 효과가 금세 나타나지만 사업이 진행되는 동안에만 고용이 유지되는 단점이 있다"고 말했다.

뻥튀기에 통계 착시 현상도 한몫한다. 지난해 1만 개였던 공공근로 일자리의 올해 목표가 1만 개라면 사람들은 대부분 착시현상을 일으켜 새로 1만 개가 생겨 2만 개의 일자리를 기대하지만 실제로는 작년 일자리와 변동이 없다. 특히 올해 일자리 7만 2,000개를 제시한 보건복지가족부를 보면 저소득층 지원 차원에서 한 사람을 오랫동안 고용하지 않고 여러 사람에게 며칠씩 나눠 일자리를 주기 때문에 취업 인원이 엄청나게 늘어난다(이제원, "'140만 개 일자리 창출' 뻥튀기 숫자놀음", 《세계일보》, 2009년 1월 7일자).

'초딩' 이어서 이젠 '엄마'들과 싸우나

유모차와 싸우는 이명박

"노무현은 검사들과 싸웠는데 이명박은 '초딩'과 싸운다." 촛불집회가 한창일 때 나돌던 우스개 아닌 우스개이다. 어린 초등학생들조차 부모와 함께 거리에서 촛불을 밝히고 이명박의 '미국산 쇠고기 전면 수입'을 비판했기 때문이었다. 여러 보도에서 몇 번씩 소개되기도 했지만 '초딩'들은 대단히 논리적이고 실증적이었다. 이렇듯 '초딩'들도 잘 알고 있는 사실을 이명박 세력은 계속 부인하면서 촛불을 끄려고 했고, 이 과정에서 심지어 '초딩'마저도 체포해서 '닭장차'에 태우는 만행을 저질렀다. 사실 이 만행이야말로 이명박은 '초딩'과 싸운다는 비난의 원전이었다.

손바닥으로 해를 가리고, 부처님 손바닥 안에서 구름을 타는가? 아무리 방송을 장악하고 인터넷을 억압해서 사실을 은폐하고 왜곡하더라도 미국산 쇠고기의 광우병 위험은 세계의 과학자들이 인정하고 있는 명백한 사실이다. 이명박 세력은 분명히 반과학 세력인 것 같다. 그들은 막무가내로 미국산 쇠고기가 안전하다며 노무현에게 선물하기도 했다. 이명박은 국민들에게 '값싸고 안전한 쇠고기'라며 미국산 쇠고기를 강요하고, 그 추종자들은 전임 대통령에게 미국산 쇠고기를 먹으라고 선물한 것이다. 잠시 위험 문제를 떠나서 한우 농가를 생각해서라도 노무현에게 미국산 쇠고기를 선물하는 것은 해서는 안 되는 짓이었다. 이명박 세력은 한우 농가는 몰락해 없어져야 한다고 생각하는 것일까?

촛불집회에서 드러난 이명박 세력의 문제는 일일이 헤아릴 수 없을 정도이다. 그러나 경제위기가 갈수록 심화되고 있으니 잠시 이 문제는 접어두도록 하자. 많은 시민들이 이렇게 생각하고 잠시 촛불을 끈 것으로 보인다. 이명박 정부의 경제정책이 너무나 어처구니없어서 잠복기가 상당히 긴 광우병으로 죽기 전에 경제파국으로 많은 시민들이 곧 죽을 수도 있게 되었기 때문이다. 그런데 이명박은 이런 상황을 촛불이 완전히 꺼지는 것으로 파악한 모양이다. 경찰들이 갑자기 '유모차 부대' 카페에 참여한 시민들의 집에 들이닥쳐서 '대단한 아줌마 열사', '불시에 체포될 것이다', '자꾸 비협조적으로 나올 것이냐', '무조건 출두하라' 등의 폭언과 '협박'을 했다고 한다.

그저 기가 막힐 뿐이다. 이래서 시민들이 경찰을 '견찰'이라고 부르는 것인가? 더욱 놀라운 것은 경찰청이 그저 할 일을 했을 뿐이라고 우긴다는 것이다. 그리고 '협박'이라는 것은 본인의 주관적 느낌일 뿐이라고 우긴다는 것이다. 갑자기 집에 들이닥쳐서 전화를 걸어서 영장도 제시하지 않고 체포니 불이익이니 하는 말을 한 것이 과연 할 일을 한 것이고 '협박'이 아니라는 것인가? 그 경찰의 부인은 이런 식으로 다른 경찰들이 불시에 들이닥치거나 전화를 해서 순순히 협조하지 않으면 불시에 체포되고 불이익을 당할 것이라는 말을 하더라도 '협박'을 당했다고 느끼지 않을까? 이명박이 전두환을 좋아하는 것 같더니, 이 나라가 전두환의 독재 시대로 퇴보해 버렸는가?

국회에서는 더욱 황당한 상황이 연출되었다. '유모차 부대'에 대한 경찰의 수사와 관련해서 어청수 경찰청장은 "어린아이를 이용해서 위험한 시위현장에 데리고 나온 것은 바람직하지 않다"고 말했다. 한나라당 이범래 의원은 한

술 더 떠서 "아동을 시위 현장에 데리고 나왔다는 이유만으로 불법 시위 면죄부를 받는다면 앞으로도 유모차 시위가 이어질 것으로 본다", "아동의 인권을 보호하기 위해 시위에 아이들을 데리고 나온 데 대해 아동학대 혐의를 적용해야 한다"고 질의했고, 이에 대해 어 청장은 "면밀히 적용 여부를 검토해보겠다"고 답했다. 이범래 의원의 질의와 어 청장의 답변을 보면, 과연 이들이 어느 시대에 살고 있는 것인지 깊은 의문이 든다.

© 홍성태, 2008년 6월.

'유모차 부대'라는 말은 이명박 정부의 잘못으로 말미암은 절박한 광우병 위험을 인식한 주부나 부모들이 아기를 유모차에 태우고 함께 모여서 거리로 나선 것을 가리킨다. 촛불집회와 관련해서 '유모차 부대'는 두 가지 의미를 가졌다. 하나는 아기의 건강과 생명에 대해 절박한 위기의식을 가진 시민들이 많다는 것을 생생히 보여주었다는 것이고, 다른 하나는 아기들이 곁에 있으니 철저히 평화적으로 아기의 건강과 생명에 관한 권리를 요구하겠다는 것이었다. 경찰은 이렇듯 절박한 위기의식과 평화시위의 상징이었던 유모차에 대해서조차 소화기를 분사하는 만행을 저질러 시민의 지탄을 받았다. 그런데 이제 여기서 나아가 아예 주부들을 연행해서 처벌하려 하고 있는 것이다.

경찰은 '초딩'과 싸우는 것으로 모자라서 유모차를 부수고 아기들과 싸우려는 모양이다. 그렇게 하면 촛불이 완전히 꺼져서 다시는 켜지지 않을 것이라고 생각하는 모양이다. 참으로 한심할 뿐이다. 아직도 촛불이 왜 켜졌는지를 모르고 있는가? 촛불은 이명박 세력이 시민에게 광우병 위험을 강요하고 있기 때문에 켜졌다. 광우병 위험이 사라지지 않는 한 촛불은 꺼지지 않을 것이다.

258

유모차를 끌고 거리로 나서고 싶은 부모가 어디에 있겠는가? 그러나 아기의 건강과 생명을 지키기 위해서라면 유모차가 아니라 집을 지고서라도 어디라도 가야 하지 않겠는가? '개독'이 뭐라건, '견찰'이 뭐라건, '떡검'이 뭐라건, '명박'이 뭐라건, '청수'가 뭐라건 아기의 건강과 생명을 지키기 위해 최선을 다해야 하지 않겠는가?

이명박 세력은 아기의 건강과 생명을 지키기 위해 유모차를 끌고 거리로 나서야 했던 절박한 심정의 부모들을 향해 '아동학대'라느니 '불량엄마'라느니 욕설을 퍼붓고 있다. 이명박 세력은 유모차를 끌고 시위에 참여하는 것 자체가 잘못이며 세계에 유례가 없는 것이라고 주장하고 있다. 이명박의 미국산 쇠고기 예찬에 대해 미국에 사는 주부들이 강력히 반박하고 나섰듯이, 이번에도 '선진국'에 사는 한 주부가 이명박 세력의 터무니없는 주장을 비판하는 글을 '아고라'에 올렸다.

여긴 프랑스 파리인데요, 파리에서도 촛불집회 한 것 아시죠? 여기도 마찬가지로 유모차들 다 끌고 나와서 집회 잘 하고 잘 놀다가 들어갔습니다. 우리 집도 유모차 끌고 나왔습니다(잡혀가겠네~. 근데 어느 경찰에 자수해야 하나?). 여긴 원래 집회 다 그렇게 합니다. 다른 집회할 땐 빨가벗고 돌아다니고. 알바님들 좋아하는 '특수 상황'이라 그런데 왜 그리 평화로운지요?

솔직히 유모차건 손수레건 무슨 상관입니까? 진짜 문제는 정당한 집회, 시위의 자유와 권리 = 불평불만자들의 사회 전복 혐의 정도로 보는 너희 알바들과 현 집정자들의 말도 안 되는 사고방식이란다.

- 물대포 등등 잔뜩 준비했는데 아기가 다칠 것 같으니 짜증 나겠지들.
- 시위를 폭력으로 몰아붙이려면 한바탕 전투를 치러야 하는데 아기들 때문에 평화시위가 되니 짜증 나겠지들.

– 시위가 폭력적으로 나와야 되는데 그렇게 안 하고 아기들까지 데리고 나오니
　더더욱 짜증 나겠지들.
– 이런 기본적인 것(공안정국으로 몰아가는 것이 뻔히 보이는데 수작하는 짓들)
　보면서 토론 어쩌구 해야 하는 나는 짜증 10000배('리엘로', 2008년 9월 23일).

공공연히 폭력까지 휘둘러가며 시민들에게 광우병 위험을 강요하는 이명박 세력이야말로 '시민학대'를 저지르는 '불량시민'이 아닐까? 이명박은 우리 아기들을 학대하는 차원을 넘어서 아예 광우병의 '마루타'로 만들고 있는 것이 아닐까? 시민들에게 광우병 위험을 강요하는 것으로 모자라서 아기의 건강과 생명을 지키기 위해 거리로 나선 절박한 '유모차'마저 처벌하자는 이명박 세력이 과연 앞으로 5년 동안 이 나라를 어떻게 망칠 것인가? 건강과 생명이라는 가장 근원적 가치를 심각하게 위협해서 정권의 정당성 자체가 근본적 불신의 대상이 되었거늘, 여전히 문제를 호도할 수 있으리라고 믿으면서 '강부자' 정책을 강행하기 위해 절박한 '유모차'마저 처벌하겠다고 하니 이 나라가 망하지 않겠는가?

정말 나라와 민족을 위해 이명박 대통령, 어청수 경찰청장, 이범래 의원 등이 당장 텔레비전에 출연해 '유모차 부대'의 주부들과 끝장토론을 벌여서 잘잘못을 명확히 가리는 게 좋겠다. 지금 중국에서는 멜라민이라는 화학물질이 첨가된 분유 때문에 아기들이 병들고 죽어가고 있다. 그러나 광우병 위험을 안고 있는 '미국산 쇠고기의 전면 수입'은 이보다 더 큰 문제를 낳을 수 있다. 이 가능성을 최소화하는 것이 정부와 국회의 존재 이유이다. 이명박 세력은 이미 이 존재 이유를 크게 훼손했다. 그런데 '유모차'와 싸우면서 이명박 세력은 이 존재 이유에 대한 회의를 더욱더 깊게 하고 있다. 우리는 여기서 다시 영국 농림부 장관의 '비극'을 떠올려야 할 것이다.

영국 농림부 장관을 지냈던 존 검머 씨를 기억하나요? 영국에서 광우병 발생이 최고조에 달했던 1980년대 말~1990년대 초반, 메이저 총리는 영국 축산업의 몰락을 막고자 광우병에 관한 진실을 덮어두려고 안간힘을 쓰고 있었습니다.

1990년 5월, 당시 농림부 장관이었던 검머 씨는 자신의 네 살배기 딸과 함께 TV에 출연해 "쇠고기가 안전하다"며 직접 햄버거를 먹는 쇼를 연출했습니다. 검머 씨는 "광우병이 동물에게서 인간에게로 전파된다는 증거는 세계 어디에도 없다"며 "참조할 수 있는 모든 과학적 증거에 비춰볼 때 쇠고기는 안전하다"라고 말했습니다.

그러나 2007년 10월 4일, 검머 씨의 친구 딸이 인간광우병(vCJD)으로 사망했다는 소식을 접했습니다. 이번에 인간광우병으로 희생된 엘리자베스 스미스 씨는 올해 스물세 살로 버밍험 대학에서 지리학을 전공하고 있는 젊은 대학생입니다(박상표, "임상규 농림부 장관에게 보내는 공개 편지", 《프레시안》, 2007년 10월 14일자).

後記 2008년 10월 2일 이명박 대통령은 청와대에서 야당 대표들과 만나서 "유모차에 아이들을 태우고 나오는 것은 절대로 안 된다"고 말했으며, '유모차 수사'는 "처벌이 목적이 아니라 앞으로 못 데리고 나오게 하는 게 목적이다"고 말했다. 참으로 위험한 논리가 아닐 수 없다. 집회에 빈 유모차를 갖고 나가건 아이를 태우고 나가건 그건 어디까지나 주권자인 시민의 권리에 해당하는 것이다. 대통령의 의무는 이런 권리를 보호하는 것이지 부정하는 것이 아니다.

한나라당의 일부 의원들은 국정감사장에서 유모차 엄마들을 죄인처럼 다루면서 모욕했다. 우리의 국회의원들은 여전히 심각한 자질의 문제를 안고 있는 것 같다. 윤리시험을 봐서 합격한 자들만 후보로 나설 수 있게 하던가 해야지 이대로는 안 될 것 같다. 주권자인 시민의 권리에 대해 무지한 것은 말할 것도 없고 인간으로서 갖춰야 할 최소한의 예의조차 무시하는 자들이 국회의원이랍시고 막강한 권한을 행사하고 특권을 누리는 나라가 제대로 될 수 있겠는가?

한나라당의 일부 의원들은 멜라민 사태에는 왜 촛불을 들고 나서지 않았냐고 따졌다. 이것은 광우병 사태와 멜라민 사태의 차이를 전혀 깨닫지 못한 지극히 잘못된 질문이 아닐 수 없었다. 광우병 사태는 이명박 정부와 한나라당이 적극적으로 초래한 것이지만 멜라민 사태는 시간이 한참 지난 뒤에 사후적으로 파악된 것이다. 광우병 사태는 얼마든지 예방할 수 있었지만 멜라민 사태는 이미 발생한 일에 대처해야 하는 사안이었다. 여기서 우리는 '빗나간 의원', '국민학대'의 문제를 여실히 확인할 수 있었다.

광우병국민대책회의와 방송장악저지 범국민행동, 깨어있는 누리꾼 모임 등은 국정감사에서 '유모차 부대' 회원에게 폭언을 한 한나라당 의원들에 대해 즉각 사퇴를 촉구했다. 이들은 16일 오후 한나라당 앞에서 기자회견을 열어 "굴욕적인 정부정책과 불법적인 경찰 폭력의 피해자인 촛불 유모차 어머니를 신성한 국정감사장에서 오히려 죄인으로 몰아세우며 비열하게 모욕하고 폭언했다"며 장제원(부산 사상), 신지호(도봉 갑), 이범래(구로 갑) 의원을 비판했다.

앞서 이들 의원들은 13일 국회 행정안전위원회 서울경찰청 국정감사에서 참고인으로 출석한 '유모차부대' 회원에게 '폭력시위가 벌어져서 위험한데 아이를 데리고 나갈 생각을 했나', '멜라민 사태엔 왜 촛불을 들지 않았냐'고 해 논란을 일으켰다. 특히 '빗나간 모정', '아동학대'라고 운운한 장제원 의원은 홈페이지에 비판 글이 쏟아지는 등 여론의 뭇매를 맞았다.

이들은 "한나라당 의원들이 저지른 언행은 국민과 국회법을 철저히 무시한 것"이라며 "국정감사는 '정부주직법 및 기타 법률에 따라 설치된 국가기관 등'에 대한 것이다. 국회의원들이 감사해야 할 대상은 촛불 유모차 어머니가 아니라 유모차 어머니를 불법 탄압한 서울지방경찰청"이라고 지적했다. 이어 "촛불 유모차는 참고인 자격으로 추궁당해서는 안 되고 추궁당할 수도 없다"며 "이는 국정감사법을 어기며 고의로 국민을 욕보인 행위"라고 주장했다(이성희, "유모차엄마가 '아동학대'? 같은 엄마로서 화난다", 《경향신문》, 2008년 10월 16일자).

'강부자' 세력의 폭력에 얼마나 더 당해야 하나

촛불집회, 국가폭력 그리고 종부세

촛불집회는 무엇이었는가? 어떤 시민들은 '시대의 어둠을 밝히며 대한민국의 미래를 바꾸는 힘'이라고 말한다. 이 정도까지 거창한 의미를 부여하지 않더라도 촛불집회는 분명히 이 사회의 발전을 위해 중요한 의미를 갖는다. 그러나 촛불집회의 이해에서 무엇보다 중요한 것은 그것이 생명을 지키기 위한 절박한 노력이었다는 사실이다.

광우병은 치사율 100%의 무서운 병이다. 그리고 미국산 쇠고기는 광우병 위험을 안고 있다. 따라서 우리의 생명을 지키기 위해 미국산 쇠고기의 수입규제는 당연한 조치이다. 30개월 이상 살코기와 각종 광우병 위험 부위를 전면 수입하는 것은 우리의 생명을 광우병 위험에 전면적으로 노출시키는 것이다. 정부가 뭐라고 설명을 하건 변명을 하건 간에 상관없이 이것은 결코 변할 수 없는 과학적 사실이다. 이명박 정부는 우리의 생명을 광우병 위험에 전면적으로 노출시켰다.

생명의 위험에 맞서는 것은 모든 생명의 본능에 해당하는 것이다. 촛불집회는 이러한 본능의 발로였다. 그러나 이 본능이 발현되기 위해서는 과학이 필요했다. 과학은 이명박 정부가 무슨 잘못을 저질렀는지에 대해 시민들에게 잘 알려주었다. 그리고 시민들은 생명을 지키기 위해서는 촛불이라도 들고 거리로 나서는 수밖에 없다는 절박한 판단을 하게 되었다. 촛불은 이명박 정부가 강요하는 광우병 위험에 맞서서 생명을 지키고자 하는 절박한 염원의 표출이었다.

촛불집회에 대한 이명박 정부의 대응은 아무래도 '국가폭력'으로 설명하는 것이 가장 옳은 것으로 보인다. '국가폭력'은 국가권력이 국민을 보호하는 것이 아니라 국민을 억압하는 수단으로 활용되는 것을 뜻한다. 독재 세력은 자신의 이익을 지키기 위해서 막강한 국가권력을 적극 활용해 국민을 억압했다. 독재 시대에 미행, 감시, 도청, 도촬, 사찰, 폭행, 체포, 고문, 투옥은 일상사였을 뿐만 아니라 심지어 살해마저도 사실상 대수롭지 않은 일처럼 여겨졌다. 이승만, 박정희, 전두환, 노

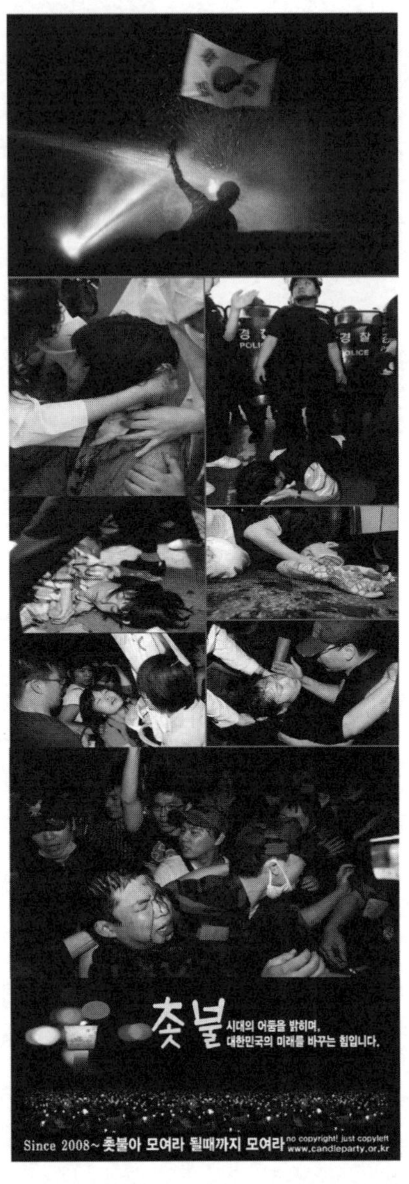

태우의 시대는 '국가폭력'이 횡행한 어둠의 시대였다. 그런데 민주화 20년에도 '국가폭력'의 문제는 제대로 해결되지 않았을 뿐만 아니라 오히려 다시금

264

크게 강화되고 있는 것으로 보인다.

촛불집회는 노약자와 어린이도 자유롭게 참여할 수 있는 평화집회였다. 촛불집회가 '거리축제'처럼 전개될 수 있었던 것은 바로 이 때문이었다. 그런데 6월 19일의 '특별기자회견'을 계기로 이명박 정부는 촛불집회에 대한 강경진압을 강화하기 시작했다. 이명박 정부는 이미 6월 10일의 '명박산성' 또는 '청수산성'을 통해서 국민과 소통하지 않는다는 태도를 명확히 밝혔다. 그리고 6월 19일의 '특별기자회견'을 통해 '사과'하는 척해서 촛불집회를 약화시키고는 바로 이어서 촛불집회에 대한 강경진압을 강화하기 시작했던 것이다. 사실 이미 많은 시민들이 경찰의 무차별 폭행으로 다친 상태였다. 그러나 이명박 정부는 이런 문제를 바로잡기는커녕 오히려 강경진압을 강화했던 것이다.

여기서 우리는 '국가폭력'을 좀 더 확장해서 생각할 필요가 있다. 물리적 폭력이 '국가폭력'의 핵심을 이루되 그것만이 '국가폭력'의 전부는 아니다. 잘못된 정책을 절차조차 제대로 준수하지 않고 국민에게 강요하는 것도 역시 '국가폭력'이다. 이런 점에서 광우병 위험이 큰 미국산 쇠고기의 전면 수입을 전격적으로 결정하고 강행한 것 자체가 국민들에게 엄청난 고통을 안겨준 강력한 '국가폭력'이다. 도대체 누가 생명을 위협할 권리를 이명박 정부에게 부여했는가? 생명의 위험을 최소화하는 것이 모든 정부의 가장 근원적 책임이 아닌가? 이명박 정부는 모든 정부의 가장 근원적 책임을 저버리는 잘못을 저지른 것이 아닌가? 도대체 왜 이명박 정부는 이런 터무니없는 잘못을 저질렀는가?

100일이 넘는 긴 시간이 지나면서 촛불집회는 소강상태에 빠지게 되었다. 그러자 이명박 정부는 촛불을 완전히 끄기 위해 총력을 기울이기 시작했다. 이명박 정부는 생명을 위협하는 '국가폭력'에 맞서서 생명을 지키기 위해 촛불을 들고 거리로 나선 시민들에 대해 민사소송을 벌이고 형사처벌을 추진하고 있다. 이것은 또 다른 '국가폭력'이라고 하지 않을 수 없다. 이명박 정부는 국민의 생명을 위협하는 잘못된 정책을 강행하는 것에 대해 저항은 물론이고 심지어 비판조차 하지 말고 그저 순응할 것을 요구하고 있다. 이명박 정부는 폭력 진압에 이어 방송 장악, 인터넷 무력화, 민사소송, 형사처벌 등의 다양한 방식으로 국민들을 항복시키려 하고 있는 것이다.

촛불집회는 정부가 국민을 속이는 것이 사실상 불가능해진 지식사회와 정보사회의 특징을 잘 보여준 역사적 사건이다. 이런 점에서 이명박 정부의 행태는 너무나 시대착오적이고 말 그대로 후진적이다. 여기서 우리는 당연히 이명박 정부를 작동하는 세력, 즉 '이명박 세력'에 대해 관심을 기울이지 않을 수 없다. 이명박 세력은 흔히 '강부자 세력'이라고 불린다. 이들은 전체 국민의 1% 정도밖에 되지 않는 '부자 집단'을 뜻하며, 이념적으로는 스스로 '뉴라이트'라고 주장하고 있다. 그런데 '뉴라이트'는 식민과 독재의 역사를 찬양하고, 독립운동과 민주화운동을 좌파운동이라거나 심지어 테러리즘이라고 비난한다. '강부자 세력'은 이렇듯 반민족적이고 반민주적이다.

'강부자 세력'은 이 세상의 모든 것을 자신들의 부를 위한 수단으로 여기는 것 같다. 국가와 민족마저도 그렇다. 미국산 쇠고기의 전면 수입, '뉴라이트 역사교과서', 황당한 고환율 정책, 참담한 토건국가 정책 등에서 그 실태를 명확히 살펴볼 수 있다. 여기서 물론 종부세 폐기 정책도 빼놓을 수 없다. 종부세는 망국적 부동산 투기를 막고 나라의 정상화를 이루기 위한 선진적 정책이다. 그런데 '강부자 세력'은 역시 부동산 투기를 대표하는 세력답게 종부세를 폐기하기 위해 전력을 기울이고 있다. 이명박 정부는 역시 '강부자 정부'인 것 같다. 이명박 대통령부터 '강부자'의 대표가 아닌가? 이번의 종부세 완화로 이명박 정부에서 가장 큰 이익을 보는 사람은 다름 아닌 바로 이명박 자신이다.

이명박 대통령의 '소망교회 30년 교우'인 강만수 기획재정부 장관은 부자들의 가슴에 박힌 '대못'을 운운하며 종부세 폐지를 주장하고 있다. 전체 국민의 2%에 불과했던 이전 종부세 대상자들에게 과연 종부세가 '대못'이었는지 모르겠다. 아마도 굉장히 엄청난 부자인 이명박과 강만수에게는 '대못'이었던 모양이다. 부자인 그들에게는 대다수 국민들, 특히 50%에 가까운 집 없는 국민들의 가슴에 박힌 '쇠말뚝'이 보이지 않는 걸까? 부자인 그들은 '강부자 세력'이 엉터리 부동산 세제와 부동산 정책을 활용해서 엄청난 투기 이익을 누리고 있기 때문에 대다수 국민들이 부동산으로 고통 받고 있으며 절반에 가까운 사람들이 집을 가질 수 없다는 사실을 모르는가? 그럴 것이다. 그들은 '강부자 세력'의 대표이므로.

종부세 폐지 정책도 또 하나의 '국가폭력'이다. 촛불집회에 대한 각종 억압책이 이명박 정부의 잘못된 정책에 대한 국민의 저항을 억누르는 '국가폭력'이라면, 종부세 폐지 정책은 '강부자 세력'의 불로소득을 위해 국민을 무력화하는 '국가폭력'이다. 종부세 폐지 정책으로 이명박 정부가 '강부자 정부'라는 사실과 한나라당이 '강부자당'이라는 사실이 명확히 확인되었다. 그런데 '강부자 세력'의 이익과 국민의 이익은 양립할 수 없다. '국가폭력'으로 광우병 위험과 종부세 폐지를 강요할수록 이 사실은 더욱더 분명해질 것이다. '국가폭력'은 아무것도 해결하지 못하고 문제를 더욱 악화시킬 뿐이다. 탐욕의 세력만이 이 진리를 모른다.

키는 것이다. '강부자'가 어떤 존재인지, 그 대표가 어떤 존재인지를 강만수는 너무나 잘 보여주었다.

강만수는 잘못된 경제정책을 강행해서 경제위기를 급격히 악화시켰고, 잘못된 세금정책을 강행해서 사회위기를 급격히 유발하고 있는 핵심 책임자이다. 그러나 이명박 대통령은 그를 다시 장관급 국가경쟁력강화위원장에 임명했다. 역시 '소망교회'의 힘인가? 아니면 사람이 없는 것인가?

강 장관은 종부세 완화가 강남 부유층에만 혜택을 준다는 민주당 양승조 의원의 지적에 대해 "대한민국 국민 한 명이라도 능력에 과하거나 순리와 원칙에 맞지 않는 세금을 내선 안 된다"며 "과도한 세금은 어느 지역에 살든 조정돼야 한다고 생각한다"고 강조했다.

그는 종부세가 과격, 부당하다는 뜻이냐는 물음에는 "그렇다"고 답했고, 양 의원이 '강부자 내각의 인식'이라고 비판한 데 대해서는 "강부자 내각이라는 식으로 말할 상황은 아니다. 중산층, 서민에게는 대못을 박으면 안 되고 고소득층에게 대못을 박는 상황은 괜찮은 것이냐"고 반문했다(《연합뉴스》, 2008년 9월 23일자).

'인터넷 시대'에 '히틀러 라디오'가 웬 말?

히틀러와 라디오

이명박 대통령이 한 달에 한 번씩 라디오를 통해 국민들에게 연설을 하겠다고 한다. 1930년대 대공황기에 미국의 대통령이었던 프랭클린 루스벨트 대통령은 절망에 빠진 미국인들에게 희망을 불어넣어 주기 위해 '노변담화'라는 이름으로 정기적인 라디오 방송을 했다고 한다. 이명박 대통령이 이 방송을 흉내 내겠다는 것이다. 확실히 지금 한국은 1930년대 대공황기의 미국과 같은 상태에 있는 모양이다. 그러나 이것은 그야말로 시대착오적인 발상의 극치가 아닐 수 없다.

우리는 지금 21세기를 살고 있다. 1930년대 미국에서도 배울 것이 있기는 하겠지만, 그러나 60년 전의 미국과 지금의 한국은 달라도 너무나 다르다. 예컨대 60년 전의 미국보다 지금의 한국이 훨씬 더 개방적이고 복잡하다. 더욱이 1930년대 미국에서 라디오는 최첨단 방송매체였지만, 지금 한국에서 라디오는 <라디오 스타> 같은 영화가 보여주듯이 오래전에 한물간 방송매체이다. 서구에서 '비디오가 라디오 스타를 죽여요'라는 노래가 나온 것은 이미 거의 30년 전의 일이다. 대통령이 인터넷 시대에 라디오 연설로 국민들에게 '희망의 미래’를 얘기하겠다는 발상 자체가 그저 ‘절망의 미래’를 더욱더 강하게 예감하게 할 뿐이다. 정말 위기가 공황으로 폭발할 모양이다.

사실 이명박 정부가 방송을 장악하고 인터넷을 규제한 뒤에 무엇을 할 것인지 궁금했다. 이미 KBS 뉴스에서 짐작할 수 있듯이, 뉴스는 아예 ‘땡박뉴스’로 전락할 것이라는 우려가 제기되었고, 각종 심층보도 프로그램은 폐지되거나 그저 선전방송이 되고 말 것으로 예측되었다. 그러나 대통령이 직접 나서서 정기적으로 방송을 할 것이라는 것은 그 누구도 예측하지 못했다. 나름대로 허를 찌른 셈이다. 그러나 과연 그럴까? 대통령이 나서야 할 정도로 위기가 깊어진 것인가, 아니면 대통령이 DJ 노릇을 할 정도로 한가한 것인가? 아무래도 전자이리라. 위기가 이미 깊디깊고, 정부에 대한 불신은 더욱더 깊으니, 대통령이 직접 나서야겠다는 결정을 한 것이리라. 그러나 대통령의 정기적 라디오 방송은 불신과 위기를 더욱 깊게 하고 말 것이다.

이명박 대통령이 프랭클린 루스벨트 대통령에게 배워야 할 것은 라디오 방송 자체가 아니다. 사실 프랭클린 루스벨트 대통령이 대공황을 극복한 것은 아니었다. 제2차 대전이야말로 미국의 진정한 구세주였다. 그러나 프랭클린 루스벨트 대통령은 대공황을 초래한 문제들을 해결하기 위해 최선을 다했다. 한국의 토건 세력은 프랭클린 루스벨트 대통령이 고용을 늘리기 위해 대규모 토건사업을 벌인 깃만 크게 강조한다. 그러나 토선국가 한국과 달리 그것은 토건 세력의 영구적 번영이 아니라 전체 경제의 일시적 활력을 위한 조치로 취해졌을 뿐이다. 그리고 이와 함께 프랭클린 루스벨트 대통령은 적극적 개입 정책으로 기업의 폐해를 시정하고 노동자와 실업자의 권익을 향상해서 이른바 ‘풍요사회’로 불리는 ‘현대 미국’을 형성한 장본인이다.

이명박 대통령이 프랭클린 루스벨트 대통령에게 배워야 할 것은 시대가 요구하는 ‘올바른 정책’이다. ‘한반도 대운하’ 건설계획, ‘경인운하’ 건설사업,

한탄강댐 건설사업, 미국산 쇠고기 전면 수입, 수도권 집중 완화, 환경규제 완화, 촛불집회 탄압, 시민단체 탄압, 뉴라이트 옹호, 유모차 주부 수사, 종합부동산세 인하, 국제중 설립, 교과서 개악, 역사 개악, 대북 대립 정책, 금산 분리 완화, 방송 장악, 인터넷 장악, 강만수 옹호, 어청수 옹호, 기독교 숭앙, 불교 차별 등의 '잘못된 정책'을 끝도 없이 양산하면서 아무리 '노변담화'를 해봤자 위기는 더욱더 깊어질 뿐이다. '노변담화'는 '올바른 정책'을 홍보하기 위한 수단이었지만 '잘못된 정책'을 강행하기 위한 수단이 아니었다.

그런데 왜 하필 라디오인가? 텔레비전도 있고, 인터넷도 있지 않은가? 라디오는 소리만 전하는 매체이기 때문에 수신자의 입장에서는 아주 편리하게 이용할 수 있다. 다른 일을 하면서 얼마든지 이용할 수 있는 매체가 바로 라디오인 것이다. 발신자의 편에서도 외모나 논리를 떠나서 가장 일방적으로 편하게 이용할 수 있는 매체가 라디오이다. 그런데 바로 이러한 특성 때문에 라디오는 오래전부터 '독재의 매체'로 이용되었다. 사실 라디오를 아주 잘 활용한 프랭클린 루스벨트의 체제도 '미국형 파시즘'으로 간주되기도 한다. 그러나 가장 대표적인 예는 바로 히틀러와 나치즘이다. 다음은 히틀러의 선전상으로 악명을 떨쳤던 괴벨스에 대한 평전에서 인용한 것이다.

당시의 나치에게 있어서의 주요한 선전의 수단은, 실은 영화가 아니라 출판과 라디오였다. …… 괴벨스는 선전부가 만들어지자마자 방송의 모든 기구를 국가 목적을 위해 통제하고, 독일 방송회사를 개편하여 선전부의 감독 아래 두었다(로저 만벨·하인리히 프렌켈, 『제3제국과 선전』, 김진욱 옮김, 1988, 자유문학사, 107쪽).

괴벨스는 "우리는 라디오에 의해 모반인들의 영혼을 파괴하였다"고 말하고

있다. 또 그의 부하 중의 한 명
은 더욱 신랄하게 다음과 같
이 말하고 있다. "방송이야말
로 가장 좋은 선전의 무기이다.
선전이란 정신의 온 영역에서
의 싸움 — 정신의 창조와 파괴,
육성과 절멸, 재건과 해체의
영위 — 을 말한다. 우리의 선
전은 독일의 민족과 피와 국가
에 의해 결정된다. …… 괴벨
스는 대중이 라디오를 듣는
습관을 길들이는 일을 우연
에 맡겨두지는 않았다. 그는

자료: EBS, 〈지식채널◉〉, '괴벨스의 입'.

전국의 각 지방에 방송 감독소의 시스템을 만들어두고, 끊임없이 대중과 접촉
하고, 팜플렛을 내며, 중요한 방송은 미리 알려주고, 공공장소에 설치한 확성기
를 통해 청취할 수 있도록 하였다(같은 책, 108쪽).

사실 진작부터 히들러와 괴벨스의 관계가 지금 이곳에서 재현되고 있다는
비판이 제기되었다. 이명박 식 '노변담화'는 이 비판을 사실로 확인해주는 것
이 아닐까? 물론 라디오를 이용해서 '잘못된 정책'을 국민들에게 주입하고 순
응하도록 하겠다는 계획은 결코 성공할 수 없다. 지금 이 나라는 대학 진학률
이 80%를 넘고 초고속인터넷 보급률이 95%를 넘는 세계 최고의 지식사회, 정
보사회이기 때문이다. 이런 시대에 일방향 라디오 방송으로 국민의 지지를 얻
겠다는 것은 너무 황당하지 않은가? 이명박 대통령은 정말 자기의 말이 국민

들에게 잘 전해지지 않아서 국민들이 자기를 싫어하고 불신한다고 생각하고 있는가? '조·중·동 중독증'을 치료받고 인터넷을 배워서 국민들의 뜻을 살핀다면, 사실을 아주 쉽게 잘 알 수 있지 않을까?

성공과 실패를 떠나서 더 근본적인 것은 발상 자체의 문제이다. 어떻게 양방향 인터넷 시대에 일방향 라디오로 국민을 설득하고 지지를 얻을 수 있다고 생각하는 것일까? 정말 너무나 시대착오적이지 않은가? 닉슨이 텔레비전 연설로 국민의 지지를 얻으려고 했다가 실패한 것도 이미 35년 전이다. 미국과 한국이 일방향 동영상 텔레비전 시대를 지나 양방향 동영상 인터넷 시대로 접어든 것도 어느새 15년이 넘는다. 여기서 무엇보다 중요한 것은 일방향과 양방향의 차이이다. 이명박 세력은 이 점에 대해 정말 전혀 모르고 있는 것 같다. 그 차이는 바로 민주성의 차이이다. 라디오라는 단방향 음성매체로 국민을 설득하고 지지를 얻겠다는 발상 자체가 사실 히틀러적인 것이다.

後記 이명박 정부와 한나라당은 언론정책이 아니라 매체장악정책을 강행하고 있는 것 같다. 그 핵심은 언론매체와 관련된 세 가지 법의 개악으로 이루어질 것이다. 그 내용은 다음과 같이 요약할 수 있다.

방송법 개악 → 방송 장악
정통망법 개악 → 인터넷 장악
통비법 개악 → 휴대폰 장악

이명박 정부와 한나라당이 강행하는 언론정책의 핵심은 〈시사투나잇〉, 〈PD수첩〉, 〈뉴스데스크〉, '다음 아고라' 등에는 절대 관심을 갖지 말고 오직 이명박 대통령의 주장에만 귀를 기울이고 하라는 대로 고분고분 따르라는 것이 아닌가? 그렇게 하기가 영 어려우니까 아예 모든 언론매체를 완전히 장악해서 자기들의 홍보매체로 만들려는 매체 장악 정책을 강행하고 있는 것이 아닌가?

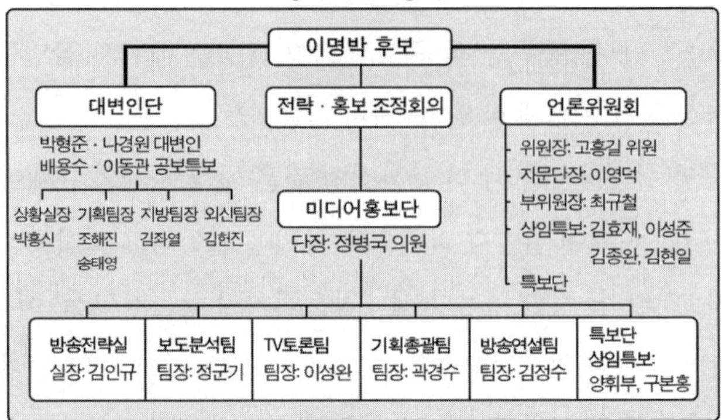

자료: 《조선일보》, 2007년 10월 11일자.

이명박 정권 출범 이후 언론계는 바람 잘 날이 없었다. 권력기관을 총동원한 언론 장악 움직임이 이어졌고 급기야 현직 언론인을 체포하고 구속하는 사태로까지 치달았다. 언론특보 '낙하산' 투하와 비판 보도 길들이기, 그리고 여권에 유리한 방송구도를 만들기 위한 법 개정 밀어붙이기 등 지금도 언론 장악 시도는 진행형이다.

이명박 대통령이 지난해 3월26일 그의 멘토라고 불리는 최시중 씨를 정치적 독립성을 표방하는 방송통신위원장에 임명한 뒤 얼마 지나지 않아 무리한 방송 장악 시도가 잇따라 터져 나왔다. 임기가 1년 이상 남은 정연주 한국방송 사장을 교체하는 과정에서 감사원, 국세청, 검찰 등 권력기관이 모두 나서 전 방위 압박을 가했다. 특히 사장 추천권을 지닌 한국방송 이사진의 여야 구도를 바꾸기 위해, 신태섭 당시 이사의 소속 대학인 동의대에 교육부가 해임 압력을 넣었다는 의혹까지 불거졌다. 이사직 사퇴를 거부한 신 이사는 학교와 방통위로부터 차례로 해임됐다.

방송사와 유관기관에는 지난 대선 때 이명박 대통령 언론특보를 지낸 인사들이 '낙하산'으로 차례차례 내려왔다. 지난해 5월 방송특보 출신인 구본홍 씨를 와이티엔(YTN) 사장에 내정하면서 불붙은 와이티엔 노조의 낙하산 저지 투쟁은 11개월째 이어지고 있다. 40여 명의 언론특보 가운데 이몽룡(현 스카이라이프 사장), 정국록(아리랑방송 사장), 양휘부(한국방송광고공사 사장), 임은순(신문유통원장), 서옥식(한국언론재단 이사), 최규철(뉴스통신진흥회 이사장) 씨 등 12명이 언론 분야에서 자리를 꿰찼다.

권력기관과 심의기관을 통한 비판 프로그램 길들이기도 집요했다. 검찰은 문화방송 피디수첩의 '미국산 쇠고기-과연 안전한가'(2008년 4월29일 방영) 프로그램 수사를 위해 이례적으로 검사 5명을 투입한 특별수사팀을 꾸렸다. 이 프로그램과, 문화방송이 지난 연말연초 방영한 방송법 개정 비판 프로그램들은 여권 추천 방통심의 위원들로부터 '시청자 사과'라는 최고 징계를 받았다.

정부·여당은 아예 방송구도를 자신들에게 유리하게 바꾸기 위한 법 개정 작업도 밀어붙이고 있다. 12월3일 한나라당이 발의한 방송법은 신문과 대기업에게 지상파 지분을 허용하는 내용을 담고 있다. 보수 세력의 장기집권을 위해 '조·중·동 방송' '재벌 방송'을 만들려 한다는 비판이 제기됐다. 최시중 방통위원장은 오는 8월 임기가 만료되는, 문화방송 대주주 방송문화진흥회 이사들의 후임자 임명권도 가지고 있다. 현 정부 판단에 따라, 문화방송이 민영화라는 선택지를 강요받을 수도 있다고 일부에선 우려하고 있다(권귀순, "MB정권 언론 장악 시도 사례: 도 넘은 언론 탄압", 《한겨레》, 2009년 3월 26일자).

이명박 정부 1년 동안 언론 관련 논란은 끊임없이 벌어졌다. 정부의 지속적인 언론 장악 시도와 표현의 자유를 위협하는 정책이 이어지면서 빚어진 일이다.

이명박 정부가 출범도 하기 전인 2008년 1월 대통령직 인수위 시절 벌어진 '언론사 간부 성향 조사'는 예고편이었다. 이 대통령은 취임 직후 언론계와 시민·사회단체의 거센 반발에도 불구, 이 대통령의 정치적 멘토인 최시중 씨를 방송통신위원회 초대 위원장에 임명했다. 이에 따른 방송의 독립성과 공정성 우려는 현실로 나타났다. 가장 먼저 정연주 KBS 사장이 '강제 축출'됐고, 이 과정에서 KBS에 20여 년 만에 경찰이 투입됐다. 방통위원장·청와대 비서실장·국정원 차장 등이 참석한 '비밀 대책회의' 등을 통해 KBS 후임 사장 임명이 진행됐다. …… 정부와 여당은 '광우병 쇠고기 수입 반대'의 촛불집회 파문이 가라앉자 MBC와 다음 아고라, 조·중·동 광고 불매운동 네티즌 등에 대한 전 방위적인 '공세'에 나섰다. 여론 다양성 훼손 우려에도 불구하고 신문과 대기업의 지상파 방송 진출 등을 허용하는 방송법 개정과 사이버모욕죄 도입, e메일과 휴대폰의 전면적 감청을 가능케 하는 국정원법 개정 등도 추진하고 있다.

이정춘 중앙대 명예교수(언론학)는 "이명박 정권은 지난 1년간 언론 장악과 언론 법안 통과 시도 외에는 한 일이 없는 것 같다"며 "경제 살리기를 한다면서 정권 유지를 위한 사회 통제에만 급급하고 있다"고 말했다(김정섭, "이명박 1년, 끊임없는 언론 장악 시도…표현의 자유 억압', 《경향신문》, 2009년 2월 24일자).

승냥이여, 이리여!

'쌀 직불금' 파동을 보며

황금빛으로 벼가 익어가는 들판은 참으로 아름답다. 이 아름다운 들판은 그 자체로 굉장한 '관광 상품'이 될 수 있을 것 같다. 본래의 논둑길이 남아 있는 들판은 더욱더 훌륭한 '관광 상품'이 될 수 있을 것이다. 이 멋진 자원을 지키기 위해, 한전이 멋대로 박아 놓은 전봇대를 뽑아 없애고, 농촌공사가 멋대로 강행하고 있는 농수로의 시멘트화를 막아야 한다. 황금빛 들판을 바라보노라면, 저 황금빛 들판이 피와 땀의 소산이라는 것을 나름대로 알면서도, '국민학교' 시절에 서숙자 선생님께 배운 정겨운 노래가 마음속에 떠오른다.

논둑 밭둑 지나서 옥수수밭 지나서
오솔길을 지나면 오막살이 초가집
박넝쿨이 엉켰네 조롱박이 달렸네
— 홍은순 작사, 권길상 작곡, 「시골집」 중.

그러나 시커먼 승용차를 타고 황금빛 들판을 가로질러 시퍼런 골프장으로

‘나이스 샷’을 외치러 가는 ‘강부자’ 사장님들과 사모님들은 황금빛 들판을 보면서 ‘역시 투기는 농지가 제일이지’라는 생각을 할 것이다. ‘강부자’를 인생의 참스승으로 모시며 어떻게든 그 안에 들어가고자 애쓰는 정치인들과 공직자들도 당연히 ‘강부자’를 따라서 ‘역시 투기는 농지가 제일이지’라고 마음속으로 외칠 것이다. 그들에게 우리의 농업은 하루빨리 없어져야 할 사양산업이고, 300만 명을 넘는 농민은 국가경쟁력의 적이므로 하루빨리 10만 명 정도로 줄어들어야 하며, 농촌과 농지는 사양산업과 사양인력의 터전일 뿐이니 하루빨리 공장과 모텔과 아파트와 골프장으로 개조되어야 할 것이다. 그리고 그렇게 하면 당연히 엄청나게 땅값이 오를 테니 하루빨리 자기들이 다 사놓아야 할 것이다.

그런데 식량은 우리의 생존에 직결된 가장 귀중한 자원이기 때문에 살(殺)농정책은 자살정책이나 같다. 이 때문에 ‘강부자’와 그 추종자들도 살농정책을 무턱대고 강행할 수는 없다. 온갖 미사여구와 논리를 동원해서 살농정책이 아니라 중농정책을 펼치는 것처럼 보이도록 하면서 농업과 농민을 줄이고 농지를 빼앗아야 하는 것이다. 이렇게 하기 위해 시화호와 새만금으로 대표되는 간척사업도 벌이고, 농협도 적극적으로 지원한다. 그러나 간척사업을 벌이는 이유는 사실 토건과 투기를 위해서이고, 농협을 적극적으로 지원하는 이유도 농협이 돈벌이가 되기 때문이다. 농업은 갈수록 피폐해지고 농민은 갈수록 죽어나는데, 농촌공사는 농지를 내걸고 더욱더 많은 간척사업을 벌이고, 농협은 돈을 주체하지 못해서 늘 고임금과 부패의 추문에 휩싸여 있다.

농민의 고통은 이미 너무나 크다. 소주 대신 농약을 마신다는 어어부밴드의 노랫말이 우리 농민에게는 결코 낯설지 않다. 이 와중에 ‘쌀 직불금’의 불법 수령 문제가 밝혀진 것이다. 그저 놀라울 뿐이다. 벼룩의 간을 빼먹고, 문둥이의 코에서 마늘을 빼먹는다더니, ‘쌀 직불금’의 불법 수령이야말로 그 짝이 아닌가? 이런 짓을 한 가장 큰 이유는 농지에 대한 투기를 은폐하기 위해서이니 하나의 잘못이 또 다른 잘못을 낳은 셈이다. 거짓말은 거짓말을 낳고 잘못은 잘못을 낳는다. 그 결과 농업이 망하고 나라가 망한다. 투기가 망국병이고 투기꾼이 '공공의 적'인 이유를 여기서도 잘 알 수 있다. 이 망국병과 '공공의 적'을 언제까지 좌시할 것인가?

조선은 상업과 공업을 육성하지 못해서 망했을 뿐만 아니라 농업과 농민을 제대로 지키지 못해서 망했다. '농자천하지대본'이라고 내걸고는 정치인과 공직자들은 농민을 뜯어먹기에 급급했을 뿐이다. 200여 년 전에 다산 선생은 「승냥이여, 이리여」(송재소 역주, 『다산시선』, 창작과 비평, 1981)라는 제목의 시에서 이렇게 탄식했다.

……

우리의 논밭을 바라보아라

얼마나 크나큰 슬픔이더냐

……

우리의 논밭을 바라보아라

얼마나 크나큰 참상이더냐

'강부자'로 대표되는 투기의 달인들이 200여 년 전 다산 선생의 탄식에 생생한 현실감을 부여하고 있지 않은가? '강부자'로 대표되는 투기의 달인들이야말로, 나쁜 의미에서, '승냥이'요 '이리'가 아닌가? '직불금' 문제를 제기하는 소작인은 '왕따'를 당하거나 땅을 빼앗기고 말았다니, 승냥이와 이리의 행태가 정말 악랄하지 않은가?

농민의 살을 뜯어먹고 뼈를 발라먹은 승냥이와 이리는 호사의 극치를 누

278

렸다. 앞에서 인용한 다산 선생의 시는 이렇게 끝난다.

> 부모여, 사또여
> 고기 먹고 쌀밥 먹고
> 사랑방에 기생 두어
> 연꽃같이 곱구나

승냥이와 이리는 사랑방에 연꽃같이 고운 기생을 두고 "못난 놈들은 죽어야 돼, 못난 놈들을 돕다가는 나라가 망해"라고 외치며 가렴주구를 찬양했다. '강부자'로 대표되는 투기의 달인들도 똑같다. 그들에게 투기는 결코 죄가 아니며 오히려 능력의 표상이다. 땀 흘려 일하는 사람들의 등을 치고 누리는 불로소득이 능력의 표상일 수는 없다. 그러나 유감스럽게도 이 나라에서는 그렇다. '강부자'가 지배하는 나라에서 '쌀 직불금' 파동은 결코 사라지지 않을 더러운 문제인지 모른다.

이 더러운 문제를 둘러싸고 벌어지는 정치권의 공방은 더욱더 더럽다. 농민들은 애써 기른 배를 뭉개고 배추를 갈아엎고 있다. 그런데 한나라당은 참여정부의 잘못이라며 또다시 '설거지 정부론'을 주장하고 있다. 아니, 번번이 설거지 타령만 할 거라면 왜 애써서 정권은 잡았는가? 집에서 그냥 설거지나 하고 있을 것이지. 그리고 이봉화 보건복지가족부 차관이 참여정부 차관인가? 이명박 대통령이 서울시장 시절부터 총애해서 이명박 정부의 차관까지 된 것이 아닌가? 참여정부의 잘못은 그것대로 낱낱이 밝히고 철저히 바로잡아야 한다. 그러나 그렇다고 해서 이명박 정부의 잘못이 사라지는 것은 결코 아니다. 더욱이 이명박 정부의 등장과 함께 '강부자'의 '쌀 직불금' 불법 수령이 급증하지 않았는가?

　이명박 정부는 극구 '설거지 정부'라고 주장하지만 국민들은 '강부자 정부'라고 외치고 있다. 내각과 수석의 구성부터 이 사실을 잘 보여주었다. 이명박 정부가 '강부자 정부'라는 오명을 벗으려면, '강부자'의 투기를 옹호하는 종부세 인하 정책을 즉각 폐기하고, '쌀 직불금' 불법 수령자 명단을 전면 공개해야 한다. 다산 선생조차 기가 막혀 하지 않을 수 없는 이 만연한 투기와 불법의 상태를 반드시 바로잡아야 한다.

後記　'쌀 직불금'은 '쌀소득보전직불제도'에 따른 지급금을 뜻한다. '쌀소득보전직불제도'는 '농산물 시장 개방 확대에 따라 예상되는 벼 재배 농가의 소득 감소를 보전, 농가 소득을 일정 수준에서 안정시키기 위해 2005년 7월부터 시행'하는 제도이며, "지급 기준은 「쌀소득등의보전에관한법률」에 따라 대상 농지에서 '실제로 논농업에 종사하는 농업인'"으로 규정되어 있다. 그러나 직접 농사를 짓지 않는 많은 사람들이 논을 소유하고 소작인을 억압하며 '쌀 직불금'을 챙겼다. 그중에는 공무원들이 대단히 많다. 엄청난 부정부패가 저질러졌던 것이다. 우리의 농촌은 살농정책으로 빠르게 무너지고, 전봇대와 시멘트로 크게 망가지고, 참담한 부정부패의 온상이 되고 있다. 힘 있는 자, 돈 있는 자를 감시하지 않으면, 나라는 그저 그들의 먹이가 되고 만다.

2006년 쌀 직불금 수령자 중 비경작자 직업 현황

구분	가구 수	본인	가족	평균 소득
회사원	99,981명	31,096명	68,885명	3,578만 원
공무원	39,971명	10,700명	29,271명	4,616만 원
금융계	8,442명	2,328명	6,114명	6,280만 원
공기업	6,213명	1,499명	4,714명	5,522만 원
전문직	2,143명	602명	1,541명	7,591만 원
언론계	463명	94명	369명	5,696만 원
임대업	52명	46명	6명	1억 1,748만 원
기타	16,232명	7,048명	9,184명	1,480만 원
합계	173,497명	53,413명	120,084명	3,880만 원

자료: 감사원. 《한국경제》, 2008년 10월 16일자에서 재인용.

기어이 나라를 말아먹는구나!

보수가 초래한 위기

결국, '망국'인가? 추위와 함께 기어코 '제2의 금융위기'가 오고 말 모양이다. 멀쩡한 경제를 살려야 한다며 국민을 협박하더니 보수 세력은 경제를 확실히 죽이고 있는 것 같다. 나중에 '경제 살리기' 능력을 보여주기 위해 우선 '경제 죽이기' 능력을 과시하고 있는 것인가? 1년 전인 2007년 10월말, 코스피지수는 2,000을 돌파했다. 2007년 대통령 선거를 며칠 앞두고 당시 이명박 후보는 증권거래소를 찾아서 자기가 대통령이 되면 1년 안에 코스피지수가 3,000을 돌파할 것이라고 침을 튀겼다. 그러나 그가 대통령에 취임하고 8개월이 지난 10월 24일 오전에 코스피지수는 1,000조차 지키지 못하고 900대로 곤두박질치고 말았다.

본래 **보수 세력**은 **무능해서 부패하는 세력**이다. 'IMF 사태'는 그 단적인 예이다. 보수 세력의 무능과 부패를 빼고 IMF 사태를 설명할 길이 없다. 보수 세력은 무능하면서도 부패로 치부했고, 이를 위해 폭력을 동원해서 독재체제를 수립했다. 이승만의 깡패독재, 박정희와 전두환의 군사독재는 그 생생한 역사이다. 해방과 함께 전개되어온 민주화운동은 이렇듯 무능해서 부패하는 보수 세력의 폭력으로부터 나라와 민족을 구하고 정상적인 민주국가를 수립하고 운영하기 위한 사회운동이었다. 많은 사람들의 희생으로 민주화운동이 결국 성공을 거뒀으나, 권력을 잡은 보수 세력은 무능과 부패로 결국 IMF 사태를 일으켰다. 민주 세력이 10년을 고생해서 경제를 살려놓았으나, 권력을 잡은 보수 세력은 또다시 무능과 부패로 거대한 경제위기를 초래하고 있다.

보수 세력의 문제는 무능과 부패와 폭력에 그치지 않는다. 지금의 경제위기에 대한 이명박 세력의 대응을 보면서 이들에게 과연 '도덕'이 있는가 하는 의문마저 든다. 이들에게 도덕은 없고 오직 '도덕적 해이'만이 있는 것은 아닌가? 이명박 세력은 자신들이 강요한 광우병 위험에 대해 노무현 정부와 심지어 유모차 주부를 탓했다. '쌀 직불금' 문제에 대해서도 오로지 노무현 정부 탓이란다. 지금의 경제위기에 대해서도 노무현 정부를 탓하고, 투자자를 탓하고, 세계 금융산업을 탓한다. 노무현 정부에서 승승장구했던 박병원 청와대 경제수석은 경제가 비정상적이라고 주장한다. 말을 바꿔 탄 박병원을 포함해서 이명박 세력이야말로 비정상적이지 않은가? 그린스펀조차 자기 잘못을 인정하고 시장독재의 폐해를 지적하는 판에 이명박 세력은 뭐가 그렇게 잘났는지 자기 잘못은 조금도 없다며 잘못된 시장독재 정책을 계속 강행하겠다고 핏대를 올린다. 기가 막힐 따름이다. 도대체 이 세상 어디에 이렇게 철면피한 '남 탓 정부', '설거지 정부'가 있는가?

이명박 정부는 처음부터 안팎에서 '강부자 정부', '고소영 S라인 정부'라는 비판을 받았다. 사실 여기에는 이명박 세력의 무능과 부패에 대한 비판이 응축되어 있었다. 그러나 이 본질적인 문제는 아직까지 전혀 개선되지 않았다. 나라가 쪽박을 찰 지경에 이르기까지 '강부자'와 '고소영'의 대표 격인 강만수 장관이 보여준 행태를 보면, 이명박 세력은 나라가 어떻게 되든지 '강부자'와 '고소영'만 잘살면 그만이라는 신념을 갖고 있는 것 같다. 예컨대 놀랍게도 강만수 장관은 이 위급한 와중에도 종부세 완화를 계속 강행하고, 덧붙여서 양도세도 인하하겠다고 주장하고 있다. 지난주 잇따라 발표된, 건설업에 9조 2,000억 원의 혈세를 퍼주겠다는 것과 은행에 대해 역시 엄청난 혈세를 퍼주겠다고 한 것도 역시 같은 맥락에서 이해될 수 있다.

이명박 세력의 행태를 보노라면, 보수 세력은 '4친 4반 세력'이라고 해야 할 것 같다. '4친'은 친재벌, 친토건, 친투기, 친부패를 뜻한다. 황당한 고환율 정책, 터무니없는 건설업 지원 정책, 2%를 위한 종부세 완화 정책, 그리고 대통령 친인척이 개입된 각종 부패 사건 등에서 우리는 4친 세력의 실체를 여실히 확인할 수 있다. 또한 '4반'은 반시장, 반서민, 반도덕, 반민족을 뜻한다. 진작 대대적으로 축소되었어야 하는 토건업을 막대한 혈세로 살리겠다는 것보다 더 심각한 반시장 정책은 없다. 세금 통계를 조작해서까지 2% 부자를 위해 종부세를 완화하고 재산세를 늘리겠다는 것보다 더 명확한 반서민 정책은 없다. 이미 낱낱이 드러난 잘못을 인정하지 않고 남 탓만 해대는 것보다 더 분명한 반도덕 행태는 없다. 식민과 독재의 역사를 미화하고 찬양하는 것보다 더 참담한 반민족 정책은 없다.

이런 사실을 은폐하기 위해 이명박 대통령은 언론을 장악했고 심지어 직접 방송을 하고 있다. 그러나 차라리 손바닥으로 하늘을 가리는 편이 낫지 이런 시대착오적 정책은 오히려 보수 세력의 문제를 적나라하게 보여줄 뿐이다. 시민들은 끝없이 이어지는 이명박 대통령의 이상한 말을 '**모순화법의 절정 MB구라어록**'이라는 제목으로 정리해서 보여주고 있다. 시민들은 'MB구라어록'을 보며 폭소하고 분노한다. 아무리 최시중, 구본홍, 김인규, 이병순 등으로 언론을 장악하고 이명박 대통령이 직접 방송을 하더라도 이명박 대통령과 보수 세력의 실체는 결코 감춰지지 않는다. 오히려 시대를 거스르는 그들의 행태를 보면서 시민들은 지금의 경제위기는 어쩔 수 없는 것이 아니라 당연한 것이라는 사실을 깨닫게 된다.

왜 하필 한국이 가장 큰 피해를 입고 있는가? 무능해서 부패하는 보수 세력이 권력을 잡고 '잃어버린 10년'을 외치며 자기들의 사욕을 챙기기에 몰두하고 있기 때문이 아닌가? 폭리로 배를 채워온 토건족과 은행족에게 막대한 혈세를 안기고 망국적 수도권 집중 정책을 강화하는 것은 결국 '강부자'를 위한 것일 뿐이지 않는가? 보수 세력은 '잃어버린 10년'을 외치며 확실히 이 나라를 말아먹고 있는 것 같다. 우리는 이 위기의 진원과 주체를 올바로 이해해야 한다. '땡박뉴스'라는 아이디를 쓰는 한 시민이 지난주에 '삽질 신공 미쓰 황당무'라는 글을 발표했다. 이 글은 이명박 세력이 대표하는 보수 세력의 문제를 최근의 고시원 무차별 살상사건과 관련지어 제시하고 있다. 국감장에서 나타난 어청수 청장의 행태와 유인촌 장관의 욕설은 이 글에 더욱 큰 의미를 부여하는 듯하다.

주권자인 국민의 의사나 여론은 개무시한 채 상식부재, 소통부재, 막가파 식으로 국정을 농단하는 2MB정권 선무당 패거리의 꼬락서니를 지켜보노라면, 저 자리에도 혹시 사이코패스 부류에 속할 만한 이들이 똬리를 틀고 나앉은 것이 아닌가 하는 의구심이 요즘 들어 불쑥불쑥 치솟습니다.

저늘 중에 밝은 곳에서는 환한 표정을 시으며 국리민복과 공동신을 논하지만, 장막 드리워진 어두운 밀실에서는 '삽'이나 '금고', '몽둥이'를 각자 하나씩 부여잡고 '인간'이 아닌 '사물'과 대화를 나누며 사리사욕을 채우기 위한 패악질이나 간계 따위나 궁리하는 사이코패스들이 섞여 앉은 것은 아닌가 싶은 기우(?)가 좀처럼 가시지 않는 것이 비단 저뿐일까요(땡박뉴스, 2008년 10월 22일)

국내외에서 한국의 경제위기는 경제의 위기뿐만 아니라 분명히 정부의 위기라고 지적하고 있다. 그 핵심에 이명박 대통령의 '30년 교우'인 강만수 장관이라는 낡은 인물이 있다. 그러나 이명박 대통령은 한사코 강만수 장관의 경질요구를 거부하면서 국내외 시장의 불신을 더욱더 키우고 있다. 아니, 오히려강만수 장관을 '경제부총리'로 승격하려는 계획을 은밀히 추진하다가 발각되었다. 이런 사실들을 보면서 이명박 세력에 대한 불신은 더욱더 커지고 깊어진다. '경제 대통령'이라는 말을 믿고 이명박을 지지한 사람들에게 묻고 싶다. 지금 행복하냐고. 앞으로 행복할 수 있을 것 같냐고. '뉴타운 공약'을 믿고 한나라당을 지지한 사람들에게 묻고 싶다. 지금 행복하냐고. 앞으로 행복할 수 있을 것 같냐고. 혹시 그들은 '7·4·7 공약'과 '뉴타운 공약'이 지금의 경제위기와무관하다고 확신하고 있을까?

민주주의에서 선거는 결정적 의미를 갖는다. 지금의 경제위기는 지난 대선과 총선을 돌이켜 생각하게 한다. 사실 지금의 경제위기는 상당한 정도로 예상되었던 것이다. 토건국가와 투기사회의 구조 속에서 더 많은 토건과 투기의허황된 약속에 혹해서 원조 토건 세력과 투기 세력을 지지했던 사람들은 정말깊이 반성해야 한다. 토건국가와 투기사회의 문제를 개혁하라는 시민의 열망을 거부하고 토건과 투기를 확대해서 원조 토건 세력과 투기 세력에 대한 기대를 키운 민주당을 비롯한 일부 민주 세력도 정말 깊이 반성해야 한다. 아직도민주당이 잘 보이지 않는 까닭은 여전히 잘못된 '보수 세력 야합 성향'을 보이고 있기 때문일 것이다. 시민의 각성에 기초하고 또한 그것을 촉진하는 새로운정치 세력을 고대할 뿐이다.

 경제위기는 사회위기로 전화된다. 제2의 IMF 사태는 오지 않았지만 경기는 회복되지 않고 실업은 크게 늘어나고 있다. 현재의 문제를 바로잡고 미래를 준비하기 위해최선을 다해야 할 때에 현재의 문제를 핑계로 과거로 치달리는 잘못된 정책이 강행되고 있다. 멀쩡한 강을 죽었다고 우기면서 불필요한 대규모 토건사업을 마구 벌이는 것은 그 단적인 예이다. 경제위기가 폭발하지 않았다고 해서 '나라 말아먹기'의 우려가 사라진 것은 아니다.

이런저런 수치로 치장된 좋은 전망을 내놓는다고 해서 경제가 실제로 좋아지는 것은 아니다. 진정 경제위기에서 벗어나기 위해서는 토건업이 주도하는 후진적 산업구조와 고용구조를 문화와 복지가 주도하는 선진적 산업구조와 고용구조로 개혁해야 한다. 주권자인 시민들의 각성과 실천이 무엇보다 중요하다. 민주적으로 파멸을 선택할 수도 있다. 이런 문제를 막기 위해서는 주권자인 시민들이 모든 정보를 입수하고 사실과 진실에 대해 알 수 있어야 한다. 이런 점에서 한국의 보수 세력이 안고 있는 가장 큰 문제는 일방적인 홍보만 강행하면서 양방향의 소통을 원천적으로 부정하는 것이다. 이런 문제를 주도하는 것은 '강부자'로 불리는 극소수의 부유층이다. 이 나라가 발전하기 위해서는 시민들이 '강부자'의 주술이나 '강부자'에 대한 막연한 기대에서 벗어나야 한다. 이 자체가 시민들의 중대한 책임이다.

어느 사회에나 보수와 진보가 있다. 그러나 보수나 진보는 그 자체로 의미를 갖지 않는다. 중요한 것은 보수나 진보의 실제 내용이다. 이런 점에서 한국의 보수는 큰 문제를 안고 있다. 세계사적으로 보수는 민족주의와 민주주의의 기반 위에 있다. 그러나 한국의 보수는 반민족과 반민주의 문제를 크게 안고 있다. 한국의 보수가 진정한 보수로 거듭나기 위해서는 무엇보다 이 문제를 해결해야 한다.

그래, '이명박 되고송'이나 부르자

원더걸스의 「nobody」가 큰 인기를 끌고 있다. 'nobody nobody but you'라는 흥겨운 노래가 곳곳에 울려 퍼지고 있고, 원더걸스를 흉내 내는 사람들의 동영상도 인터넷에 넘치고 있다. 그런데 이 흥겨운 노래를 들으면서 마음속에는 슬며시 다른 생각이 떠오른다. 원더걸스는 당신만을 사랑한다는 뜻으로 'nobody nobody but you'라고 노래하지만, 내 마음속에서는 당신 때문에 나라가 망가지고 있다는 뜻으로 'nobody nobody but you'가 메아리친다.

'당신'은 누구인가? 당연히 이명박 대통령이다. 그는 세계적인 경제위기에도 굴하지 않고 꿋꿋이 자신을 포함한 '강부자'를 위한 정책을 강행하고 있다. '종부세 무력화'는 그 대표적인 예이다. 이 나라의 경제는 이미 심하게 망가졌으며, 조만간 위기는 재앙으로 폭발하고 말 것이다. 외환 보유액 2,000억 달러도 이 달 안에 무너질 것이라고 한다. 이명박 정부와 한나라당은 마치 '금융스와프'로 모든 문제가 해결될 수 있을 것처럼 선전하고 있다. 그러나 '금융스와프'는 외환위기를 완화하기 위한 응급처방일 뿐이다. '강부자'를 위한 정책은 외환위기를 포함한 경제위기를 더욱더 깊게 할 것이다.

잘 알다시피 종부세를 내는 사람은 전체 국민의 2%밖에 되지 않는다. 그런데 종부세는 모두 지방을 위해 사용된다. 이런 점에서 '종부세 무력화'는 '수도권 규제 완화'보다 더욱 직접적인 '부자 지키기'이자 '지방 죽이기'라고 할 수 있다. '수도권 규제 완화'에 대한 지방의 저항이 거세지자 이명박 정부와 한나라당은 수도권에서 번 돈을 지방에 나눠주겠다고 한다. 그러나 지방이 무슨 거지인가? 스스로 잘살게 할 수 있는 방안을 일방적으로 폐기하고 그저 주는 돈이나 받으라고 윽박지르는 것은 제대로 된 정부나 정당이 할 짓이 아니다. '종부세 무력화'는 이러한 '지방 죽이기'를 더욱 가속화할 것이다.

'종부세 무력화'를 결정한 헌법재판소 재판관들의 대다수가 종부세를 내는 부자들이었다는 사실이 새삼 드러났다. 원천적으로 '이해 상충'의 문제가 있었던 것이다. 이런 마당에 강만수 장관은 국회에서 재정부가 헌재를 접촉해 위헌 의견을 들었다고 말했다. 이 몰상식한 발언에 헌재는 펄쩍 뛰었지만 재정부가 헌재를 여러 차례 방문한 것은 사실로 밝혀졌고, 헌재는 결국 다수의 헌재 재판관들과 강만수 장관 등 '강부자'에게 유리한 판결을 내리고 말았다. 그런데 이명박 정부와 국회의원을 통틀어 과연 누가 가장 큰 혜택을 입을까? 진보신당의 조사에 따르면, 이른바 '종부세 수혜 빅3'는 다름 아닌 이명박, 강만수, 유인촌이다.

진보신당은 '종부세 무력화'에 따른 영향을 조사해서 그 결과를 2008년 9월 23일에 발표했다. '송부세 부력화'의 문제에 관심이 있는 사람이라면 관심을 가져야만 할 조사라고 하지 않을 수 없다. 관련 기사를 보자.

정부여당이 확정한 종합부동산세 개편안이 시행될 경우 공직자 중 최대 수혜자는 이명박 대통령인 것으로 나타났다. 또한 종부세 완화의 주역인 강만수 기획재정부 장관과 최근 미디어랩 강행으로 종교방송 죽이기에 앞장서고 있다는 비판에 직면하고 있는 유인촌 문화관광부 장관도 1,000만 원 이상의 혜택을 받는 것으로 나타났다.

진보신당이 23일 차관급 이상 정부 고위 공직자 52명 및 국회의원 299명 전원의 세금 감면 혜택을 분석한 결과, 이 대통령은 현행 기준으로 연말에 3,735만 원의 종부세를 내야 하지만, 새 기준이 적용될 경우 2,327만 원(감면율 62%)이 줄어든 1,408만 원만 내게 된다. 또 점진적으로 종부세를 폐지해야 한다고 밝힌 강만수 장관은 1,339만 원(감면율 69%), 유인촌 장관의 경우 1,368만 원(감면율 69%)의 혜택을 받는다. …… 299명 국회의원 중 절반을 넘는 150명이 종부세 대상자. 이 가운데 한나라당이 88명으로 가장 많은데, 이 가운데 28명이 완전 면제, 60명이 부분 감면을 받게 된다고 진보신당은 밝혔다. 이들 88명의 평균 감면액은 750만 원에 이르는 것으로 집계됐다. 특히 종부세 완화에 적극적인 임태희 정책위의장의 경우 760만 원(감면율 79%), 이종구 의원은 290만 원(감면율 97%), 공성진 의원 은 910만 원(감면율 75%) 등으로 나와 이들의 종부세 완화 주장에 이유가 있음을 반증했다(김동성, "종부세 '수혜 대박' 빅3는 'MB-강만수-유인촌'", 《데일리서프》, 2008년 9월 23일자).

원리적으로 모든 정치인과 공직자는 일종의 '기계'처럼 작동해야 한다. 자신의 사익을 완전히 버리고 오로지 공익을 추구해야 하는 것이다. 그러나 현실은 그렇지 않다. 모든 정치인과 공직자는 언제나 공익을 내걸고 사익을 추구할 위험성을 안고 있다. 정치인과 공직자가 특히 문제가 되는 것은 그들이 주권자로부터 위임받은 권력을 주권자에게 강제적으로 행사할 수 있기 때문이다. 이런 점에서 정치인과 공직자는 단순히 공익을 내걸고 사익을 추구하는 수준을 넘어서 권력을 위임받은 자들에 의한 '국가의 사유화'라는 너무나 심각한 문제를 일으킬 수 있다. 이 문제는 한국의 후진성을 규정하는 중요한 문제이다. 그러나 이 문제는 해결되기는커녕 더욱더 악화되고 있다.

금융위기가 실물위기로 번지면서 엄청난 경제위기를 예고하고 있는 판에 이명박 정부와 한나라당은 망국적 부동산 투기를 억제하고 불평등을 완화하기 위한 최소한의 조치를 무력화시켰다. 이에 대해 당연히 '강부자'에 의한, '강부자'를 위한 정책이라는 비판이 빗발치고 있다. 다른 자료를 통해서도 우리는 이 사실을 확인할 수 있다. 2008년 2월에 '아젠다넷'에서 「강부자(장관후보자)의 재테크 1: 각 후보자의 투자 portfolio 분석」이라는 조사자료를 발표했다. 그 결과는 다음과 같다.

■ 종합적인 분석 결과(강부자 평균 분석)
- 부동산의 비중이 건수로는 1/3, 금액으로는 60%를 넘고 있으며, 예금금액 비중도 30.6%에 달하는 구조로 소액(少額) 다건(多件)의 투자 행태
- 일반 국민과 서민이 주로 이용하고 있는 증권 등 유가증권과 펀드 등에는 그리 큰 금액을 투자하고 있지 않음

이 조사자료에 따르면, '강부자'에게는 금융위기를 해결하는 것보다 '종부세 무력화'를 비롯한 각종 부동산 관련 세제를 완화하고 개발을 촉진하는 것이 훨씬 더 유리하다고 할 수 있다.

그런데 '강부자'는 도무지 반성을 모른다. 속이 빤히 보이는데노 아무 문제가 없다고 주장한다. 오히려 '망언'을 일삼아서 국민들을 더욱더 분노하게 만들고 있다. 아예 '강부자 망언 사이트' 같은 걸 만들어야 하지 않을까 하는 생각이 들 정도이다. '종부세 무력화'와 관련된 '망언'의 압권으로는 아무래도 강만수 장관의 '대못론'을 들어야 할 것이다. 종부세가 부자들의 가슴에 박힌 대못이라는 것이다. 저열한 욕설 파문을 일으킨 유인촌 장관의 '위로론'도 역시 심각한 '망언'이라고 해야 할 것 같다. 그는 경제적 어려움을 겪는 국민들을

위로하기 위해 문화예술 정책을 강화하겠다고 말했다. 그런데 이미 엄청난 재산가인 그는 이 와중에 엔화에 투자를 해서 일주일 만에 10억을 벌었다고 한다. 그가 진정 국민들을 위로하고자 한다면, 하루빨리 사퇴해서 놀라운 재테크 비법이나 널리 공유해야 할 것이다.

강만수 장관과 유인촌 장관의 '망언'도 큰 문제이지만 역시 가장 큰 문제는 '강부자'의 대표인 이명박 대통령의 '망언'이다. 그의 경박한 언행은 이미 대선 과정에서 적나라하게 드러났지만 전혀 고쳐지지 않은 것 같다. 그가 한 최근의 '망언'으로 가장 널리 회자된 것은 '오바마론'이다. 오바마가 대통령에 당선되자 그는 자신과 오바마가 닮았다고 말해서 그야말로 세상을 웃겼다. 이 '망언'은 어려운 시절을 웃고 넘기자는 '개그'로 여길 수도 있겠다. 그러나 '왼쪽 방송론'은 결코 이렇게 웃어넘길 수 없는 극히 심각한 '망언'이다. 방송이 왼쪽으로 치우쳐 있다는 게 대체 무슨 뜻인가? 이것은 망국적 색깔론이 아닌가? 진실과 사실을 따져야 하지 않는가? 이명박 대통령은 혹시 '빨갱이병'에 걸려 있는가? 이 정부가 언론 장악을 강행해서 이미 세계 언론의 지탄을 받고 있다는 사실을 새삼 떠올리게 된다.

얼마 전에 지하철에서 한 무가지의 유머란에서 재미있는 이야기를 읽었다. '정치인과 비둘기'라는 제목이었던 것 같다. 대충 이런 내용이다. "정치인은 비둘기와 비슷한 것 같애. 땅에 있을 때는 머리를 조아리고 모이를 쪼아 먹지만, 하늘로 날아오르면 우리가 누구인지를 잊어버리고 똥을 싸 갈기거든." 유머란에 실리기에는 너무나 통렬한 풍자가 아닐 수 없다. 비둘기를 볼 때마다 이 이야기를 생각하고 반성하자. 그리고 '이명박 되고송'을 부르며 마음을 편안하게 갖고 좋은 미래를 준비하자.

촛불이 타오르면 사과하는 척하면 되고

경제가 어려우면 힘내라고 하면 되고

그래도 안 되면 불도저 굴리면 되고

주가가 떨어지면 이성을 찾으라고 하면 되고

달러가 없으면 외국에서 꿔오면 되고

오바마가 대통령 되면 닮았다고 하면 되고

後記 '일반이익'은 신화인가? 꼭 그렇지는 않다. 자연을 지키는 것은 분명히 '일반이익'에 속한다. 인간은 자연 속의 한 존재이기 때문에 누구라도 좋은 자연 속에서 좋은 삶을 살아갈 수 있기 때문이다. 그러나 인간은 이기적이고 사회는 불평등하다. 이 때문에 자연의 보호와 같은 명백한 '일반이익'조차 제대로 지켜지지 않는다. 따라서 '일반이익'을 실현하기 위해서는 반드시 이기적인 인간과 불평등한 사회의 문제를 해결하기 위해서 노력해야 한다. 이렇듯 명백한 문제를 무시하고 아무리 '비비디 바비디 부'를 외쳐봐야 아무것도 나아지지 않는다.

시민들이 '강부자'의 주술에 사로잡혀 있다면, 문제는 더욱더 심각해질 수밖에 없다. '강부자'는 이기적인 인간과 불평등한 사회의 문제를 악화시켜 큰 이익을 챙기기 때문이다. '이명박 되고송'이나 불러야 하는 상황은 사실 대단히 유감스러운 상황이 아닐 수 없다. 그것은 문제를 해결하고 발전을 추구하는 것은 고사하고, 진실은커녕 사실조차 갈수록 알기 어려워지는 나쁜 상황을 뜻하기 때문이다. 이 휘황한 21세기에도 저 칙칙한 독재 시대의 색깔론이 횡행하고 있다는 사실이야말로 우리가 처한 나쁜 상황의 진실을 적나라하게 밝혀주고 있지 않은가?

미네르바가 무서운 그들은 누구인가

미네르바를 위하여

미네르바는 지혜의 여신 아테네의 로마식 이름이다. 독일 철학의 근대적 집성자인 게오르크 헤겔은 1821년에 『법철학 강요』를 발간했다. 30년쯤 뒤에 마르크스에 의해 통렬하고 신랄하게 비판받게 되는 이 보수적인 책의 서문에서 헤겔은 "미네르바의 부엉이는 황혼이 되어야 날아오른다"고 썼다. '미네르바의 부엉이'는 지혜를 뜻하고 '황혼'은 현실의 사태가 진행되어 결말에 이른 것을 뜻한다. 일이 상당히 진행되어야 그 의미를 잘 알 수 있게 된다는 것이다. 아마도 서양 철학을 공부한 사람은 누구나 한번쯤은 이 유명한 문구를 접해보았을 것이다. 그리고 이 문구를 통해 미네르바가 무엇인지에 대해 알게 되었을 것이다.

또한 부엉이는 미네르바의 새로서 지혜를 상징한다. 1982년에 개봉된 리들리 스콧 감독의 <블레이드 러너>에서는 인조인간을 만든 타이렐 회장의 거실에 한 눈이 먼 부엉이가 앉아 있는 것을 볼 수 있다. 이 부엉이는 생명에 대한 외경심을 잃고 불완전한 지식으로 인조인간을 만들어서 신의 지위에 오르고자 한 인간을 상징한다. 탐욕에 사로잡힌 인간은 기껏해야 한쪽 눈이 먼 부엉이를 옆에 둘 수 있을 뿐이다. 그러나 미네르바는 아버지 주피터의 머리에서 완전한 모습으로 태어났을 뿐만 아니라 너무나 총명해서 지혜의 여신이 되었으며, 그의 부엉이는 두 눈이 온전할 뿐만 아니라 너무나 밝아서 밤에도 온갖 사물을 환히 볼 수 있다. 이렇듯 미네르바와 그녀의 부엉이는 혼란에 빠진 인간에게 어디로 가야 할지를 알려주는 소중한 존재를 상징한다.

　이즈음 이 나라에서는 그야말로 '미네르바 열풍'이 불고 있다. 잘 알다시피 미네르바라는 아이디를 쓰는 사람이 인터넷 포털 다음의 '아고라'에 올리는 현재의 경제위기에 관한 글들 때문이다. 수많은 사람들이 이 글의 분석과 통찰에 그야말로 전율하고 있다. 나도 그렇다. 그의 글들은 은밀히 감춰진 행간을 드러내 보여주고, 우리가 지금 어디로 가고 있는지를 분명히 밝혀준다. 수많은 사람들이 그의 글에서 신화의 미네르바가 인간의 무지를 깨우치고 이 세계의 진실을 밝히고 있는 것과 같은 느낌을 받는다. 미네르바의 글을 읽으면, 제 아무리 비단으로 덮은들 똥은 결코 숨길 수 없으며, 진실은 반드시 밝혀지고 만다는 진리를 다시금 깨닫게 된다.

　물론 모든 사람들이 미네르바의 글에 전율하는 것은 아니다. 아니, 전율한다고 해도 그 이유가 같은 것은 아니다. 대부분의 사람들은 그의 글이 밝히는 진실을 깨닫고 전율하지만, 극소수의 사람들은 그의 글이 진실을 밝히고 있다는 사실에 전율한다. 그들은 진실을 은폐하고 왜곡해서 막대한 이익을 챙기고 권력을 행사하는 자들이다. 헤겔은 그의 『법철학 강요』에서 "이성적인 것은 현실적인 것이고, 현실적인 것은 이성적인 것이다"라는 또 다른 유명한 문구를 남겼다. 그러나 현실이 과연 이성적인 것인가? 온갖 투기와 부패 그리고 거짓이 횡행하는 우리의 현실이 과연 이성적인 것인가? 이러한 헤겔의 주장은 실상 나폴레옹 이후 독일의 기득권을 옹호하는 논리로 큰 비판을 받았다. 지금 우리의 미네르바를 색출하고 규제하기 위해 애쓰는 이명박 정권의 행태를 보노라면, 이 정권이 헤겔의 잘못된 주장을 되뇌며 또 다른 잘못을 저지르고 있는 것 같다.

경제위기가 갈수록 심화되고 있다. 'R의 위기', 'D의 위기', 'J의 위기'와 같은 정말이지 무시무시한 공포영화의 제목과 같은 말들이 계속 언론에 보도되고 있다. 그러나 이 말들이 가리키는 현실은 어떤 공포영화보다 더 무시무시한 위기를 뜻한다. 이 말들은 수많은 사람들이 경제위기에 시달리게 되고, 이 나라가 더욱더 심각한 난민사회가 된다는 것을 뜻하는 것이다. 이명박 정권은 한미 통화스와프 협약을 체결하고는 이제 경제위기가 끝났다고 선언했다. 이때 우리의 미네르바는 경제위기는 더욱더 깊어지고 있으며, 한미 통화스와프 따위로는 문제를 결코 해결할 수 없다고 지적했다. 이명박 정권은 미네르바와 같은 사람들이 불안 심리를 퍼뜨려서 경제위기를 더욱 악화한다며 미네르바 색출 작업을 본격적으로 벌이기 시작했다. 그리고 그와 함께 '강부자'의 이익을 위한 정책을 강행했다.

참으로 한심하고 위험하다. 문제는 사상 초유의 경제위기와 그에 대한 이명박 정권의 잘못된 대응이 아닌가? 누군가 이 문제를 정확히 짚어서 널리 알렸다면, 그에게 고마워하는 것이 정상적인 정권의 도리가 아닌가? 이명박 정권은 가장 기본적인 도리마저 저버렸다. 이 때문에 문제는 더욱더 급속히 악화되고 있다. 미네르바의 예측이 더욱더 명확하게 들어맞고 있는 것이다. 이명박 정권은 한편으로 미국에서 달러를 빌리고, 다른 한편으로 너무나 후진적인 토건국가 정책으로 현재의 경제위기를 타개하겠다고 한다. 그러나 또다시 1달러당 1,500원을 넘어버린 환율은 미국에서 달러를 빌리는 정책이 별 실효가 없다는 것을 잘 보여주고 있으며, 그 누구보다 바로 '강부자'를 위한 정책인 토건국가 정책은 이미 망국적 상태에 이른 개발 및 투기와 부패의 문제를 극단화할 것이다.

나는 미네르바가 세 가지 점에서 우리에게 큰 가르침을 주었다고 생각한다. 첫째, 미네르바는 현재의 경제위기가 어떤 성격을 갖고 있는 것인지에 대해 잘 가르쳐주었다. 그의 설명에 따르면, 현재의 경제위기는 경기적인 것이 아니라 구조적인 것이며, 또한 국지적인 것이 아니라 세계적인 것이다. 그런 만큼 우리는 현재의 경제위기를 크고 긴 관점에서 파악하고 우리의 문제를 바로잡는 데 힘을 기울이지 않으면 안 된다. 토건국가와 금융거품은 그 대표적인 예이다. 이 망국적 문제들을 해결하지 않는다면, 우리는 그야말로 전락하고 말 것이다. 현재의 경제위기는 한국사회의 전면적인 개혁을 촉구한다.

둘째, 미네르바는 이명박 정권을 비롯한 보수 세력의 문제에 대해 잘 가르쳐주었다. 어디를 막론하고 보수 세력은 자기의 사익을 보수라는 말로 치장하는 문제를 안고 있다. 식민과 독재의 역사에서 강력한 기득권을 누렸던 한국의 보수 세력은 더욱더 그렇다. 현재의 경제위기에 대해 이명박 정권이 계속 잘못된 정책을 강행하고 있는 것도 이런 사실과 깊은 연관을 맺고 있다. 그들에게는 국가의 이익보다 '강부자'의 이익이 우선이다. 그들은 종부세가 부자와 서민의 문제가 아니라고 공공연히 주장한다. 그들은 잘못을 지적하는 사람들에 대해, 그 사람이 분명 보수 세력의 일원이라고 해도, '빨갱이'라는 처벌적 규정을 서슴없이 들이댄다. 그들은 사리와 이치를 제대로 따지지 못하는 만성적 '빨갱이병' 환자들이다.

셋째, 미네르바는 시민의 각성을 촉구하고 있다. 나는 이것이야말로 미네르바에게서 우리가 배워야 할 가장 큰 가르침이라고 생각한다. 그는 시민들에게 시종 배우라고, 그래야 속지 않는다고 강조했다. 사실 민주주의는 각성한 시민을 전제로 성립한다. 주권자인 시민이 무지하고 무책임하다면 민주주의는 이른바 '중우정치'로 귀결될 수밖에 없다. 이 때문에 미국의 3대 대통령이었던 토머스 제퍼슨은 지역도서관이 민주주의의 초석이라고 설파했던 것이다. 이 정권의 문제는 이미 '7·4·7 공약'과 '대운하 공약'에서 명확히 드러났다. 그러나 많은 사람들이 막연한 기대를 품고 이 공약을 지지했다. 그 막연한 기대의 바탕에는 현실에 대한 무지가 놓여 있었다. 민주주의에서는 결국 주권자인 시민의 각성이 무엇보다 중요하다.

이명박 정권은 진실을 인정하고 잘못을 시정하기보다 '강부자'의 이익을 위해 잘못된 정책을 강행하는 길을 택한 것 같다. 1997년의 경제위기가 잘 보여주었듯이 '강부자'는 경제위기에서 더 큰 부를 쌓을 수 있다. 그러나 중산층을 비롯한 절대다수의 국민들은 경제위기가 심화될수록 '강부자'의 먹이가 되기 십상이다. 관변단체들은 또다시 뭘 모으자는 운동을 벌이기 시작했다. 그러나 그런 짓은 문제를 더욱더 악화시킬 뿐이다. 후진적인 토건국가와 금융거품을 해소하고 한국사회의 질적 성숙을 이루기 위해 최선을 다해야 한다. 이를 위해 정부의 조직과 재정구조부터 진정한 선진국의 형태로 전면 개혁해야 한다. 이 모든 것이 궁극적으로 주권자인 시민의 책임이다.

'미네르바'를 둘러싸고 온갖 추측이 난무했으나 결국 '전문대' 출신의 박대성 씨로 밝혀졌다. 사실과 진실을 밝히는 데 중요한 것은 학력이 아니라 실력이라는 사실을 그는 다시 한 번 만천하에 확인해주었다. 그러나 바로 그 때문에 그는 '인터넷을 통한 허위사실 유포'의 혐의로 2009년 1월 10일에 구속되었다. 참으로 기가 막히는 일이 아닐 수 없었다.

검찰은 박대성 씨에게 「전기통신기본법」 제47조 1항을 적용했는데, 그 내용은 공익을 해할 목적으로 전기통신설비로 공연히 허위의 통신을 하면 처벌한다는 것이다. 검찰은 박대성 씨가 2008년 7월 30일 아고라 경제 토론방에 '드디어 외환보유고가 터지는구나'라는 글을 써서 환전 업무가 8월 1일부터 전면 중단된다는 내용의 '허위사실'을 올린 것과 2008년 12월 29일 '대정부 긴급 공문 발송-1보'라는 글을 써서 정부가 7대 금융기관 등에 달러 매수 금지를 긴급 명령했다고 '거짓 정보'를 올린 것으로 기소했다.

　그러나 박대성 씨는 '공연히 허위의 통신'을 한 것이 아니고, 더욱이 '공익을 해할 목적'은 전혀 가지고 있지 않았다. 이 때문에 서울중앙지법 형사5단독 유영현 판사는 박대성 씨에게 무죄를 선고했다. 헌법에서 보장하고 있는 표현의 자유에 비추어 보자면 너무나 당연한 선고였지만 당사자와 변호인도 놀란 선고였다. 지금 이 나라에서는 당연한 것이 당연하지 않게 되어 있는 것이다. 1960년대에 제정된 「전기통신기본법」 제47조를 적용해서 표현의 자유를 억압하려는 후진적 시도 따위는 언제나 중단될 것인가? 자유주의의 기본이 자유의 이름으로 훼손되고 억압되는 후진적 상황은 언제나 개혁될 것인가?

빨갱이병에 걸린 좀비들이 지배하는 대한민국

'빨갱이병'과 '우삘 좀비'

'좌빨'이라는 말이 있다. 내 글에도 종종 나를 '좌빨'이라고 부르는 댓글이 달린다. 짐작하겠지만, 이런 댓글을 단 자들은 멍청할 뿐만 아니라 성격도 나쁜 것으로 보인다. 아니, 개념이 '탑재'되지 않은 것은 물론이고 인격이라는 것을 아예 갖추고 있지 못한 것 같다. 이런 덜떨어진 자들이 노상 입에 물고 사는 '좌빨'이란 무슨 뜻인가? 잘 알다시피 '좌익 빨갱이'라는 말이다. 이 덜떨어진 자들은 스스로를 '보수 우익'이라고 부르면서 자기 마음에 들지 않는 사람들은 모조리 '좌빨'이라고 부른다. 한심하기 이를 데 없다. 이자들의 행태를 보노라면, 이 세상에 '좌빨'은 전혀 없다는 생각이 절로 든다. 오로지 '우삘'이 있을 뿐이다. '우삘'은 무엇인가? 그것은 '우익 뻘짓꾼'이라는 뜻이다.

사실 '좌빨'이라는 말을 입에 달고 사는 자들은 한심할 뿐더러 불쌍한 자들이다. 왜냐하면 그들은 '빨갱이병'이라는 난치병에 걸린 환자들이기 때문이다. 이 병에 걸리면 세상을 옳게 보지 못하고, 사람을 똑바로 이해할 수 없게 된다. 파란 하늘도 빨갛게 보이고, 하얀 얼굴도 빨갛게 보인다. 온통 빨간색일 뿐이다. 그래서 이자들이 가장 좋아하는 것은 시커먼 밤하늘에 둥둥 떠다니는 시뻘건 십자가들이다. 정상적인 사람들은 공동묘지나 드라큘라 왕국을 떠올리는 것을 보고 이자들은 자기들을 구원하기 위한 신의 징표라며 시끄럽게 외쳐댄다. 이자들의 행태는 그야말로 좀비의 그것이다. 좀비란 무엇인가? 부두교 마술사가 만든 움직이는 시체이다. 할 줄 아는 말이라고는 '좌빨'밖에 없고, 쓸 줄 아는 말이라고는 '좌빨'밖에 없으니, 정상적인 사람은 누구라도 '우빨'을 보면 좀비를 떠올리지 않을 수 없다.

'우빨 좀비'들을 양산한 '빨갱이병'은 어떻게 만들어졌는가? 한국사회에 횡행하는 이 고약한 사회적 질병이 아무런 역사적 내력을 가지고 있지 않을 수는 없다. 짐작하다시피 여기에는 깊은 역사적 내력이 있다. 쉽게 말해서 '빨갱이병'은 식민과 독재의 저열한 유산이다. 문제는 해방이 제대로 된 해방이 아니었던 것에서 비롯되었다. 일제에 붙어서 부귀와 영화를 누렸던 일제 부역 세력은 냉전을 적극 이용해서 다시금 독재 지배 세력이 되었다. 이승만, 박정희, 전두환, 노태우로 이어진 무려 42년에 걸친 독재 시대는 이 사실을 생생히 보여준다. 그들은 노골적인 폭력으로 독재를 유지했다. 그리고 독재에 맞서는 사람들에게 '빨갱이'라는 낙인을 찍었다. 이렇게 해서 '빨갱이병'이 만들어지고 만연하게 되었다.

'빨갱이병'에 걸린 '우빨 좀비'는 문근영처럼 어여쁜 아가씨도 '빨갱이'로 보고, 그의 고귀한 선행도 '빨갱이의 공작'으로 본다. 참으로 놀라운 병이 아닐 수 없다. 이 심각한 정신질환에 대해 아직 한 편의 연구논문도 제출하지 않고 있는 한국의 의학계는 깊이 반성해야 한다. 40년이 넘는 독재 시대를 통해 일제 부역 세력에서 비롯된 독재 지배 세력이 얼마나 널리 '빨갱이병'을 퍼뜨렸으며 얼마나 많은 '우빨 좀비'들을 양산했겠는가? 이 사회가 세계적인 '돈 많은 못사는 나라'이자 세계적인 불안사회가 된 것은 이 때문이 아니겠는가? '빨갱이병'에 대한 연구와 '우빨 좀비'에 대한 치료가 적극 행해져야 이 나라의

'진정한 선진화'가 이루어질 수 있지 않겠는가? 한국의 의학계는 자기 마음에 들지 않는 사람을 보면 '빨갱이'라고 외치며 광견병에 걸린 개처럼 거품을 무는 '우뻴 좀비'에 대한 연구를 이제라도 서둘러야 할 것이다.

인류애를 지니고 있는 사람이라면 누구라도 '빨갱이병'과 '우뻴 좀비' 문제에 관심을 기울여야 할 것이다. 여기서 내가 관찰해서 얻은 몇 가지 사항을 참고로 적는다. 아무쪼록 한국의 의학계에, 나아가 세계의 의학계에 조금이나마 이바지할 수 있기를 바랄 뿐이다. '빨갱이병'에 걸린 자들을 보면 사람들은 보통 눈에 빨간 게 씌었나 하고 생각한다. 그러나 그들의 눈을 보면 아무렇지도 않다. 그러니까 문제는 눈에 있는 것이 아니라 시각정보를 처리하는 뇌에 있는 것이다. 아무래도 여기에 '빨갱이병'의 난점이 있는 것 같다. 뇌에 심각한 문제가 있어서 생기는 병이 바로 '빨갱이병'인 것이다. 그러나 물론 여기에도 치료법은 있을 것이다. 나는 이 병이 불치병이 아니라 난치병이라고 생각한다. 드물기는 하지만 치료에 성공한 사람들도 없지는 않다. 이런 사례들에 대한 폭넓은 비교연구가 이루어져야 할 것이다. 아무튼 이렇듯 무서운 병을 널리 퍼뜨렸다니, 다시금 일제 부역 세력에 뿌리를 두고 있는 독재 지배 세력의 힘에 놀라게 된다.

시대의 변화에 따라 '우뻴 좀비'도 나름대로 진화한다. 독재 시대에는 완장을 차고 행세하고 다녔지만 이제 더 이상 그렇게 하기는 아무래도 어려워졌다. 이자들이 민주화를 그토록 혐오하는 데에는 다 이유가 있다. 민주화 때문에 자신들의 비정상성이 드러나 더 이상 완장을 차고 행세하기 어렵게 되었기 때문이다. 우리의 민주화는 '포위된 민주화'로서 '취약한 민주화'의 문제를 안고 있지만, 그래도 백주 대낮에 '우뻴 좀비'가 자신의 실체를 공공연히 드러내면 만인의 지탄을 받기 십상인 정도는 되었다. 그러자 '우뻴 좀비'들은 어둠 속으로 숨어 들어갔다. 사실 좀비에게는 어둠 속이 집이다. 그들은 침침한 방구

석에 처박혀 인터넷에 접속해서 자판을 두드린다. 자기들의 글을 보도하지 않는 신문을 집어던지며 마구 욕을 해대기도 한다. 그러나 사실 그들이 쓸 수 있는 글이라고는 '좌빨'이라는 것을 빼고는 없다. 다른 글을 써본들 그저 더러운 욕설일 뿐이다. '우뺄 좀비'는 '욕설 좀비'이기도 하다.

좀비들이 그렇듯이 '우뺄 좀비'는 멀쩡한 사람들을 '우뺄 좀비'로 만들기 위해 발광하며, 또한 자기들 중에서 요행히 구원되었거나 조금 다른 언행을 보이는 자에 대해서도 '좌빨'이라는 욕설을 퍼부으며 공격한다. 최근에도 이런 사실이 아주 잘 확인되었다. 이런 행태를 통해 '우뺄 좀비'는 자신이 얼마나 비정상적인 존재인지를 여실히 드러내고, 또한 자신이 얼마나 폭력적인지를 적나라하게 드러내게 된다. 그러나 '우뺄 좀비'는 자신의 잘못에 대해 전혀 모른다. 그들은 맹자가 가르친 인간의 본성 따위는 전혀 모른다. 사실 그렇기 때문에 '우뺄 좀비'인 것이고, 또한 그렇기 때문에 '빨갱이병'이 무서운 것이다. '빨갱이병'에 걸리면 이성이 마비된다. 그렇기 때문에 아무한테나 아무 욕설이나 마구 퍼붓게 된다. 그러나 놀랍게도 이자들은 자신이 대단한 존재여서 아무 욕설이나 퍼붓게 되는 것이라고 생각한다. '빨갱이병'은 이런 점에서 아주 황당한 병이다.

'우뺄 좀비'는 이명박 세력을 비롯해서 한국 보수 세력의 '전위대'와 비슷하게 행농하고 있는 것 같다. 개중에는 아예 이명박 세력의 일원으로서 정치활동을 하는 자들도 있다. 최근에 다음의 '아고라'에 툭하면 '좌빨'이라고 도배글을 쓰는 자들의 아이피를 추적한 글이 올라왔다. 이 글을 보면 '우뺄 좀비'의 성격을 잘 알 수 있다. 한나라당과 이명박 정부는 정말 한시바삐 각성해야 한다. 그러나 하는 짓을 보면 이런 바람은 그저 연목구어일 것 같다. 이명박 대통령부터 '빨갱이병'에 걸린 자와 같은 언행을 얼마나 자주 하고 있는가? 정말 이 나라의 미래를 위해 '빨갱이병'에 깊은 관심을 기울여야 한다. 문근영도 '좌빨'이고 미네르바도 '좌빨'이라며 눈을 뒤집는 '우빨 좀비'들이 언론과 학교와 정치를 장악하고 설쳐서는 나라가 망한다. 지금 우리가 겪고 있는 경제위기의 바탕에는 친일·독재 세력이 만연시킨 '빨갱이병'으로 말미암은 사회위기가 자리 잡고 있다.

'빨갱이병'을 극복하고 '우빨 좀비'가 사라지게 하기 위해서는 어떻게 해야 할까? 나는 무엇보다 실사구시의 태도를 널리 진작해야 한다고 생각한다. 우리는 진보니 보수니 하는 빈 자루 같은 주장에 현혹되는 것이 아니라 자루 안에 든 정책의 진실에 관심을 쏟아야 한다. 그래서 누가 진정 옳은지를 판단하고 선택해야 한다. 주권자인 시민이 올바른 선택을 하지 않는다면 지역주의와 마찬가지로 '우빨 좀비'도 결코 사라지지 않는다. 우리의 민주화는 언제나 '포위된 민주화', '취약한 민주화'에 머물 것이다. 이런 점에서 사라져야 할 것은 '우빨 좀비'만이 아니다. 아마도 그보다 먼저 '국개'가 사라져야 할 것이다.

後記 이명박 정부와 한나라당의 잘못된 정책에 대해 비판하는 기관이나 사람들에 대해서 광범위한 수사가 행해졌으며 이미 다수의 사람들이 체포되고 구속되었다. '미네르바'에 대한 수사도 '표적 수사'라는 비판을 받았으며, 심지어 '청부 수사'나 '청부 검열'이 행해지고 있다는 비판도 제기되었다. 엄청난 허위사실 유포와 명예훼손의 범죄를 밤낮없이 저지르고 있는 '우빨 좀비'들이나, 터무니없는 성장론이나 개발론을 퍼뜨려 시민들을 현혹한 엉터리 정치인들은 어떤가? 참으로 '공공의 적'이라고 해야할 이런 자들에 대해서는 아무런 수사가 이루어지지 않고 있는 것도 커다란 비판과 우려의 정당성을 입증하지 않는가?

'우빨 좀비'나 엉터리 정치인이 없는 나라는 없다. 그러나 그들이 창궐하고 지배하는 나라는 발전을 이루는 것은 고사하고 정상적인 상태를 유지하는 것조차 불가능하다. '우빨 좀비'와 엉터리 정치인이 사실상 하나의 이익집단으로 결합되어 있는 나라는 더욱더 그렇다. '우빨 좀비'와 엉터리 정치인은 하이에크를 인용해서 자신들을 정당화하기도 한다. 참으로 하이에크가 무덤에서 벌떡 일어날 일이 아닐 수 없다. 하이에크는 철저한 자유주의자이자 진화주의자로서 표현의 자유를 적극 옹호했기 때문이다. 이 나라의 '브랜드 가치'를 높이기 위해서도 우선 '우뻘 좀비'와 엉터리 정치인의 문제가 해결되어야 한다.

안중근='테러리스트', 정신대='창녀' … 너희는?

빨갱이병 환자의 역사 죽이기

내가 이런저런 지면에 '칼럼'을 쓰기 시작하고 어느새 15년 정도의 세월이 흘렀다. 15년이면 갓난아기가 중학생이 될 시간이니 상당히 긴 시간이다. 15년이 두 번 지나면 서른 청년이 환갑 노인이 된다. 얼추 따져보아도 15년 동안 쓴 칼럼이 200자 원고지로 2만 매를 훌쩍 넘는 것 같다. 2003년부터 5년여 동안 참여연대에 쓴 칼럼만 해도 280여 편에 5,000매 정도가 되는 것 같다. 그중에는 10매 내외의 분량으로 한 가지 주제에 대해 개인적인 의견을 밝히는 칼럼보다는 좀 더 긴 20~30매의 분량으로 몇 가지 주제에 대해 학술적인 논의를 하는 글도 적지 않다. 그렇기는 해도 나는 이런 글도 대체로 칼럼으로 분류하고 있다.

그런데 내 딴에는 열심히 재미있게 쓴다고 쓰는데 책을 내자고 하는 출판사는 한 곳도 없다. 기록을 위해서라도 출판을 하고 싶어 몇몇 출판사에 출판을 요청하기도 했지만 번번이 거절당했다. 대부분의 출판사에서는 그냥 내기 어렵다고 알려왔고, 일부에서는 내 글이 옳기는 하지만 너무 강해서 출판하기 어렵다는 의견을 전해왔다. 한 마디로 말해서 내용이 대체로 옳기는 해도 별로 재미는 없기 때문에 출판은 어렵다는 것이다. 그렇다. 지금은 재미의 시대인 것이다. 이런 시대에 별 재미는 없이 혈압만 높이는 칼럼을 쓰고 있으니 출판이 어려운 것은 당연하겠다. 이런 상황에서 일부 빨갱이병 환자들이 내 글에 대해 상당히 뜨거운 반응을 보이고 있으니 나로서는 나름대로 큰 보람을 느낀다.

앞서 쓴 '빨갱이병과 우뻘 좀비'라는 글에 대해 빨갱이병에 걸린 우뻘 좀비들의 비난이 빗발치는 것을 보았다. 이렇게 해서 그들은 내 진단과 주장이 맞았다는 것을 아주 잘 보여주었다. 그 내용은 대부분 '명예훼손'이나 '모욕'에 해당하는 것이다. 자기들이야말로 이런 잘못을 밥 먹듯이 저지르면서 이런 잘못에 대해 엄격히 처벌하자고 주장하는 그 속내는 대체 무엇일까? 자기들은 밥 먹듯이 '명예훼손'이나 '모욕'을 저지르더라도 처벌받지 않을 것이라고 생각하기 때문일까? 사실 우뻘 좀비들은 '명예훼손'이나 '모욕'의 차원을 훌쩍 넘어서 '살인 미수'나 '살인 공모'에 해당하는 잘못마저 저지르고 있다. 벌써 몇 년 전에 이른바 '좌익 살생부'라는 것을 만들어서 널리 유포하기도 했기 때문이다.

우뻘 좀비들의 증세는 심각하다. 빨갱이병은 사람들을 정상적으로 보지 못하는 지독한 정신병이라고 할 수 있다. 자기들의 마음에 들지 않는 사람들은 모두 빨갛게 보인다. 심지어 돌과 나무조차도 자기들의 마음에 들지 않으면 빨갛게 보인다. 이런 증세를 갖고 있으니 우뻘 좀비들은 '좌익 살생부'라는 것을 만들어서 널리 유포하는 잘못을 저지르는 것이다. 이 '살생부'에 적혀 있는 교수들은 대부분 '민주화를 위한 전국교수협의회(민교협)'라는 교수단체의 회원들이다. 우뻘 좀비들의 눈에는 민주화를 위해 애쓰는 교수들이 모두 빨갱이로 보이는 것이다. 여기서 우리는 빨갱이병에 걸린 우뻘 좀비들의 실체를 다시금 확인할 수 있다. 그들은 반민주 세력이다.

우뻘 좀비들이 열광적으로 지지하고 있으며 적극 추진하고 있는 더욱 심각한 문제가 있다. 그것은 바로 '역사 바로 눕히기'이다. 아마도 '진정한 보수우익'이라면 이 문제에 대해 깊이 고민하고 적극 대처해야 할 것이다. 멀쩡한 사람들을 빨갱이라고 규정하거나 '좌익 살생부'라는 것을 만들어서 유포하는 것도 대단히 심각한 '범죄'에 해당하는 것이지만, 사람들에게 끝없는 희생과 복종을 강요한 식민과 독재의 역사를 찬양하며 민주주의를 부정하는 것은 더욱더 심각한 '범죄'가 아닐 수 없다. 이 나라에서 '역사 바로 세우기'가 정부 차원에서 추진된 것은 바로 김영삼의 '문민정부'가 들어서면서부터이다. 이명박 정부는 우뻘 좀비들을 내세워 김영삼의 '문민정부'를 부정하는 것인가?

돌이켜보면 우리의 근현대사는 거의 대부분 고통의 역사였다. 자생적인 근대화의 노력은 일제의 폭력에 의해 제압되었으며, 일제는 조선을 식민지로 만들어서 오랫동안 통치했다. 다른 제국주의 국가들과 마찬가지로 일제도 조선을 식민지로 만들어서 엄청난 이익을 거두었다. 반면에 우리는 가축처럼, 노예처럼 살아야 했다. 물론 일부 친일파는 예외였다. 그들에게 식민지 시절은 영광과 번영의 시절이었다. 문제는 해방 뒤에도 그들이 지배자로 군림하게 되었다는 것이다. 그들은 멀쩡한 사람들을 빨갱이로 몰아서 권력을 장악했다. 그리고 이승만, 박정희, 전두환, 노태우로 이어진 기나긴 독재의 기간 동안 친일파는 승승장구했고, 자기들의 권력을 유지하기 위해 그들은 빨갱이병을 널리 퍼뜨렸다.

빨갱이병에 걸리면 세상을 올바로 볼 수 없다. 이 병에 걸린 환자들이 많다면 당연히 나라가 온전히 유지될 수 없다. 일찍이 존 스튜어트 밀이 설파했듯이, 모든 사람들은 표현의 자유를 누릴 수 있어야 한다. 이런 점에서 빨갱이병 환자들도 마땅히 표현의 자유를 누려야 한다. '좌익 살생부'같은 것을 보면서 우리는 빨갱이병에 걸린 우뻘 좀비들이 얼마나 큰 문제를 안고 있는지에 대해 짐작할 수 있다. 이렇듯 표현의 자유는 사회의 발전을 위해 귀중하다. 만일 우뼐 좀비들이 표현의 자유를 누리지 못한다면, 우리는 이런 자들이 이 사회에 많다는 것을 알기 어려울 것이다. 그러나 여기서 그쳐서는 곤란하다. 빨갱이병에 걸린 자들은 사회를 파행 상태로 몰아가기 때문에 사회적으로 적극 대처해야 한다.

빨갱이병과 관련해서 가장 재미있는 부분은 그 환자들이 늘 자유를 내세워 멀쩡한 사람들을 빨갱이로 몰아붙이고 공격한다는 것이다. 앞에서 인용한 존 스튜어트 밀의 주장은 그의『자유론』(1859년)이라는 책에 실린 것이다.『자유론』은 자유주의의 고전으로서 이를테면 '진정한 빨갱이'도 대단히 싫어하는 책이다. 만일 빨갱이병에 걸린 자들이 정말 자유를 위한다면,『자유론』을 더욱더 열심히 학습하고 실천해야 할 것이다.『자유론』의 주장을 전혀 받아들이지 못하면서 자유를 외치는 것은 거짓일 뿐이다.『자유론』은 멀쩡한 사람들을 빨갱이로 몰아붙이고 공격하는 것은 자유를 지키는 것이 아니라 죽이는 것이라고 가르친다.『자유론』을 잘 읽으면 빨갱이병은 치유될 수도 있다.

이명박 세력이 강행하는 '역사 바로 눕히기'를 어떻게 이해해야 할 것인가? 여기서 우리는 식민과 독재의 기득권자들이 자신들의 이익을 위해 또다시 빨갱이병을 널리 퍼뜨리고 있다는 것을 쉽게 알 수 있다. 일찍이 공자가 가르쳤듯이 우리는 어떤 사람의 말이 아니라 행동으로 그 사람의 참됨을 판단해야 한다. 이명박 세력은 '좌편향 역사'를 바로잡겠다고 주장한다. 그러나 우뼐 좀비들이 보여주고 있는 그 실체는 무엇인가? 식민의 역사를 발전의 역사로 미화하고, 안중근 의사와 김구 선생을 테러리스트로 왜곡하고, 정신대 여성들을 '자발적 창녀'로 모욕하는 것이다. 이승만, 박정희, 전두환, 노태우 독재를 극구 찬양하고, 이에 맞서서 민주화와 고성장을 이룩한 시민의 힘을 깡그리 부정하는 것이다.

이명박 세력은 식민과 독재의 세력인가? 그래서 후진적인 빨갱이병에서 벗어나기는커녕 오히려 널리 퍼뜨리려고 최선을 다하고 있는 것인가? 멀쩡한 사람들을 빨갱이로 몰아붙이는 망국적 작태를 만연시키는 것이 이명박 세력이 추구하는 '선진화'인가? 자랑스러운 독립운동을 부정하는 '식민사관'과 찬연한 민주화의 역사를 부정하는 '자학사관'이야말로 우리가 극복해야 할 '후진사관'이다. 권력을 이용해서 이런 '후진사관'을 강요함으로써, 이명박 세력은 식민과 독재의 문제를, 그리고 빨갱이병의 문제를 다시금 확인해주고 있다. 사실상 정권 차원에서 '후진사관'을 강요하고 있으니, 정말 이 나라의 장래를 걱정하지 않을 수 없다. '진정한 선진화'의 길은 참으로 멀고 험한 것 같다.

경제위기, 문화위기, 생태위기 등, 지금 우리는 여러 중첩된 위기를 겪고 있다. 이런 상황에서도 부자들은 자기들을 위한 종부세 무력화에나 힘을 쏟고 있다. 그 자신 엄청난 부자로서 종부세 무력화의 유력한 수혜자인 유인촌 장관은 종부세 무력화가 서민들을 위한 정책이라고 강변하고 나섰다. 이 나라를 흔히 '천민자본주의'라고 하거니와 이 나라의 부자들은 대체로 '천민 부자'들인 것 같다. 여기서 천민은 그 행태가 천한 자들을 뜻한다. 한국의 '천민 부자'들은 대체로 식민과 독재의 기득권 세력이기도 하다. 한국 경제의 개혁, 빨갱이병의 치유, '역사 바로 세우기'는 모두 깊이 연관되어 있다.

後記 역사는 단지 과거의 이야기에 그치지 않는다. 현재는 과거의 산물이기 때문이다. 지배 세력은 역사를 자신에게 유리한 과거의 이야기로 만들려고 한다. 식민과 독재의 지배 세력은 식민과 독재의 역사를 마치 민족의 역사인 것처럼 만들었다. 이 문제를 바로잡기 위해 강만길, 이만열, 서중석, 주진오 등 많은 역사가들이 오랫동안 큰 고생을 해야 했다. 일부 역사가들은 올바른 민족의 역사를 썼다는 이유로 심지어 체포되고 구속되기도 했다.

민주화와 함께 비로소 역사를 바로 세울 수 있는 길이 열렸다. 식민과 독재의 시대였고, 식민과 독재의 지배 세력은 당연히 반민주 세력이었기 때문이다. 김영삼 정부가 '역사 바로 세우기'를 전면에 내걸었던 것은 올바른 것이었고 필요한 것이었다. 그러나 식민과 독재의 역사는 불행히도 대단히 길었고, 그런 만큼 그 지배 세력도 광범위하게 이 나라에 퍼져 있다. 그들은 다시 권력을 잡기 위해 그야말로 최선을 다했고, 권력을 잡자 다시 역사를 바로 눕히기 위해 역시 최선을 다하고 있다. 그들은 과거가 현재의 원천이라는 사실을 잘 알고 있는 것이다. 그들은 자신들의 잘못을 역사적으로 정당화하려 하며, 이를 통해 자신들의 지배를 영속화하려 한다.

민주화의 위기는 역사의 위기이다. 독립운동가들을 폭력배로 모욕하고, 피해자들을 가해자로 뒤바꾸고, 독재자들을 지도자로 미화하고, 이렇게 역사가 파괴되는 곳에서 어떻게 미래가 온전히 자라날 수 있겠는가? 민주주의는 근대화의 핵심이자 근원이며, 우리의 근대사는 실학운동–개화운동–독립운동–민주화운동으로 이어졌다. 산업화에서 민주화로 나아간 것이 아니라 독재적 산업화에서 민주적 산업화로 발전했다. 이 점을 잊지 말자.

역사 '쿠데타'를 당장 집어치워라!

다시 친일과 독재의 나라로

보수 세력이 이제 아주 대놓고 이 나라의 후진화를 강행하고 있다. '경제 살리기'를 외쳐서 정권을 잡더니 '강부자'를 위한 정책을 강행해서 멀쩡한 경제를 파괴하고, 이제는 어렵게 정상화의 길에 들어선 우리의 역사를 모욕하고 왜곡하는 일에 팔을 걷어붙이고 나섰다. 보수 세력은 몇몇 사실이 문제가 아니라 사관 자체가 문제라며 '자학사관'을 뿌리 뽑아야 한다고 부르짖는다. 그런데 어디서 많이 듣던 주장이다. 일본의 군국주의 세력이 민주주의 사관을 가리켜 '자학사관'이라고 부르지 않던가? 보수 세력은 일본의 군국주의 세력을 고스란히 모방하고 있는 것인가?

보수 세력의 사관이야말로 정말 문제가 아닐 수 없다. 민주주의 사관을 '자학사관'이라고 부르다니, 보수 세력의 사관은 '식민사관'이며 '독재사관'이지 않은가? 보수 세력은 안중근 의사와 김구 선생을 테러리스트라고 모욕하고, 4·19혁명을 데모로 폄하하며, 6월 항쟁은 아예 묵살해버리고 있다. 반면에 보수 세력은 일제를 이 나라의 발전을 이끈 사실상의 은인으로 제시하고, 무능하고 파렴치한 독재자 이승만을 건국의 지도자로 숭상하고, 일제 관동군 출신의 독재자 박정희는 근대화의 아버지로 우상화하고, 심지어 시민들을 학살했으며 엄청난 부패를 저지른 전두환과 노태우마저 존중하고 나섰다.

보수 세력은 역사를 왜곡해서 이 나라를 다시 친일과 독재의 나라로 만들려고 한다. 우리는 여기서 한국의 보수 세력이 정말 보수 세력인가에 대해 다시 의문을 품게 된다. 보수 세력은 무엇보다 민족주의를 추구한다. 한국의 보수 세력을 제외한 세계 어디에도 민족주의를 거부하는 보수 세력은 없다. 그러나 한국의 보수 세력은 김구가 아니라 일본을 좋아한다. 또한 오늘날 세계 어디서도 민주주의를 부정하는 보수 세력을 볼 수 없다. 그러나 한국의 보수 세력은 반민족 세력이자 반민주 세력이다. 한국의 보수 세력은 언제나 친일과 독재의 찬가를 부른다.

이명박 정권이 만들어서 학교에 보냈다는 역사물의 제목은 '기적의 역사'가 아니라 '경악의 역사'로 바꿔야 할 것이다. 교육부와 교육청이 나서서 연구자와 출판사를 윽박지르더니, 급기야 이명박 대통령이 직접 나서서 특정 출판사를 공공연히 '협박'했다. 도대체 우리가 어떤 시대에 살고 있는 것인가? 일제 시대인가? 유신 시대인가? 전두환 시대인가? 히틀러나 박정희가 했던 일을 이명박 대통령이 하고 있지 않은가? '협박'에 눌린 출판사는 결국 백기를 들고 말았다. 그런데 이런 반민주적 폭거를 저지른 것으로는 모자라서 역사를 왜곡한 영상물을 제작해 학교에 배포한 것이다. 참으로 경악할 일이 아닐 수 없다.

보수 세력은 왜 이렇게 역사를 왜곡하고 파괴하는 잘못을 저지르는 것일까? 아니, 보수 세력은 왜 또다시 헌법을 훼손하고 파괴하는 잘못을 저지르는 것일까? 정상적인 사고를 할 수 있는 사람이라면 누가 보더라도 너무나 명확한 잘못이기 때문에 우리는 이 문제에 대해 이모저모로 생각해볼 필요가 있다. 더 많은 논의가 이루어질 바라며 나는 다음과 같은 세 가지 가능성을 제시하고자 한다.

첫째, 보수 세력이 바보라서 이렇게 황당한 잘못을 저지르는 것이다. 바보가 아니고서야 친일과 독재의 역사를 일방적으로 찬양할 수 있겠는가? 일제가 남겨놓은 자료만을 진실이라고 주장하며 정신대 할머니들을 '자발적 창녀'라고 부르는 자들을 바보라고 해야 옳지 않을까? 이승만, 박정희, 전두환, 노태우가 저지른 온갖 폭력과 부패의 문제는 너무나 잘 알려져 있는데도 아무런 문제도 없었다고 생각하는 자들을 바보라고 부르지 않고 뭐라고 불러야 할까? 물론 바보라고 해도 인권이 있다. 그러나 바보가 권력을 전횡하고 역사를 농단하는 나라에 희망은 있을 수 없다.

둘째, 보수 세력이 환자라서 이렇게 엉뚱한 잘못을 저지르는 것이다. 한국의 보수 세력은 대체로 '빨갱이병' 환자의 증세를 갖고 있다. '빨갱이병'이란 자기의 주장에 반대하거나 자기 마음에 들지 않는 사람들은 모두 '빨갱이'로 여기는 심각한 정신병을 뜻한다. 그리고 그들의 머릿속에서 '빨갱이'는 무조건적인 척결 대상이다. 그러니까 '빨갱이병' 환자는 자기의 주장에 반대하거나 자기 마음에 들지 않는 사람들은 모두 척결 대상으로 여기는 것이다. 이 때문에 자기들끼리도 다툼이 생기면 서로 '빨갱이'라고 부른다. 이런 실정이니 친일과 독재의 역사를 일방적으로 찬양하는 것은 당연하다. 친일과 독재의 시대야말로 '빨갱이병'이 만들어지고 널리 퍼진 때이기 때문이다.

셋째, 보수 세력이 친일 세력이자 독재 세력이기 때문에 이렇게 참담한 잘못을 저지르는 것이다. 이것은 앞의 두 가지에 비해 가장 심각한 가능성이다. 바보나 환자는 잘못인 줄 모르고 잘못을 저지른다. 그러니 바보나 환자에게 잘못에 대해 따지는 것 자체가 부질없는 것이다. 그러나 보수 세력이 친일 세력이자 독재 세력이기 때문에 역사를 왜곡하고 파괴하는 잘못을 저지르는 것이라면 문제는 크게 달라진다. 자기의 이익을 위해 권력을 악용해서 역사를 왜곡하고 파괴하는 잘못을 저지르는 것이기 때문이다. 그러나 불행하게도 이것이야말로 가장 큰 가능성이다.

셋째 가능성에 주목했을 때, 우리는 학교에 깊은 관심을 기울여야 한다. 보수 세력은 언론뿐만 아니라 학교를 장악하고 있다. 보수 세력은 자신들이 원하는 내용대로 역사를 왜곡해서 교과서를 만들어 교육한다면 결국 이 나라의 모든 사람들이 자신들의 뜻대로 움직일 것이라 기대하고 있다. 보수 세력은 단순히 자기들에게 유리한 이념적 기반을 사회적으로 확산한다는 차원을 넘어서 자신들이 원하는 대로 시민들을 생산하겠다는 무서운 목표를 갖고 있다. 그러므로 역사의 왜곡과 파괴에 대처하는 것과 학교 민주화를 진척시키는 것은 동전의 양면과 같은 관계에 있다.

사회의 변화에서 큰 문제를 처음에 잘 해결하지 못하면 마침내 사회 전체가 큰 문제의 먹이가 되고 만다. 나는 이것을 '첫 단추의 법칙'이라고 부른다. 친일의 역사를 전혀 바로잡지 못해서 이 사회는 독재의 문제를 안게 되었고, 그 결과 오늘날 세계적으로 손꼽히는 불신사회와 불안사회의 상태에 빠지고 말았다. 이 사회 곳곳에서 여전히 친일과 독재의 세력이 지배력을 행사하고 있으며, 이제는 권력마저 장악해서 김영삼 정권 이래 어렵게 추진되어온 역사 바로 세우기를 물거품으로 만들고 있다. 민족주의와 민주주의를 근간으로 하는 근대 국가의 원리에 비추어 보았을 때, 친일과 독재는 비정상적인 상태였다. 이 나라는 또다시 친일과 독재의 비정상 상태로 내몰리고 있다.

보수 세력의 핵심에 보수 기독교가 있다. 그들은 툭하면 '사탄'을 들먹이며 민족주의와 민주주의를 비난한다. 그러나 이 나라를 다시 친일과 독재의 나라로 만들려고 애쓰는 보수 세력이야말로 '사탄'이 아닐 수 없다. 민족들이 서로 존중하며 살자는 민족주의와 사람들이 서로 존중하며 살자는 민주주의가 정의이기 때문이다. 정의를 모욕하고 파괴하는 무리가 '사탄'의 무리가 아닐 수 있을까? 한국의 보수 세력은 쿠데타를 즐기는 세력이다. 그들이 지금 역사에 가하는 잘못은 가히 '역사 쿠데타'라고 할 만하다. 시민들은 정의의 이름으로 요구한다. '역사 쿠데타'를 당장 집어치워라!

 이 나라의 보수 세력은 반민주화 사관의 옹호자이다. 그들은 터무니없게도 반민주화를 역사의 발전이라고 주장한다. 이런 잘못된 사관에 입각해서 그들은 민주주의를 요구하는 사람들을 '좌빨'이라고 모욕하고, 이제는 심지어 '사탄'이라고까지 부른다. 그들은 한심한 것을 넘어서 대단히 위험한 세력이다.

물론 한국의 보수 세력이 모두 한심하고 위험한 것은 아니다. 문제는 반민주, 반민족의 문제를 안고 있는 엉터리 보수 세력이 한국의 보수 세력을 대표하고 있다는 사실에서 비롯된다. 리영희 선생의 말씀대로 새는 양 날개로 난다. 이 나라의 발전을 위해서는 반민족과 반민주의 엉터리 보수 세력이 크게 약화되고 민족과 민주를 중시하는 진정한 보수 세력이 크게 강화되어야 한다. 진정한 보수 세력의 강화는 이 나라의 발전을 위한 핵심 과제이다. 김구와 장준하는 엉터리 보수 세력에 의해 암살당한 진정한 보수 세력의 대표적인 지도자였다. 이런 지도자들이 다시 나타나서 진정한 보수 세력의 성장과 발전을 이룩해야 한다. 이를 위해 김구의 『백범일지』와 장준하의 『돌베개』를 읽어볼 것을 독자들에게 권한다. 특히 김구가 제시한 '문화사회'의 전망은 오늘날 더욱더 그 빛을 발하는 탁월한 전망이 아닐 수 없다.

반민족과 반민주의 엉터리 보수 세력은 친일과 독재 시대의 지배 세력이었다. 민주화에도 불구하고 그들은 여전히 사회적 지배 세력이었으며, 이제는 다시금 정치적 지배 세력이 되었다. 그들은 지금 한창 영구 집권 계획을 강행하고 있다. 이렇게 엉터리 보수 세력이 전횡하고 있기 때문에 민족과 민주를 중시하는 진정한 보수 세력의 가치와 책임이 갈수록 커지고 있다.

돈 없으면 삽질이나 하라고? 그럼 당신은?

'삽질 경제'에 희망은 없다

경제위기가 갈수록 심화되고 있다. 이명박 정부는 자신들의 잘못에 대해서는 제대로 반성하지 않으면서 계속 세계경제를 탓하거나 김대중, 노무현을 탓하고 있다. '핑계 없는 무덤이 없다'는 말이나 '잘되면 내 덕 못되면 조상 탓'이라는 말이 절로 생각나는 한심한 행태가 아닐 수 없다. 탓하려면 제대로 해야 한다. 김대중, 노무현의 문제도 있지만, 더 큰 문제는 이승만, 박정희에게 있다. 특히 박정희는 현대 한국사회를 만들었다고 할 수 있다. 우리는 여전히 그가 만든 사회 체계, 곧 '박정희 체계' 속에서 살고 있다. '선진화'는 무엇보다 여기서 벗어나는 것을 뜻해야 한다.

경제위기가 심화된다고 해서 모든 사람들이 똑같이 고통 받는 것은 아니다. 가난한 사람일수록 더욱더 커다란 고통을 받게 된다. 중산층의 처지도 여러모로 위태로워진다. 빈민층은 노숙자로 내몰리고, 중산층과 서민층의 하향화가 진행된다. 사회의 전반적 빈곤화가 이루어지는 것이다. 이러한 변화를 막기 위해 부자들의 책임은 크다. 그러나 책임을 제대로 다하는 부자는 드물다. 한국과 같은 '천민자본주의' 사회에서는 더욱더 그렇다. 이 나라에는 책임은 회피하고 혜택은 최대한 누리려는 '천민 부자'만 널려 있다. 그리고 이명박 정부는 이 문제를 극단화시키고 있다. 이명박 정부는 부자들을 위한 '종부세 무력화' 정책을 강행하더니, 이제는 비정규직을 늘리고 최저임금을 줄이는 정책을 강행하고 있다.

경제위기가 심화되면서 실업도 크게 늘어나고 있다. 얼마 전 이명박 대통령은 젊은이들이 좋은 일자리만 찾아서 실업이 늘고 있다는 식으로 말해서 큰 논란을 빚었다. 그런데 며칠 뒤에 또다시 비슷한 발언을 했다. 대기업에 가거나 공무원이 될 생각만 하지 말고 "중소기업에 들어가는 것을 두려워하지 않길 바란다"라고 한 것이다. 젊은이들이 왜 중소기업을 기피하는가? 재벌이라는 괴물이 지배하는 상황에서 중소기업은 대단히 불안정하기 때문이다. 경제위기의 영향도 당연히 중소기업이 더 크게 받는다. 재벌은 경제위기의 영향을 열심히 중소기업에 떠넘긴다. 젊은이들이 중소기업을 기피하는 것은 한국사회의 구조적 결과이다. 이명박 대통령은 아들을 왜 사돈의 대기업에 취직하게 했는가?

이명박 정부는 정말로 필요한 경제정책은 철저히 외면하고 결코 하지 말아야 할 것들만 집요하게 강행하고 있다. 극소수 부자들을 위한 '종부세 무력화' 정책, 비정규직 확대 정책, 최저임금 인하 정책, 책임 떠넘기기 실업 정책, 수도권 집중 정책 등은 그 좋은 예이다. 최악의 것은 '삽질경제' 강화 정책이다. 이명박 정부는 이른바 '4대강 하천정비사업'이라는 이름으로 대대적인 '삽질경제' 강화 정책을 강행하려 하고 있다. 그 내용은 2009년부터 2012년까지 4대강의 하천정비에 14조 원을 투입하겠다는 것이다. 정부의 발표에 따르면, 하천정비에 2조 6,000억 원, 제방 보강에 1조 7,000억 원이 쓰일 것이며, 낙동강 정비에는 2007년의 1,835억 원보다 훨씬 더 많은 무려 4,469억 원이 배정될 것이다. 참으로 암담하다.

이명박 정부는 이러한 '삽질경제'를 '한국판 뉴딜정책'이라고 주장한다. 그러나 이미 잘 알려져 있다시피 '뉴딜정책'의 핵심은 건설사업이 아니다. 테네시강 유역 개발이 중요한 사업이기는 했지만, 그보다 더 중요한 것은 「사회보장법」이었다. 그 결과 미국은 '뉴딜정책'을 계기로 새로운 선진적 미국으로 크게 변모할 수 있었다. 그러나 이명박 정부는 안 그래도 심각한 양극화 문제를 더욱 악화시키면서 '삽질경제'의 강화로 모든 문제가 해결될 것처럼 주장하고 있다. 과연 그런가? 아니다. 결코 그렇지 않다. 한국은 이미 '삽질경제'의 규모가 너무 커서 큰 문제인 세계 최악의 토건국가이다. '삽질경제'의 강화는 망국의 길이다. '삽질경제'의 강화는 개발과 투기를 주도하는 '강부자'를 위한 정책일 뿐이다.

더욱이 '4대강 하천정비사업'은 사실상 망국적인 '한반도 대운하사업'의 부활을 뜻한다. 12월 1일에 방송된 문화방송의 뉴스에 따르면, 이명박 세력은 3단계 운하사업 계획을 추진하고 있는 것으로 보인다. 하천정비사업은 그 첫 단계이다.

익명을 전제한 이명박계의 한 핵심 의원은, "4대강 정비사업이 대운하사업의 제1단계가 될 수 있다"고 강조했습니다. 강바닥을 파내고 물길이 만들어지면 2단계 물류 수송 단계가, 통일 이후에는 한반도 전체를 뱃길로 잇는 마지막 3단계가 가능하다는 겁니다. 또 다른 의원도 대운하 추진이 여론에 부딪혀 무산된 게 대통령으로선 많이 아쉽고 억울할 거라며, 이 대통령 머릿속에서 대운하라는 말은 절대 떠나지 않을 거라고 했습니다("정부, 하천정비 기정사실화, '운하' 논란 재점화", 《문화방송》, 2008년 12월 1일자).

이명박 정부는 하천정비사업이 운하사업이 아니라고 주장하지만 사실은 전혀 그렇지 않은 것 같다. 이명박 대통령은 11월 28일 청와대 확대비서관 회의에서 "4대강 정비 사업이면 어떻고 운하면 어떠냐. 그런 것에 휘둘리지 말고 예산이 잡혀 있으면 빨리 일을 하라"고 말했다. 이 말은 사실상 운하사업을 지시한 것으로도 볼 수 있다. 또한 박승환 전 한나라당 대운하추진본부장은 "4대강 치수사업을 통해 국민들이 강에 대한 친환경적 인식이 확산될 수 있다고 보고요. 그럼 자연스럽게 대운하 논의도 활성화된다고 봅니다"라고 말했다. 이 말은 결국 운하사업의 일환으로 하천정비사업을 추진한다는 것이 아닌가?

이명박 세력은 하천정비사업이 '녹색성장'사업이라고 주장한다. 그러나 이명박 정부가 주장하는 '녹색성장'은 사실 '회색파괴'일 뿐이다. 그것은 콘크리트에 녹색 페인트를 칠하고 녹색이 되었다고 주장하는 것과 같다. 이런 점에서 하천정비사업은 정말 '녹색성장'사업이라고 할 수 있다. 하천정비사업이 정말 커다란 문제를 안고 있기 때문이다. 그것은 살아 있는 하천을 크게 파괴하는 토건사업이다. 하천을 직선화하고, 하천변을 콘크리트로 도배하고, 모래와 자갈을 마구 긁어모아 팔아먹는 것이 하천정비사업의 핵심이다. 준설도 필요하고 제방도 필요하지만 기존의 하천정비사업이 커다란 하천파괴사업의 문제를 안고 있다는 사실부터 완전히 바로잡지 않으면 안 된다.

'삽질경제'에 희망은 없다. 그것은 희망이 아니라 절망의 근원이다. '삽질경제'는 막대한 재정을 탕진해서 투기를 촉진하고 부패를 조장하며 자연을 파괴하기 때문이다. '삽질경제'에 쓸 막대한 재정을 교육, 문화, 복지, 기술에 투자해야 한다. 그렇게 해야 우리의 경제와 사회가 진정으로 선진화될 수 있다. '삽질경제'는 개발과 투기의 달인인 '강부자'와 그 동맹 세력인 지역의 토호들이 주도한다. 그러나 그 결과 막대한 재정이 탕진되고, 산업구조가 후진 상태에 머물고, 자연이 대대적으로 파괴된다. 이명박 세력은 '삽질경제'가 일자리를 만들어낼 것이라고 주장하지만, 그저 약간의 비정규직 삽질노동의 일자리가 생겨날 뿐이다.

요즘 이명박 대통령의 '선행'에 관한 보도가 부쩍 눈에 띈다. 이것은 언론 자유의 수준이 크게 하락한 것과 깊은 관련이 있는 것 같다. 가락동에 가서 상인을 위로했고, 월급도 모두 기부했다고 하고, 펀드도 가입했다고 한다. 그러나 국민들이 원하는 것은 이런 것이 아니다. 일단 1년이 넘게 실행되지 않고 있는 모든 재산의 사회 환원부터 빨리 실행되어야 한다. 그리고 이미 망국적인 지경에 이르러 있는 후진적인 '삽질경제'를 개혁하고 '진정한 선진국'을 만들기 위한 정책을 펼쳐야 한다. 그 출발점은 '4대강 하천정비사업'을 크게 축소하고 그 돈을 '반값 등록금 공약'의 실현에 쓰는 것이다.

後記 미국의 시민들은 모두 Social Security Number라는 것을 갖고 있다. 이것에 의거해 신분을 확인받고 사회복지를 제공받는다. 이 Social Security가 바로 '사회보장'이다. 이 말 자체가 루스벨트의 '뉴딜정책'에서 만들어진 것이다. 이것을 참고해서 1942년 영국에서 처음으로 Social Welfare, 즉 사회복지라는 말이 만들어지고 사회보험을 중심으로 그 정책이 시행되었다. 18세기에 자본주의의 이론이 만들어지고, 19세기에 사회주의의 이론이 제시되었다면, 20세기에 들어와서 양자를 융합해서 복지주의의 이론이 제시되었다. 우리가 진정 선진국이 되고자 한다면, 당연히 선진국과 같은 복지국가를 이룩해야 한다.

이명박 정부는 엄청난 '부자 정부'이다. 가장 큰 부자는 이명박 대통령이고, 두 번째 부자는 유인촌 문화부 장관이고, 세 번째 부자는 곽승준 미래기획위원장이다. 2009년 3월 27일에 '공직자 보유재산 변동 신고내역'이 공개되었다. 이에 따르면, 이명박 대통령의 총재산은 356억 9,182만 2,000원으로 2008년도에 비해 재산이 4억 4,390만 5,000원이 증가했다. 경제가 어려워서 중산층의 하향화가 가파르게 진행되어도 부자들은 쉽게 큰돈을 벌 수 있다는 사실을 이명박 대통령 자신이 아주 명확하게 입증해준 것이다. 비서진 중에서는 91억 8,697만 원을 신고한 김은혜 부대변인이 가장 큰 부자였다.

아무튼 이명박 대통령은 1년이 훨씬 넘도록 재산 환원 약속을 실행하지 않고 있다. 이런저런 이유를 대고 있지만 어쩐지 그는 재산 환원 약속을 지키고 싶어 하지 않는 것만 같다. 경제위기가 계속되고 있고, 실업자와 비정규직이 갈수록 늘어나는데, 이명박 대통령은 그저 재산만 불리고 있다. 1년 사이에 늘어난 4억 4,400만 원이라는 돈은 부자들에게는 '껌 값'으로 보일지도 모르지만 사실 엄청난 돈이다. 이명박 대통령을 그저 그렇고 그런 부자들 중의 한 명으로 보는 것은 잘못이다. 그는 0.001%에 속하는 엄청난 부자이다.

한국은 중국과 함께 세계적으로 손꼽히는 '보신 문화' 국가이다. '보신 문화'란 예컨대 힘센 동물을 잡아먹으면 자신도 힘이 세질 수 있다는 생각에서 비롯된 비과학적 문화의 성격을 강하게 갖고 있다. 부자가 될 수 있다는 기대를 안고 부자를 지지하는 사람들에게서도 이런 비과학적 '보신 문화'의 어두운 그늘을 엿볼 수 있다. 부자를 무조건 경원시할 필요는 없다. 그러나 세상에는 분명히 좋은 부자와 나쁜 부자가 있다. 나쁜 부자는 겉으로는 그럴듯한 외양을 갖추고 부드러운 목소리로 멋들어진 말을 늘어놓지만 속으로는 재산을 늘리기 위해 수단과 방법을 가리지 않고 최선을 다한다.

이명박 대통령의 재산 보유 현황(2009년 3월 현재)

내역	관계	재산 종류	소재지, 면적 등 권리 명세	가액(원)	변동액(원)
토지	배우자	대지	서울 강남구 논현동 29-13 349.6m²	13억 2,496만 4,000	3,496만
건물	본인	단독주택	서울 강남구 논현동 대지 673.4m², 건물 327.58m²	34억 2,000만	3억 1,000만
		빌딩	서울 강남구 서초동 대지 1082.4m², 건물 896.89m²	102억 8,509만	8,715만
		빌딩	서울 서초구 양재동 대지 651.7m², 건물 5,795m²	139억 18만 8,000	▼ 3억 7,256만 4,000
		빌딩	서울 서초구 양재동 대지 651.7m², 건물 2,745m²	89억 3,890만 9,000	3억 6,350만 1,000
		단독주택 전세권	서울 종로구 가회동 대지 333.9m², 건물 2,745.79m²	7억	
		사무실 전세권	서울 종로구 견지동 건물 175.2m²(계약 종료)		▼ 4,000만
		소계		372억 4,418만 7,000	3억 4,808만 7,000
자동차	본인		2006년식 에쿠스(배기량 3,778cc) 매도		▼ 5,437만
			2006년식 카니발(배기량 2,902cc) 매도		▼ 2,729만
			2008년식 카니발(배기량 2,902cc)	4,374만	▼ 726만
	배우자		2006년식 그랜저(배기량 3,342cc) 매도		2,768만
		소계		4,374만	1억 1,160만

내역	관계	재산 종류	소재지, 면적 등 권리 명세	가액(원)	변동액(원)
예금	본인		우리은행(1억 5,983만 9,000), 외환은행(179만 1,000원), 중소기업은행(124만 4,000원), 현대증권(348만 5,000원), 한국산업은행(25만 6,000원), 하나은행(67만 9,000원)	1억 6,829만 7,000	5,123만 8,000
	배우자		대한생명보험(5,668만 9,000원)	5,668만 9,000	▼402만 1,000
		소계		2억 2,498만 6,000	4,721만 7,000
채무	본인	금융기관	우리은행(31억 7,877만 5,000원)	36억 7,877만 5,000	2,199만 7,000
		건물임대	서울 서초구 양재동 5건 임대보증금 감소	8억 8,610만	▼1억 4,000만
		건물임대	서울 서초구 서초동 26건 임대보증금 감소	18억 7,390만	▼7,880만
		사인	사인 간 채무	2억 3,800만	
		소계		66억 7,677만 5,000	▼1억 9,680만 3,000
보석 등	배우자		다이아몬드(1.07캐럿, 화이트)	500만	
			서양화(물방울, 73~91cm, 김창렬, 1970년대)	700만	
			동양화(설경, 47~36cm, 이상범, 1960년대)	1,500만	
		소계		2,700만	
회원권	본인	골프	제일컨트리골프클럽(감소)	2억 6,150만	▼4,450만
	본인	골프	블루헤런클럽(증가)	2억 3,650만	1,450만
	배우자	헬스	롯데호텔 헬스클럽	570만	
		소계		5억 370만	▼3,000만
출자	본인		LKe뱅크 출자(지분비율 48%, 연 매출액 0원)	30억	
출연	본인		재단법인 지에스아이, 출연 재산 6억		
기타	장남	고지 거부	장남 고지 거부		▼3,656만 2,000
		총계		356억 9,182만 2,000	4억 4,390만 5,000

자료: 공직자 보유재산 변동 신고내역.

'강부자 새나라'를 향해 진군 또 진군

'강부자 공화국'의 '건국'

2008년이 저물어간다. 올해는 놀라운 한 해였다. 그러나 새해는 더욱더 놀라운 한 해가 될 것 같다. 내년 이맘때쯤에 이 나라는 과연 어떻게 변해 있을까? 지금 상태대로라면 내년 이맘때쯤에 이 나라는 확실히 '강부자 공화국'이 되어 있을 것 같다. 이명박 대통령과 한나라당이 추구하는 것은 몇몇 법률과 정책을 바꾸는 것이 아니다. 그들의 목표는 이 나라를 '강부자'가 지배하는 나라로 새롭게 '건국'하는 것이다. 그들은 돈과 힘으로 완전무장하고 '강부자 공화국'을 향해 맹렬히 진군하고 있다.

'강부자'는 단순히 '강남 땅부자'가 아니다. '강부자'는 이 나라를 경제적으로 지배하는 자들을 뜻한다. 그들은 누구인가? 《매일경제》 2007년 12월 12일자에 실린 "대한민국 1% 부자들은 누구?"라는 기사는 이에 관한 좋은 참고 자료이다. '대한민국 1% 부자'는 '소득이 많은 자'와 '자산이 많은 자'로 나누어 살펴볼 수 있다. 소득에 관해서는 《매일경제》에서 직접 통계청 자료를 조사했다. 이에 따르면 "'대한민국 1% 부자'란 전국 총가구인 1,615만 8,000가구를 소득순으로 1등부터 1,615만 8,000등까지 나열한 뒤 상위 16만 1,580등까지

가구를 의미"하며, "'대한민국 1% 부자' 가구의 연평균 소득은 2006년 기준 1억 8,276만 원"이었다.

한편 '자산이 많은 자'에 대해서는 최근에 자기 지역구에 재정을 배정해서 논란의 핵으로 떠오른 한나라당 이한구 의원이 2007년 12월에 발표한 자료가 있다. 《매일경제》의 같은 기사에 보도된 이 발표의 내용에 따르면, "순 자산 순위 1% 안에 들어가기 위한 가구별 최저 순 자산액은 23억 200만 원인 것으로 분석"되었고, "같은 기준으로 순 자산 상위 5%, 10% 이내의 가구별 최저 순 자산액은 각각 9억 4,846만 원과 5억 3,861만 원인 것으로 집계"되었으며, 이에 비해 "전체 가구 평균 순 자산액은 2억 4,164만 원"으로 나타났다. 1% 부자와 평균 사이의 차이가 무려 10배에 이른다.

'1% 부자'는 '강부자'의 중요한 기준이다. 여기에는 0.00001%에 해당하는 재벌을 정점으로 해서 0.001%에 해당하는 이명박 대통령과 같은 초특부자도 있다. '강부자' 안에도 나름대로 상당한 격차가 있는 것이다. 그러나 '강부자'는 강력한 공통점을 갖고 있다. 첫째, 소득과 자산을 막론하고 그들의 부에서 가장 중요한 것은 부동산이다. 부자들을 대상으로 한 어떤 조사에서 46%가 부동산으로 재산을 모았다고 답한 반면에 주식으로 부자가 되었다는 경우는 17%에 머물렀다. 전자가 1위였고, 후자가 2위였다. '강부자'는 무엇보다 '부동산 부자', 다시 말해서 '토건 부자'이자 '투기 부자'이다.

한국의 부자들 중에서 워런 버핏이나 빌 게이츠가 나오지 않는 데에는 세금과 기부에 대한 한국과 미국의 제도적 차이가 무엇보다 중요한 요인이지만, 부자의 성격이 다른 것도 상당히 중요한 요인으로 고려하지 않으면 안 될 것이다. 버핏은 '주식 부자'이고 게이츠는 '기술 부자'이다. 막대한 재정을 탕진해서 투기를 조장하고 부패를 촉진하고 자연을 파괴하는 토건국가의 '천민 부자'들과는 다른 것이다. 그런데 '강부자'는 어떤 나라를 꿈꾸는가? 그들이 '건국'하고자 하는 '강부자 공화국'은 과연 어떤 것인가? '강부자 공화국'은 과연 모두가 잘사는 나라일 수 있는가?

'강부자 공화국'은 결코 '모두를 위한 공화국'이 아니라 오직 '강부자를 위한 공화국'일 것이다. 그것은 헌법 제1조에 규정된 '민주공화국'에 대한 심각한 위협이 아닐 수 없다. 따라서 우리는 '강부자 공화국'이 어떤 문제를 지닐 것인지에 대해 세밀히 검토하고 대응할 수 있도록 해야 한다. '민주공화국'은 어떤 경우에도 훼손되어서는 안 되는 가치이자 목표이기 때문이다. 지금 이명박 대통령과 한나라당이 강행하고 있는 정책으로 미루어보았을 때, '강부자 공화국'은 크게 여섯 가지 문제를 가질 것이다.

첫째, 극단적인 양극화를 초래할 것이다. 이명박 대통령과 한나라당은 이 엄중한 때에 오히려 실업자와 비정규직을 늘리고, 나아가 비정규직의 최저임금마저 낮추는 비인간적 정책을 강행하고 있다. 이 때문에 '벼룩의 간을 빼 먹는다'는 비판이 쏟아지고 있는 실정이다. 이와 함께 이명박 대통령과 한나라당은 재벌을 위한 정책을 강행하고 있다. 출자총액제의 폐지는 물론이고 재벌에 은행을 안겨주기 위한 금산 분리의 완화 또는 폐지, 재벌에 공중파 방송을 안겨주기 위한 방송법 개악, 한미 FTA의 강행 등은 그 단적인 예이다. '강부자'는 '재벌국가'라는 이 나라의 만성병을 극단화할 것이다.

둘째, 토건국가의 극단화를 추구할 것이다. '강부자'는 토건과 투기의 달인이다. '강부자'는 무엇보다 자신의 이익을 위해 토건국가의 극단화를 추구한다. '강부자'는 '정관재언학(政官財言學)'의 5각 구조를 형성해 불필요한 토건사업을 강행함으로써 막대한 이득을 취한다. 이명박 대통령은 정보기술이 일자리를 줄였다면서 일자리를 위해 '녹색성장'을 추구해야 한다고 주장했다. 그러나 그것은 사실상 '한반도 대운하계획'의 1단계인 '하천정비사업'에서 잘 알 수 있듯이 '회색파괴'이다. 그것은 적은 수의 비정규직 삽질고용을 일시적으로 늘리는 대신에 '강부자'에게 막대한 이익을 안겨줄 것이다. 토건국가는 지역을 파괴한다.

셋째, '수도권 공화국'의 극단화가 이루어질 것이다. 현재 국토의 0.6%밖에 되지 않는 서울에 전체 인구의 22% 정도가 살고 있으며, 국토의 11%를 조금 넘는 수도권에 전체 인구의 50% 정도가 살고 있다. 서울·수도권은 과밀로 내파하는 반면에 다른 지역은 과소로 외파하고 있다. 우리의 수도권 집중은 말 그대로 '망국병'이라고 할 수 있다. 그러나 '강부자'는 무엇보다 서울과 수도권에 가장 큰 이권을 가지고 있다. 따라서 '강부자'는 자기의 이익을 위해 서울과 수도권의 집중화를 더욱더 강화하고자 한다. '강부자'는 수도권 규제 완화를 무마한다며 토건국가의 극단화를 추구해서 이중으로 막대한 이익을 챙길 것이다.

넷째, 모든 언론을 장악하고 통제할 것이다. 언론매체는 크게 옛것과 새것으로 나뉘며, 옛것은 크게 신문과 방송으로 이루어지고 새것은 인터넷으로 이루어진다. 잘 알다시피 신문은 '강부자'가 이미 장악하고 있으며, 방송은 오직 문화방송만이 겨우 사실을 알리고 있을 뿐이다. 그런데 며칠 전에 최시중 방송통신위원장은 문화방송에 대해 '정명'을 알라고 경고했다. 이 경고는 문화방송에 대한 사실상의 '협박'이며, 언론의 자유를 희구하는 국민에 대한 사실상의 '선전포고'이다. 인터넷의 자유도 이미 경각의 위기에 처했다. 올해 한국의 언론 자유 순위는 47위로 지난해의 39위에 비해 무려 8위나 떨어졌다.

다섯째, 모든 교육을 장악하고 통제할 것이다. 이미 역사교과서 파동에서 잘 드러났듯이 '강부자'는 역사까지 자기의 이익을 위한 수단으로 여기고 있다. 그들은 올바른 역사를 학생들에게 가르치는 것은 결국 자신들의 지배를 위태롭게 하는 것이라고 생각한다. 이 세상의 어느 민주국가에서 정부가 학자들을 무시하고 역사교과서를 일방적으로 수정해서 교육하도록 강요하는가? 역사교과서에만 한정해서 보자면, 이 나라는 이미 박정희 시대로 회귀했다. 덧붙여서 '강부자'는 국제중 강행, 일제고사 강행, 부당한 교사 파면으로 잘 드러났듯이 학벌사회의 극단화를 통해 사람들을 무한 경쟁으로 몰아넣고 있다.

여섯째, 친일 독재 세력의 부활이 이루어질 것이다. 놀랍게도 또다시 반민족화와 반민주화가 맹렬히 추진되는 것이다. '강부자'는 식민 시대와 독재 시대에 그 뿌리를 두고 있다. 따라서 반민족화와 반민주화를 이루어야 자기들의 지배가 안정된다고 생각한다. 그들은 막대한 경제적 이익을 약속하면 사람들이 지난 대선 때처럼 자기들을 따를 것이라고 생각한다. 그들은 교육을 장악해서 매일 자기들을 위한 교육을 하면 결국 사람들이 자기들을 믿을 것이라고 생각한다. 그들은 모든 언론을 장악해 매일 TV를 통해 '이명박 방송'을 하면 '강부자 공화국'이 확립될 것이라고 생각한다.

지금 우리가 겪고 있는 문제는 경제위기만이 아니다. 진정한 문제는 경제위기를 악화시키고 사회위기를 촉진시키는 정치위기인지 모른다. 저 암담한 유신 시대를 배경으로 한 영화 <고고70>이 현재의 상황에 대한 풍자로 여겨질 수 있을 정도로 지금 이 나라의 정치는 '독재'를 향해 맹렬히 '후진화'하고 있다. 그리고 정치가 맹렬히 '후진화'하면서 당연히 경제와 사회도 맹렬히 '후진화'하고 있다. 지금 우리는 '강부자 공화국'이라는 후진적인 '괴물국가'의 형성을 목격하고 있다. 얼마나 많은 사람들이 그 먹이가 되어야 할 것인가?

後記 이명박 정부와 한나라당은 단순히 몇몇 나쁜 정책들을 강행하고 있는 것에 그치지 않는다. 그들은 독립운동을 이어받은 민주화운동의 성과를 수포로 돌리고 식민과 독재 세력이 영구 집권하는 나라를 만들려고 하는 것으로 보인다. 식민과 독재 세력은 오랜 식민과 독재의 시대를 지나며 이 나라를 장악한 이 나라의 실질적 지배 세력이다. 오랜 민주화운동을 통해 그들의 지배를 끝낼 수 있는 길이 열리는 듯했지만 불과

10년 또는 20년 만에 그 길은 다시 닫히고 말았다.

민주화의 관점에서 이 사회의 개혁과 진보를 원하는 사람이라면 누구라도 이명박 정부와 한나라당이 일종의 총체적 변화를 도모하고 있다는 사실에 유의해야 한다. 그들은 부분적 변화가 아니라 전면적 퇴행을 원하고 있으며, 일시적 집권이 아니라 영구적 집권을 원하고 있다. '강부자 공화국'은 실질적인 '민주공화국'이 될 수 없다. 그것은 사실상의 특권층이 자신들의 특권을 유지하기 위해 권력을 전횡하는 국가이기 때문이다. 더 큰 문제는 절차적인 민주주의조차 제대로 지켜지지 않는다는 것이다. 이명박 정부와 한나라당은 입만 열면 '준법'을 외치지만 그들부터 '준법'과는 대단히 거리가 먼 행태를 계속 보이고 있다.

국가의 변화는 자기와 무관하다고, 정치는 아무튼 썩은 것이라고 생각하는 사람들이 있다. 법은 자기의 권리 위에서 잠자는 사람을 지켜주지 않는다는 영국의 금언이 있지만 민주주의의 위기는 모든 사람들에게 깊고 큰 악영향을 미칠 수밖에 없다. '강부자'가 아니라면 자신과 가족의 복리는 물론이고 건강과 생명을 위해서도 '강부자 공화국'의 문제에 당연히 깊은 관심을 기울여야 한다. 버스가 지나가고 난 뒤에 손을 흔들어봐야 아무런 소용이 없다. 그저 팔만 아플 뿐이다.

MBC가 '강부자 방송국'이 된다면

본색 드러내는 'MB氏'… MBC를 '강부자' 손에 넘기려고?

이명박 세력의 MBC 장악계획이 막바지에 이르렀다. 이에 맞서서 MBC의 구성원들은 물론이고 대다수 국민들이 MBC를 지키기 위해 힘을 모으고 나서기 시작했다. MBC를 지켜야 한다. 국민의 MBC를 'MB씨'의 MBC로 만들어서는 안 된다. 그런데 이런 와중에 이명박 대통령은 불쑥 "방송통신 분야에 정치논리가 아닌 경제논리로 접근해야 한다"고 말했다. 이 말을 어떻게 이해해야 할까? 이명박 대통령과 한나라당이 강행하고 있는 방송 장악 계획을 정치논리가 아닌 경제논리에 의한 것으로 봐야 할까? 그 경제논리는 대체 누구를 위한 경제논리일까?

방송통신 분야를 경제논리로 접근해야 한다는 것은 전혀 새로운 주장이 아니다. 그리고 그 핵심은 일자리 창출이다. 이명박 정부와 한나라당은 방송통신 분야를 적극 개방해야 경쟁력이 강화되고 일자리가 많이 만들어진다고 주장해왔다. 이명박 정부의 주장에 따르면 방송통신 분야의 개방으로 무려 20만 개가 넘는 일자리가 만들어질 것이라고 한다. 그러나 그 속내를 들여다보면 방송 분야에서 생기는 일자리는 1만 개도 되지 않는다. 실제로 대부분의 일자리는 모두 통신 분야에서 생기는 것이다. 그러므로 일자리 창출을 내세워서 방송 분야의 개방을 강행하는 것은 국민을 기만하는 것이다.

여기서 또 다른 사실에 주의할 필요가 있다. 이명박 대통령은 지난 10월 초에 IT기술은 일자리를 없애니 일자리를 늘리려면 '녹색성장'에 주력해야 한다고 주장했다. 쉽게 말해서 'IT경제'를 버리고 '삽질경제'를 해야 한다는 것이리라. 두 달 전에는 IT기술이 일자리를 없애니 '삽질'에 주력하자고 주장했다가, 이제는 천연덕스럽게도 방송통신 분야가 새로운 기술융합의 선도 분야이고 일자리를 많이 창출하니 경제논리로 접근해야 한다고 주장한다. 이명박 대통령의 머릿속에서는 IT기술과 방송통신 분야가 다른 것으로 존재하는 모양이다. 나는 묻고 싶다. '삽질경제'를 하자는 것인가, 'IT경제'를 하자는 것인가?

'삽질경제'의 시대착오성에 대해서는 다시 말할 필요도 없을 것이다. 박희태 한나라당 대표는 전국을 공사장으로 만들자고 해서 세상을 뜨악하게 했다. 그의 주장은 건설업의 비중이 대단히 크기 때문에 건설업을 적극 지원해서 경제를 활성화해야 한다는 것이다. 그러나 이 주장에는 너무도 커다란 문제가 있다. 한국의 건설업은 GDP의 18%를 넘어서 병적으로 비대하다는 평가를 받고 있다. 한국의 건설업 비중은 OECD 평균의 세 배에 이른다. 한국은 막대한 재정을 불필요한 토건사업에 사용하기 때문에 나라가 발전하지 못하는 토건국가의 전형이다. '4대강 정비사업'은 강의 재파괴이자 토건망국의 지름길이다.

'IT경제'가 우리의 살 길이다. 그것은 삽질이 아니라 교육과 기술과 문화에 투자해야 한다는 것을 뜻한다. 이미 오래전에 대대적으로 축소되었어야 하는 토건 분야를 굳건히 지키기 위해 막대한 재정을 투여하는 것은 완전히 잘못된 것이다. MBC는 이런 사실을 어떤 방송국보다 잘 알려줬으며, 그 결과 한국을 대표하는 공영방송으로 자리를 굳혔다. 그러나 그 대신에 토건과 투기를 주도하는 '강부자'들이 가장 미워하는 표적 1호가 되었다. '강부자'는 MBC를 장악해서 토건과 투기의 방송국으로 만들고 싶을 것이다. '땡박뉴스'는 물론이고 '운하찬가'를 늘 방송하고 싶을 것이다.

방송통신 분야에 경제논리로 접근해야 한다는 주장의 한 축이 일자리 창출이라면, 다른 한 축은 '강부자'에게 지상파 방송국의 소유를 허용해야 한다는 것이다. 방송 분야에서의 일자리 창출의 허구성은 이명박 정부의 자료에서도 이미 입증된 사실이고, '강부자'에게 지상파 방송국의 소유를 허용하는 것의 문제도 이미 너무나 명확히 드러났다. '강부자'는 단순히 '땅부자'가 아니라 막대한 부를 이용해서 이 나라의 운영과 변화를 주도하는 세력이다. 따라서 '강부자'에게 지상파 방송국의 소유를 허용하는 것은 '강부자'의 독점력을 더욱 강화하는 것이다. 그것은 '강부자 공화국'의 확립을 위해 '강부자 방송국'의 형성을 추진하는 것이다.

이명박 세력으로 대표되는 한국의 시장주의 세력이 얼마나 엉터리인지는 이미 오래전부터 잘 알려져 있다. 그 대표적인 예가 바로 토건국가의 문제이다. 시장에서는 이미 오래전에 병적으로 비대한 토건업의 축소를 요구하고 있었으나 그때마다 한국의 시장주의 세력은 정부에 대해 토건업의 확대를 위한 정책을 강력히 요구했다. 지금 방송통신 분야에서도 똑같은 일이 벌어지고 있다. 한국의 시장주의 세력은 독점의 해소를 내걸고 오히려 독점의 강화를 추진하고 있다. 한국의 시장주의 세력은 시장을 내세운 반시장주의 세력이다. 그들이 열광적인 박정희주의자인 것은 이 때문이다.

이명박 대통령과 한나라당의 방송 장악 계획이 달성된다면, 이 나라는 더 이상 민주주의국가이기 어려울 것이다. MBC를 비롯한 모든 방송국에서, 매일같이, 일본 제국주의가 이 나라를 근대화시켰고, 미 군정이 이 나라를 민주화시켰고, 임시정부는 아무것도 아니었으며, 안중근과 김구는 테러리스트였으며, 정신대는 '자발적 창녀'였고, 4·19는 데모였고, 5·18과 6·10은 폭동이었고,

박정희와 전두환은 이 나라를 발전시켰고, 이명박은 이 나라를 더욱더 발전시켰고, 조·중·동은 최고의 언론이며, 뉴라이트는 최고의 시민단체이고, '미국산 쇠고기'는 광우병 위험이 없으며, '한반도 대운하'는 너무나 멋진 계획이라는 내용의 뉴스, 다큐, 드라마를 방송해댈 것이다.

이명박 대통령의 최측근으로 손꼽히는 최시중 방송통신위원장은 얼마 전 MBC에서 행한 연설에서 MBC에게 '정명'을 알라고 요구했다. 이에 대해 최시중의 '정명'은 '정권의 명령'이냐는 비판이 제기되었다. 그렇다. 정말 '정명'이 무엇인가? 그것은 헌법에 입각해서 역사와 사회의 요구를 올바로 이행하는 것이 아닌가? 그렇다면 이명박 대통령과 한나라당이야말로 '정명'을 알아야 하지 않을까? '정명'은 결코 '정권의 명령'이 아니다. 역사를 왜곡하고, 극소수 부자만을 위하고, 비정규직을 더욱더 늘리고, 최저임금조차 삭감하고, 광우병 위험을 강요하고, 강마저도 모두 파괴하려고 하니, 국민의 비판과 저항이 끊이지 않는 것이다.

문제의 원천은 '강부자 공화국'을 위한, 좀 더 정확히 말해서 '강부자 독재국'을 위한 정책의 강행이다. MBC를 '강부자 방송국'으로 만들려는 것은 '강부자 독재국'을 향한 돌진이 맹렬히 추진되고 있다는 것을 입증해줄 뿐이다. 이명박 대통령은 대통령 선거 1주년을 맞아 이렇게 말했다.

오늘 12월 19일 선거일의 축배는 4년 2개월 후 제가 임기를 마칠 때 국민으로부터 '아, 그랬구나. 이렇게 하려고 저렇게 했구나' 하는 평가를 받을 때 들도록 미뤄야겠습니다.

이에 대해 시민들의 의견이 쏟아졌다. 그중에서 다음의 의견이 눈길을 끌었다.

아, 삼성 방송국 차려주려고 방송법 개정하는구나.

아, 재벌 돈 더 벌라고 노동법 개정하는구나

아, 명박 지라알도 시위 못하게 집시법 개정하는구나.

아, 건설사 땅재벌 돈 주려고 대운하 하는구나.

아, 친일파 면피하려고 교과서 개정하는구나.

아, 김구 싫고 이승만 좋아 10만 원권 연기하는구나.

아마도 여기에 이런 의견이 덧붙여질 수 있을 것이다. "아, 강부자 독재국 만들려고 방송법 개악했구나."

 이명박 정부와 한나라당은 MBC를 정말 미워하는 것 같다. '우뻘 좀비'들은 〈PD수첩〉에서 광우병 보도를 했던 날을 가리켜 '광우병 난동일'로 기억하자고 열을 올리고 있다. 미국산 쇠고기와 광우병 진실에 관한 보도가 그들에게는 그토록 나쁜 일이었나 보다. 그들은 미국산 쇠고기를 열심히 먹어서 광우병 진실에 관한 보도가 틀렸다는 것을 입증해야 할 책임을 지고 있다. 그것은 광우병에 관한 우려를 밝힌 수백만 명의 시민들을 모욕하고 스스로 짊어진 책임이다.

2009년 1월 8일 〈PD수첩〉 전담수사팀의 팀장이었던 임수빈 서울중앙지검 형사2부장이 사표를 제출했다. 그는 〈PD수첩〉에 대한 명예훼손 혐의가 성립하기 어렵다는 결론을 내리고 있었다. 그러나 검찰 수뇌부는 그의 결론을 받아들이지 않았고, 그래서 그는 2008년 말에 이미 사의를 밝힌 상태였다. 〈PD수첩〉에 대한 수사는 애초에 이루어지지 않았어야 했다. 애초에 잘못된 수사를 계속 강행한 결과, 이명박 정부와 한나라당은 정권을 유지하기 위해 광우병의 진실을 밝히고자 하는 보도를 억압한다는 비판마저 받게 되었다.

임수빈 서울중앙지검 형사2부장검사는 1월 8일 사표를 냈다. "MBC 〈PD수첩〉이 일부 사실을 왜곡했어도 명예훼손이 성립하기 어렵다"는 게 24년 동안 몸담았던 검찰을 떠나는 변이다. …… 임 전 부장검사는 농림수산식품부가 8개월여 전 수사 의뢰한 '〈PD수첩〉 사건'의 전담수사팀 주임검사였다. 이 사건의 수사 핵심은 〈PD수첩〉이 방영한 "미국산 쇠고기, 과연 광우병에 안전한가"라는 프로그램 제작 과정에서 MBC가 고의적인 오역으로 한미 FTA 협상팀의 명예를 훼손했느냐는 것이다. …… 사실 이 사건은 '정치적 사건'으로 애당초 수사 대상이 될 만한 사건이 아니라는 주장이 검찰 내부에 팽배했다(김경은, "인물연구: 임수빈 검사의 사표는 '항명'", 《위클리경향》, 제809호, 2009년 1월 20일).

문제는 프로그램에 대한 수사에 그치지 않는다. 임수빈 부장검사가 사직하고 새로 꾸려진 검찰 수사팀은 3월 25일에 이춘근 PD를 체포했다가 27일에 석방했다. 이로써 검찰이 무리한 수사를 하고 있다는 사실이 다시금 확인되었다. 그러나 검찰은 4월 15일 밤에 김보슬 PD를 체포했다가 17일에 석방했다. 이춘근 PD의 체포에서 나타났던 무리한 수사의 문제가 불과 20일 만에 재연되었던 것이다. 더욱이 김 PD는 19일에 결혼할 예정이었다. 이런 사람을 긴급 체포하다니 검찰은 결혼을 앞둔 김보슬 PD를 강력히 압박해서 원하는 자백을 받아낼 생각이었던 것인가?

반민주는 반인권의 문제를 낳는다는 교훈을 검찰의 〈PD수첩〉 수사에서 다시금 확인하게 된다. 〈PD수첩〉의 광우병 보도는 국민의 건강과 생명을 지키기 위한 것이었다. 그러나 검찰의 〈PD수첩〉 수사는 대체 누구를 위한 것인가?

용산 참사? 게으른 놈 죽는 것은 모두 다 제 탓이지!

용산의 '철거민 학살' 사건

막대한 개발이익을 노린 대규모 재개발 광풍이 몰아치고 있는 용산에서 결국 끔찍한 참사가 일어났다. 2009년 1월 20일 아침 6시, 쫓겨나게 된 철거민들이 농성을 벌이고 있던 건물에 대한 경찰의 강력한 진압작전이 펼쳐졌다. 전날 김석기 경찰청장 내정자는 경찰 대테러 특공대의 투입을 허가했고, 경찰 대테러 특공대의 진압에 맞서 격렬히 투쟁을 벌이다가 농성장에 불이 나서 5명의 철거민이 새까맣게 타 죽고 말았다. 지금 이 나라는 전두환의 독재 때보다 더 끔찍한 나라가 되어버린 것 같다.

어떻게 이런 일이 일어날 수 있는가? 도대체 우리가 지금 어떤 시대에 살고 있는 것인가? 그저 대통령이 바뀌었을 뿐인데 세상이 이렇듯 끔찍하게 변할 수 있는가? 놀랍게도 경찰은 철거민들이 시너를 가지고 들어가지 않았으면 이런 일이 없었을 것이라고 말했다. 경찰은 화재나 투신 등의 사고에 대비해서 어떤 조치도 취하지 않은 채, 경찰 대테러 특공대를 동원한 초강경진압을 강행했다. 경찰은 시민을 안전하게 보호해야 한다는 책임을 그야말로 전적으로 방기했다. 이번의 참사는 '용산 철거민 학살' 사건이라고 불러야 옳을 것이다.

철거민도 시민이다. 그들이 비록 불법 농성을 할지라도 안전하게 농성을 해제하도록 하는 것이 경찰의 책임이다. 그러나 경찰은 시너를 쌓아놓은 농성장 안에서 농성하는 철거민들에게 물대포를 쏘며 강경진압을 시도했다. 철거민들은 농성장 안에서 경찰에게 화염병을 던지며 맞섰고, 그 과정에서 물대포에 맞은 화염병이 농성장 바닥에 떨어지면서 시너에 불이 붙고 말았다. 삽시간에 농성장은 불지옥이 되었고 사람들은 새까맣게 타 죽고 말았다. 경찰은 불이 붙은 시너에 물대포를 쏘아서 불길을 더욱 거세게 만드는 잘못마저 저질렀다.

설령 테러분자들이 농성을 벌이고 있다고 해도 강경진압은 최후의 수단으로 써야 마땅하다. 그런데 그들은 테러분자가 아니라 이 나라의 주권자인 시민이었다. 그들은 모든 것이 꽁꽁 얼어붙은 한겨울에 아무런 보상도 없이 살던 곳에서 쫓겨나 최소한의 보상을 요구하며 농성을 벌였다. 그들의 죄라면 가난하다는 것뿐이다. 가난한 사람은 아무리 착하고 부지런해도 한겨울에 살던 곳에서 쫓겨나 거리에서 죽어가야 하는가? 부자는 아무리 탈세와 투기와 사기의 죄를 지었어도 떵떵거리고 살도록 해야 하는가?

나는 이명박 대통령과 그가 열심히 다니는 소망교회에 묻고 싶다. 부지런히 일하며 열심히 살던 가난한 사람들을 졸지에 철거민으로 만들고, 그들의 한 맺힌 절규를 경찰 대테러 특공대까지 동원해서 제압하는 것이 과연 옳은 일인가? 예수가 가난한 사람들을 무자비하게 짓밟아 죽이라고 가르쳤는가? 예수가 가난은 태워 죽여도 좋은 죄라고 가르쳤는가? '강부자'에게는 막대한 개발이익의 취득을 가로막는 가난한 철거민들이 테러분자보다 더 나쁜 존재일지 모른다. 그러나 예수에게는 '강부자'야말로 절대 천국에 못 갈 죄인이다.

막대한 개발이익을 노린 재개발은 이 나라를 기형국가로 만드는 주범이다. 토건국가와 투기사회라는 이 나라의 고질병을 치유하지 않고 이 나라의 선진화를 이룰 수 있는 길은 없다. 그러나 토건과 투기를 주도하는 '강부자' 세력이 권력을 장악한 결과로 지금 이 나라에서는 그 어느 때보다 강력한 토건과 투기의 광풍이 몰아치고 있다. '강부자' 세력은 가난한 사람들의 저항을 '떼쓰기'로 모욕하며 강경진압을 강행하고 있다. 이번 참사는 그 필연적인 귀결이다. 그리고 이 상태로는 이러한 참사가 어디서고 재연되고 말 것이다.

벌써 몇 년 전부터 용산에는 강남보다 더 심한 토건과 투기의 광풍이 몰아치고 있었다. 이에 맞선 가난한 철거민의 저항도 진작부터 있었다. 시티파크, 타워파크 등을 둘러싼 투기 광풍과 철거민의 저항이 그것이다. 그러나 이번처럼 끔찍한 참사가 벌어진 것은 이 나라의 역사에서 처음이다. 그러므로 우리는 이번의 참사에 대해 이미 촛불집회에서 강경진압으로 악명을 떨쳤던 김석기 경찰청장 내정자와 이런 사실을 알고도 그를 경찰청장에 내정한 이명박 대통령에게 가장 큰 책임을 물어야 할 것이다.

지금 용산은 분명히 심각한 문제의 땅이다. 물론 실제 문제는 용산이라는 땅이 아니라 가난한 사람들을 사람으로 여기지 않는 권력과 부자에게 있다. 용산이 권력과 부자의 땅으로 급격히 바뀌면서 엄청난 문제들을 계속 낳고 있는 것이다. 세입자를 존재하지 않는 자처럼 여기는 현행 재개발 제도의 근본적 개혁이 시급히 이루어져야 한다. 그리고 권력과 부자가 가난한 사람들의 불가피한 생존권 저항을 한낱 떼쓰기로 여기지 못하도록 가난한 사람들의 주거권과 영업권을 보호하는 제도의 개혁이 시급히 이루어져야 한다.

용산은 옛날에도 문제의 땅이었던 모양이다. 다산 정약용 선생은 1810년에 「용산촌의 아전」이라는 시를 썼다. 다음은 그 부분이다. '소'를 세입자로, '아전'을 '경찰'로, '관리'를 '강부자'로, '사또님'을 '청와대'로 바꾸면, 지금의 상황에 딱 들어맞지 않는가? 다산 선생이 그토록 통탄했던 조선 후기의 시대상이 지금 여기서 그대로 재연되고 있는 것 같다.

아전놈들 용산촌에 들이닥쳐서
소 뒤져 관리에게 넘겨주는데

소 몰고 멀리멀리 사라지는 걸
집집마다 문에 기대 보고만 있네

사또님 노여움만 막으려 하니
그 누가 백성 고통 알아줄 건가

이번의 참사와 관련해서 우리는 재개발 제도와 경찰의 문제를 넘어 더 근본적인 문제에 깊은 관심을 기울이고 성찰해야 한다. '강부자'로 대표되는 이명박 세력은 대체 어떤 사회관을 갖고 있는가? 그들이 꿈꾸는 '강부자 공화국'은 과연 어떤 세상인가? 그들은 과연 가난한 사람들을 사람으로 여기고 있는가? 그들은 가난한 사람들을 능력과 노력이 부족해서 도태되어야 하는 낙오자로 여기고 있지 않은가? 그들은 빈익빈 부익부의 문제가 극단화된 '남미형 사회'를 꿈꾸고 있지 않은가?

다산 선생은 1795년에 「굶주리는 백성들」이라는 시를 썼다. 이 시에서 그가 비판하고 있는 불평등한 조선 후기의 시대상은 지금 여기에서 여전히 생생한 호소력을 지니고 있는 것 같다. '강부자'는 더욱더 많은 부를 탐닉하고, 중산층은 계속 줄어들고, 가난한 사람들은 무참히 내쫓기고 있기 때문이다.

고관대작 집안엔 술과 고기 풍성하고
거문고, 피리소리 예쁜 계집 맞이하네

희희낙락 즐거운 태평세월 모습이여

나라정치 한답시고 근엄한 체하는 꼴

간사한 백성들은 거짓말만 늘어놓고
답답한 선비들은 걱정이라 하는 말이

오곡이 풍성하여 산더미 같은데
게으른 놈 굶는 것은 모두 다 제 탓이지

 이명박 대통령, 강만수 전 장관, 유인촌 장관 등이 다니는 소망교회의 연간 헌금은 수백억 원에 이른다. 그 목사는 '벤틀리'라는 외제차를 선물로 받아서 타고 다니는데 그 가격이 3억 원이 넘는다고 한다. 부자들의 삶은 일반 시민들의 삶과는 너무나 다르다. 더욱이 그들은 그들만의 내부 사회를 만들어서 돈과 힘을 장악하고 전체 사회를 지배하고자 한다. '용산 참사'는 이런 상황의 구조적 산물이다.

김석기 경찰청장 내정자는 2월 10일에 결국 사퇴했다. 그는 '서열 3위'로 꼽히는 최시중 방송통신위원장의 고등학교 후배로서 최 위원장의 강력한 추천으로 서울지방경찰청장이 되었다고 한다. 이런 든든한 배경을 갖고 경찰청장에 내정되기까지 했으나 결국 잘못된 강경진압 정책을 강행했다가 손에 넣은 최고위 자리를 내주는 처지가 되었다. 그러나 사퇴하는 자리에서 읽은 사퇴의 변에서 김석기 내정자는 '도의적 책임'과 '순수한 개인적 판단'에 따른 결정이라고 밝히고, '정당한 공권력 행사 과정에서 발생한 예기치 못한 사고', '준도심테러와 같은 불법행위'로 '용산 참사'를 규정해서 시민들의 분노를 샀다. 정녕 그는 '도의적 책임'에 따른 '자진 사퇴'로 끝나는 것이 아니라 현장수칙을 지키지 않은 불법에 대해 엄중한 처벌을 받아야 했다.

'우뻘 좀비'들은 김석기 내정자에 대한 자진 사퇴 요구조차 '좌빨'의 반정부 책동이라며 '사퇴 반대 서명운동'을 벌였고, 한나라당의 공성진 의원은 김석기 내정자의 책임론을 주장한지 열흘 만에 입장을 돌변해서 그에 대한 사퇴 요구를 '체제 전복 시도'라고 주장해 사람들을 황당하게 했다. 김석기 내정자는 사퇴했지만 잘못된 강경진압을 초래한 잘못된 난개발의 문제는 전혀 해결되지 않았다. '용산 참사'는 끝나지 않았다.

59 | 2009년 2월 18일

이명박 정부, '전두환의 마지막'에서 배워라
'연쇄 살인 홍보 지침'과 시민의 자유

2009년 1월 20일의 '용산 참사'는 이승만에서 노태우까지 44년에 걸쳐 전개된 기나긴 독재 시대에도 일어난 적이 없는 역사적 사건이었다. 철거를 당한 시민들은 갑자기 생존권을 박탈당하고 저항하다가 '용역'이라는 이름의 폭력집단의 폭력을 피해 농성을 벌이게 되었다. 그런데 폭력집단을 막고 시민을 보호해야 할 경찰들은 오히려 용역이라는 폭력집단과 합심해서 시민들을 공격했고, 급기야 어쩐 연유인지 인화물이 잔뜩 쌓인 곳으로 대테러 특공대를 서둘러 투입했다가 엄청난 참변을 빚고 말았다.

이에 대한 검찰의 수사 결과는 실체적 진실은 고사하고 그야말로 참변을 당한 시민들을 가해자요 테러범으로 낙인찍는 것이었다. 검찰이 무능해서인지 과욕해서인지 모르겠다. 아무튼 억울한 죽음을 당한 시민들의 명예를 위해서는 물론이고 참사의 실체적 진실을 위해서도 반드시 특검이 구성되어야 한다. 나아가 특검의 상설화가 반드시 이루어져야 한다. 검찰은 특검의 상설화가 반드시 필요하다는 사실을 스스로 너무나 강력히 입증했다. 우리의 정병두 검사는 결코 '포청천'이 아니었으며, 우리의 검찰은 결코 '포청천'의 형부가 아

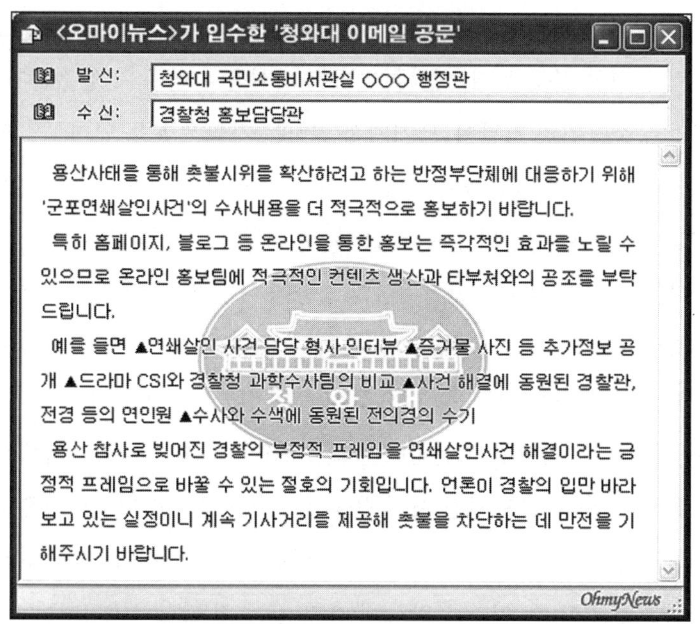

<오마이뉴스>가 입수한 '청와대 이메일 공문'

| 발 신: | 청와대 국민소통비서관실 ○○○ 행정관 |
| 수 신: | 경찰청 홍보담당관 |

용산사태를 통해 촛불시위를 확산하려고 하는 반정부단체에 대응하기 위해 '군포연쇄살인사건'의 수사내용을 더 적극적으로 홍보하기 바랍니다.

특히 홈페이지, 블로그 등 온라인을 통한 홍보는 즉각적인 효과를 노릴 수 있으므로 온라인 홍보팀에 적극적인 컨텐츠 생산과 타부처와의 공조를 부탁드립니다.

예를 들면 ▲연쇄살인 사건 담당 형사 인터뷰 ▲증거물 사진 등 추가정보 공개 ▲드라마 CSI와 경찰청 과학수사팀의 비교 ▲사건 해결에 동원된 경찰관, 전경 등의 연인원 ▲수사와 수색에 동원된 전의경의 수기

용산 참사로 빚어진 경찰의 부정적 프레임을 연쇄살인사건 해결이라는 긍정적 프레임으로 바꿀 수 있는 절호의 기회입니다. 언론이 경찰의 입만 바라보고 있는 실정이니 계속 기사거리를 제공해 촛불을 차단하는 데 만전을 기해주시기 바랍니다.

자료: 《오마이뉴스》, 2009년 2월 11일자.

니었다. 이로써 재벌과 권력에 봉사하는 검찰이라는 인식이 더욱 넓고 깊게 퍼졌다.

그러나 우리를 더욱 경악하게 하는 사건은 검찰의 수사 결과가 발표되고 며칠 뒤에 일어났다. 민주당의 김유정 의원이 청와대 국민소통관실에서 "연쇄살인범 검거를 활용해서 경찰에 우호적인 여론을 형성하라"는 내용의 문서를 경찰에 보냈다는 제보를 받았다고 밝힌 것이다. 청와대는 처음에 이 사실을 부인했으나 다음 날 이 사실을 시인했다. 중대한 잘못을 저지른 것으로 모자라 국민에게 거짓말까지 했던 것이다. 청와대는 한 행정관이 개인적으로 저지른 잘못이어서 그냥 '구두경고'만 했다고 밝혔다. 국민에 대한 거짓말로는 모자라서 국민을 대놓고 희롱한 셈이다. 이런 중대한 잘못에 대해 그저 '구두경고'라니, 말이 되는가?

여기서도 실체적 진실은 전혀 밝혀지지 않았다. 일개 행정관이 개인적으로 이처럼 중대한 잘못을 저지를 수 있다는 사실을 과연 누가 믿겠는가? 청와대가 정말 무소불위의 기관이고, 거기서 일하는 자들은 모두 안하무인의 뱃심을 갖고 있는가? 많은 국민들이 '용산 참사'보다 더 끔찍하게 느낄 수 있는 '연쇄살인'을 이용해서 정권의 잘못이 큰 '용산 참사'를 국민들의 관심에서 돌리도록 한다는 것은 그야말로 인면수심의 정략이 아닌가? 이런 잘못을 저질러놓고는 진솔한 성찰과 사과는커녕 특검에 대한 당연한 요구를 오히려 정략이라고 매도하는 한나라당의 태도는 참으로 후안무치한 것이 아닌가?

'용산 참사'가 '박종철 고문 살인 사건'을 떠올리게 한다면, '연쇄살인 보도지침'은 전두환의 '보도지침 사건'을 떠올리게 한다. 이명박 세력은 진실이 아니라 언론에 민감하다. 그들은 언론을 장악해서 잘 활용하면 진실을 감출 수 있고 권력을 유지할 수 있다는 망상에 빠져 있는 것 같다. '네이버는 평정, 다음은 폭탄'이라는 진성호 한나라당 의원의 발언, 사이버모욕죄 신설 시도, 포털을 옥죄기 위한 정통망법 개악 시도, 휴대폰 도청을 합법화하는 통신비밀보호법 개악 시도, KBS의 장악과 방송 개악, MBC에 대한 최시중 방통위원장의 노골적 협박, 김문수 지사에 대한 의견을 억압해서 '진실유포죄'를 만들었다는 비판을 받는 방통심의위, 경제에 대한 의견을 밝힌 '미네르바'의 구속, 이명박 대통령의 라디오 방송, '연쇄살인 보도지침' 등 그 사례는 끝이 없다.

'매체결정론'에 대한 몰이해가 극단화되어 있다고 해야 할까? 이런 식의 잘못된 언론관은 바로 시민의 자유를 크게 침해할 수 있다는 점에서 대단히 심각한 문제가 아닐 수 없다. 모든 '선진국'은 무엇보다 사상, 표현, 언론의 자유를 기초로 하고 있다. 나는 그들에게 이에 관한 세 권의 책을 읽고 깊이 반성할 것을 권한다. 후진기어를 넣고 선진화를 외치는 그들에게 '선진국'은 '녹색'과 마찬가지로 그저 거짓의 수사에 불과할 것으로 보이지만.

첫 번째 책은 1644년에 출판된 존 밀턴의 『아레오파기티카』(박상익 옮김, 소나무, 1999)이다. '언론 자유의 경전'으로 불리기도 하는 이 책은 현대 영국과 미국의 초석을 다진 책이라고 할 수 있다. 밀턴은 권력의 검열을 정면으로 반박하며 사상, 표현, 언론의 자유를 옹호했다. 우리의 가슴과 머리를 시원하게 뚫어주는 구절이 너무나 많은 책이다. 몇 구절을 예로 제시한다. 이 위태롭고 부박한 시대에 널리 읽고 공부해야 할 귀중한 책이다.

불평이 자유롭게 제기되고 깊이 숙고되어 신속히 개혁될 때 비로소 현명한 사람들이 추구하던 시민적 자유가 최대한으로 달성됩니다(존 밀턴, 『아레오파기티카』, 박상익 옮김, 소나무, 1999, 22쪽).

사람을 죽이는 자는 신의 형상인 이성적 창조물을 죽이는 것입니다. 그러나 좋은 책을 파괴하는 자는 이성 그 자체를 죽이는 것이며, 말하자면 눈에 보이는 신의 형상을 죽이는 것입니다(같은 책, 28쪽).

진리와 이해는 허가와 규제에 의해 독점되거나 거래되는 그런 상품이 아닙니다(같은 책, 77쪽).

나의 양심에 따라, 자유롭게 알고 말하고 주장할 자유를, 다른 어떤 자유보다도 그러한 자유를 나에게 주십시오(같은 책, 106쪽).

『아레오파기티카』를 이어받아 현대사회의 기초로서 사상, 표현, 언론의 자유를 더욱 넓고 굳게 제시한 사람은 역시 같은 영국의 후학인 존 스튜어트 밀이다. 1859년에 출판된 『자유론』(김형철 옮김, 서광사, 1992)은 시대의 한계로 식민지를 정당화하는 문제를 안고 있기는 하지만, 자유의 중요성을 설파하는 데서 여전히 커다란 의의를 찾을 수 있다. 몇 구절을 역시 예로서 제시한다.

비록 한 사람을 제외한 전 인류가 동일한 의견을 갖고 있고 오직 한 사람만이 반대 의견을 가지고 있다고 하더라도, 그 한 사람이 권력을 가지고 있어서 전 인류를 침묵시키는 것이 부당한 것과 마찬가지로, 인류가 그 한 사람을 침묵시키는 것도 부당하다. …… 의견의 발표를 침묵케 하는 데에서 발생하는 해악의 특수성은 현세대와 차세대를 포함한 전 인류의 행복을 강탈한다는 사실과, 의견을 제시하는 사람들보다는 의견에 반대하는 사람들의 손실이 더 크다는 사실이다. 만일 그 의견이 옳다면, 인류는 오류를 진리와 교환할 기회를 상실하게 되고, 만일 그것이 틀리다면, 진리가 오류와 충돌하면서 발생하게 되는 진리에 대한 더욱 명백한 인식과 더욱 선명한 인상을 상실하게 되는 엄청난 혜택의 손실을 입게 된다(존 스튜어트 밀,『자유론』, 김형철 옮김, 서광사, 1992, 31쪽).

개인과 집단의 활동과 권력을 요청하는 것이 아니라 정부가 그것을 자신의 활동으로 대체하려고 할 때, 정보를 제공하고 충고하고 또 때로는 비판하는 것이 아니라 정부가 개인들에게 억압적으로 일을 시키고 그들을 구석으로 제쳐놓고 그들을 대신해서 그들의 일을 할 때, 잘못이 일어나는 것이다(같은 책, 150쪽).

자유를 내세워서 자유를 억압하는 한국의 가짜 자유주의자들은 그야말로 '자유의 적'이 아닐 수 없다. 그들은 무식한 정치적 주장을 하기에 앞서서『자유론』과 같은 책을 읽고 '개화'부터 되어야 할 것이다.『자유론』이 출판되고 50여 년 뒤에 다시 영국에서 캠브리지대학교 사학과 교수였던 존 베리가『사상의 자유의 역사』(송병우 옮김, 박영사, 1975)를 출판했다. 이 책은 특히 기독교

344

의 문제를 다루고 있어서 '개독'의 문제를 이해하는 데 대단히 중요하다.

흔히 말하기를 생각은 자유라고 한다. 사람들은 무엇을 생각하든지 자기가 생각하는 바를 숨기기만 하면, 아무도 막을 길이 없다. …… 그러나 이런 개인적 사고의 자유는 누구나가 응당 가지고 있는 바이지만 거의 무가치하다. 그 사상을 남들에게 전달하는 것이 허락되지 않는다면, 사상가 자신이 불만스럽고 차라리 고통스러운 일이며, 분명히 그의 동포들에게는 무가치한 일이니 말이다. …… 자기의 사상을 감추느니보다 차라리 죽음을 택한 소크라테스 같은 사람들이 있었고, 오늘날에도 그런 사람들이 있을 것이다. 그러므로 사상의 자유가 조금이라도 가치 있는 것이 되려면 언론의 자유가 거기에 포함되어 있어야 한다(존 베리, 『사상과 자유의 역사』, 송병우 옮김, 박영사, 1975, 107쪽).

억압은 필연적으로 저항을 가져오는 법이며, 또 그것은 억압을 하는 편에 이성이 있지 않다는 유력한 증거가 되는 것이다(같은 책, 140쪽).

권위에 대한 이성의 투쟁은, 오늘날 결정적이고 영구적인 자유의 승리로 끝난 것 같다. …… 종교의 교리나 정치적·사회적 제도에 대한 비판이 자유로 되었다. 낙관적인 사람들은 이 자유의 승리가 영구적인 것이라는 확신을 가질지도 모른다. …… 그러나 역사는 이런 전망이 믿을 수 없다고 가르치고 있는지도 모른다. …… 왜냐하면 이미 고찰한 바와 같이 사상과 토론의 자유는 그리스와 로마에서 완전히 실현되었었다. 그런데 기독교라는 예기치 않은 세력이 나타나서, 사람의 정신을 구속하고 자유를 억압함으로써, 그 잃은 자유를 도로 찾기 위한 고된 투쟁을 하지 않을 수 없게 하였던 것이다. 그러한 일이 다시 일어나리라고는 생각할 수 없는가(같은 책, 202~203쪽).

'임금님 귀는 당나귀 귀'의 우화가 잘 알려주듯이 사상, 표현, 언론의 자유를 억압하려는 시도는 실패할 수밖에 없다. 진실은 주머니 속의 송곳과 같다. 감추려고 해도 감출 수 없는 것이 진실이다. 잘못을 인정하고 시정하는 것은 도덕적으로 뿐만 아니라 정치적으로도 유일하게 올바른 것이다. 전두환이 언론을 장악하지 못해서 권력을 내주고 설악산으로 들어가야 했는가? 아니다. 시민을 학살하고 억압하는 크나큰 잘못을 저질렀고, 그 잘못을 감추겠다며 사상, 표현, 언론의 자유를 강력히 억압했기에 그렇게 되었던 것이다.

이명박 세력은 광우병 위험이 큰 미국산 쇠고기의 전면 수입을 열광적으로 좋아할 만큼 미국을 대단히 좋아한다. 그러나 정작 미국에서 꼭 수입해야 하는 것은 결코 수입하지 않으려는 것 같다. 그것은 바로 언론의 자유를 규정한 '수정헌법 제1조'이다. 온갖 문제와 비판에도 불구하고 미국이 여전히 나름대로 세계 '자유국가'의 모범이 될 수 있는 것은 바로 이 '수정헌법 제1조' 때문이라고 할 수 있다. 미국을 마치 '천국'처럼 선전하는 이 땅의 '개독'들도 이것을 읽고 깊이 회개해야 '천국'에 갈 수 있을 것이다.

수정 제1조(종교, 언론 및 출판의 자유와 집회 및 청원의 권리)
연방 의회는 국교를 정하거나 또는 자유로운 신앙 행위를 금지하는 법률을 제정할 수 없다. 또한 언론, 출판의 자유나 국민이 평화로이 집회할 수 있는 권리 및 불만 사항의 구제를 위하여 정부에게 청원할 수 있는 권리를 제한하는 법률을 제정할 수 없다.

後記 표현의 자유는 자유주의의 초석이며, 언론의 자유는 표현의 자유를 구현하기 위한 핵심이다. 한국에서 표현의 자유는 정치적 이유와 문화적 이유로 온전하게 구현되지

못했다. 서구에서 그랬던 것처럼 한국에서도 민주화에 의해 표현의 자유가 크게 신장되었다. 그러나 민주화를 폄하하기 일쑤인 보수 세력이 권력을 장악하면서 한국에서 표현의 자유는 다시 큰 위기를 맞게 되었다. 한국의 보수 세력이 독재 세력에서 비롯되었다는 사실을 여기서 다시 확인하게 된다.

영국의 《이코노미스트(Economist)》는 2009년 4월 2일자에서 검찰이 문화방송의 이춘근 PD와 YTN의 노종면 노조위원장을 체포했다는 소식을 전하면서 '광적 탄압병(mad bullying disease)'이라고 비판했다. 이에 앞서 미국의 외교전문지 《포린폴리시(Foreign Policy)》는 2009년 3월 25일자 인터넷판에서 한국을 아예 '소리 없는 인터넷 검열국가'로 선정했다. 세계적인 NGO인 '국경 없는 기자회(RSF)'는 매년 세계의 언론 자유 지수를 발표하는데, 한국의 언론 자유 지수는 2007년 39위에서 2008년 47위로 추락했다. 여기서 나아가 '국경 없는 기자회'는 한국을 인터넷의 언론 자유를 위협하는 '인터넷 감시 대상' 국가로 선정했다.

'인터넷 강국' 코리아가 인터넷 검열이 우려되는 '인터넷 감시 대상' 국가로 추락하는 아이러니한 상황이 벌어졌다.

16일 관련 업계에 따르면, 최근 국경 없는 기자회(RSF)와 엠네스티는 인터넷 언론의 자유도를 점검한 보고서를 발표했다. 보고서는 한국과 함께 바레인, 벨로루시, 말레이시아, 스리랑카, 에리트레아, 예멘, 짐바브웨, 태국, 호주, UAE를 '감시 대상' 국가에 선정했다. 감시 대상 국가란 인터넷 언론의 자유가 일정 수준 위협을 받는다는 것을 가리킨다. RSF는 특히 한국과 호주는 최근 들어 네티즌들의 자유로운 표현을 위협하는 정책들이 잇따라 도입되는 것을 우려했다.

RSF는 한국이 경제위기를 경고한 '미네르바'를 허위사실 유포죄로 체포한 것을 그 사례로 꼽았다. 또한 호주는 인터넷서비스 제공자(ISP)에게 필터링을 의무화하는 법안을 검토하고 있는 것이 부정적으로 작용했다(이정일, "한국, 인터넷 강국서 감시 대상으로 추락", 《아시아경제》, 2009년 3월 16일자).

제도적인 면에서 언론의 자유와 관련해 가장 중요한 기구는 방송통신위원회이며, 이와 관련해서 정치적으로 가장 중요한 인물은 바로 최시중 방송통신위원장이다. 이명박 정권의 '서열 3위'로 꼽히는 그는 이명박 정부와 한나라당이 강행하는 매체 장악 전략의 총지휘관이다.

　　지난해 12월 최 위원장의 위상이 얼마나 막강한지 단적으로 보여준 사건이 벌어졌다. 서울 여의도 63빌딩에서 열린 MBC 대주주인 방송문화진흥회 창립 20주년 기념식 자리에서다. 이날 최 위원장은 김형오 국회의장과 여야 원내대표, 국회 문화체육관광방송통신위원장 등 자신을 감독하는 국회의 요인들이 줄줄이 참석한 자리에서 MBC를 압박하는 이른바 '정명 발언'을 쏟아내 참석자들을 놀라게 했다. 김형오 국회의장 등이 5~10분간 축하 연설한 데 비해 그는 20분이 넘는 가장 많은 시간을 들여 험악하게 들릴 법한 장광설을 쏟아냈다. …… 최 위원장은 지난 1년 동안 보인 정치적 행보로 인해 언론과 야당으로부터 '정권 실세', '대통령의 좌장', '권력의 넘버3', '방통대군', '방송통제위원장' 등으로 지칭됐다. 여권에서는 농반 진반으로 "현 정부의 권력 서열은 이상득 한나라당 의원, 이 대통령, 최 위원장 순"이란 설이 파다했다. 조선시대의 권력 구도를 빗대어 대통령의 친형님인 이 의원은 출신지를 따서 '영일대군', 이 의원의 동향(경북 포항) 친구인 최 위원장은 '방통대군'으로 불리기도 했다(김정섭, "'70대 올드보이' 최첨단 방송·통신 장악하다", 《위클리경향》, 2009년 4월 3일자).

'강부자' 양도세는 내리고, '두부세'는 물리고

이런 나라가 어디에 있나?

이명박 대통령 왈, 이런 나라가 어디에 있느냐고 한다. 그러자 많은 시민들이 그에게 되묻기를 정말 이런 나라가 어디에 있느냐고 한다. 언뜻 보기에 무슨 고상한 선문답을 하는 것 같기도 하다. 그러나 이명박 대통령과 시민들의 '대화'는 고상한 선문답과는 거리가 멀어도 한참 멀다. 이명박 대통령은 노골적으로 시민들에게 화를 낸 것이고, 이에 대해 시민들은 당신이야말로 문제의 원천이라고 직격탄을 날린 것이다. '이런 나라'에 대해 가장 큰 책임을 지고 있는 것은 결국 이명박 대통령과 한나라당이 아닌가?

나는 이명박 대통령의 잘못된 발언을 전해 듣고 정말 이런 나라가 어디에 있느냐는 생각을 하지 않을 수 없었다. 나뿐만 아니라 아주 많은 사람들이 그런 생각을 하고 있는 것으로 보인다. 정말 여러 면에서 그런 생각을 계속 하게 된다. 이명박 대통령과 한나라당은 대불공단의 몇몇 전봇대만이 아니라 전국의 780만 개가 넘는 전봇대에 신경 써야 한다. 이명박 대통령과 한나라당이 진솔하게 자신들을 돌아보기 바라면서 여기서 그 이유를 몇 가지만 간추려서 제시해보고자 한다.

첫째, 이명박 대통령은 정부가 하는 일이라면 무조건 반대하는 사람들이 있다고 말했다. 비난인지 불평인지 잘 모르겠지만 역시 국민들을 비난하는 발언인 것 같다. 이명박 대통령이 이렇게 주장할 만한 사건들로는 한반도 대운하와 미국산 쇠고기 전면 수입에 대한 반대는 물론이고 종부세 무력화, 금산 분리 완화, 수도권 규제 완화, 한미 FTA 강행, 비정규직 연장, 미디어법 개악, 4대강 살리기, 경인운하 등에 대한 반대를 들 수 있다. 그런데 여기에 이른바 '무조건 반대'는 단 하나도 없다. 많은 전문가들과 시민들이 철저히 연구해서 반대운동을 펼치고 있는 것이다. 이명박 대통령과 한나라당이야말로 국민들이 우려하고 있으며 국민들을 불행하게 만들 재벌과 토건 중심의 후진적인 정책들을 '무조건 강행'하지 말아야 한다.

둘째, '촛불 재판'에서 판사들에게 해당 법의 위헌성을 무시하고 재판을 강행하도록 압력을 행사한 지법장이 당당하게 대법관이 되더니 놀랍게도 '촛불 재판'의 상고심을 배당받아서 그 불법성을 최종적으로 판결하게 되었다. 세상에 이런 나라가 정말 어디에 있는가? 이명박 대통령과 한나라당은 헌법에 규정된 '판사의 독립' 조항을 무시하고 판사들에게 압력을 행사한 신영철 대법관을 언제까지 옹호할 것인가? 신영철 대법관에 대한 이명박 대통령과 한나라당의 '무조건 옹호'야말로 세상에 이런 나라가 어디 있느냐는 한탄을 절로 내뱉게 하고 있지 않은가?

셋째, 신영철 대법관의 잘못에 대해 있을 수 있는 일이라는 뜻을 밝힌 이동관 청와대 대변인은 자신의 땅 투기 사실이 밝혀졌을 뿐만 아니라 그 보도에 대해 압력을 행사한 혐의를 받았다. 이렇듯 큰 잘못을 저지른 사람이 아무런 처벌도 받지 않고 계속 청와대 대변인직을 수행하고 있다는 것은 대단히 놀라운 일이다. 이 때문에 그에게는 심지어 '촛불집회의 가장 큰 수혜자'라는 비아냥거림이 쏟아지기도 했다. 이런 나라가 세상에 또 어디에 있는지 이명박 대통령과 한나라당이 국민들에게 가르쳐줬으면 좋겠다. 백악관 대변인이었다면 벌써 오래전에 물러나지 않았겠는가?

넷째, 2%의 부자들이 내는 종부세는 폐지하고 대다수 서민들이 즐겨 먹는 두부에 부가세를 매기겠다니, 이명박 정부와 한나라당은 부자들의 가슴에 박힌 대못을 빼내고 서민들의 가슴에 전봇대를 박고 있는 것이 아닌가? 이명박 대통령과 한나라당은 부자들에게는 '감세 선물'을 주고 서민들에게는 '증세 폭탄'을 던지고 있지 않는가? 더욱이 이명박 대통령과 한나라당은 비정규직을 더욱 양산하는 정책을 강행하고 있지 않은가? 이런 식으로 터무니없는 정책을 강행하고 있기 때문에 '강남'의 중산층조차 이명박 대통령과 한나라당에 대해 비판하고 나서는 것이 아닌가?

다섯째, 이른바 '슈퍼 추경'으로 경제를 살리겠다고 하지만 그 세원은 대체 어떻게 마련할 것인가? 종부세 무력화에 이어 양도세 완화도 해주는 식으로 열심히 '부자 감세'를 강행하면서 어떻게 '슈퍼 추경'을 하겠다는 것인가? 두부세를 신설하는 식으로 서민들의 등골을 빼서 마련하겠다는 것인가? 국채를 발행하겠다고 하지만 이미 나라 빚이 300조 원에 이르렀는데 여기서 어떻게 무려 30조 원의 나라 빚을 더 지겠다는 것인가? 결국 '슈퍼 추경'은 '슈퍼 증세'로 이어질 수밖에 없는 것이 아닌가? 이명박 대통령과 한나라당은 서민들에게 '슈퍼 증세 폭탄'을 던지기 위해 몸을 풀고 있는 것이 아닌가?

여섯째, 이렇게 서민들에게 '슈퍼 증세 폭탄'을 던지고 기껏 추진하는 것이 이름만 바꾼 '한반도 대운하사업'이 아닌가? 한국은 병적으로 비대한 토건업 때문에 무너지고 있는 나라다. 막대한 재정을 탕진하고 소중한 국토를 파괴하는 토건국가 문제 때문에 한국은 발전하지 못하고 있다. 개발꾼과 투기꾼이 나라를 그야말로 말아먹고 있으니 어떻게 발전할 수 있겠는가? '4대강 살리기'와 '경인운하'는 나라를 구하는 사업이 아니라 망치는 사업이다. 고용 효과와 경제 효과가 모두 낮은 시대착오적 토건사업을 대대적으로 벌이면, 이 나라는 이른바 '남미형 국가'로 전락하고 말 것이다.

일곱째, 이명박 대통령과 한나라당은 '녹색성장'이니 '녹색뉴딜'이니 외치면서 사실상 '회색파괴'요 '회색헌딜'인 후진적 토건정책을 강행하고 있다. '녹색'을 외친다고 '녹색'이 되는 것은 아니다. 핵발전소 확충과 '4대강 죽이기'는 결코 '녹색'일 수 없다. '4대강 살리기'라는 것의 실체가 워낙 큰 문제를 안고 있다 보니 독극물에 오염된 미국의 어떤 강을 찍은 사진을 도용해서 우리 강이 죽었다고 홍보하는 거짓말 동영상까지 만들게 된 것이 아닌가? 경제위기를 빌미로 재정 탕진과 국토 파괴의 후진적인 토건사업을 강행하면, 경제위기는 급기야 국가위기로 확산되고 말 것이다.

여덟째, 이명박 대통령과 한나라당은 김대중 정부와 노무현 정부를 '좌파 정부'로 규정하고 그 기간을 '잃어버린 10년'이라고 비난하면서 정작 그 시기에 이루어진 대표적인 의혹사업인 '한탄강댐 건설사업'에 대해서는 전혀 제지하지 않고 있다. 이명박 대통령과 한나라당이 무엇보다 '토건 세력'을 대표하기 때문인가? 전임 정부에 대해 시대착오적인 '색깔론' 비난을 하지 말던가, 아니면 큰 문제를 안고 있는 의혹사업을 철저히 규명하던가, 둘 중의 하나는 해야 할 것이다. 대통령부터 나서서 전임 정부에 대해 격렬히 욕을 퍼부으면서 정작 극히 중대한 의혹사업은 고스란히 물려받는 나라가 세상에 또 어디에 있는가?

아홉째, 일제의 식민지 시대에 커다란 발전이 이루어졌다며 일제를 공공연히 찬양하고 이승만, 박정희, 전두환, 노태우의 독재를 노골적으로 칭송하는 자들이 권력을 휘두르고 교과서를 뜯어고치고 특강을 하고 다니니, 세상에 이렇게 민족의 역사와 민주주의가 무시당하는 나라가 어디에 있는가? 민족주의와 민주주의는 헌법에 규정된 이 나라의 기본 요건이 아닌가? 지금 이 나라는 민주주의뿐만 아니라 민족주의의 면에서도 심각한 위기를 맞고 있는 것이 아닌가? 이렇게 자기 역사를 훼손하는 나라가 또 있는지 이명박 대통령과 한나라당이 가르쳐줬으면 좋겠다.

이 밖에도 참담한 '용산 참사'와 황당한 '미디어법 개악' 등 쓸 이유는 아주 많지만 여기서 그만 써야겠다. 피곤하기도 하고 허탈하기도 하다. 이명박 대통령과 한나라당의 가장 큰 특징은 국민이 제기하는 비판에는 귀를 막고 국민을 비난하는 데는 열을 올리는 것이기 때문이다. 권력은 경주마처럼 자기 앞밖에 보지 못하는가? 그러나 그럴수록 실패한 권력이 되기 쉬울 것이다. 벼는 익을수록 고개를 숙이는 법이고, 멀리 가는 새는 높이 날아야 하는 법이며, 비판에 올바로 귀를 기울여야 진정으로 발전할 수 있는 법이다. 권력이 귀 막히고 눈 가려진 경주마처럼 자기 앞만 보고 치달려서야 되겠는가?

後記 우리나라는 사실 GDP가 세계 10위권에 이르는 세계적인 경제대국이며, 선거를 통해 정권의 교체가 원활히 이루어지는 모범적인 민주국가이기도 하다. 그러나 이것은 어디까지나 기본적인 구조의 차원에서 보는 평가이다. 내적으로 우리나라는 많은 문제들을 안고 있어서 그 능력에 비해 사람들의 삶이 크게 낙후한 기형적인 국가에 해당한다. 삶의 질은 세계 40위 수준밖에 되지 않으며, 사람들의 불안심리는 대단히 높다.

재벌국가, 토건국가, 투기사회, 부패사회, 학벌사회 등은 한국사회의 문제를 보여주는 중요한 예들이다. 이런 문제들을 관통하는 하나의 문제로서 우리는 부자의 문제에 주목해야 한다. 한국의 부자들은 상당수가 토건, 투기, 부패를 통해 부를 쌓았다. 이들은 자기의 책임을 제대로 다하기보다는 정경 유착을 통해 가능한 회피하고자 한다. 우리의 경제력과 삶의 질이 큰 격차를 보이는 것은 사회의 변화를 주도할 능력을 갖추고 있는 부자들이 심각한 천민성의 문제를 안고 있는 것과 밀접히 연관되어 있다.

'이런 나라'를 좋은 나라로 만들기 위해서는 무엇보다 먼저 우리의 능력과 문제를 올바로 파악해야 한다. 우리는 가난해서 못사는 나라가 아니라 '돈 많은 못사는 나라'이다. 우리가 '돈 많은 잘사는 나라'가 되기 위해서는 돈을 올바른 방식으로 벌고 쓰도록 해야 한다. 그것은 재벌국가, 토건국가, 투기사회, 부패사회, 학벌사회 등의 문제를 해결하는 것으로 이루어질 수 있다. 토건업이 막대한 비중을 차지하는 낙후한 산업구조와 고용구조를 해결하고, OECD 평균 수준을 넘도록 공공서비스와 사회복지 수준을 개선해야 하며, 시민들의 정치의식과 사회의식이 크게 개혁되어야 한다.

'강부자'는 '이런 나라'를 결코 좋은 나라로 만들 수 없다. 그들은 이 나라의 진정한 선진화를 가로막고 '이런 나라'로 만드는 주역이기 때문이다. '강부자'의 전위대로 구실하며 늘 '좌빨'을 외쳐대는 '우뻘 좀비'들과 '보수 언론'의 행태를 보노라면, 결국 이 나라는 '이런 나라'로 끝나고 말겠다는 생각이 들곤 한다. 부디 젊은 세대가 불안을 떨치고 좋은 나라를 만들기 위한 길로 적극 나서기를. 그들은 '생태복지국가'를 이룩할 수 있다.

'총체적 후진화'에 맞서서

노무현 대통령이 서거했다. 그의 '비리'를 추적하는 검찰의 수사에 관한 보도를 보면서 나도 모르게 저러다가 자살하겠다고 말했었다. 검찰과 경찰을 전면에 내세우고 이명박 정권과 한나라당과 보수언론이 모두 증거도 없이 그를 뇌물범으로 몰아가고 있으니 죽음이 아니고서는 결백을 주장하기 어렵겠다는 생각이 들었던 것이다. 그가 서거한 뒤에 보니 나와 같은 생각을 한 사람들이 많았던 것 같다. 그만큼 이명박 정권의 문제는 명백했던 것이다. 노제를 지켜보면서 이 심각한 문제를 새삼 깨달았다.

참으로 한심하고 답답한 나날이다. 민주주의의 위기는 전 대통령의 자살이라는 전대미문의 사건을 빚어내기에 이르렀다. 시민들은 생각하고 말할 자유조차 강력히 억압당하기 시작했다. 서울대 교수들이 시국선언을 하는 자리에 보수 단체의 회원이라는 자들이 난입해서 선언문을 찢는 등의 폭력적 횡포를 벌이기도 했다. 이명박 정권의 기반이라는 것이 이런 자들인가? 최소한 폭력은 휘두르지 말아야 하지 않는가? 폭력이 아니라 토론이 민주주의의 기초라는 사실을 그들은 모르는가? 이명박 대통령은 자신을 지지하는 보수 단체들의 잇따른 폭력에 대해 어떤 생각을 하고 있는가? 그렇게 해서는 안 된다고 따끔하게 지적하고 반성을 촉구해야 옳지 않을까? 폭력이 보수 세력의 특기인가? 사이비 보수 세력이 진정한 보수 세력을 욕보이고 있는 것은 아닌가?

경제의 위기도 갈수록 심해지고 있다. 외환위기는 한숨을 돌리게 되었다고 해도 산업구조의 선진화, 고용구조의 개혁, 사회 불평등의 완화, 투기의 해소, 학벌사회의 해소, 토건국가의 해소, 수도권 집중의 해소 등은 더욱더 요원한 과제가 되고 있다. 이명박 정부와 한나라당은 그야말로 오로지 '한반도 대운하'에 모든 것을 걸고 있는 것 같다. 이른바 '4대강 살리기'는 사실상 '4대강 죽이기'이며 '대운하 살리기'라는 사실이 갈수록 분명해지고 있다. 모든 국민의 식수원인 4대강이 시멘트 수로로 여지없이 파괴되고 막대한 재정이 탕진되어 '강부자'만 더욱더 살찌는 토건국가의 문제가 바야흐로 극단화를 향해 치닫기 시작했다. 머지않아 우리는 국토도 파괴되고 경제도 파괴되어 하염없이 '희망가'나 부르며 신세한탄을 해야 할 것이다. 도대체 어떻게 해서 이 지경이 되었는가?

이명박 대통령과 한나라당은 정치, 경제, 문화의 모든 면에서 '총체적 후진화'를 강행하고 있다. 그야말로 자유민주주의와 자유시장경제의 위기를 느끼게 된다. 극소수 '강부자'가 모든 것을 장악하고 군림하며 전횡하는 '강부자 공화국'의 실체가 갈수록 선명하게 드러나고 있는 것 같다. 이것이 보수 세력의 정체인가? 정말로 자유민주주의와 자유시장경제를 원한다면, 이러한 '총체적 후진화'를 막기 위해 최선을 다해야 하지 않는가? 이명박 정부와 한나라당은 진정한 보수 세력이 아니라 사이비 보수 세력이 아닌가? 누가 자신을 보수라고 주장한다고 해서 무턱대고 수긍하는 것이 아니라 어떤 점에서 보수인지를,

356

나아가 도대체 무엇이 보수인지를 실증적으로 살펴보는 것이 중요하지 않은가? 무턱대고 믿다가는 사기꾼에게 홀랑 속아서 쫄딱 망하는 꼴을 면하기 어렵지 않겠는가?

'선진화'를 싫어하는 사람은 없을 것이다. '선진화'는 지금보다 더 나은 상태가 되는 것을 뜻하기 때문이다. 그러나 과연 무엇이 '선진화'인지에 대해서는 많은 토론과 합의가 이루어져야 한다. '선진화'를 좋아한다면 과연 무엇이 '선진화'인지에 대해 깊은 관심을 기울여야 한다. 이명박 정부의 등장부터 현재까지의 과정은 많은 국민들이 이명박 대통령과 한나라당의 번지르르한 말에 현혹되어 엄청난 대가를 치르고 있는 과정으로 줄일 수 있을 것 같다. 어떤 사람을 평가할 때 그 사람의 말이 아니라 행동을 보고 평가해야 한다고 한다. 우리의 삶을 좌우할 수 있는 정치인, 특히 대통령에 대해서는 더욱더 그렇다. 후손에게 부끄럽고 미안한 '총체적 후진화'를 빨리 끝낼 수 있기 위해서 종부세를 없애고 두부세를 신설하는 이명박 대통령과 한나라당의 정체를 제발 똑똑히 인식하자.

노무현 대통령의 급작스런 서거에서 우리는 무엇을 배워야 하는가? 무엇보다 전 대통령조차 직에서 물러나고 불과 15개월 만에 참담한 죽음을 맞을 수 있다는 사실을 배워야 할 것이다. 그만큼 '강부자'는 모질고 집요하다. 그래서 '강부자'가 될 수 있었던 것이다. 적당히 문제가 해결되고 좋은 사회가 될 것이라고 기대해서는 안 된다. 그것은 희망이 아니라 옷을 잘못 입은 절망일 뿐이다. 좋은 사회를 향한 구체적인 노력이 강화되어야 한다. 이를 위해 우선 정치인에 대한 감시부터 철저히 강화하도록 하자. 그리고 '생태적 복지사회'와 같은 좋은 사회의 목표를 구체적으로 제시하고, 이 목표를 이루기 위한 과제와 경로를 구체적으로 제시해야 한다.

목표와 과제를 구체적으로 공유하지 않는 연대는 그저 공허한 헛말에 그칠 뿐이다. 실질적인 연대는 좋은 사회를 향한 구체적인 목표와 과제를 공유하는 것으로만 이루어질 수 있다. 그리고 오늘날 좋은 사회는 생태위기와 사회위기라는 이중의 위기에 대한 동시적 대응을 통해서만 이루어질 수 있다. 이런 점에서 나는 '생태적 복지사회'를 좋은 사회의 목표로 제시하며, 이를 위해 막대한 재정의 탕진과 소중한 국토의 파괴가 구조화된 토건국가의 개혁을 요청한다. 토건국가는 무엇보다 정부조직과 재정구조의 개혁으로 시작해서 산업구조와 고용구조의 개혁으로 이어지고, 나아가 생활방식과 의식구조의 개혁으로 이어져야 한다. 좋은 사회를 향한 논의와 합의가 활발히 이루어지기를 간절히 기대한다. 이것은 이런저런 서구의 연구를 수입하는 것이 아니라 우리의 현실을 실제적으로 천착하는 것으로만 이루어질 수 있다.

지은이 **홍성태**

1965년 백중에 서울에서 태어나 자랐다. 전두환의 독재가 한창이던 1985년에 서울대 사회학과에 입학해 뜨겁고 힘들게 대학 시절을 보냈다. 전두환의 폭력과 부패는 독재가 얼마나 나쁜 것인가를 잘 보여주는 세계적인 예이다. 그와 그의 일당이 아직도 호사와 권력을 누리고 있다는 데서 우리는 이 나라의 기형성을 여실히 확인할 수 있다. 독재의 역사는 민주화가 선진화의 기초이자 핵심이라는 사실을 분명하게 보여준다.

1993년 여름과 1999년 여름에 서울대 사회학과 대학원에서 고 김진균 교수의 지도로 석사학위와 박사학위를 받았다. 그리고 2001년 3월에 원주의 상지대에 부임해서 학생들을 가르치고 있다. 같은 해 7월부터 민주화를 위한 전국교수협의회(민교협)의 활동을 시작했다. 또한 1999년 9월부터 2003년 2월까지 건축가 정기용 선생과 함께 문화연대 공간환경위원회에서 활동했으며, 2002년 3월부터 2005년 1월까지 정보공유연대의 초대 대표로 활동했고, 2003년 3월부터 참여연대의 상임집행위원으로 활동하고 있다.

한국은 수많은 사람들의 피땀 어린 노력으로 고성장과 민주화를 이룰 수 있었다. 그러나 사실상 민주화를 거부하고 불평등을 추구하는 친일과 독재의 세력은 여전히 지배적 위력을 지니고 있다. 바로 이 때문에 한국에서 생태위기는 세계 평균을 훨씬 웃도는 속도로 진행되고 있다. 세계 10위권의 경제력, 세계 40위권의 삶의 질, 세계 130위권의 환경 질은 이 나라의 문제를 압축적으로 보여준다. 우리는 이 문제를 하루빨리 개혁하고 '진정한 선진화'를 이루어야 한다.

후진기어 넣고 앞으로 가자고?
대한민국 후진화의 기록

ⓒ 홍성태, 2009

지은이 • 홍성태
펴낸이 • 김종수
펴낸곳 • 도서출판 한울
편집책임 • 이교혜
편집 • 최규선

초판 1쇄 인쇄 • 2009년 7월 1일
초판 1쇄 발행 • 2009년 7월 15일

주소 • 413-832 파주시 교하읍 문발리 507-2(본사)
         121-801 서울시 마포구 공덕동 105-90 서울빌딩 3층(서울 사무소)
전화 • 영업 02-326-0095, 편집 02-336-6183
팩스 • 02-333-7543
홈페이지 • www.hanulbooks.co.kr
등록 • 1980년 3월 13일, 제406-2003-051호

Printed in Korea.
ISBN 978-89-460-4082-3 03300

* 책값은 겉표지에 있습니다.